中共上海市委党校
资助出版

中国经济两重性和相容性研究
——改革开放的方法论探索

陈承明
鞠立新 著

复旦大学出版社

中宣部2018年习近平新时代中国特色社会主义思想研究中心（院）重大项目"习近平总书记关于改革开放重要论述研究"（批准号：2018XZD06）第二个子课题"习近平关于改革开放方法论研究"的阶段性成果。

作者简介

陈承明，1950年生，江西瑞昌人，复旦大学经济学系硕士研究生毕业，现为华东师范大学经济学院教授、上海市经济学会社会主义市场经济研究专业委员会主任。长期从事理论经济学的教学与研究。专著《社会主义与市场经济》于1997年10月由上海社会科学院出版社出版，并在上海市邓小平理论研究和宣传优秀成果（1995—1997年）评选中，获著作类三等奖。专著《唯物辩证的经济思想》获上海市马克思主义学术著作出版基金资助，于2000年9月由上海人民出版社出版。编著《经济的浪潮》《中国社会主义经济学概论》《〈资本论〉与社会主义市场经济》《政治经济学通论》《简明西方经济学》《社会主义经济理论研究——〈资本论〉的中国化》《中国特色就业理论与实践》《中国特色城乡一体化探索》《中国特色消费理论和消费模式研究》《中国特色社会主义经济理论教程》《中国特色社会主义政治经济学》《微观经济学》《宏观经济学》《经济学概论》等十几本著作和教材。先后发表论文150余篇，并有多篇获奖。

作者简介

鞠立新，1958年生，上海人，复旦大学经济学系硕士研究生毕业。中共上海市委党校经济学教授、研究生导师。曾任上海市委党校经济学研究所副所长、经济学部副主任，上海发展研究院院长，复旦大学政治经济学研究中心、华东师范大学马克思主义学院兼职教授，中国浦东干部学院教学巡视督导专家等。现任全国马克思主义经济学说史研究会常务理事、全国政治经济学研究会理事、上海市经济学会副秘书长、全国《资本论》研究会理事等。曾在哈佛大学肯尼迪政府学院和德国社科院做访问学者。主要研究方向是政治经济学以及区域经济学。在《经济研究》《马克思主义研究》《中共中央党校学报》，以及《人民日报》《光明日报》《经济日报》《解放日报》等发表 160 多篇论文，获多个奖项；主持省部级以上课题 9 项；主笔的专著和研究报告等有 10 余部。

目 录

绪 论 001
    一、中国特色社会主义经济两重性和相容性具有必然性 003
    二、中国特色社会主义经济两重性和相容性的具体表现 005
    三、中国特色社会主义经济两重性和相容性的发展创新 011

第1章　生产力的两重性及其发展规律 013
    一、生产力的自然属性：一切物质财富的直接来源 015
    二、生产力的社会属性：推动社会发展的根本动力 019
    三、物质生产力、精神生产力、人才生产力有机结合 023
    四、正确认识基本矛盾和主要矛盾及其发展规律 028

第2章　生产关系的本质特性及其历史演变 035
    一、生产关系的体系及其本质特性 037
    二、资本主义以前的生产关系及其历史演变 039
    三、资本主义生产关系及其发展阶段 044
    四、共产主义生产关系及其发展阶段 048

第3章　中国特色社会主义经济形成和发展 057
    一、中国社会主义经济制度的建立 059
    二、社会主义初级阶段的含义和特征 062
    三、社会主义本质与初级阶段使命 069
    四、以生产力为标准完善社会主义生产关系 075

第 4 章　社会主义与市场经济的两重性和相容性　085
一、《资本论》为社会主义市场经济提供理论指导　087
二、市场经济的本源、变异和复归　093
三、社会主义与市场经济的有机结合　097
四、价值规律、价格机制和驾驭能力　102
五、探索用市场化方法解决老龄化问题　106

第 5 章　市场经济与精神文明的两重性和相容性　113
一、商品拜物教的经济性质和社会意识　115
二、市场经济与精神文明的两重性和相容性　119
三、斯密"看不见的手"的两重性和相容性　124
四、市场经济与反腐倡廉的两重性和相容性　130
五、精神文明建设的机制、体制和法制　136

第 6 章　生产资料所有制的两重性和相容性　143
一、社会主义初级阶段的所有制理论　145
二、坚持公有制为主体与反对单一公有制　150
三、坚持多种经济共同发展与反对私有化　153
四、公有经济与非公经济的有机结合　158

第 7 章　消费资料分配的两重性和相容性　163
一、按劳分配的本质要求和实现形式　165
二、按生产要素分配的地位和作用　170
三、收入分配中存在的主要问题　174
四、构建公平和谐的三层次分配体系　178

第 8 章　政府调控与市场调节的两重性和相容性　183
一、市场调节、计划指导与宏观调控　185
二、计划调节与市场调节的两重性和相容性　189
三、更好地发挥政府的调控作用　196

四、健全市场经济的法律制度　202

第9章　劳动价值的两重性和相容性　209
一、劳动价值、剩余价值和公共价值的演变与发展　211
二、劳动价值论对经济发展的现实意义　218
三、管理劳动及其价值的两重性和相容性　231
四、科技劳动及其价值的两重性和相容性　239
五、服务劳动及其价值的两重性和相容性　247

第10章　企业公有制与股份制的两重性和相容性　255
一、现代企业制度的来源与发展　257
二、股份制成为公有制的主要实现形式　262
三、国有控股公司的两重经济职能　267
四、完善领导与群众的相互关系　271
五、企业职工积极性的两重性和相容性　276

第11章　就业制度的两重性和相容性　281
一、就业的重要地位和积极作用　283
二、发挥政府部门促进就业的积极作用　287
三、发挥社会力量促进就业的积极作用　291
四、透视和解析农民工问题　295

第12章　城乡土地制度的两重性和相容性　301
一、我国土地制度的建立和发展　303
二、改革和完善城市土地使用制度　307
三、改革和完善农村土地流转制度　311
四、提高土地的配置和利用效率　315

第13章　经济建设与教育文化的两重性和相容性　321
一、教育是提高人们科学文化素质的根本途径　323

二、经济与教育的两重性和相容性　329

三、经济规律与教育规律的两重性和相容性　334

四、引进市场机制发展成人教育事业　339

五、社区功能与文化建设的两重性和相容性　344

第14章　经济理论的两重性和相容性　353

一、毛泽东经济思想是社会主义经济理论的重要来源　355

二、邓小平对中国特色社会主义经济理论的创新发展　359

三、习近平中国特色社会主义经济思想的重要体现　364

四、马克思主义经济学与西方经济学的相互关系　370

五、中国理论经济学值得关注的几个问题　375

第15章　改革开放方法论的两重性和相容性　383

一、学习马克思的唯物论与把握中国的基本国情　385

二、马克思主义辩证法在改革开放中的运用　392

三、马克思主义矛盾论在改革开放中的运用　398

四、马克思主义实践论在改革开放中的运用　406

后记　410

参考书目　412

绪 论

习近平总书记在党的十九大报告中指出:"既不走封闭僵化的老路,也不走改旗易帜的邪路……始终坚持和发展中国特色社会主义。"①也就是说,我们既要坚持中国共产党的坚强领导和社会主义的正确方向,又要从中国的国情和当前实际出发,充分利用资本主义的积极因素,包括它们的先进技术和管理经验,以加快完成社会主义初级阶段的历史使命。从经济发展的角度来讲,就是要求我们把马克思主义经济理论与我国改革开放和现代化建设紧密结合,深入研究和准确把握中国特色社会主义经济的两重性特点和相容性规律。党的十八大以来的实践表明,习近平新时代中国特色社会主义经济思想是马克思主义经济理论中国化、时代化和全球化的产物,体现了社会主义初级阶段经济发展的两重性和相容性,因而是对马克思主义经济理论的重大发展和伟大创新,对中国加快社会主义经济发展和建成现代化强国具有里程碑意义。

一、中国特色社会主义经济两重性和相容性具有必然性

中国是从半殖民地半封建社会直接进入社会主义社会的,原有的生产力水平和经济建设能力都远远落后于发达资本主义国家,这对新中国成立后的经济发展和现代化建设造成极大的困难和挑战。因此,我们将长期处于社会主义初级阶段,在大力发展社会主义公有经济的同时,还要大力发展多种形式的非公经济,以加快我国的经济发展和现代化建设,为向成熟社会主义过渡创造条件。因此,我们必须深入研究和准确把握中国特色社会主义经济的两重性特点和相容性规律,同时反对和克服两种倾向:一是单纯发展社会主义公有经济的"左"倾

---

① 习近平:《决胜全面建成小康社会 夺取新时代中国特色社会主义伟大胜利——在中国共产党第十九次全国代表大会上的报告》,人民出版社2017年版,第17页。

错误,二是单纯发展资本主义私有经济的右倾错误。历史经验证明,这两种错误倾向都将使中国经济陷入困境和走入歧途。

为什么在现阶段不能走单纯公有制的社会主义道路?因为从1957年社会主义改造完成以后,一直到改革开放以前,我们就是走这样一条道路,结果失败了,实践表明此路不通。道理很简单,这条道路脱离了中国基本国情和生产力发展水平。在物质条件和思想基础还不具备的前提下,走单纯公有制的社会主义道路,必然会陷入主观盲动的"左"倾错误。照搬照抄苏联的经济模式,实行单纯的生产资料公有制,推行单一的按劳分配制度,建立高度集中的计划管理体制,就会严重脱离现实生产力水平和人们思想觉悟程度,削弱经济发展的内在动力和外在压力,必然会出现生产不能满足需要的"短缺经济",迫使政府不得不实行票证形式的计划供应,因而阻碍了人们物质文化生活水平提高,使社会主义优越性难以发挥,这样的历史教训是深刻的。

为什么同样不能走单纯私有制的资本主义道路?1840年鸦片战争以来的历史已经证明,中国不可能重走资本主义国家的老路,如果要走,只能像亚洲和非洲等落后国家一样,沦为帝国主义殖民地和附属国。改革开放以后,由于受到西方新自由主义思潮侵蚀和影响,有些人试图像苏联和东欧一样,全盘否定社会主义制度,照搬西方资本主义经济体制,重新恢复单纯的私有制,重建不要政府干预和完全自由化的市场经济,结果使社会主义经济受到严重干扰和破坏,造成国有资产大量流失,产业结构和供求状况严重失衡,国家财力削弱,失业人口增加,贫富差距加大和两极分化加剧,引起人民群众不满。幸亏这种完全私有化、自由化和市场化的错误倾向被党和政府及时干预和有效制止,才没有造成全国性经济危机和社会动乱。

因此,实践经验和历史教训告诉我们,坚持中国特色社会主义经济的发展道路,必须反对和克服来自"左"和右的两种错误倾向。只有深入研究和准确把握中国特色社会主义经济发展的两重性和相容性,在坚持社会主义正确方向和大力发展公有经济的同时,不断深化改革开放,充分利用国内外资本主义的积极因素,如资金、技术、人才和管理经验等为社会主义经济建设服务,大力发展外资、合资、私营、个体等非公经济,才能走出一条符合中国国情、适应时代化和全球化要求、体现人民群众根本利益的经济发展道路。

这里,要正确认识和科学把握马克思关于社会主义最终目标和实现过程的科学论断。马克思在《共产党宣言》中提出"两个必然",即"资产阶级的灭亡和无产阶级的胜利是同样不可避免的"①,揭示了社会主义代替资本主义的必然性。马克思在《政治经济学批判》序言中提出"两个决不会",即"无论哪一个社会形态,在它所能容纳的全部生产力发挥出来以前,是决不会灭亡的;而新的更高的生产关系,在它的物质存在条件在旧社会的胎胞里成熟以前,是决不会出现的"②,揭示了社会更替的必要条件和实现过程。可见,我们在坚持"两个必然"这个最终目标时,不能忘记"两个决不会"所阐述的前提、条件和必要过程;同样,我们在强调"两个决不会"这个历史过程时,也不能忘记"两个必然"所阐述的初心、宗旨和最终目标。因此,只有正确认识和全面把握"两个必然"和"两个决不会"的本质联系和辩证关系,才能消除来自"左"和右的干扰和破坏,才能深刻理解和全面把握中国特色社会主义经济的两重性特点及其相容性规律。

二、中国特色社会主义经济两重性和相容性的具体表现

我国经济发展表明,中国特色社会主义经济的两重性和相容性不仅具有客观性和必然性,而且具有普遍性和多样性,这种两重性特点和相容性规律在现阶段的所有制结构、分配关系、调节机制、内外经济关系方面都有具体表现,需要我们深入研究和正确把握。实践证明,只有从我国基本国情出发,按照客观经济规律要求,深刻认识和正确把握经济两重性和相容性的原因和特点,才能使我们沿着中国特色社会主义经济的发展道路前进,才能自觉克服"左"和右两种错误路线的干扰和破坏,不断深化改革开放和加快我国的现代化建设。

(一)公有经济与非公经济的两重性和相容性

我们党总结了新中国成立以来,特别是改革开放以来的经验教训,明确提出

---

① 《马克思恩格斯选集》第一卷,人民出版社 2012 年版,第 413 页。
② 《马克思恩格斯选集》第二卷,人民出版社 2012 年版,第 3 页。

在社会主义初级阶段,在所有制结构上要坚持以公有制为主体、多种经济成分共同发展的基本经济制度,因而揭示了公有经济与非公经济并存的两重性特点和相容性规律。要坚持和贯彻党在社会主义初级阶段的基本经济制度,就需要解决好公有经济与非公经济的相互关系问题。经过40多年的改革开放,在我国的公有经济,主要是其中的国有经济得到优化和壮大的同时,民营经济也有了大规模的发展和长足的进步。据统计:"截止到2017年底,我国民营企业数量超过2 700万家,个体工商户超过6 500万户,注册资本超过165万亿元……贡献了50%以上的税收,60%以上的国内生产总值,70%以上的技术创新成果,80%以上的城镇劳动就业,90%以上的企业数量。"[1]这些数据说明,民营经济对我国经济发展做出了巨大贡献。但是由于"左"的思想观念存在,我国民营经济发展仍然遇到重重困难,如税费负担重、企业融资难、市场竞争不公平以及扶持政策不落实等。2018年11月1日,习近平总书记在民营企业座谈会上明确指出,"民营经济是我国经济制度的内在要素,民营企业和民营企业家是我们自己人"[2],充分肯定了民营经济的重要地位和积极作用。

为了深入贯彻在所有制上基本经济制度的要求,党的十六大提出了"两个毫不动摇"的战略思想,即"毫不动摇地巩固和发展公有制经济和毫不动摇地鼓励、支持、引导非公有制经济发展"[3]。党的十八大进一步提出:要"保证各种所有制经济依法平等使用生产要素、公平参与市场竞争、同等受到法律保护"[4]。这就要求我们从实际出发,正确认识社会主义经济的两重性特点和相容性规律,深刻理解公有经济与非公经济长期并存和协调发展的必要性和重要性。有些人把公有经济和非公经济看成相互对立的零和博弈,认为只有打击和削弱非公经济,才能使公有经济发展和壮大,这样的思想认识是完全错误和十分有害的。现实表明,只要我们坚持党的基本经济制度,并且制定出相应的法律法规和政策措施,公有经济和非公经济不仅不是相互对立和彼此消长的,而是可以通过平等竞争实现相互补充和有机结合的。因此,我们既要大力发展公有经济,特别是要做

---

[1] 习近平:《在民营企业座谈会上的讲话》,《光明日报》2018年11月2日。
[2] 习近平:《在民营企业座谈会上的讲话》,《光明日报》2018年11月2日。
[3] 胡锦涛:《高举中国特色社会主义伟大旗帜,为夺取全面建设小康社会新胜利而奋斗》,人民出版社2007年版,第25页。
[4] 习近平:《在民营企业座谈会上的讲话》,《光明日报》2018年11月2日。

大、做强、做优国有企业,使他们的主体地位和主导作用充分发挥出来,同时又要不断调整和完善相关的政策、法律和制度,以加快非公经济发展和壮大,使公有经济与非公经济能够相辅相成、相得益彰。

(二) 按劳分配和按要素分配的两重性和相容性

社会主义基本经济制度在所有制结构上提出要以公有制为主体、多种经济共同发展,在分配关系上提出要以按劳分配为主、多种分配方式并存,都体现了两重性和相容性的要求。在社会主义市场经济中,基本的收入分配方式有两种:一是按劳分配,二是按非劳动要素分配。现实经济发展表明,这两种收入分配方式不仅相对独立,而且可以有机结合,因而是分配关系上两重性和相容性的具体表现。

所谓按劳分配,就是按照劳动者提供劳动的质量和数量取得报酬的分配方式。按理说,贯彻按劳分配有利于企业收益的公平分配,有利于促进生产力加速发展。但是在现实中,企业的按劳分配常常演变成"大锅饭"和"铁饭碗",形成分配上的平均主义,反而限制了生产力发展。主要原因是没有找到计量劳动质量和数量的合理途径和有效方法。因此,在社会主义市场经济中需要不断总结经验教训,探索和创新按劳分配的实现形式。社会主义社会虽然建立了生产资料公有制,但不能马上消除劳动力成为商品的必要条件。一方面,劳动者必须通过出卖劳动力,才能取得必要生活资料和维持家庭生活;另一方面,公有企业必须与劳动者签订劳动合同,通过购买劳动力才能维持生产和经营。因此,在社会主义初级阶段,还要利用劳动力的商品形式来贯彻按劳分配。具体来讲,就是要用社会必要劳动时间作为标准和尺度,来衡量和计算生产者的劳动质量和数量,来实现社会主义市场经济中的按劳分配。这样的按劳分配不仅能打破"大锅饭"和"铁饭碗",而且能克服分配上的平均主义和两极分化,因而能促进劳动者积极性、主动性和创造性的发挥。

所谓按非劳动要素分配,就是按照其他生产要素的作用和效能,使要素所有者取得应有报酬的分配方式。由于不同生产要素的来源和供求状况不同,对它们的评价标准和定价尺度也有很大差异,这是造成非劳动要素所有者收入差距过大的主要原因。因此,按其他生产要素分配也要遵循价值规律和价值增殖规律,客观评价生产要素的效能和效益,按照劳动价值论合理确定要素所有者的报酬。有些人从劳动价值论出发,认为生产的物质要素是不能创造价值的,因此按非劳动要素分配实际是违反劳动价值论的。其实,这样的认识是完全错误的。因为在收入分配时,商品价值必须分为两部分:一部分用于按劳分配,用于补偿和激励直接生产者;另一部分用于按非劳动要素分配,用于补偿和激励其他要素所有者。虽然商品价值是劳动创造的,但是商品使用价值则是由所有生产要素共同创造的。因此,商品中新创造的价值不能全部分配给劳动者,还必须留出一部分分配给其他要素所有者。如果其他要素所有者得不到必要的价值补偿,他们就不愿意继续提供生产要素,社会再生产就无法延续下去。可见,不论是按劳分配还是按其他要素分配,都要符合劳动价值论,都要遵循价值规律和价值增殖规律。

目前,在分配中出现的主要问题是按劳分配与按资分配的收入差距过大,劳动者常常处于弱势地位,缺乏维护自身权益的组织和能力,而资本所有者常常处于强势地位,具有支配和决定收益的实际权力,因而导致资本报酬明显快于劳动报酬增长。在私营企业中,部分资本利润实际是由劳动报酬转化而来的,从而限制和打击了生产者的积极性、主动性和创造性。因此,我们要以马克思的劳动价值论为指导,深入研究收入分配中的两重性特点和相容性规律,按照价值规律和价值增殖规律的要求,不断深化经济体制和收入分配制度改革,有效克服分配中的平均主义和两极分化等倾向,实现按劳分配与按非劳动要素分配的有机结合。

(三) 政府调控和市场调节的两重性和相容性

在党的十九届四中全会的报告中明确提出,社会主义基本经济制度包括了社会主义市场经济体制,这是对马克思主义经济理论的丰富、发展和创新。政府和市场的关系是世界各国都十分关注的重大问题,也是我国经济体制改革需要解决的核心问题之一。我国在用市场经济代替计划经济过程中,首先提出有商品的计划经济,然后提出有计划的商品经济,最后才提出社会主义市场经济。在发挥市场作用的过程中,首先提出计划经济为主、市场调节为辅,然后提出要使市场在资源配置中起"基础性"作用,最后提出要使市场在资源配置中起"决定性"作用,说明我们对社会主义市场经济的认识和实践都是逐步深化的。

有些人认为,强调市场在资源配置中的"决定性"作用是错误的,这是抹杀社会主义市场经济与资本主义市场经济的根本区别。其实,这种观点本身是错误的,这是因为他们没有正确认识市场经济与社会主义的内在联系和共同要求。历史表明,市场在资源配置中起决定性作用是一切市场经济的共性要求,而政府调控作用的大小却是不同市场经济的个性特点。现实表明,社会主义需要通过发展市场经济来实现自己的本质要求,就要使市场在资源配置中起"决定性"作用的同时,更好地发挥政府在宏观调控中的积极作用,这是社会主义市场经济的两重性和相容性的重要体现。

习近平总书记在关于《中共中央关于全面深化改革重大问题的决定》的说明中指出:"经济体制改革的核心问题仍然是处理好政府和市场关系。"[①]这就要把市场职能与政府职能区分开来,使两种职能相互协调,共同促进社会主义经济发展。市场职能就是要通过价值规律的自发调节,在资源配置中起决定性作用。现实经济证明,由市场自发调节来实现资源配置,是成本最低、效率最高的途径和方法。因此凡是能够通过市场调节自发解决的问题,如通过价格波动来调节供求平衡等,政府就不能横加干预和人为阻挠。政府职能就是要通过加强宏观调控,来弥补市场不足和解决市场失灵问题。凡是市场不能自发解决的问题,如宏观比例失调、生态环境破坏和缺乏长远规划等,政府必须利用制度优势和多种行政手段主动干预和积极解决。在处理好政府和市场关系过程中,我们要突破传统管理模式的束缚,既不能照搬发达资本主义国家"强市场、弱政府"的管理模式,也不能恢复传统计划经济中"强政府、弱市场"的管理模式,而是要从社会主义初级阶段实际出发,创建一个有中国特色的、符合当前经济发展需要的"强市场、强政府"的新管理模式。

(四) 对内改革与对外开放的两重性和相容性

在党的十一届三中全会以后,经过拨乱反正确立了党的基本路线,就是要以经济建设为中心,坚持四项基本原则,坚持改革开放。40 年的实践经验表明,改

---

① 习近平:《论坚持全面深化改革》,中央文献出版社 2018 年版,第 29 页。

革与开放是不可分割的有机整体,改革实际是对内的开放,而开放实际是对外的改革。因此,改革与开放不仅具有并存的两重性,而且具有相互促进和有机结合的相容性。

1. 要深化对内的经济体制改革,促进经济由高速度向高质量转变

深化经济体制改革,必须突出重点,解决好高质量发展、现代化经济体系建设和供给侧结构性改革这三个紧密联系、相互制约的重大现实课题。由于我国经济的持续高速增长受到资源环境制约,使原来主要依靠投资和外贸拉动的经济增长,已经不能持续,这就需要转变经济发展方式,实现经济模式由高速度向高质量转变。所谓高质量发展,就是要把质量和效益放在首位,不断改进技术和加强管理,提高企业的创新能力和竞争实力,使社会生产更加符合社会需要。经济的高质量发展是与现代化经济体系建设紧密联系的。习近平总书记指出:"现代化经济体系,是由社会经济活动各个环节、各个层面、各个领域的相互关系和内在联系构成的一个有机整体。"①经济的高质量发展和现代化经济体系建设提出了一个共同的要求,就是要从我国现实出发,不断深化供给侧结构性改革;就是要通过现代化经济体系建设,转变经济发展方式和优化产业结构,大量削减中低端产品的过剩产能,不断增加高端产品的生产能力,以实现经济高质量和高效益发展,不断满足全体人民日益增长的美好生活需要。

2. 要扩大对外开放的广度和深度,全面提高开放型经济的质量和规模

习近平总书记指出:"开放带来进步,封闭必然落后。"②为了全面提高开放型经济的水平,必须从以下三个方面加大改革力度。

(1)要转变对外贸易的发展方式。包括着力培育出口竞争的新优势,鼓励中高端的新技术产品出口;提升关键设备和先进技术的进口数量,带动高新技术产业迅速发展;积极鼓励和促进新兴服务业,如信息服务和金融保险等的出口,不断提高对外贸易中的服务比重。(2)要优化外资结构和提高利用效益。包括优化外商的投资结构,使之与本国的转型升级相适应;要把引进外资与引进先进技术、管理经验和高素质人才结合起来,以提高引进外资的质量和效益;要努力

---

① 习近平在中共中央政治局第三次集体学习时的讲话,《经济日报》2018年2月1日。
② 习近平:《决胜全面建成小康社会 夺取新时代中国特色社会主义伟大胜利——在中国共产党第十九次全国代表大会上的报告》,人民出版社2017年版,第34页。

实现外商投资的多元化,形成加工制造业与现代服务业相互促进和有机结合的新局面。(3)要加快提高对外投资的规模和水平。包括逐步改革和完善对外投资体系,不断拓展和优化对外投资领域;做好对外投资的考察研究工作,树立对外投资本土化的新理念;积极支持国内大公司在境外上市和跨国经营,提高其国际化能力和水平;要关注新兴国家的发展需要,与更多国家建立长期、稳定的合作关系。

三、中国特色社会主义经济两重性和相容性的发展创新

习近平总书记在党的十九大报告中指出:"中国特色社会主义进入了新时代,这是我国发展新的历史方位。"①这不仅为深刻认识和把握中国特色社会主义经济两重性和相容性的理论奠定了基础,而且为发展和创新中国特色社会主义经济两重性和相容性的实践指明了方向。

第一,要发展和创新中国特色社会主义经济的两重性和相容性,就要充分体现习近平总书记提出的"创新、协调、绿色、开放、共享"这"五大新理念"的本质要求。中国特色社会主义经济两重性和相容性的理论否定了社会主义经济与资本主义经济完全对立和不能相容的传统观念,开辟了社会主义经济与资本主义经济平等竞争和合作共赢的新途径,树立了社会主义充分利用资本主义创造的物质财富和精神财富、合理利用现有的资本主义生产关系,来加快社会主义经济发展和现代化建设的新理念,使实现社会主义共同理想和普遍的物质利益原则有机结合,成为中国经济发展和完善的动力机制和目标模式。

第二,要发展和创新中国特色社会主义经济的两重性和相容性,就要不断深化经济体制改革,完善政府与市场的相互关系。党的十八届三中全会《决定》中明确指出:经济体制改革的"核心问题是处理好政府与市场的关系,使市场在资

---

① 习近平:《决胜全面建成小康社会 夺取新时代中国特色社会主义伟大胜利——在中国共产党第十九次全国代表大会上的报告》,人民出版社2017年版,第10页。

源配置中起决定性作用和更好发挥政府作用"①。这是改革理论在新时代的重要发展,也是中国特色社会主义经济两重性和相容性要解决的关键问题之一。这就要求我们在正确认识社会主义与市场经济具有内在联系的基础上,正确理解和处理好政府与市场之间的辩证关系,在充分发挥市场在资源配置中决定性作用的同时,又能更好地发挥政府在计划指导和宏观调控中的积极作用,在宏观和微观两个领域同时实现社会主义与市场经济的有机结合和深度融合。

第三,要发展和创新中国特色社会主义经济的两重性和相容性,就要不断扩大对外开放的程度,加快构建人类命运共同体的前进步伐。构建人类命运共同体的重要思想,是习近平新时代中国特色社会主义思想的组成部分,也是中国特色社会主义经济两重性和相容性理论的重要体现,已经形成了科学完整的思想体系,产生了日益广泛和深远的国际影响。要把这一理念变成现实,必须积极参与世界经济治理、贡献中国方案,因而加快中国特色社会主义经济的发展和完善,成为积极参与世界经济治理和构建人类命运共同体的重要途径。因此,必须深刻认识中国特色社会主义经济的两重性特点和相容性规律,在改革开放中积极履行国际责任,践行共商、共建、共享原则,为世界和平与发展做出新的更大的贡献。

总之,中国特色社会主义经济的两重性和相容性,不仅表现在以上阐述的所有制结构、分配关系、市场经济、改革开放等方面,而且表现在调节机制、劳动价值、企业改制、劳动就业、土地制度、教育文化、经济理论和思想方法等方面。本书的目的就是要通过方方面面的具体表现,全面认识和深刻揭示中国特色社会主义经济的两重性特点和相容性规律,为加快我国的经济发展和现代化建设奠定思想基础和提供理论支持,为发展、完善和创新中国特色社会主义经济理论和实践做出微薄贡献。

---

① 《中共中央关于全面深化改革若干重大问题的决定》,人民出版社2013年版,第3页。

第1章

生产力的两重性及其发展规律

生产力是马克思主义政治经济学最基本的范畴之一，因而正确认识和理解生产力的两重属性及其运动规律就显得尤为重要。生产力是由人的要素和物的要素共同构成的，因而它具有人的社会属性和物的自然属性并存且相容的两重属性。从生产力的自然属性来讲，它是所有物质财富的直接来源，是人类社会存在和发展的物质基础和前提条件。从生产力的社会属性来讲，它是生产关系的物质内容，生产力的发展水平体现了生产关系的不同历史阶段，是生产关系发展和变革的终极原因和根本动力。可见，研究生产力的两重性及其相容性，成为研究中国特色社会主义经济发展两重性和相容性的理论前提和现实基础。

一、生产力的自然属性：一切物质财富的直接来源

就生产力的自然属性来讲，生产力是人与自然之间的物质变换关系，是人们改造自然取得生存资料、发展资料和享受资料的能力，因而生产力成为物质财富的直接来源，成为社会得以存在和发展的物质基础和前提条件。因此，深入研究生产力体系及其运动规律，对加快我国的现代化经济建设和提高人们的物质文化生活水平显得尤为重要。

(一) 生产力体系及其运动规律

什么叫生产力？简单地讲，就是人与自然之间的物质变换关系。哲学上把生产力定义为人们改造自然、服务人类、创造物质财富的能力。政治经济学进一步指出，生产力是人们生产使用价值和提高物质生活水平的能力。笔者以为，生产力是一个多层次的运动体系，由它的源泉、要素、结果和复归共同组成。

(1) 生产力的源泉。它可分成三个层次：首先是环境所提供的自然力，包括自然界的全部物质资源；其次是在环境中形成和发展起来的劳动力，即人的体力和智力；最后是人与环境进行物质交换时，逐步发现自然规律与社会规律所形成

的科学技术力。

(2) 生产力的要素。生产力的源泉进一步转化为生产力的要素。自然力物化为劳动资料和劳动对象,劳动力人化为劳动者,科学技术力则渗透到劳动资料、劳动对象和劳动者三者之中。

(3) 生产力的结果。生产力三要素结合形成现实生产力,其结果表现为劳动生产率,可用单位劳动时间所生产的使用价值量,或生产单位使用价值所消耗的劳动时间来表示。可见,提高生产力实质是要以较少的物化劳动和活劳动获得较多社会需要的产品,因而是提高经济效益的根本途径。

(4) 生产力的复归。生产力在提供生产者所需的必要产品以后还会有剩余,这些剩余产品成为新生产力的源泉和扩大再生产的物质条件,使生产力成为有规律、可循环的过程和体系,构成全部社会运动的物质基础。

深入研究表明,生产力规律实质是节约劳动规律,包括在微观上节约单位产品的劳动时间、在宏观上节约产品的总劳动时间这两个方面。

第一,就微观上节约单位产品的劳动时间来说,生产力与单位产品的劳动时间成反比。因此,要降低单位产品的劳动时间,就要改进技术、加强管理、提高企业生产力。其中包括节约产品中的物化劳动(生产资料)和活劳动(人力)。如果用机器代替人力,那么产品中物化劳动就要增加,活劳动就会减少。只有当产品中增加的物化劳动小于减少的活劳动,使产品的总劳动减少时,才表明劳动生产力提高;当产品中增加的物化劳动大于减少的活劳动,使产品的总劳动增加时,则表明劳动生产力下降。因此,并不是在任何情况下使用机器都能提高劳动生产力。如果把流通也考虑进去,那么节约单位产品的劳动时间,还包括节约流通时间,即购买生产资料和销售产品的劳动时间。不论是节约单位产品中的生产时间还是流通时间,科学技术都具有特别重要的作用。科学技术可以突破人的身体器官限制,特别是智能化的机器人能够部分取代人的功能,成千上万倍地提高工作效率。在大数据、云计算和智能化的新时代,人们通过改革机器设备、改进生产工艺、采用新能源和新材料以及优化劳动组合等,极大地提高了劳动生产率,因而使科学技术成为第一生产力。

第二,就宏观上节约产品的总劳动时间来说,它要求产品的生产量符合社会需求量。如果某产品的生产量大于需求量,那么大于部分包含的劳动就会成为多余,由此造成的损失表明生产力下降和劳动时间浪费。节约产品总劳动时间的实质是要按比例分配社会劳动,以提高社会生产力。与社会经济发展有关的重大比例关系很多,如物质资料再生产与人口再生产的比例、物质和人口再生产与环境负载能力的比例、社会必要劳动与社会剩余劳动的比例、积累与消费的比例等。就物质资料的再生产来说,最基本的比例关系是生产资料生产和消费资料生产这两大部类的比例关系,而两大部类的比例关系又进一步表现为农业、轻工业、重工业的比例关系,第一、第二、第三产业的比例关系,以及部门内部的比例关系。如果社会再生产各部门以及它们内部的比例协调,就会有力地促进社会生产发展、大大提高总劳动生产力。相反,如果这些重大的比例失调,就会出现经济发展的大起大落,甚至导致严重经济危机。可见,生产力规律就是要从宏观和微观两个方面节约劳动时间,促进生产力全面发展。

总之,微观节约单位产品的劳动时间,实质是纵向提高经济增长的速度,而宏观节约社会产品的总劳动时间,实质是横向促进经济按比例发展,因此生产力规律就是速度和比例二者有机结合的经济规律,它既是最抽象、最本质、最全面的经济规律,又是价值规律和价值增殖规律等其他经济规律得以产生和发挥作用的前提和基础。

(二)生产力规律与价值形成规律

实践表明,生产力不可能孤立地存在,它必然要同一定的生产关系结合起来,形成特殊的生产方式才能发挥现实作用。同样,生产力规律也必须同其他经济规律结合起来,才能实现自己的本质要求。价值形成规律简称价值规律,是市场经济的基本经济规律。由于市场经济是生产力发展到一定历史阶段的产物,因此价值规律与生产力规律有着不可分割的必然联系。价值规律所要求的两种含义的社会必要劳动时间,正好从微观和宏观两个方面反映着生产力规律的要求,成为促进生产力发展的形式和动力。具体表现在以下两个方面:第一,价值规律中涉及的第一种含义的社会必要劳动时间,反映了生产力规律提高微观生产力的要求。马克思在《资本论》中指出:"社会必要劳动时间是在现有的社会正常的生产条件下,在社会平均的劳动熟练程度和劳动强度下制造某种使用价值所需要的劳动时间。"[①]

[①] 《马克思恩格斯选集》第二卷,人民出版社 2012 年版,第 99 页。

价值规律之所以能体现生产力规律的要求，是因为在市场经济中，商品价值是由第一种含义的社会必要劳动时间决定的。如果商品生产者的个别劳动时间高于社会必要劳动时间，意味着有一部分劳动是不必要劳动，在实现商品价值时就会出现亏损；相反，如果商品生产者的个别劳动时间低于社会必要劳动时间，意味着有一部分没有支出的劳动也会得到社会承认，在实现商品价值时会增加盈利。商品生产者为了避免亏损和增加盈利，就要努力改进技术、加强管理、提高个别生产力。随着社会生产力普遍提高，生产商品的社会必要劳动时间就会缩短，从而商品价值就会下降。因而生产力规律所体现的生产力与单位产品的劳动时间成反比的必然性，现在表现为生产力与单位商品价值成反比的必然性。价值规律通过内在的利益机制和外在的价格机制及竞争机制，促使商品生产者不断提高劳动生产率，实现了提高微观生产力的要求。第二，价值规律中涉及的第二种含义的社会必要劳动时间，反映了提高宏观生产力的要求。这是因为在市场经济中，第二种含义社会必要劳动时间代表社会需要每一种商品总量所包含的劳动时间。当社会生产的商品少于社会需要造成供不应求时，价值规律就会通过价格高于价值的运动促使商品生产者增加生产。相反，当社会生产的商品多于社会需要造成供过于求时，价值规律就会通过价格低于价值的运动，促使商品生产者减少生产。结果，价值规律好像一只无形的手，自发地调节着生产资料和劳动力在各生产部门的分配比例，使每一种商品的生产量趋向社会的需要量，使社会总劳动按比例分配。价值规律再次通过内在利益机制和外在竞争机制，促使商品生产者只按第二种含义的社会必要劳动时间生产商品，从而实现了提高宏观生产力的要求。可见，在市场经济中，生产力规律的要求通过价值规律、价格波动和竞争机制的作用，在微观和宏观两个方面都得到了贯彻。

（三）生产力规律与价值增殖规律

随着社会生产力发展，当个体劳动的小生产逐步被社会化大生产所代替，个体劳动者的私有制为资本主义的私有制所代替；当劳动力开始成为商品，劳动力的使用创造的价值大于劳动力自身价值而带来剩余价值的时候，价值规律就转化为资本价值增殖规律。价值规律促进生产力发展的作用，就由资本价值增殖规律来实现。资本价值增殖规律对生产力发展的促进作用表现在两个方面：第一,资本家通过追求超额剩余价值,促进企业生产力提高。超额剩余价值来源于商品个别价值与社会价值的差额。当个别资本家率先改进技术,提高个别生产力,使其商品个别价值低于社会价值时,该资本家通过商品销售就可获得超额剩余价值。因此,资本价值增殖规律即剩余价值规律,恰好体现了生产力规律提高微观生产力的要求。第二,资本家获得的相对剩余价值,是全社会劳动生产力普遍提高的必然结果。无数资本家在追逐超额剩余价值过程中,促使社会生产力普遍提高,从而降低了必要生活资料价值和劳动力价值,缩短了工作日中的必要劳动时间,相对延长了剩余劳动时间,使整个资产阶级都获得相对剩余价值。因此,相对剩余价值的实现过程,恰好体现了生产力规律提高宏观生产力的要求。可见,价值规律促进生产力发展的两方面作用,完全由资本价值增殖规律所代替,并且在社会化大生产基础上,使生产力规律的要求得到更充分实现。社会主义代替资本主义,不会取消社会化大生产,并且在一定历史时期内还要大力发展市场经济。因此,只要撇开资本主义生产关系的特殊性,价值规律、价值增殖规律对生产力的促进作用在社会主义市场经济中是同样存在和发挥作用的。由于社会主义生产关系与市场经济本质要求的一致性,使价值规律、价值增殖规律更能反映生产力规律的要求,从微观和宏观两个方面促进社会生产力发展。

虽然价值规律和价值增殖规律与生产力规律的本质要求是一致的,但是价值规律和价值增殖规律的实现形式与生产力发展还是有矛盾的。价值规律和价值增殖规律的实现,常常要以部分生产力的损失或破坏为代价,局部出现的企业倒闭甚至全局性的经济危机和金融危机就是明证。因此,只有深刻认识生产力规律、价值规律和价值增殖规律的内在联系及其外在矛盾,才能自觉运用价值规律、价值增殖规律,实现生产力规律的客观要求,在社会化大生产和市场经济条件下,加快社会主义现代化建设和提高人民的物质文化生活水平。

二、生产力的社会属性:推动社会发展的根本动力

如前所说,生产力具有两重性,从它的自然属性来讲,生产力是一切物质财富的直接来源,从它的社会属性来讲,生产力又是推动一切社会发展和变革的根本动力。在社会基本矛盾中,生产力是物质内容,生产关系是社会形式,内容决

定形式,形式反作用于内容,因此二者紧密联系、相互作用,是不可分割的。要正确认识生产关系,首先要深刻认识生产力的社会属性,它是社会发展和变迁中最革命、最活跃的因素。由于社会主义的根本任务是解放和发展生产力,因此全面揭示生产力的社会属性、大力发展社会主义市场经济,对于从根本上改变我国经济落后状况、完成社会主义初级阶段历史使命具有极为重要的现实意义。

为什么说社会主义的根本任务是发展生产力?这是由生产力本身的性质、要求和作用所决定的。发展生产力包括解放生产力和提高生产力两个方面,社会主义不仅是解放生产力的产物,而且只有通过提高生产力才能得到巩固和向更高社会过渡。因此,发展生产力对社会主义始终具有决定性意义。

1. 生产力是社会发展的最终动力和根本原因

人类社会有无自身发展规律?马克思经过长期科学研究得出如下结论:"人们在自己生活的社会生产中发生一定的、必然的、不以他们的意志为转移的关系,即同他们的物质生产力的一定发展阶段相适合的生产关系。这些关系的总和构成社会的经济结构,即有法律的和政治的上层建筑竖立其上并有一定的社会意识形态与之相适应的现实基础。物质生活的生产方式制约着整个社会生活、政治生活和精神生活的过程……社会的物质生产力发展到一定阶段,便同它们一直在其中活动的现有生产关系或财产关系(这只是生产关系的法律用语)发生矛盾,于是这些关系便由生产力的发展形式变成生产力的桎梏。那时社会革命的时代就到来了。随着经济基础的变更,全部庞大的上层建筑也或慢或快地发生变革……无论哪一个社会形态,在它所能容纳的全部生产力发挥出来以前是决不会灭亡的;而新的更高的生产关系,在它的物质存在条件在旧社会的胎胞里成熟以前是决不会出现的。"①这段话清楚地说明了三点:(1) 社会形态像"三层楼",底层是生产力,中间是生产关系,顶部是上层建筑;(2) 社会发展的根本原因是社会的基本矛盾,即生产力与生产关系,经济基础与上层建筑的矛盾;(3) 社会变更的决定性条件是生产力,生产力发展最终决定旧制度灭亡和新制度产生。这一段话说明了人类社会发展的最一般规律和根本动因,它是马克思历史唯物主义成熟的标志。列宁坚持了这一历史唯物主义结论,指出:"只有把社会关系归结于生产关系,把生产关系归结于生产力的水平,才能有可靠的根据

---

① 《马克思恩格斯选集》第二卷,人民出版社2012年版,第2—3页。

把社会形态的发展看做自然历史过程。"①因此,只有掌握了历史唯物主义的无产阶级及其政党,才会从社会发展的客观规律出发,把发展生产力作为自己的历史使命,自觉地推动社会前进。

2. 解放生产力是社会主义革命的根本目的

历史上,资本主义不仅是生产力发展的产物,而且是生产力发展的动力。在资本主义社会,一方面生产的社会化程度不断提高,创造出比以往任何时代更高的生产力;另一方面生产力始终被限制在生产资料私有制的限度之内,这就必然形成社会化生产力与私有制生产关系的尖锐矛盾,导致经济危机和社会主义革命。因此,社会主义革命的根本任务,是把社会化生产力从私有制生产关系的束缚下解放出来,为其能在公有制生产关系中得到更大发展开辟道路。有人认为,社会主义革命应在生产力高度发达的资本主义国家首先胜利,而在生产力不发达的资本主义国家,特别是在半殖民地半封建国家进行社会主义革命,是违背马克思主义关于生产力决定生产关系的基本原理的。其实,他们是用机械唯物主义来代替辩证唯物主义,没有把社会发展的必然性与现实性区分开来。虽然发达资本主义国家已存在社会主义代替资本主义的必然性,但是还不具备这一变革的现实性。一方面生产力的高度发展,迫使发达资本主义国家局部调整生产关系,提高对生产力的容纳程度;另一方面,发达资本主义国家有可能拿出一部分高额利润来收买工人贵族,改善劳动者的生产和生活条件,起到缓和阶级矛盾和延缓社会主义革命的作用。而在帝国主义时代,政治经济发展不平衡为落后的资本主义国家,包括半殖民地半封建国家,提供了社会主义革命的现实可能性,出现了统治者无法"照旧统治下去"、被统治者无法"照旧生活下去"的状况,因而社会主义革命能在资本主义统治的薄弱环节首先开始,并取得成功。正是由于这一特殊原因,生产力落后的国家在社会主义革命成功之后,要把发展生产力作为自己的根本任务,在无产阶级领导下补上生产力不发达这一课。

3. 提高生产力是巩固和完善社会主义制度的根本保证

根据历史唯物主义观点,资本主义社会"在它们所能容纳的全部生产力发挥出来之前,是决不会灭亡的";同样道理,社会主义在它所能创造的全部生产力超过资本主义之前是不会真正巩固的。因此列宁一再强调,社会主义就是要创造

---

① 《列宁选集》第一卷,人民出版社2012年版,第8—9页。

出"较资本主义更高的劳动生产率","劳动生产率,归根到底是使新社会制度取得胜利的最重要最主要的东西"。① 理论上的社会主义有一个从空想到科学的转变过程,实践中的社会主义也有一个从幼稚到成熟的转变过程。如果说社会主义从空想到科学的转折点,是认识了资本主义制度的本质,从而找到了改变资本主义的正确道路和社会阶级力量;那么社会主义从幼稚到成熟的转折点,是认识到提高生产力对巩固社会主义制度的决定性作用,从而找到在共产党领导下提高生产力的正确途径和方法。我国社会主义发展和苏联社会主义解体,从正反两方面证明了这一点。苏联社会主义解体的原因固然很多,但是在经济上的原因仍然是生产力发展比例失调,包括军工在内的重工业太重,而满足人民生活需要的农业和轻工业太轻,必然导致经济困难和政治动荡。这方面,我国社会主义也经历了曲折过程。1957年生产资料的社会主义改造完成以后,我们犯过两大错误:一是阶级斗争扩大化。把过渡时期的阶级矛盾夸大为整个社会主义历史时期的主要矛盾,实行以阶级斗争为纲,扩大了打击面,挫伤了许多人的社会主义积极性,阻碍了生产力发展。二是盲目提高公有化程度,搞"穷过渡"。把马克思、恩格斯设想的在生产力高度发达的基础上才能实现的单一公有制,拿到生产力还很低的现阶段来推行,违背了生产关系一定要适合生产力的规律,结果欲速则不达,反而使生产力遭到破坏。这两大错误的共同原因,都是没有认识到提高生产力对巩固和完善社会主义制度的决定作用,因而没有把提高生产力作为社会主义的根本任务来抓。党的十一届三中全会以后,经过拨乱反正,纠正了这两大错误,把党的中心工作转移到现代化经济建设上来,经过改革开放,有力地促进了生产力提高和社会主义制度巩固。习近平总书记在党的十九大报告中提出,"必须坚定不移把发展作为党执政兴国的第一要务,坚持解放和发展社会生产力,坚持社会主义市场经济改革方向,推进经济持续健康发展"②,强调了发展生产力对巩固和发展中国特色社会主义制度的决定性作用。

可见,正确认识生产力的社会属性、深刻理解生产力对社会变革和发展的决定性作用至关重要。社会主义革命的根本任务是解放生产力,社会主义建设的

---

① 《列宁选集》第四卷,人民出版社2012年版,第16、17页。
② 习近平:《决胜全面建成小康社会　夺取新时代中国特色社会主义伟大胜利——在中国共产党第十九次全国代表大会上的报告》,人民出版社2017年版,第29—30页。

根本任务是发展生产力。因此,只有不断解放和发展生产力、不断增强我国的综合国力和提高人民的生活水平,才能使社会主义建立在巩固的物质基础上,才能不断完善生产关系和上层建筑,充分显示社会主义的生命力和优越性。

三、物质生产力、精神生产力、人才生产力有机结合

社会主义的根本任务是发展生产力。从狭义上讲,生产力是人们改造自然,生产使用价值即物质财富的能力,但它有更广的含义。如果把人类精神财富的生产能力称为精神生产力,那么对人类智能的培养力则可称为人才生产力了。我们不仅要提高物质生产力,更要提高精神生产力和人才生产力。因此,只有从广义上理解生产力,把生产、科技和教育作为一个系统,才能深刻认识物质生产力、精神生产力和人才生产力的有机联系和相互作用,使科技和教育真正取得第一生产力的地位和发挥它们的关键性作用。如果说物质生产力主要强调生产力的自然属性,那么精神生产力则主要强调生产力的社会属性,而人才生产力正是生产力的自然属性和社会属性的两重性及其相容性的集中体现。

(一) 物质生产力是基础

物质生产是人类存在和发展的基础,物质生产力决定和制约着精神生产力和人才生产力。因此研究物质生产力发展规律是揭示精神生产力和人才生产力发展规律的前提,这里有三个问题需要解决。

1. 物质生产与物质生产力的相互关系

人们常从现象出发,以为生产增加就是生产力提高,其实不然。因为生产与生产力既有联系又有区别。生产是生产力的实现过程,生产力是生产发展的效益体现,两者互为前提、不可分离。但它们又有区别,生产同样的产品,不同生产者的能力会有差别,生产资料不同,差别会更大。判断生产减增的依据是产品的绝对量,它反映生产的规模和速度;判断生产力高低的依据,是产品与劳动消耗的相对量,生产力反映生产的效率和效益。如果生产规模扩大和速度提高伴随着产品质量下降、劳动消耗超常增加、资源大量浪费、生态遭受破坏,那么这种生

产增加的同时会使生产力下降,这是造成生产与生产力对立运动的根源。因此,发展生产必须以提高生产力为核心,这就是我国经济要从高速度向高质量转变的根本原因。

2. 科学技术是第一生产力

物质生产力的源泉包括自然力、人力和科学技术力,它们进一步转化为生产力的要素。自然力物化为劳动资料和劳动对象,人力人化为劳动者,科学技术力则渗透到劳动资料、劳动对象和劳动者之中。科学技术在生产力中地位的提高有一个历史过程。"只有资本主义生产方式才第一次使自然科学为直接的生产过程服务"①,成为生产财富的手段。实践表明,现成自然物的利用和劳动者直接经验的运用,对生产力的促进作用总是有限的,只有科学技术对生产力的促进作用才是无限的,它使生产力发展具有乘数效应和加速作用,这是发达国家与落后国家生产力水平悬殊的根源。特别是互联网、大数据、云计算、人工智能等的开发和运用,使科学技术取得了第一生产力的性质和地位,成为生产力的首要源泉和根本动力,这就是我们要在新时代加快科技发展和实行创新驱动战略的根本出发点。

3. 市场经济是物质生产力发展的动力和形式

在产品的品种、质量和数量符合社会需要的前提下,提高生产力集中表现为降低劳动消耗。因此马克思指出,"真正的经济——节约——在于节约劳动时间","节约劳动时间＝发展生产力"。② 在市场经济中,价值规律涉及的两种含义社会必要劳动时间,恰恰反映了节约劳动时间和提高生产力的必然要求。在微观上,第一种含义社会必要劳动时间决定单位商品的价值量,它促使商品生产者运用科学、改进技术、加强管理,节约生产单位商品的劳动时间,提高个别生产力;在宏观上,第二种含义社会必要劳动时间决定能实现的商品总量的价值量,它促使商品生产者按社会需要生产,使社会劳动能够按比例分配,从而节约生产每一种商品的总劳动时间,以提高社会生产力。因此,市场经济从宏观和微观两个方面,全面促进了生产力提高和经济建设发展,有效实现了总供求平衡和人们生活水平提高,这就是我们要发展社会主义市场经济

---

① 马克思:《机器、自然力和科学的应用》,人民出版社1978年版,第206页。
② 马克思:《政治经济学批判大纲(草稿)》第三分册,人民出版社1963年版,第364页。

的内在原因和客观依据。

(二) 精神生产力是主导

我们把知识分子从事科技研发的脑力劳动也看作一种生产,其产品就是人类的精神财富,即思想、文化、科技等的创新成果。物质生产主要是重复性劳动,而精神生产主要是创造性劳动,有其特殊规律。因此,提高精神生产力本身就是一门科学,特别是我们这样一个发展中国家,如何发挥精神生产力的主导作用更具现实意义。这里需要解决三个问题。

1. 物质生产与精神生产的相互关系

一方面,物质生产决定并制约精神生产。主要表现在:(1) 物质生产提供的剩余产品是精神生产的物质基础和前提条件。如果没有足够的剩余产品,就不能保证精神生产者生存和队伍扩大,精神生产就无法进行。(2) 物质生产是推动精神生产发展的直接动力。正如恩格斯所说:"经济上的需要曾经是,而且越来越是对自然界的认识不断进展的主要动力"[1];"社会一旦有技术上的需要,这种需要就会比十所大学更能把科学推向前进"[2]。(3) 物质生产的发展不仅为科学研究提供实际资料,还为科学研究提供日益先进的技术手段,使"精神生产随着物质生产的改造而改造"[3]。

另一方面,精神生产又会促进物质生产发展,对物质生产具有强大的反作用。主要表现在:(1) 社会科学具有推动社会前进的能动作用,为物质生产发展创造有益的社会环境。(2) 自然科学是工艺改革、技术进步和开发新能源、新材料的源泉,是提高物质生产力的最有力的杠杆。(3) 随着新科技革命的兴起,科学知识所蕴含的信息无疑是一种精神产品,它为开拓物质生产的新领域指示方向,成为提高物质生产力的主导力量。可见,物质生产和精神生产是相互促进、相互渗透、相辅相成的。物质生产是基础,精神生产是主导,为加速提高物质生产力,更须重视精神生产力的能动作用。

---

[1] 《马克思恩格斯选集》第四卷,人民出版社 2012 年版,第 612 页。
[2] 《马克思恩格斯选集》第四卷,人民出版社 2012 年版,第 648 页。
[3] 《马克思恩格斯选集》第一卷,人民出版社 2012 年版,第 420 页。

2. 知识分子是精神生产力的主体

知识分子是脑力劳动者,是科学技术的创造者和新生产力的开拓者。因此,要提高精神生产力,首先要尊重知识、尊重人才,发挥知识分子的积极性。毛泽东早在领导中国革命时,就一再强调知识和知识分子的重要作用。他说:"没有文化的军队是愚蠢的军队,而愚蠢的军队是不能战胜敌人的。"①他还在为中共中央写的《大量吸收知识分子》的决议中指出:"没有知识分子的参加,革命的胜利是不可能的。"②在社会主义建设时期,毛泽东进一步提出:"我国的艰巨的社会主义建设事业,需要尽可能多的知识分子为它服务。"③"没有知识分子,我们的事情就不能做好,所以我们要好好地团结他们。"④可是,新中国成立以后,在对待知识和知识分子方面,我们走过弯路。党的十一届三中全会以来,经过拨乱反正,克服了"左"倾错误,使党的知识分子政策得到贯彻。但是在分配方面,科学家、工程师、管理者和教师的收入不如娱乐明星和体育明星的现象仍然十分普遍,直接影响了科技和教育事业的发展。

3. 价值规律是提高精神生产力的社会动力

调动知识分子的积极性,提高精神生产力,一方面要靠党和国家的方针、政策以及强有力的政治思想工作;另一方面也要靠经济规律和经济杠杆。这里首先碰到的问题是:从事精神生产的脑力劳动是否也是价值的源泉?这里有两种情况:一种是与物质生产直接联系的精神生产,如研制新工艺和新技术。它们作为物质生产中整体劳动的一部分,无疑是形成价值的实体,而且是复杂劳动,其价值等于多倍的简单劳动,应支付较高的劳动报酬。另一种是与物质生产没有直接联系的精神生产,如自然科学和社会科学的基础理论研究等。它们的劳动虽然不直接创造价值,但也是复杂劳动,应比照生产性复杂劳动得到补偿,否则这类基础性科学研究难以发展。因此,价值规律对精神生产起着直接或间接的调节作用,是推动精神生产力发展的社会动力。价值规律促使精神产品符合社会需要,促使精神产品的生产者节约劳动,也促使精神产品更快地转化为物质

---

① 《毛泽东选集》第三卷,人民出版社1991年版,第1011页。
② 《毛泽东选集》第二卷,人民出版社1991年版,第618页。
③ 《毛泽东文集》第七卷,人民出版社1999年版,第225页。
④ 《毛泽东文集》第七卷,人民出版社1999年版,第270页。

生产力。过去我们忽视价值规律对精神生产力的促进作用,特别是"对脑力劳动的产物——科学——的估价,总是比它的价值低得多"①,结果阻碍了精神生产力发展,削弱了科技对经济发展的主导作用。

(三) 人才生产力是关键

人才包括科学家、教授、工程师、经济师、技术人员、管理干部和操作能手等。人才的生产包括对高、中级知识分子的培养,成人劳动者的培训以及对青年、少年、儿童的教育。因此,提高人才生产力实质是提高全民族的文化素质,使高等、中等、初等、幼儿和成人教育同步发展,培养出更多高、精、尖人才。这里也要解决三个问题。

1. 物质生产、精神生产和人才生产的相互关系

一方面,物质生产和精神生产是人才生产的基础,决定和制约着人才生产的规模、水平和发展方向。物质生产为培养人才提供物质条件,包括教学器材、设备、场所和费用等。精神生产为培养人才提供精神条件,包括文化知识、科学技术和理论方法等。同时人才的培养又要符合物质生产和精神生产的发展需要。

另一方面,人才生产对物质生产和精神生产又有巨大的反作用。人才生产的基本形式是教育。教育通过传授知识,既实现科学技术的外延扩大再生产,又通过培养专门人才促进科学技术的内涵扩大再生产。教育推动科技最终成为物质生产力。从这个意义上讲,教育与科技一样也是第一生产力。我们要在物质生产方面赶超发达国家,首先要在科技方面有所创新和突破,而科技创新和突破的前提是发展教育,是高、精、尖人才的培养和科技队伍的壮大。可见,百年大计,教育为本。

2. 教师是人才生产的主体

物质生产的主体是劳动者,精神生产的主体是知识分子,人才生产的主体是教师。学校是培养人才的"工厂",教师是人类灵魂的"工程师"。因此,提高人才生产力关键是培养一支道德品质好、学术水平高、教学能力强的教师队伍,这需要多方面的共同努力才能实现。首先,要形成尊师重教的社会风尚,为提高教师

---

① 《马克思恩格斯全集》第二十六卷第一册,人民出版社 1972 年版,第 377 页。

的事业心和责任感,创造良好的外部环境。其次,要给教师以较好的工作条件和生活条件,发挥物质利益在提高教师积极性和创造性上的激励作用。最后,要为教师接受继续教育创造条件,通过不断提高教师的素质和水平,来达到提高教学质量的目标。因此,从根本上改变人才生产中"工作母机"生产落后的现状,已成当务之急。

3. 利益机制与竞争机制是提高人才生产力的动力和压力

提高人才生产力既要提高人才质量,又要节约培养费用,因此也要打破"大锅饭"和"铁饭碗",形成合理的人才培养机制。一方面,人才生产要有内在动力,培养费用不应由国家全包,部分费用可与人才的劳动收入挂钩,使利益机制成为人才生产的内在动力;另一方面,人才生产要有外在压力,要造成优胜劣汰、适者生存的社会环境,使人人感到只有努力学习,掌握高、新、深的科学文化知识,才能为社会所用,才有立足之地,使竞争机制成为人才生产的外在压力。因此,健全人才培养机制,包括内在的利益机制和外在的竞争机制,都是提高全民族的文化素质,提高学校和办学机构的教学质量,使高、精、尖人才脱颖而出的重要条件。

综上所述,物质生产力是基础,精神生产力是主导,人才生产力是关键。物质生产力与精神生产力并存是生产力具有两重性的又一种表现形式,而人才生产力正是物质生产力与精神生产力的有机结合,是它们具有相容性的表现。因此,只有正确认识三种生产与三种生产力之间的辩证关系,自觉遵循其中的自然规律和社会规律,充分运用价值规律和价值增殖规律,健全利益机制和竞争机制,才能有效发挥劳动者、知识分子和教师在提高物质生产力、精神生产力和人才生产力中的主体作用,才能使三种生产力有机结合、协调发展,才能更好地实现社会主义的根本任务、加快实现振兴中华和全面小康的宏伟目标。

四、正确认识基本矛盾和主要矛盾及其发展规律

在社会主义条件下,从生产力的自然属性来讲,就是要创造更多更好的物质财富,以满足全体人民日益增长的美好生活需要;而从生产力的社会属性来讲,则要为巩固和完善社会主义制度、为向更高历史阶段过渡创造日益雄厚的物质

基础。可见,生产力的两重性和相容性决定了现阶段基本矛盾与主要矛盾的两重性和相容性。因此,要在揭示基本矛盾和基本经济规律的基础上,深入研究主要矛盾和主要经济规律,使这两大矛盾及其两大经济规律相互促进和有机结合,达到巩固社会主义制度和提高人民生活水平的双重目标和取得双重胜利。

(一) 基本矛盾和基本经济规律

人类社会是如何发展的? 有无规律可循? 对此有唯物和唯心两种截然相反的看法。历史唯心主义认为,人类社会的发展是由上帝安排的,或是由帝王将相等英雄人物创造的。而历史唯物主义则认为,人类社会是一个自然发展的历史过程,有其自身的必然性和客观规律。马克思在《〈政治经济学批判〉序言》中写道:"无论哪一个社会形态,在它所能容纳的全部生产力发挥出来以前,是决不会灭亡的;而新的更高的生产关系,在它存在的物质条件在旧社会的胎胞里成熟以前,是决不会出现的。"[①]他认为社会进步的根本动力,是生产力和生产关系、经济基础和上层建筑的矛盾,因此它们是一切社会共有的基本矛盾。

纵观历史,每个社会都是在生产力与生产关系、经济基础与上层建筑这两对基本矛盾的推动下发展的。当生产关系适应生产力的时候,便促进和加速生产力发展;反之,便会阻碍和破坏生产力发展,这种矛盾的激化必然导致经济基础和上层建筑的变革,通过社会革命改变旧的生产关系和上层建筑,建立新的生产关系和上层建筑,使之与生产力发展和经济基础相适应。中国革命的成功印证了基本矛盾和基本经济规律存在的必然性及其作用的普遍性。

在社会主义社会建立以后,是否还存在这 基本矛盾? 基本经济规律是否依然起作用? 早在20世纪50年代中期以前,流行着社会主义人与人之间只有互助合作关系,而无矛盾和冲突的思想。最有代表性的是斯大林的观点,他认为在社会主义社会,生产力与生产关系、经济基础与上层建筑是完全适应的,不存在任何矛盾,即所谓"完全适应"和"无矛盾"论。当社会一旦出现矛盾和冲突的时候,便把他们当作外来的敌对势力进行无情打击,不能正确处理人民内部的各种矛盾,因而陷入迷途和困境。毛泽东运用历史唯物主义观点,深刻批判了这种

[①] 《马克思恩格斯选集》第二卷,人民出版社2012年版,第3页。

"完全适应"和"无矛盾"论,指出:"社会主义生产关系已经建立起来,它是和生产力的发展相适应的;但是,它又还很不完善,这些不完善的方面和生产力的发展又是相矛盾的。除了生产关系和生产力发展的这种又相适应又相矛盾的情况之外,还有上层建筑和经济基础的又相适应又相矛盾的情况。"[①]因而提出要正确处理人民内部矛盾的问题,这就从根本上否定了斯大林的"完全适应"和"无矛盾"论,从而揭示了社会主义社会的基本矛盾和基本经济规律。

生产力和生产关系、经济基础和上层建筑的矛盾,仍然是推动社会主义社会发展的强大动力。这一基本矛盾运动,表现为生产关系一定要适应生产力发展的规律,因而是一切社会的基本经济规律,同样适用于社会主义社会。不过在不同的社会里,基本矛盾的性质和运动形式是有所不同的。在社会主义社会中,生产关系是与生产力基本相适应的,所以能推动生产力迅速发展,同时生产关系的某些环节和方面又存在着与生产力不相适应的矛盾情况,需要不断地加以改革、调整和完善。不过这些矛盾同其他阶级社会的矛盾性质不同,不再表现为对抗性矛盾,而是表现为人民内部矛盾,可以通过和平协商的办法来解决,从而推动社会主义社会前进。这个关于基本矛盾和基本经济规律的理论,为我国经济体制和社会体制的改革奠定了思想基础,四十年来改革开放的实践充分证明了这一理论的科学性和重要性。

(二) 社会主义初级阶段的主要矛盾及其变化

社会的基本矛盾贯穿于社会主义整个历史时期,制约着不同发展阶段上的主要矛盾。社会主义社会是一个相当长的历史过程,可分为初级阶段、中级阶段和高级阶段等不同时期。由于革命胜利前中国处于半封建、半殖民地社会,底子薄和生产力落后的国情,决定了在社会主义革命胜利以后,我国还将长期处于社会主义初级阶段,以补上生产力不发达这一课。

社会主义初级阶段的矛盾是错综复杂的,但是在众多的矛盾中必然有一个主要矛盾,它规定和影响着其他矛盾的存在和发展。在党的十三大报告中明确指出:"我们在现阶段所面临的主要矛盾,是人民日益增长的物质文化需要同落

[①] 《毛泽东文集》第七卷,人民出版社1999年版,第215页。

后的社会生产之间的矛盾。阶级斗争在一定范围内还会长期存在,但已经不是主要矛盾。"①这是党和人民总结经验教训得出的科学结论。

我们党认识社会主义初级阶段的主要矛盾,经历了多次艰难曲折。早在1957年在生产资料所有制的社会主义改造完成以后,毛泽东就指出:"以便团结全国各族人民进行一场新的战争——向自然界开战,发展我们的经济,发展我们的文化。"②毛泽东实际上已经认识到主要矛盾开始转移了。但是,由于国际共产主义运动中的波匈事件和国内反右斗争的扩大化,掩盖了实际的主要矛盾,把已经降为次要矛盾的阶级斗争重新提到主要矛盾的地位,结果阻碍了社会生产力发展,这是第一次曲折。值得一提的是,1956年刘少奇在党的第八次全国代表大会的政治报告中指出,急风暴雨式的阶级斗争已经结束,现阶段的主要矛盾是先进的生产关系和落后的生产力的矛盾。这样的表述在理论上是有缺陷的,因为生产关系是由生产力决定的,在生产力落后的情况下,生产关系不可能跑到生产力的前面去。但是它的实际含义是揭示了人民群众的物质文化需要同落后生产力的矛盾。毛泽东抓住这一表述在理论上的不足之处,把它当作右倾思潮进行批判。接着在1960年党的八届十中全会和"四清"运动中,毛泽东又多次强调,无产阶级和资产阶级两个阶级、社会主义和资本主义两条道路的斗争,是现阶段的主要矛盾。到"文化大革命"时期又提出"无产阶级专政下继续革命"的理论,使"左"倾思潮达到顶峰,甚至把发展生产当作"唯生产力论"来批判。直到粉碎了林彪和"四人帮"反党集团以后,在1978年党的十一届三中全会上,才废弃了阶级斗争是主要矛盾的错误理论,把党的工作重心转移到经济建设上来,正确揭示出社会主义初级阶段的主要矛盾。可见,这一过程经历了多少艰难曲折啊!

现实表明,社会的主要矛盾也不是一成不变的,它会随着社会经济发展而不断变化。习近平总书记在党的十九大报告中指出:"中国特色社会主义进入新时代,我国社会主要矛盾已经转化为人民日益增长的美好生活需要和不平衡不充分的发展之间的矛盾。"③我们要充分认识和理解,在新时代我国社会主要矛盾

---

① 《沿着有中国特色的社会主义道路前进——在中国共产党第十三次全国代表大会上的报告》(1987年10月25日),中华人民共和国中央人民政府,2008年7月1日。
② 《毛泽东文集》第七卷,人民出版社1999年版,第216页。
③ 习近平:《决胜全面建成小康社会 夺取新时代中国特色社会主义伟大胜利——在中国共产党第十九次代表大会上的报告》,人民出版社2017年版,第11页。

变化的必然性和重要性,使社会主义经济发展质量更高和效益更好,以满足人民日益增长的美好生活需要。

主要矛盾变化是中国特色社会主义进入新时代的主要标志。在社会主义初级阶段的前一时期,由于生产力落后,人民生活需要只能是低水平的满足,所以主要矛盾是:人民日益增长的物质文化生活需求同落后的社会生产之间的矛盾。经过40年的改革开放,特别是近5年来的艰苦努力,我国的生产力水平迅速提高,人民的收入显著增加,生活状况大幅度改善。从全局看已经进入中等收入国家,使社会主要矛盾发生了历史性变化。但是我国经济社会的发展还很不平衡不充分,为了更好满足人民日益增长的美好生活需要,推进人的全面发展和社会全面进步,必须着力解决好这个主要矛盾的问题。

新时代主要矛盾转移的理论是党的十九大报告的一大亮点,是对社会主义发展阶段理论的丰富和发展。因此,我们要以主要矛盾的变化为强大动力,继续贯彻党的基本路线,不断深化改革开放,以加快社会主义的现代化建设。

(三) 社会主义初级阶段的主要经济规律

主要矛盾是主要经济规律的根源,为了解决社会主义初级阶段的主要矛盾,就要自觉遵循主要经济规律,大力发展生产力和加快我国的现代化建设。

每个社会形态都有许多经济规律,其中有一个起主导作用的经济规律就是主要经济规律。主要经济规律反映社会经济的本质特征和内在联系,反映社会经济中的主要矛盾和根本要求。主要经济规律不是决定生产的个别方面和个别过程,而是决定社会生产的一切主要方面和主要过程,决定社会经济发展的方向。斯大林曾把主要经济规律称作"基本经济规律",因而混淆了基本经济规律与主要经济规律的区别,这是同他忽视和否认社会主义时期仍然存在生产力与生产关系这一基本矛盾的错误认识相联系的。

笔者认为,基本矛盾决定的是基本经济规律,而主要矛盾决定的是主要经济规律,二者的性质、特点和作用范围是不同的,但是它们又是紧密联系的。因此二者既有并存的两重性,又有相互促进的相容性。基本经济规律是反映生产力与生产关系、经济基础与上层建筑这两对基本矛盾的发展规律,因而是一切社会共有的经济规律。即使到了社会主义社会,基本矛盾决定的基本经济规律,仍然是推动社会主义社会发展和完善的基本动力和根本原因。而主要经济规律是反映不同社会及其不同历史阶段主要矛盾的经济规律,它不仅要在基本经济规律制约下发挥作用,而且由于不同社会及其不同历史时期主要矛盾是变化的,因而主要经济规律也会随之发生变化。这是主要矛盾(和主要经济规律)与基本矛盾(和基本经济规律)的根本区别所在,二者不能混为一谈。但是,二者又是紧密联系和有机结合的。通过解决社会主要矛盾和发挥主要经济规律的作用,有力地促进了生产力发展和生产关系的完善,为解决社会基本矛盾和发挥基本经济规律作用,打开了空间和开辟了道路,因而体现了二者的两重性和相容性。

在生产资料公有制基础上形成的生产力与生产关系的矛盾,是产生社会主义基本经济规律的根源;而在社会主义初级阶段形成的主要矛盾,则是产生主要经济规律的根源。由于现阶段的主要矛盾是人民日益增长的美好生活需要和不平衡不充分发展之间的矛盾,因此决定了现阶段的主要经济规律仍然是发展生产和满足需要。这个主要经济规律仍然包括生产目的和生产手段两个方面。社会主义生产的根本目的是以人为本,满足需要,即通过满足人民群众对美好生活的需要,来促进人的全面发展和社会的共同富裕。而达到这个目的,采用的手段则是解放和发展生产力,不断解决经济发展中不平衡不充分的问题,这也是整个社会主义历史时期的根本任务。所以主要经济规律要求我们,要把有利于发展生产力、有利于增强综合国力、有利于提高人民生活水平作为各项工作的出发点和检验标准。社会主义的主要经济规律反映了以人为本的宗旨和满足人民需要的本质,决定了经济运行的一切主要方面和主要过程,决定了经济发展的方向。社会主义初级阶段的历史使命,就是要深刻认识和充分利用这一主要经济规律,改革生产关系中不适应生产力发展的方面和环节,进一步解放和发展生产力,为社会主义生产关系的完善和向更高阶段过渡创造条件和提供可能,因而也体现了社会基本经济规律的作用和要求。

第2章

生产关系的本质特性及其历史演变

生产关系的两重性和相容性集中体现在相互替代的两种生产关系,在一定时期内并存和相互作用上。历史上,原始社会与奴隶社会、奴隶社会与封建社会、封建社会与资本主义社会在交替过程中,都经历了两种生产关系和两种社会制度的并存时期,保持着既相互斗争又相互妥协的存在方式和延续过程。社会主义社会与资本主义社会同样也要经历一个长期并存的历史时期和取得相容发展的交替过程,这是我们研究社会主义初级阶段生产关系两重性特点和相容性规律的基本前提。因此,在研究社会主义初级阶段生产关系的两重性和相容性之前,有必要充分认识和把握生产关系的本质特性及其历史演变过程。

一、生产关系的体系及其本质特性

生产关系与生产力一样,也是马克思主义政治经济学最基本的范畴之一。生产力与生产关系是生产方式不可分割的两个方面,体现了生产方式的两重性和相容性。生产力是物质内容,代表生产方式的自然属性,生产关系是社会形式,代表生产方式的社会属性,内容决定形式,形式反作用于内容,它们的辩证统一和有机结合构成现实的生产方式以及相对稳定的历史阶段。

生产关系是人们在生产中形成的、不以人的意志为转移的必然联系,它体现了人与人之间的经济关系。生产关系不是孤立存在和独立发挥作用的,它必须与生产力相结合,并在一定上层建筑的制约下发挥作用。因此,在一定生产力水平上,在特定上层建筑影响下,生产关系发挥作用的过程具有自身特点和规律,需要我们深刻认识和全面阐述。因此,在中国特色社会主义进入新时代以后,深入研究社会主义初级阶段生产关系的两重性特点和相容性规律,对深化我国的经济体制改革和加快社会主义现代化建设具有重要的理论意义和实践价值。

生产关系不是一个简单的概念,而是一个与现实紧密联系并具有自身结构的严密体系。生产关系有狭义和广义之分,就狭义生产关系来讲,它可以分为三个层次,即生产资料的所有制关系、人们在经济活动中的相互关系和消费资料的分配关系。生产资料的所有制关系是生产关系的核心,它的性质决定着生产关系的性质,并制约着人们之间的相互关系和分配关系。同时,人们之间的相互关系和分配关系也会反作用于生产资料的所有制关系,促进或阻碍它的发展和完善。而广义的生产关系是指生产、分配、交换、消费四个环节中包含的全部经济联系。政治经济学研究的生产关系,就是人们在生产过程中所有经济关系的总和。社会生产过程的四环节即生产、分配、交换和消费之间,存在着相互联系、相互制约的辩证关系。其中,直接生产是再生产的起点,对分配、交换和消费起着决定作用。生产的决定作用包括两方面含义:一方面,分配、交换、消费的对象只能是生产的结果,生产的品种和数量决定了分配、交换、消费的品种和数量;另一方面,生产的社会形式即狭义的生产关系,决定了与之相应的分配关系、交换关系和消费关系。但是分配、交换、消费并不是完全被动的因素,它们也会能动地反作用于生产。反作用包括促进或阻碍两个方面,如果分配、交换和消费适应生产的需要,就会促进生产发展;反之,就会阻碍生产发展。

　　生产资料的所有制以及生产资料与劳动者的结合方式,是人们进行物质资料生产的前提。在不同社会中,生产、分配、交换、消费的特点是由这一前提决定的,所以生产资料的所有制以及生产资料与劳动者的结合方式是生产关系的基础,它决定着生产、分配、交换和消费的社会性质,是生产关系的首要标志。生产资料的所有制总是要通过生产、分配、交换和消费等关系得到实现,而且后者对生产资料的所有制也有反作用。这表现在当它们适应所有制的性质和要求时,对生产资料的所有制会起巩固和促进作用;反之,就会起削弱和瓦解作用。因此,只有在生产、分配、交换和消费的总过程中,才能正确认识和准确把握生产资料所有制的性质、特点和现实作用。

　　生产关系最本质的特征就是它的客观必然性。生产关系虽然看不见、摸不着,但是它是确实存在的,并且不以人们的主观意志为转移,制约着人们的思想和行为,显示出它的不可抗拒性。马克思在《资本论》中引用了英国经济学家威克菲尔德在《英国和美国》一书中的实例说:"皮尔先生把共值5万镑的生活资料和生产资料从英国带到新荷兰(澳洲的旧称)的斯旺河去。皮尔先生非常有远见,他除此以外还带去了300名工人阶级成员——男人、妇女和童工。可是,一到达目的地,'皮尔先生竟连一个替他铺床或到河边打水的仆人也没有了'。不幸的皮尔先生,他什么都预见到了,就是忘了把英国的生产关系输出到斯旺河去！"①马克思用皮尔的故事说明了生产关系具有客观必然性这一本质特点。正如，一个大力士无论他的臂力如何强大，都不能抓住头发把自己拎起来一样，因为他不借助外力，是无法克服地球引力这一客观必然性的。因此，生产关系是在一定物质生产力的基础上历史地形成的社会经济联系，人们只能顺应它、符合它，而不能人为地改变它、取消它。正如马克思在《资本论》的序言中所说："我的观点是把经济的社会形态的发展理解为一种自然史过程。不管个人在主观上怎样超脱各种关系，他在社会意义上总是这些关系的产物。同其他任何观点比起来，我的观点是更不能要个人对这些关系负责的。"②因此，我们必须深入研究、深刻认识和准确把握生产关系发展的必然性及其客观规律。

二、资本主义以前的生产关系及其历史演变

政治经济学本质上是一门历史科学。随着生产力的发展和生产关系的相应变更，人类社会经历了原始社会、奴隶社会、封建社会和资本主义社会。有一些国家在推翻资本主义制度以后，建立起崭新的社会主义制度。由于社会主义社会不是一个独立的社会形态，因此这些国家可以说已经进入共产主义社会的第一阶段。对五大生产关系即五种社会经济形态的分析，有利于我们从总体上把握人类社会由低级向高级发展的必然性，认识不同历史阶段生产关系及其经济制度产生、发展和灭亡的规律性。

（一）原始社会的生产关系

原始社会是人类发展史上第一个社会形态。原始社会的产生与人类的形成是紧密结合和同步实现的。人类社会一经产生，便开始了生产力与生产关系、经济基础与上层建筑的矛盾运动及其辩证发展的历史过程。

原始社会的生产关系决定于它的生产力状况。在漫长的原始社会里，按照

---

① 马克思：《资本论》第一卷，人民出版社2018年版，第878页。
② 马克思：《资本论》第一卷，人民出版社2018年版，第10页。

生产工具的区别，生产力发展可分为两个阶段，即旧石器时代与新石器时代。

人类最初只能制造和使用粗笨的石器，以猎取和采集现成的动植物为生，在文化史上称为旧石器时代。在这个时期，人们在同自然斗争中取得的最大成就是火的发现和利用。恩格斯说："因为摩擦生火第一次使人支配了一种自然力，从而最终把人同动物界分开。"①

随着劳动发展和技术提高，生产工具有了缓慢改进，出现了经过琢磨的石刀、石斧、石矛、石锯等，便进入文化史上的新石器时代。在这个时期，弓箭的发明是一件大事。恩格斯说："弓箭对于蒙昧时代，正如铁剑对于野蛮时代和火器对于文明时代一样，乃是决定性的武器。"②与新石器的出现相适应，采集业发展成为原始农业，狩猎业发展成为原始畜牧业，人类历史上发生了第一次社会大分工。同时，人们借助火发明了制陶术，陶器的制造和使用表明人类开始了定居生活。新石器时代是原始社会的全盛时期。

总之，原始社会生产工具以石器为主；生产活动主要是采集和狩猎，后来发展为农业和畜牧业。这种极为低下的生产力状况，决定了原始社会生产关系的特征。

原始社会生产关系的基础是生产资料的原始公有制。在原始部落里，无论是采集野果、猎获动物、耕种土地、驯养牲畜还是抵御猛兽，都必须集体行动，否则人们将无法生产和生活。这就决定了主要生产资料必须归部落公有。部落公有的生产资料包括土地、牲畜、船筏等，房屋以及全部产品也归部落所有。只有部分简陋的工具和护身的武器归部落成员所有，但是这种个人财产同后来的私有财产有着本质的区别。

在原始部落里，凡是有劳动能力的人都要参加劳动。他们劳动的基本形式是简单协作，许多人在一起进行集体劳动。这时已经产生了按性别和年龄形成的自然分工，即男人从事狩猎、捕鱼和驯养动物，妇女从事采集、纺织和分配食物，老人制造和修理工具，儿童帮助妇女做些轻便的劳动等。这样，人们在生产过程中便形成了互助合作关系。

原始部落对劳动产品实行平均分配，这是在生产力极低的状况下，由生产资

---

① 《马克思恩格斯选集》第三卷，人民出版社 2012 年版，第 492 页。
② 《马克思恩格斯选集》第四卷，人民出版社 2012 年版，第 31 页。

料公有制和集体劳动的性质决定的。当时,人们集体劳动的成果只能维持生存,几乎没有剩余产品。在这种情况下,劳动成果只能平均分配,否则生产和生活就难以延续。因此,那时不可能出现人剥削人的现象。

生产资料归部落公有、集体劳动、平均分配是原始公有制的基本经济特征。不过,原始公有的生产关系虽然是由当时的生产力状况决定的,但也同血缘关系有一定联系,所以原始部落又叫氏族公社。氏族是以血缘关系为纽带结合起来的,氏族公社是原始社会的基层单位,它的规模极其狭小,一般只有几十人或上百人。在很长的时间里,氏族公社属于母系社会,后来随着生产力发展,出现了"一夫一妻"的个体家庭。男子随着在生产中作用的提高,在家庭中的地位也逐步上升,便引起母系社会向父系社会的过渡。随着个体家庭的出现和生产资料私有制的形成,原始公有的生产关系就开始瓦解了。

(二) 奴隶社会的生产关系

奴隶社会是人类历史上第一个以生产资料私有制为基础的阶级社会,它是在原始公有制解体的基础上产生的。随着生产力发展和剩余产品增加,原始部落之间为争夺土地和财产爆发了战争。开始人们只是简单地杀死战俘,后来发现可以强迫他们劳动,由此出现了最早的奴隶——战俘。奴隶社会的产生,以奴隶制度的形成为基本标志。奴隶制度是以出现剩余产品和财产占有不平等为前提的,它使人类社会第一次形成了人剥削人和人压迫人的生产关系。

奴隶社会生产关系的基础,是奴隶主拥有生产资料和直接占有奴隶。在奴隶制度下,奴隶主拥有大量土地和其他生产资料,同时还把奴隶作为私有财产,强迫他们在庄园和作坊里劳动,并可以任意鞭打和屠杀。奴隶主直接占有奴隶是奴隶制度区别于其他剥削制度的重要特点。斯大林说:"在奴隶占有制度下,生产关系的基础是奴隶主占有生产资料和占有生产工作者,这些生产工作者就是奴隶主可以把他们当作牲畜来买卖屠杀的奴隶。"[1]

奴隶主拥有生产资料和完全占有奴隶,决定了奴隶主和奴隶在生产中的地位和相互关系。奴隶主和奴隶之间完全是赤裸裸的统治和服从关系,奴隶主对

---

[1] 《斯大林选集》下卷,人民出版社1979年版,第446页。

奴隶有绝对的支配权,自己完全脱离劳动,靠剥削奴隶过活。奴隶则没有人身自由,只是"会说话的工具"。奴隶劳动是公开的强制劳动,奴隶主采取种种野蛮手段强迫奴隶干活,还在奴隶身上打上烙印、戴上枷锁,以防逃跑。在古罗马,奴隶主为了取乐,竟驱使奴隶相互格斗和残杀。在我国殷代,奴隶主把奴隶当作祭品或用来殉葬。这些情况表明,奴隶主对奴隶的统治是极其野蛮和残酷的。

奴隶主拥有生产资料并且占有奴隶,必然要占有和支配奴隶生产的全部产品。奴隶主用极少的产品来维持奴隶生存,而自己却挥霍无度,过着荒淫奢侈的寄生生活。在这种极其残酷的剥削制度下,奴隶主不但占有奴隶的全部剩余产品,而且还侵吞他们的部分必要产品。这样,奴隶往往因过度劳累和牛马不如的生活而过早死亡。

总之,奴隶主占有生产资料和奴隶,公开强制奴隶劳动,占有奴隶的全部剩余产品和部分必要产品,这就是奴隶社会生产关系的基本特征。

奴隶社会的生产关系集中表现为奴隶主和奴隶的阶级对立。同时,大商人和高利贷也是剥削者,他们除加剧奴隶主对奴隶的剥削外,还极力盘剥个体农民和手工业者,使大部分人沦为奴隶。另外,在奴隶社会已经产生了城市和乡村、脑力劳动和体力劳动的对立。城市是奴隶主、大商人、高利贷和官吏集居的地方,他们通过强迫劳动、贱买贵卖、高利盘剥和苛捐杂税等手段,残酷剥削和掠夺乡村中的奴隶和居民。脑力劳动是奴隶主阶级的特权,沉重的体力劳动全部由奴隶阶级承担。城市和乡村、脑力劳动和体力劳动的对立,是奴隶主和奴隶之间阶级对立的反映。奴隶主对奴隶的残酷剥削和压迫,不可避免地导致奴隶阶级的集体反抗和武装暴动,因而加速了奴隶社会的解体和灭亡。

(三)封建社会的生产关系

封建制度的产生也是生产关系一定要适应生产力性质规律的结果。封建生产关系的萌芽是在奴隶制度解体过程中孕育和成长起来的,主要是用地主剥削农民的经济关系取代了奴隶主剥削奴隶的经济关系。

封建生产关系的基础,是地主阶级占有基本生产资料(土地)和不完全占有生产者(农奴或农民)。农奴或农民完全没有土地或有很少土地,地主的土地或者用于经营庄园,或者租给农民耕种,地主经济是封建经济的主要形式。农民利用自己的生产工具租种地主的土地,建立以个体劳动为基础的小私有经济,这是农民区别于奴隶的主要特点。农民的小私有经济是保证地主经济得以存在和发展的重要条件。列宁说:"农民在自己的份地上经营的'自己的'经济,是地主经济存在的条件,其目的不是'保证'农民有生活资料,而是'保证'地主有劳动力。"① 可见,农民的生存实质是为地主剥削提供劳动力。

由于封建地主占有土地,使农民处于被统治的地位,被迫依附于封建地主,丧失了部分的人身自由。农民的地位虽然同奴隶相比有了某种改变,不再作为剥削者的私有财产,地主也不能任意屠杀农民。但是,农民仍无独立的人格,不能自由支配自己的劳动力。地主在这种人身依附关系的基础上,对农民实行超经济强制。地主对农民享有经济以外的种种特权,如随意打骂、审讯、惩罚以至处死,这种超经济强制在封建制度下是不可避免的。列宁说:"农民对地主的人身依附是这种经济制度的条件。如果地主没有直接支配农民个人的权力,他就不可能强迫那些得到份地而自行经营的人来为他们做工。"②

地主靠土地所有权并借助超经济的强制,无偿占有农民的剩余劳动或剩余产品。地主对农民的剥削主要表现为地租,地租是土地所有权得以实现的经济形式,体现了地主剥削农民的经济关系。与封建社会的不同时期相对应,地租依次采取了三种形式,即劳役地租、实物地租和货币地租。劳役地租和实物地租都是以自然经济为基础的。在封建社会的后期,随着生产力提高和商品经济发展,产生了更具灵活性的货币地租。

总之,地主拥有土地和部分占有农奴的权力,农奴还不能完全摆脱对地主的人身依附关系,地主以地租的形式剥削农奴和农民的剩余劳动,这就是封建生产关系的基本特征。

在封建生产关系的基础上,社会分为两大对抗阶级,即地主阶级和农民阶级。除了地主外还有高利贷和大商人,他们共同构成封建社会的剥削阶级。广大农民处于乡村的最底层,广大手工业者处于城市的最底层,他们共同构成封建社会的被剥削和被压迫阶级。地主阶级以城市作为统治中心,残酷地剥削和压迫广大农民和手工业者。因此,封建社会的城乡关系也是对立的,它反映了地主

---

① 《列宁全集》第三卷,人民出版社1984年版,第161页。
② 《列宁全集》第三卷,人民出版社1984年版,第161页。

阶级与农民、手工业者等被剥削阶级的对抗关系。由于残酷的封建制度的剥削和压迫，引起了无数次农民起义和暴动，不但使历代封建王朝不断被推翻，而且使没落的封建制度也日益走向灭亡。

三、资本主义生产关系及其发展阶段

由于资本主义生产关系是在封建社会内部产生和发展起来的，比封建主义生产关系具有明显的优越性，创造出比以往全部社会更高的劳动生产力和更丰富的物质财富和精神财富，因而资本主义社会不可避免地取代了封建社会，成为人类历史上最后一个有阶级剥削和阶级压迫的生产关系和经济形态。

(一) 资本主义生产关系的产生

封建社会的生产力虽然发展得十分缓慢，但是这种发展仍然在不停进行着。欧洲各国在中世纪末叶，小商品生产得到迅速发展，这种小商品生产，在城市由流动的手工业者从事，在农村由独立的耕地农民承担。研究表明，小商品生产中蕴涵的私人劳动与社会劳动的矛盾成为产生资本主义生产关系的萌芽。

由于商品经济的发展，特别是地理大发现之后世界市场日益扩大，原先适合地方需要的行会发生了动摇，行业内部手工业者之间的竞争和分化也加剧了，从行会手工业的两极分化中形成了最初的资本家和雇佣工人。在生产力发展过程中，多数手工业者由于竞争失败而沦为雇工；少数手工业者则由于竞争获胜而发财致富，他们不仅能扩大生产规模，还能摆脱商人控制，自己进入市场、购进原料、出售成品。行会手工业的两极分化造就了最初的工业资本家和资本主义生产方式，能够更好地利用规模经济和竞争机制来促进生产发展，因而代表着更为先进的生产力。

在资本主义社会中，生产力与生产关系的矛盾是通过生产社会化与生产资料私有制的矛盾表现出来的。随着生产规模扩大和社会化程度加深，个别资本的私有制越来越难以适应社会化大生产需求。生产力发展要求私人资本相应地社会化，结果在现代资本主义制度中，社会资本（股份资本）演变成为占主导地位的私有制形式。资本主义经济制度的历史演变大体经过了三个阶段,即自由竞争的资本主义、私人垄断资本主义和国家垄断资本主义。这个过程还表现为自由放任的资本主义向国家干预的资本主义的转变。

(二) 自由竞争的资本主义

在早期资本主义发展中,破除封建垄断是一项艰巨任务。资本主义初期的封建垄断大体有以下两种形式:(1) 封建领主对主要生产要素的垄断。实际上,封建领主不仅垄断土地等重要生产资料,还部分地占有劳动者本身。(2) 封建机构对各种经济活动的干预。其中包括封建国家、地方政府通过行政法规对经济活动的限制,如地方割据、关卡林立及保护性关税等。这种封建垄断极大地阻碍了资本主义经济发展,于是新兴资产阶级就提出自由竞争、自由放任和自由贸易的主张。经过长期斗争和演变,最终确立了自由资本主义经济体制。

就整体而言,资本主义自由竞争的经济体制具有以下四个特征:(1) 实现了资本在不同地区和部门间的自由流动,使资本家可以通过自主高效的经营来争得市场份额;(2) 实现了劳动力在不同地区和部门间的自由流动,使资本家可以更有效地取得人力资源、降低劳动成本;(3) 实现了商品在地区之间的自由流通,使资本家可以更好地实现商品价值和取得剩余价值;(4) 市场上各种商品价格都随供求关系变化,市场机制促使资本主义经济更有效地运行。

完善的市场经济是自由竞争的前提。资产阶级通过革命取得政权后,全面推行有利于自由竞争的政策和措施,使资本主义进入迅速发展的辉煌时期。在这一阶段,资本主义制度的优越性得到充分显示,社会经济取得巨大发展。特别是在 19 世纪五六十年代,英国和欧洲大陆大部分国家实行自由贸易以后,出现了延续 20 多年的经济高涨。

自由竞争的资本主义尽管在历史上占有重要地位,尤其在反封建和建立资本主义基本经济制度方面起了决定性作用。但是,由于它建立在较低生产力水平上,具有很大的局限性,表现在以下四个方面。

第一,自由竞争的资本主义建立在私人资本基础之上。众多的私人资本和中、小企业规模有限,难以产生更大的规模效益。此外,众多厂商之间无限制的竞争必然导致交易成本上升,从而影响社会经济效益。

第二,自由竞争的资本主义由于没有控制市场的能力,价格几乎成为竞争的唯一手段。竞争促使企业采用新技术和提高劳动生产率,但无限制的竞争也导致企业效益下降和对生产力的破坏,反映了这一体制下不可克服的内在矛盾。

第三,在自由竞争的体制下,企业完全以利润最大化为目标,这就决定了企业行为的短期性和企业精神的狭隘性。事实上,这也是私人资本经营的本质特点,不可能不影响企业的长期发展和社会效益提高。

第四,自由放任的资本主义主张无限制的竞争,就不可避免地出现供求失衡,导致周期性经济危机。由于企业规模较小、承受风险的能力有限,因此遇到经济危机,就会造成大批企业破产、大量工人失业,使生产力遭受严重破坏。

(三) 私人垄断资本主义

一方面,封建垄断是逐渐退出历史舞台的;另一方面,资本主义的矛盾运动又不断创造出与自由竞争相反的力量,形成新的垄断。列宁根据19世纪70年代到20世纪初各主要资本主义国家的分析研究,对垄断的形成做了这样的概括:"由此可见,集中发展到一定阶段,可以说就自然而然地走到垄断。"[1]这就是资本主义从自由竞争向垄断发展的必然规律。

马克思早在自由竞争资本主义的全盛时期就分析了资本集中的趋势和导致集中的机制。马克思指出:"竞争斗争是通过使商品便宜来进行的。在其他条件不变时,商品的便宜取决于劳动生产率,而劳动生产率又取决于生产规模。因此,较大的资本战胜较小的资本……竞争的结果总是许多较小的资本家垮台,他们的资本一部分转入胜利者手中,一部分归于消灭。除此之外,一种崭新的力量——信用事业,随同资本主义的生产而形成起来。起初,它作为积累的小小的助手不声不响地挤了出来,通过一根根无形的线把那些分散在社会表面上的大大小小的货币资金吸引到单个的或联合的资本家手中;但是,很快它就成了竞争斗争中的一个新的可怕的武器;最后,它变成了一个现实资本集中的庞大的社会机构。"马克思还指出集中的两种途径,即"通过强制的道路进行吞并"和"通过建立股份公司这

---

[1] 《列宁选集》第二卷,人民出版社2012年版,第585页。

一比较平滑的方法把许多已经形成或正在形成的资本溶合起来"①。

19世纪末,在主要资本主义国家中出现了第二次工业革命,电力、化工、钢铁等新兴工业迅速发展,推动生产规模扩大和社会化程度提高,成为生产和资本集中的物质基础。与此同时,资本主义经济危机频频爆发,造成大批中、小企业破产以及被大企业吞并,而大企业为了保持竞争优势,纷纷联合起来,进一步加剧了生产和资本的集中。到19世纪末20世纪初,垄断已是资本主义全部生活的基础,资本主义发展成为垄断资本主义。

(四) 国家垄断资本主义

直到20世纪三四十年代以前,政府都是作为资本主义社会的"守夜人"和资本主义市场经济的"局外人"出现的。也就是说,政府除保护社会安全的基本职能外,一般不参与和不干预社会经济活动,听凭市场自发调节,奉行自由放任。但随着生产社会化程度提高和私人垄断资本发展,资本主义经济的矛盾日益激化,已严重影响到市场正常运行和经济健康发展,最终导致20世纪30年代席卷世界的大危机。大危机标志着自由资本主义的终结,使经济体制开始转向国家垄断资本主义。这种转变包括两个方面:一方面是私人垄断向国家垄断转变;另一方面是自由放任的经济体制向国家干预的经济体制转变。这种转变的根本原因,是生产社会化发展和资本主义私有制之间的矛盾激化,即资本主义基本矛盾发展到不可调和的程度,从而必须为新的资本主义经济体制所代替。也就是说,要由资本主义国家作为"理想的总资本家",凌驾于所有资本家之上,对资本主义生产关系和经济运行进行宏观调控。

由于国家对经济生活实行了普遍干预,一定程度上缓解了周期性经济危机,导致资本主义经济的快速发展。20世纪五六十年代,整个资本主义经历了一个黄金时代,经济增长速度超过经济史上任何时期。然而,国家垄断资本主义仅仅是对资本主义生产关系进行了局部调整,使部分矛盾得到一定程度的缓解,但是并不能解决资本主义的基本矛盾。所以,随着经济发展,特别是科学技术和生产力进步,国家垄断资本主义的局限性逐渐暴露出来,国家调节的作用日益递减,政府失灵的现象不断增加,资本主义基本矛盾也进一步尖锐化。到20世纪70

---

① 《马克思恩格斯全集》第四十四卷,人民出版社2001年版,722—723页。

年代,出现了经济停滞与通货膨胀并存局面,使国家垄断资本主义陷入困境。所以20世纪七八十年代以后,资本主义国家普遍出现自由主义思潮,并形成经济自由化的新浪潮。一些资本主义国家对五六十年代建立起来的国有企业进行私有化改造,向国家福利制度开刀,放宽了政府管制,使财政、金融等宏观调控体系也受到挑战。这一切表明,资本主义经济体制的调整只能暂时缓解它的基本矛盾,绝不会改变资本主义走向灭亡和被更高社会形态所代替的历史趋势。

四、共产主义生产关系及其发展阶段

生产关系经历了由无阶级社会向有阶级社会的转变,预示着要向更高层次无阶级社会回归的必然性。共产主义是资本主义灭亡的必然产物,也是我们期盼的更高层次的无阶级社会,因而是目前可能预见的最高社会形态。在对共产主义的认识上,我们要反对两种倾向:一是"左"倾"速胜论",二是右倾"渺茫论"。"速胜论"认为共产主义很快就要到来,脱离了生产力发展水平和人们的觉悟程度,是空想的和不现实的。"渺茫论"认为共产主义遥遥无期,是无法实现的虚幻目标,因而丧失了为之奋斗的理想和信念。要克服这两种错误倾向,就要正确认识人类社会发展的必然趋势和实现共产主义的正确途径,按照客观规律的要求自觉地推动社会前进,为最终实现共产主义创造条件和铺平道路。

(一) 社会主义和共产主义的提出

习近平总书记在党的十九大提出:"必须坚持马克思主义,牢固树立共产主义远大理想和中国特色社会主义共同理想"[①],把社会主义与共产主义紧密联系在一起,体现了在理想信念上的两重性和相容性。社会主义、共产主义都不是由马克思首先提出来的。"社会主义"一词源于拉丁文,原意是"同志""同盟"等,相当于英文中的social,意为"社会的",加上ism这个后缀(比较系统的思想)便成

---

① 习近平:《决胜全面建设小康社会 夺取新时代中国特色社会主义伟大胜利——在中国共产党第十九次代表大会上的报告》,人民出版社2017年版,第23页。

了社会主义。"共产主义"一词早在马克思以前已有人使用,但作为一种高级的社会形态是由马克思首先提出的。19世纪初期,马克思、恩格斯也在一般意义上使用过这两个概念,他们有时把社会主义看得比共产主义更为重要。后来,由于人们把"社会主义"一词用得太多太乱,因此他们在1848年发表的《共产党宣言》中,宁愿用"共产主义"而不用"社会主义"。真正把共产主义作为一种社会形态并且明确地把它分为两个阶段,是在1875年出版的《哥达纲领批判》一书中。马克思写道:"我们这里所说的是这样的共产主义社会,它不是在它自身基础上已经发展了的,恰好相反,是刚刚从资本主义社会中产生出来的,因此它在各方面,在经济、道德和精神方面都还带着它脱胎出来的那个旧社会的痕迹。"①马克思把它叫作共产主义的第一阶段。在这个阶段上实行的分配原则是"各尽所能,按劳分配";只有到了共产主义的高级阶段,"社会才能在自己的旗帜上写上:各尽所能,按需分配!"②列宁根据马克思的思想,把第一阶段的共产主义叫作社会主义社会,它是共产主义的低级阶段;把"各尽所能,按需分配"的共产主义叫作共产主义的高级阶段。他写道:"但是社会主义同共产主义在科学上的差别是很明显的。通常所说的社会主义,马克思把它称作共产主义社会的'第一'阶段或低级阶段。既然生产资料已成为公有财产,那么'共产主义'这个名词在这里也是可以用的,只要不忘记这还不是完全的共产主义。"③

马克思讲的共产主义社会包括两个阶段:共产主义的第一阶段就是社会主义社会,共产主义的高级阶段就是我们所说的共产主义社会。所谓从资本主义社会到共产主义社会的过渡时期,显然指的是过渡到共产主义的第一阶段即社会主义社会,因而不能把共产主义的第一阶段也称为过渡时期。

(二) 共产主义是最美好的社会制度

如何实现人类最理想的社会?许多志士仁人为此努力做出了有益的贡献。例如,19世纪的圣西门、傅立叶、欧文等人,曾提出过种种社会主义方案。但是,

---

① 《马克思恩格斯选集》第三卷,人民出版社2012年版,第363页。
② 《马克思恩格斯选集》第三卷,人民出版社2012年版,第365页。
③ 《列宁选集》第三卷,人民出版社2012年版,第199—200页。

由于他们不理解资本主义本质及其发展规律,不了解无产阶级的历史使命及其现实作用,致使他们的变革方案难以成功实现,因而人们把他们的学说称为空想社会主义。马克思、恩格斯吸收了他们学说中的合理成分,抛弃了不切实际的空想,根据对人类社会特别是资本主义发展规律的研究,预见到最理想的社会——共产主义,从而使社会主义学说由空想变为科学。

马克思、恩格斯认为,共产主义社会按其成熟程度,可分为低级和高级两个阶段,分别称为社会主义社会和共产主义社会。关于共产主义社会,马克思做了这样的概述:"在共产主义社会高级阶段,在迫使个人奴隶般地服从分工的情形已经消失,从而脑力劳动和体力劳动的对立也随之消失之后;在劳动已经不仅仅是谋生的手段,而且本身成了生活的第一需要之后;在随着个人的全面发展,他们的生产力也增长起来,而集体财富的一切源泉都充分涌流之后——只有在那个时候,才能完全超出资产阶级权利的狭隘眼界,社会才能在自己的旗帜上写上:各尽所能,按需分配!"①马克思主义的经典著作,描述共产主义社会有以下基本特征。

第一,社会生产力高度发展,物质财富极大丰富。在共产主义社会里,由于生产力发展和劳动生产率提高,物质财富不断涌流,社会产品极大丰富,以至可以满足整个社会及其成员持续发展的需要。

第二,社会成员共同占有全部生产资料。在共产主义社会里,生产资料的占有关系彻底摆脱了私有制束缚。生产资料和劳动产品归全社会公共所有,每个社会成员既是普通劳动者,又是生产资料的共同占有者。

第三,实行各尽所能,按需分配原则。社会成员将尽自己能力最大限度地为社会做贡献,社会将根据每个成员的实际需要分配个人消费品,消除了社会主义时期由按劳分配引起的某些事实上的不平等。

第四,彻底消灭阶级和重大社会差别。在共产主义社会里,由于生产力发展和单一全民所有制的实现,使产生剥削的条件不复存在,阶级和阶级差别都将消亡。城乡之间、工农之间、脑力劳动与体力劳动之间的差别也将消除。

第五,全体社会成员都具有高度的思想觉悟和专门的科技知识。在共产主义社会里,劳动已不再是谋生手段,而成为生活第一需要。每个人都具有高度文化知识和高尚道德品质,成为德、智、体全面发展的新人。

---

① 《马克思恩格斯选集》第三卷,人民出版社 2012 年版,第 364—365 页。

第六,国家已经消亡。随着阶级和阶级差别的彻底消灭,作为阶级统治工具的国家将完全消亡。那时,管理公共事物的机构仍然需要,但是已不再具有阶级属性,它们为全体社会成员提供服务,成为新型的上层建筑。

以上这些特征,尽管只是描绘了共产主义社会的大致轮廓,但它已经向我们表明:共产主义是人类历史上最全面、最进步、最合理的社会制度。中国共产党把实现这样的社会制度作为自己的奋斗目标,不仅符合社会发展的客观规律,而且代表了广大人民的最高利益,因而是一定能够实现的远大理想。

(三) 社会主义是共产主义的第一阶段

我们研究社会主义经济的发展规律,首先要了解社会主义社会的性质及其发展阶段。社会主义并不是一个独立的社会形态,从性质上讲,它只是共产主义事业的一部分,是共产主义社会的第一阶段。共产主义社会是人们根据现有的知识和对社会发展规律的认识,所能预见的最高社会形态。共产主义社会要求人们的身体和思想、社会的物质和精神都得到全面发展,因而是人类社会有规律发展的必然结果。实现共产主义的基本标志是"各尽所能,按需分配",它是人类的物质生产和精神境界同步达到极高程度的集中表现。共产主义这一最高目标的实现,需要经过许多历史阶段。按照马克思的设想,在社会主义阶段由于生产力水平不高,还存在各种旧的习惯势力影响,因此不可能实行"各尽所能,按需分配",只能实行"各尽所能,按劳分配"。可见,按劳分配与按需分配是区分社会主义与共产主义的重要标志之一。

只要仔细分析就会发现,在社会主义时期,由于生产力水平不同,公有化程度不同,人们的思想觉悟不同,按劳分配也会呈现出不同的形式。根据不同公有制条件下按劳分配的不同形式,可以进一步划分社会主义的发展阶段。马克思认为,在社会主义阶段,由于建立了单一全民所有制,商品、货币关系已经消亡,因此人们可以通过劳动券形式实行按劳分配。现在看起来,马克思设想的社会主义只能是社会主义的高级阶段,而作为社会主义的第一阶段,必然存在多种所有制形式和市场经济,还要利用商品、货币关系来贯彻按劳分配。因此,我们必须把社会主义的第一阶段与它的高级阶段严格区分开来。

过去,我们对社会主义的发展阶段缺乏正确认识,犯过两种错误。一种是

"左"倾错误,即在物质条件和精神条件还不具备时,把将来才能实现的变革拿到现阶段来实行,结果导致失败。如1958年的"土跃进",搞"穷过渡",盲目提高公有化程度,试图跑步进入共产主义,结果违反了客观规律,欲速则不达;又如1978年的"洋跃进",超越现实的客观可能,提出过高和过快实现现代化的要求,造成经济过热和发展比例失调,不得不进行调整。另一种是表面"左"倾而实际右倾的错误,即把已经完成或基本完成的历史任务夸大到更大的范围,把已经解决或基本解决的主要矛盾夸大到更长的历史时期,结果导致根本性的决策错误。如在"文化大革命"期间,把生产资料所有制改造完成以前的主要矛盾即无产阶级和资产阶级的矛盾,作为社会主义整个历史时期的主要矛盾,把阶级斗争作为压倒一切的主要任务,这就犯了形"左"实右的错误,造成思想混乱和社会动荡,影响了经济建设和人民生活改善。又如,在改革开放的过程中,由于受到新自由主义思潮影响,有些人提出了完全市场化和全部私有化的主张,结果使社会主义经济受到严重的干扰和破坏,造成国有资产大量流失,产业结构和供求状况严重失衡,导致贫富差距拉大和贪污腐败加剧,因而引起人民群众的强烈不满。由于这种完全市场化和全部私有化的错误倾向,受到了党和政府的及时干预和有效制止,才没有造成全国性经济危机和社会动乱。

总之,我们所犯的许多错误,都与社会主义发展阶段的认识不正确有关。而这些错误又是以"左"倾为主,常常把现阶段的社会主义估计过高,以至把马克思设想的、在社会主义高级阶段才能实行的变革拿到现阶段来推行,因此产生决策失误。党的十一届三中全会以后,在以邓小平为首的党中央领导下,批判了这种"左"倾路线,并根据中国的基本国情和社会主义的现实经验,正确提出了社会主义初级阶段的理论,从而使中国经济走上了健康发展的道路。

(四)牢固树立共产主义远大理想

习近平总书记在党的十九大报告中明确提出:"必须坚持马克思主义,牢固树立共产主义远大理想和中国特色社会主义共同理想。"[①]这是在理想信念上具

---

① 习近平:《决胜全面建成小康社会 夺取新时代中国特色社会主义伟大胜利——在中国共产党第十九次代表大会上的报告》,人民出版社2017年版,第23页。

有两重性和相容性的集中体现。我们不仅要有社会主义共同理想、要有共产主义远大理想,而且要使二者有机结合起来。社会主义是共产主义的必由之路和必要前提,共产主义是社会主义的最终目标和最后结果。如果没有共产主义远大理想和奋斗目标,我们的社会主义就会走偏方向和陷入歧途;同样,如果没有社会主义这一必要阶段和坚实基础,共产主义就会成为海市蜃楼,它的最终目标就无法实现。可见,二者是紧密联系、相辅相成和不可分割的。因此,正确认识和理解共产主义的远大理想,以及社会主义与共产主义的两重性和相容性,就显得格外重要。

有些人认为共产主义是乌托邦,是忽悠人的空想,是不可能实现的宗教信仰,这样的认识显然是错误的,却有较大的市场和影响力。因此如何正确认识和深刻理解共产主义成为当务之急。过去,我们对共产主义的理解有片面性,对如何才能实现共产主义也存在许多错误认识,犯了不少"左"的错误,造成了欲速则不达的后果。许多人由于没有正确认识产生这些错误的原因,反而对共产主义理想失去了信心。因此,纠正对共产主义的错误理解和正确认识共产主义的科学含义已刻不容缓。

第一,共产主义是全面发展的社会。资本主义社会使人的片面发展达到极端的程度,不仅脑体分工,使每个人都在向片面化方向发展,而且社会的脑体差距、城乡差距和贫富差距也扩大到前所未有的高度。共产主义就是要消灭三大差别,使每一个人的脑力和体力都得到全面发展,使整个社会在物质和精神都得到全面发展。过去讲共产主义过多强调精神方面的因素,如"毫不利己,专门利人"等,其实这样的宣传也有一定的片面性。我们鼓励在必要的时候牺牲个人利益为他人和社会做贡献,但是并不否认保护个人利益的必要性和重要性,如同打仗一样,如果不能保存自己,怎样去消灭敌人?其实,共产主义并不否认个人利益,而是要平等地保护每个人的切身利益,使他们享受到更加完善的福利,使个人和社会都得到全面发展。

第二,共产主义社会是辩证发展的产物。共产主义并不是空中楼阁和海市蜃楼,而是人类社会自觉走向进步和实现全面发展的必然结果。因此,共产主义不仅是从资本主义社会脱胎而来,在其第一阶段——社会主义阶段还不可避免地带有旧社会遗留的痕迹,而且还要充分利用资本主义社会所创造的一切物质财富和精神财富,来丰富、发展和完善自己,为实现共产主义创造条件和铺平道路。有些人认为共产主义十分遥远,其实共产主义是从现实的资本主义社会中逐步形成和发展起来的。可以说,共产主义并不遥远,共产主义因素每时每刻都在我们身边产生和成长。在生产力高度发展、物质财富不断增加和人民生活日益改善的同时,我们随时随地都能见到的相互帮助、关爱他人和无私奉献的实际行为,都是未来共产主义思想和品格的雏形和萌芽。共产主义的实质是人类先进思想和优秀品质的普遍化和经常化。因此,共产主义并不神秘也不遥远,共产主义因素时刻都在我们身边产生、发育和壮大。

第三,共产主义社会需要依靠人民政权才能建成。人类社会从无阶级的原始社会到有阶级的社会,包括奴隶社会、封建社会和资本主义社会,再到更高历史阶段上的无阶级社会——共产主义,是社会辩证发展的历史过程,是否定之否定规律在人类发展史上的鲜明体现。过去的历史表明,在一个阶级社会替代另一个阶级社会的过程中,需要建立国家政权和依靠武装力量才能取得成功。那么,人类要以无阶级的共产主义取代最后一个阶级社会——资本主义时,更需要依靠无产阶级的国家政权和强大的人民军队,才能取得最后胜利。因此,马克思在总结自己的学说成就时坦言,他的新贡献"就是证明了下列几点:(1)阶级的存在仅仅同生产发展的一定历史阶段相联系;(2)阶级斗争必然导致无产阶级专政;(3)这个专政不过是达到消灭一切阶级和进入无阶级社会的过渡……"[①]可见,只有依靠无产阶级政权和人民军队等武装力量的保护,经过一系列从经济基础到上层建筑的变革,才能消灭一切阶级及其残余势力,包括消除他们在意识形态方面的不良影响,才能最终实现共产主义。

第四,共产主义的实现需要经过长期不懈的努力。共产主义取代资本主义是一个漫长而持久的历史过程,需要经历许多不同的发展阶段和历史时期。共产主义可以分为两个阶段,社会主义只是共产主义的第一阶段,而中国特色社会主义又是成熟社会主义建立之前必须经历的初级阶段。而社会主义的初级阶段也可区分为三个不同时期:第一是社会主义与资本主义的简单对立,即你死我活的斗争时期。如我国从新中国建立初期到改革开放之前,就是帝国主义全面封锁和武装威胁我们,企图把社会主义中国掐死在摇篮里,而我们却要打破封锁和摆脱威胁,通过阶级斗争来巩固新生政权和求得生存的最困难时期。第二是

---

① 《马克思恩格斯选集》第四卷,人民出版社2012年版,第426页。

社会主义与资本主义和平相处、平等竞争和合作共赢的时期。如我国是从改革开放开始到21世纪中叶建成社会主义现代化强国的和平发展时期,也是我们振兴中华和实现"中国梦"的时期。第三是社会主义可以完全取代资本主义,并进入成熟社会主义的时期。可见,我们不仅要有共产主义的远大理想,而且要有社会主义的共同理想,并且要把这两个理想有机结合,统一到实际行动中去,这是共产主义理想与社会主义理想具有两重性和相容性的客观要求及具体表现。因此,社会主义是一个漫长而持久的历史过程,资本主义因素和共产主义因素将长期并存、相互斗争、此消彼长,因而是一个需要经过十几代人甚至几十代人不懈努力才能最终完成的伟大历史使命。

第3章

中国特色社会主义经济形成和发展

马克思主义普遍真理与中国实际相结合是中国革命和建设取得成功的基本经验及科学方法。中国特色社会主义经济的形成和发展是马克思主义理论与我国实际紧密结合的又一创新成果,也是中国特色社会主义经济具有两重性和相容性的集中体现及必然结果。马克思主义为社会主义的建立和发展指明了方向,在中国共产党领导下,经过28年艰苦奋斗建立的新中国,为中国特色社会主义制度的创立提供了政治前提。如何再次把马克思主义普遍真理与中国实际结合起来,走出一条中国特色社会主义经济的发展道路,是需要经过长期艰苦探索和努力奋斗才能取得成功的。

一、中国社会主义经济制度的建立

在我国无产阶级夺取政权以后,开始进入新民主主义社会向社会主义社会转变的过渡时期。无产阶级在过渡时期的基本任务,就是把资本主义私有制和个体劳动者私有制转变为社会主义公有制,建立社会主义的经济制度。我国建立社会主义经济制度的基本途径可分为以下三种。

(一) 没收官僚资本,建立社会主义全民所有制

对于资本主义私有制,从原则上讲要通过"剥夺剥夺者"转变为社会主义公有制。就我国的具体情况而言,资本主义经济可分为官僚资本和民族资本两部分。我们根据官僚资本和民族资本在国民经济中的不同地位和作用,以及它们对待无产阶级革命的不同态度,分别采取了没收官僚资本和赎买民族资本两种不同的方法。在旧中国,官僚资本依附于帝国主义并和封建主义相勾结,垄断了旧中国的经济命脉,它是国民党反动统治的重要经济基础,代表着最反动、最落后的生产关系,严重阻碍了中国经济发展。所以,当我们取得新民主主义革命胜利以后,立即在全国范围内没收了全部官僚资本,并把它们变成社会主义全民所

有制经济。在我国没收官僚资本具有双重革命意义：一方面，消灭了它的买办性和封建性，这是属于民主革命性质；另一方面，消灭垄断资本则属于社会主义革命性质。据统计，新中国成立前夕，官僚资本占工业、交通运输业固定资本总额的80%，对其进行无条件剥夺就为建立全民所有制经济从而掌握国家经济命脉奠定了物质基础。

(二) 赎买民族资本，壮大社会主义全民所有制

民族资本在民主革命和社会主义革命时期都具有两重性，既有积极的一面，又有消极的一面。与此相联系，民族资产阶级对待无产阶级革命的态度也具有两面性，既有坚持和发展资本主义的一面，又有拥护共同纲领、接受共产党和人民政府领导的一面。因此，我们有必要和有可能对民族资本实行"和平赎买"。我国对民族资本赎买采取了利用、限制和改造的政策，即利用民族资本对国计民生有利的积极作用，限制其不利于国计民生的消极作用，并把民族资本主义经济逐步改造成为社会主义全民所有制经济。我国对民族资本主义工商业的社会主义改造，是通过国家资本主义形式实现的。这里的资本主义是指无产阶级国家能够加以限制，并规定其活动范围的资本主义。我国的国家资本主义经历了从初级形式到高级形式两个阶段。第一个阶段是把资本主义工商业变成初级形式的国家资本主义。在工业中主要实行委托加工、统购包销，在商业中搞经销代销。国家从流通领域入手，通过控制原料、产品和市场，削弱和限制民族资本的投机性和盲目性，造成其必须依赖国有经济才能生存和发展的条件，逐步将其生产和流通纳入国家计划轨道。第二个阶段再把初级形式国家资本主义改造成高级形式的国家资本主义，也就是实行公私合营。它又经历了个别企业公私合营和全行业公私合营两步走。到1956年底，全行业公私合营基本完成以后，国家开始全面对资本家实行定息制度，这时资本家对生产资料的所有权只表现在按私有股份取得的定息上，企业的生产资料已完全由国家来占有和支配，企业生产经营活动必须按照国家计划要求进行，因而已成为社会主义性质的企业。到1957年，全行业公私合营企业已占原有私人企业总数的99%，基本上完成了对资本主义工商业的社会主义改造。到1966年9月，国家向资本家支付定息的年限已满，决定不再支付定息，这样公私合营企业就变成了完全社会主义性质的

全民所有制企业。马克思、恩格斯、列宁都论述过在一定条件下对剥削阶级占有的生产资料进行赎买的思想。马克思和恩格斯曾认为,"假如我们能赎买下这整个匪帮(指当时资本主义国家的地主和资产阶级——引者),那对于我们是最便宜不过的了"①。我国在1956年底基本完成了对民族资本的社会主义改造,这是马克思主义的赎买理论与我国实践相结合的伟大成就,从而创造性地丰富和发展了马克思主义。

(三) 改造个体劳动者私有制,建立社会主义劳动群众的集体所有制

新中国成立后,在对资本主义私有制进行社会主义改造的同时,还把广泛存在于农业和手工业中的个体劳动者私有制改变为社会主义公有制,引导个体农民和个体手工业者走上社会主义道路。按照马克思主义的原则,对个体劳动者不能剥夺,只能在自愿基础上,通过典型示范、思想教育和国家帮助,引导个体农民和个体手工业者走上合作化道路,建立起劳动群众的集体所有制。我国对农村个体经济的改造,是通过带有社会主义萌芽性质的互助组、半社会主义性质的初级合作社、完全社会主义性质的高级合作社,这样三个互相衔接、逐步前进的形式和步骤实现的。高级合作社的建立,标志着农村个体经济变成劳动群众的集体经济。到1956年底,参加合作社的农户已占我国总农户的96.3%,其中参加高级社的占87.8%,从而在全国范围内基本实现了农业合作化。② 我国对个体手工业的改造也是通过合作化道路进行的。先从流通领域入手,采取手工业供销小组、手工业供销合作社等形式,然后进入生产领域,建立了多种形式的生产合作社。到1956年底,我国基本完成了对农业和手工业的社会主义改造。

总之,在我国无产阶级夺取政权以后,通过没收官僚资本和赎买民族资本,建立并壮大了社会主义全民所有制经济;通过合作化改造个体农业和个体工商业,建立并壮大了社会主义集体所有制经济。因此,对生产资料私有制改造的基本实现,完成了从新民主主义社会到社会主义社会转变的历史任务,建立起以公

---

① 《马克思恩格斯选集》第四卷,人民出版社2012年版,第375页。
② 高群:《政治经济学教科书(社会主义部分)》,吉林人民出版社1985年版,第17页。

有制为主体的社会主义经济制度。"三大改造"是一场前无古人的伟大社会变革,在改造过程中还存在诸如要求过急、工作过粗、时间过快、形式过于简单划一等缺点和偏差,特别是后来实行的更为激进的、政社合一的人民公社,超越了当时的物质条件和思想基础,对经济发展带来了不良影响。然而,在我们这样一个人口众多的大国,在较短时间里"比较顺利地实现了如此复杂、困难和深刻的社会变革,促进了工农业和整个国民经济的发展,这的确是伟大的历史性胜利"。①

二、社会主义初级阶段的含义和特征

对于我国经济发展来说,认识社会主义初级阶段及其特点就显得格外重要,它不仅是发展和完善中国特色社会主义经济理论的基本前提,而且是我们制定和贯彻党和国家的路线、方针和政策的出发点。在社会主义初级阶段,经济发展的显著特点就是具有公有经济和非公经济共同发展的两重性和相容性。历史经验表明,我们过去所犯的"左"和右的错误,都与社会主义发展阶段及其主要矛盾和主要特性认识不清有关。因此,正确认识社会主义初级阶段及其主要矛盾和主要特性,使社会主义经济摆脱"左"和右的错误干扰,是加快我国社会主义现代化建设的关键。

(一) 社会主义初级阶段的基本含义

社会主义是共产主义的第一阶段,而有市场经济的社会主义又是社会主义的第一阶段。当然,作为社会主义的第一阶段并不是不可再分。由于发达资本主义国家进入社会主义,与殖民地、半殖民地等落后国家进入社会主义相比较,在生产力和经济基础等方面会有很大差距。因此,社会主义的第一阶段仍然可以分为高级阶段和低级阶段。刚刚从落后国家脱胎出来建成的社会主义,由于生产力水平更低,必须保持以公有制为主体的多种所有制形式和以按劳分配为

---

① 《中国共产党中央委员会关于建国以来党的若干历史问题的决议》,人民出版社1981年版,第14页。

主体的多种分配方式，必须发展社会主义市场经济和发挥政府宏观调控作用。因此，这时还处于社会主义第一阶段中的低级阶段，我们称为社会主义初级阶段。

说我国正处在社会主义初级阶段，有两个基本含义。第一，我国社会已经是社会主义社会。1956年对生产资料私有制的社会主义改造完成以后，我国已由新民主主义社会过渡到社会主义社会。它的基本标志是社会主义公有制和按劳分配制度确立，并成为主要的经济基础。否认我国已是社会主义这一基本事实，就会迷失前进方向，初级阶段也就无从谈起。第二，我国是不成熟的社会主义社会。它的主要标志是生产力发展水平低，存在多层次和不平衡等特点。相对落后的生产力决定了生产关系的不完善，必须保留多种所有制形式和多种分配方式，还要利用资本主义的生产关系和物质技术条件，来补充社会主义经济不足和加快经济发展。因此，这一阶段的社会主义必须始终把发展生产力作为中心任务。只有当生产力发展到发达国家水平，可以不再大规模地利用资本主义促进经济发展的时候，才能说社会主义完成了它在初级阶段的历史使命，开始进入社会主义第一阶段中的高级阶段。完成初级阶段的历史任务，在中国至少需要一百年或更长的时间，估计短了容易犯"左"倾错误，这是我们正确决策的基本前提。

（二）社会主义初级阶段的四大特性

从党的十五大以来，党中央一再强调完成社会主义初级阶段任务的必要性和重要性。如何才能完成这些任务和实现这些目标？正确认识和科学把握初级阶段的基本特性至关重要。这些特性可概括为过渡性、兼容性、关键性、后盾性，也是形成中国特色社会主义经济两重性和相容性的客观依据。下面将对社会主义初级阶段的四大特性进行具体阐述，以加深对社会主义初级阶段的理解，为贯彻党的基本路线扫清思想障碍。

1. 初级阶段的过渡性

社会主义初级阶段的第一个特性是过渡性。过去，我们仅仅把1949年中华人民共和国建立，到1956年生产资料的社会主义改造基本完成称为过渡时期。现在看来，从1956年社会主义经济制度建立，到21世纪中叶经济实力达到中等发达国家水平,全面建成社会主义现代化强国,即整个社会主义初级阶段也是一个过渡时期。这是因为,马克思设想的社会主义是在发达资本主义国家建立的,而我国的社会主义是在半殖民地半封建国家建立的,由于生产力落后,建立的社会主义是不合格的。正如邓小平所说:"现在虽说我们也在搞社会主义,但事实上不够格。只有到了下世纪中叶,达到了中等发达国家的水平,才能说真的搞了社会主义。"[①]从不合格社会主义变成合格社会主义,必须经过一个初级阶段,补上生产力不发达这一课。因此,这个初级阶段实质上是社会主义从不合格到合格的过渡时期。这个过渡时期又可分为两个阶段:第一阶段从1956年到2000年,初步实现中国式的现代化,是社会主义从温饱型向小康型过渡的时期;第二阶段从2000年到2050年左右,使生产力达到中等发达国家水平,是社会主义从小康型向富裕型过渡的时期,因而是使我国成为合格社会主义的时期。这个过渡时期的最大特点是两种生产关系并存:一方面要大力发展全民、集体等公有生产关系,促进社会化大生产迅速发展;另一方面要充分利用个体、私营和外资等非公有生产关系,来促进多层次生产力共同发展,以弥补公有经济的不足。过去,由于没有正确认识社会主义初级阶段及其过渡性,因此出现过两种错误:一是右倾错误,把1956年生产资料所有制改造完成前的主要矛盾,即无产阶级与资产阶级的矛盾、社会主义道路与资本主义道路的矛盾,夸大为整个社会主义历史时期的主要矛盾,这就必然导致阶级斗争的扩大化,导致反右斗争、四清运动和"文化大革命"等一系列政治运动,打击了一大片,既搞乱了人们的思想,又阻碍了生产力发展,使社会主义遭受严重挫折。二是"左"倾错误,把马克思设想的,只有在社会主义成熟阶段才能实行的方法和措施,提前拿到它的不成熟阶段来推行,如取消商品、货币关系,建立单一全民所有制,实行高度集中的计划管理等,结果欲则不达,犯了"大跃进"、人民公社等试图跑步进入共产主义的"左"倾错误。正反两方面的经验教训表明,只有正确认识社会主义初级阶段这一过渡时期的特殊性质,才能自觉克服"左"和右的错误干扰,制定出正确的路线和政策,形成坚强有力的组织领导;才能在人民政权保护下,坚持以经济建设为中心,贯彻以公有经济为主体,积极促进非公经济发展的两条腿走路的方针;才能在维护社会安定、深化改革开放和加强精神文明的同时,推动生产力发展、

[①] 《邓小平文选》第三卷,人民出版社1993年版,第225页。

综合国力增强和人民生活水平提高,为向合格社会主义过渡奠定物质基础和创造精神条件。

2. 多种经济的兼容性

社会主义初级阶段的第二个特性是多种经济成分的兼容性。其中包括国有经济与民营经济的兼容,公有经济与非公经济的兼容,以及国内经济与国外经济的兼容,如引进外资和发展对外经济关系等。为什么社会主义初级阶段必须具有兼容的特性?归根结底是由生产关系一定要适合生产力的基本经济规律决定的。马克思指出:"无论哪一个社会形态,在它所能容纳的全部生产力发挥出来以前,是决不会灭亡的;而新的更高的生产关系,在它存在的物质条件在旧社会的胎胞里成熟以前,是决不会出现的。"① 中国革命的成功表明,官僚资本所代表的生产关系所能容纳的生产力已经达到了顶点,不能再发展了,因而被全民所有制生产关系所代替。这一代替不仅具有必然性,而且具备了现实性,因而取得伟大胜利。但是,在中国建立单一全民所有制,或只有全民和集体两种公有制的条件还不成熟,勉强建立或强制推行反而会限制生产力发展,改革开放前的历史证明了这一点。在社会主义初级阶段,私营和个体等非公经济所代表的生产关系仍有生命力,仍能促进生产力发展。这不仅为生产资料改造完成前的历史所证明,而且为改革开放后的实践所证明。在世界范围内,特别是在社会主义与资本主义两种制度和平共处与平等竞争的时代,通过国家资本主义方式大量利用外国资本,加快本国经济发展,仍然具有促进生产力发展的积极作用。因此,多种经济成分兼容具有客观必然性。那么,怎样才能使它们兼容?这里需要从企业外部和内部两个方面来分析。就企业外部来讲,实现兼容的最好途径和方式是大力发展市场经济。因为市场经济本身不具有根本社会制度的属性,它的基本要求是商品属于不同所有者,而不问生产商品的要素归谁所有。这样,市场经济既可与生产要素的公有制结合,又可与生产要素的私有制结合;既可与本国的生产要素结合,又可与外国的生产要素结合。市场经济要求的等价交换,是各种经济成分都能接受的平等关系,价值规律和价值增殖规律是不同所有者都必须遵循的客观经济规律,因而是它们公平竞争、协调发展和互利共赢的根本动力。可见,市场经济是联系各种生产关系的桥梁和纽带,对促进多种生产力综合发展起

---

① 《马克思恩格斯选集》第二卷,人民出版社 2012 年版,第 3 页。

着决定性作用。就企业内部来讲,实现兼容的最好途径和方式是股份制。过去,我们把股份制仅仅看成资本主义企业的经营管理方式,这是一种错误。股份制是多种经济成分兼容的企业经营管理体制,因而也不具有根本社会制度的属性。在资本主义社会,它是大资本控制中小资本的有效形式;在社会主义社会,它可成为国有经济控制非国有经济、公有经济控制非公经济的重要途径。股份制可以兼容多种经济成分,通过发行股票,广泛筹集资金,扩大生产规模,有力地促进了企业生产力提高。这里值得注意的是,兼容性并不否认国有经济的主导地位和公有经济的主体地位。国有经济的主导作用不在于它的企业数量,而在于它的实际作用。只要国有经济能控制国民经济的命脉,对关系国计民生的重要产品具有调节作用,并能保证国民经济沿着社会主义方向前进,其就具有主导作用。公有经济的主体地位是从全局来讲的,而对于某些地区如经济特区、开放城市和特别落后的地区等,对于某些行业如手工业、服务业和零售商业等,都可以使非公经济在局部成为主体。总之,这种兼容性是由生产力水平、行业和地区的特点,以及不同的历史和现状综合决定的,是不以人们的意志为转移的。过去,我们一度忽视和否认社会主义初级阶段的兼容性,盲目提高公有化的程度,人为限制非公经济发展,结果违背了客观经济规律,严重阻碍了生产力发展,这样的教训是深刻的。

3. 经济建设的关键性

社会主义初级阶段的第三个特性是以经济建设为中心的关键性。搞马克思主义和社会主义能不能以经济建设为中心,是一个有争议的问题。按照辩证唯物主义观点,政治与经济的关系是会相互转化的。邓小平指出:"马克思主义的基本原则就是发展生产力……社会主义的首要任务是发展生产力。"[1]他进一步指出:"什么是中国最大的政治?四个现代化就是中国最大的政治。"[2]可见,以经济建设为中心,并不违背马克思主义原理和社会主义原则。为什么发展生产力就是最大的政治?

(1) 只有大力发展生产力,才能实现社会主义的生产目的,解决现阶段发展不充分不平衡的主要矛盾,最大限度满足人民日益增长的美好生活需要。

---

[1] 《邓小平文选》第三卷,人民出版社1993年版,第116页。
[2] 《邓小平文选》第二卷,人民出版社1994年版,第234页。

（2）只有大力发展生产力，才能不断提高人们的科学文化水平，加速赶超发达国家，显示社会主义能够集中力量办大事的优越性。

（3）只有大力发展生产力，拥有雄厚的物质技术基础，才能巩固国家政权，维护社会稳定和民族团结，巩固"一国两制"和促进祖国和平统一。

（4）只有大力发展生产力，才能真正提高我国的国际地位，不仅能在经济交往、平等竞争中取得主动权，而且能在反对霸权主义、维护世界和平和构建人类命运共同体时起积极作用。

总之，以经济建设为中心，大力发展生产力，是由社会主义初级阶段的性质和主要矛盾决定的，它制约着社会发展的一切主要方面和主要过程，因而具有关键性。正如邓小平所说："离开了经济建设这个中心，就有丧失物质基础的危险。其他一切任务都要服从这个中心，围绕这个中心。"[①]邓小平进一步指出："坚持发展生产力，始终扭住这个根本环节不放松……即使打世界战争，打完了还搞建设。"[②]改革开放前，我们一度偏离甚至否定以经济建设为中心，结果吃了大亏，不仅使生产力和生活水平难以提高，而且造成思想混乱和社会动荡。相反，改革开放的伟大成就和巨大变化，都是在以经济建设为中心的基本路线指引下取得的，这一经验大大丰富了马克思主义关于政治与经济关系的理论宝库。当然，以经济建设为中心，不等于经济可以冲击一切。在经济建设过程中，要不断改革经济体制和政治体制，不断完善生产关系和上层建筑，充分发挥政治、法律和文化等上层建筑对经济发展的保护和促进作用。

4. 政权巩固的后盾性

社会主义初级阶段的第四个特性是政权巩固的后盾性。早在新中国成立前夕，毛泽东在《论人民民主专政》一文中指出："人民手里有强大的国家机器，不怕民族资产阶级造反。"[③]在整个过渡时期，我们之所以能以经济建设为中心，充分运用市场机制的调节作用，并且允许非公经济的发展，是因为我们有巩固的政权作后盾。在无产阶级掌握政权的条件下，个体、私营、外资等经济成分的性质已发生了根本变化，由从属于资本主义转变为从属于社会主义。由于无产阶级掌

---

① 《邓小平文选》第二卷，人民出版社1994年版，第250页。
② 《邓小平文选》第三卷，人民出版社1993年版，第64页。
③ 《毛泽东选集》第四卷，人民出版社1991年版，第1477页。

握政权,不仅使它们的消极作用得到有效限制,而且能使它们的积极作用充分发挥出来。非公经济在为国家创造财富、增加劳动就业和满足人民需要等方面,具有不可替代的显著作用,已越来越为人们所公认。社会主义初级阶段的实践表明,一方面巩固政权具有特别的重要性,直接关系到能不能保持社会主义性质的根本问题;另一方面也表现出巩固政权的艰巨性,需要克服国内外可能出现的种种风险和挑战。在多种经济成分并存,以及对内改革和对外开放的条件下,怎样才能巩固人民政权?决定的因素有三个:(1)要有正确的思想政治路线。由于社会主义是前无古人的崭新事业,没有现成的经验可以借鉴,加上各种"左"和右的思潮影响,产生过许多错误,造成严重挫折。直到党的十一届三中全会,经过解放思想、拨乱反正,才找到一条符合国情的正确道路,并取得改革开放的伟大成就。这一切充分说明正确的思想政治路线极其重要性。(2)要有共产党的坚强领导。作为执政党面临的最大挑战,是在市场经济条件下如何克服权钱交易造成的巨大危害?如何保证党组织的勤政廉洁?如何实现从严治党?这里要从两方面入手:一是改革和完善经济体制和政治体制,不断加强党的组织建设和思想建设,健全民主与监察制度,使制止和铲除腐败有坚强的组织保证和法律保障;二是注意培养和选拔优秀人才担任领导工作,并不断加强对党员和干部的思想教育和组织监督,使正确的政治路线和组织路线都能得到有效贯彻和落实。(3)要有一支强大的人民军队。"没有一个人民的军队,便没有人民的一切。"①军队不仅是巩固人民政权、维护国内安定的坚强柱石,而且是保卫国家主权、防止外来侵略的钢铁长城。在社会主义初级阶段更有其特殊的重要性,因此任何时候都必须坚持党指挥枪的原则,不断加强人民军队建设,充分发挥其在维护国家稳定、保卫领土安全上的决定性作用。

总之,社会主义初级阶段的四大特性是密切联系和相互制约的。最基本的是过渡性,它决定了多种经济成分的兼容性、以经济建设为中心的关键性和巩固人民政权的后盾性;而兼容性、关键性和后盾性又反作用于过渡性,制约着过渡时期的进程,为完成过渡时期的历史任务创造条件和提供保障。因此,只有充分认识这些特性及其相互关系,才能更好地坚持党的基本路线,完成社会主义初级阶段的历史使命。

---

① 《毛泽东选集》第三卷,人民出版社 1991 年版,第 1074 页。

三、社会主义本质与初级阶段使命

邓小平指出:"社会主义是一个很好的名词,但是如果搞不好,不能正确理解,不能采取正确的政策,那就体现不出社会主义的本质。"①习近平总书记指出:"中国特色社会主义是改革开放以来党的全部理论和实践的主题,是党和人民历尽千辛万苦、付出巨大代价取得的根本成就。"②因此,认真学习邓小平理论和习近平新时代中国特色社会主义思想,深刻认识社会主义本质与初级阶段使命,才能解决好社会主义方向和道路问题,因而具有重大现实意义和深远历史意义。

(一) 正确认识社会主义的本质

什么是社会主义的本质?邓小平说:"社会主义的本质,是解放生产力,发展生产力,消灭剥削,消除两极分化,最终达到共同富裕。"③可见,社会主义的本质可以用四个字来概括,就是"共同富裕"。它包括两方面的要求:一是从生产力方面讲,社会主义的根本任务是解放和发展生产力。社会主义要消灭贫穷,使人民富裕起来,就必须大力发展社会生产力。只有创造出比资本主义更高的劳动生产率,才能体现社会主义的优越性,满足人民日益增长的美好生活需要。二是从生产关系方面讲,社会主义的本质特征是公有制和按劳分配。只有坚持公有制和按劳分配,才能从根本上消灭资本主义的剥削制度,实现劳动平等,使人民真正成为国家和企业的主人。因此,这两方面是缺一不可的,只有把它们结合起来、统一起来,才能最终实现共同富裕。

过去,我们对社会主义本质的认识有片面性,表现在两个方面:一是忽视了

---

① 《邓小平文选》第二卷,人民出版社1994年版,第313页。
② 习近平:《决胜全面建成小康社会 夺取新时代中国特色社会主义伟大胜利——在中国共产党第十九次全国代表大会上的报告》,人民出版社2017年版,第16页。
③ 《邓小平文选》第三卷,人民出版社1993年版,第373页。

发展生产力对社会主义的决定作用,盲目批判唯生产力论,造成普遍贫穷的社会主义;二是过分强调变革生产关系,盲目提高公有化程度,结果阻碍了生产力发展和社会主义制度巩固。直到党的十一届三中全会,经过拨乱反正,才克服了以上缺陷,深刻认识到社会主义的本质,进而把工作重心转到现代化建设上来,才使中国特色社会主义有了质的飞跃,并取得前所未有的巨大成就。

过去,为什么不能正确认识社会主义本质?不能把发展生产力作为推动社会主义前进的根本动力?直接原因是没有正确认识社会主义社会的主要矛盾,深层原因是没有正确认识社会主义初级阶段。从1956年对生产资料所有制的社会主义改造完成以后,到改革开放以前,一直认为社会主义社会的主要矛盾是资产阶级与无产阶级的矛盾,是资本主义道路与社会主义道路的矛盾。在"文化大革命"期间,甚至提出阶级斗争要"年年讲,月月讲,天天讲。"这样做,显然脱离了当时的客观实际,导致了反右斗争、"四清"运动和"文化大革命"等一系列政治运动,扩大了打击面,严重挫伤了广大群众的生产积极性。社会主义的实践反复证明,在生产资料所有制改造完成以后,主要矛盾已经不是无产阶级与资产阶级、社会主义与资本主义之间的矛盾,而是落后的社会生产与人民日益增长的物质文化需要之间的矛盾。经过40多年的改革开放,现阶段的主要矛盾已经转化为人们日益增长的美好生活需要与经济社会发展不平衡不充分的矛盾。因此,只有正确认识社会主义社会的主要矛盾,才会正确认识社会主义本质,自觉地把工作重心放到经济建设上来,才能调动起广大群众进行现代化建设的积极性、主动性和创造性,以巩固和发展中国特色社会主义制度。

进一步分析可以看到,对社会主要矛盾的认识错误,根源于对社会发展阶段的认识错误。我们对社会主义发展阶段的认识,曾犯过两种错误:一是"左"的错误,一度超越现阶段的物质基础和思想条件,试图跑步进入共产主义,因而发动了"大跃进"和人民公社运动,结果欲速则不达;二是右的错误,把过渡时期已经解决的主要矛盾,夸大为整个社会主义时期的主要矛盾。在较长的时期里,一直认为我国社会仍然处在两个阶级、两条道路激烈斗争的"过渡时期",坚持以阶级斗争为纲,最后发动"文化大革命",打击了一大片。这种形"左"实右的错误,严重阻碍了社会主义的巩固和发展,使国民经济滑到崩溃的边缘。两个错误的根源,都在于对基本国情做了错误的判断,脱离了社会主义初级阶段的实际。我国是从半殖民地半封建社会直接进入社会主义社会,因此必须经历一个很长的初级阶段,去实现工业化、市场化和现代化。这就要求我们,一方面不能离开社会主义方向,另一方面不能脱离初级阶段实际,要始终把发展生产力放在首位,作为中心工作来抓。可见,只有正确认识社会主义社会的主要矛盾及其初级阶段的实际,才能正确揭示社会主义本质,才会按照生产力与生产关系矛盾运动的客观规律,把中国特色社会主义不断推向前进。

(二) 深刻理解初级阶段的使命

作为社会主义初级阶段,应该有哪些基本特征呢?

第一,在生产力方面,与发达资本主义国家相比,存在较大差距。这种差距一方面是历史造成的,是帝国主义国家长期剥削和掠夺殖民地半殖民地等落后国家的结果;另一方面是科技落后造成的,科技对生产力的发展有乘数效应和加速作用,科技上的差距扩大,会导致生产力上的差距更大。因此,落后国家只有紧紧抓住科学技术这个第一生产力,实行科教兴国战略,才能缩短与发达国家的差距,并赶上和超过它们。

第二,在生产关系方面,实行以公有制为主体的多种所有制形式和以按劳分配为主的多种分配方式。这里不排除部分地区和部分行业可以较多地利用资本主义的所有制关系和分配关系,在我国的经济特区就是如此。有限制地利用资本主义生产关系,将是社会主义初级阶段的显著特点。

第三,在生产方式方面,要大力发展社会主义市场经济,提高生产社会化、市场化和现代化的程度。由于社会化大生产和市场经济是现阶段社会主义与资本主义的共性,因此更有理由充分利用价值规律和价值增殖规律这些社会化生产的形式和动力,加快社会主义经济发展。

第四,在政治法律方面,要建立人民民主专政的政治制度和完备的法律体系,实行共产党领导下的多党合作制,坚持民主集中制和广泛的统一战线,使对人民的民主和对敌人的专政同步得到加强,逐步完善社会主义的民主和法制。

第五,在意识形态方面,要大力加强以共产主义思想为核心的社会主义精神文明建设,不断提高全体人民的科学文化素养和思想道德情操,同时利用人类创造的一切精神财富,包括宗教教义中的合理部分,为社会的文明进步服务。

党的十五大把初级阶段的使命概括为九个转变:一是逐步摆脱不发达状

态,基本实现社会主义现代化;二是由落后的农业国转变为先进的工业国;三是由自然经济、半自然经济转变为市场经济;四是由科技文化落后转变为科技文化比较发达;五是使人民生活由较低水平转变为比较富裕;六是缩小地区经济文化差距,实现地区间的合理布局和协调发展;七是通过改革建立和完善市场经济体制、民主政治体制和其他体制等;八是要实现物质文明与精神文明的协调发展;九是要缩小同世界先进水平的差距,实现民族复兴。可见,社会主义初级阶段的历史使命是伟大而艰巨的,需要几代人甚至十几代人坚持不懈地努力才能完成。实践表明,只有正确认识社会主义初级阶段的基本特征和历史使命,才能克服"左"和右的错误倾向,找到正确的方法和措施高效地推动社会主义发展,减少这一过程中的曲折和阵痛。

(三) 正确把握本质与使命的一致性

习近平总书记在党的十九大报告中指出:"既不走封闭僵化的老路,也不走改旗易帜的邪路。"①在现阶段,我们既要坚持社会主义方向,又不能脱离初级阶段实际,既要保持社会主义本质,又要完成初级阶段使命,如何才能使二者统一呢?从根本上讲,社会主义的任务是解放和发展生产力,而初级阶段的使命是振兴中华和建设现代化强国。因此,它们在大力发展生产力这一基本点上统一起来,同时需要解决以下三个根本性问题。

第一,坚持社会主义方向,但不脱离初级阶段实际。怎样才能不超越初级阶段?关键要克服"左"倾路线影响,在所有制、分配制度和调节方式等方面,采取更为灵活的政策和措施,使之符合初级阶段的实际。在所有制上,要坚持公有制为主体,但不能像过去那样搞单一全民所有制,或全民和集体两种公有制,而必须坚持发展多种所有制。特别要根据经济发展的内在要求,建立多种所有制混合的经济形式。因此,在如何理解公有制为主体的问题上,在观念上必须有大的转变。从微观上讲,在一个股份制企业中,国家或集体所有的股份可以不超过半数,但只要所占比重较高,即取得股票控制额,从而掌握企业的领导权,就能保持

---

① 习近平:《决胜全面建成小康社会 夺取新时代中国特色社会主义伟大胜利——在中国共产党第十九次全国代表大会上的报告》,人民出版社2017年版,第17页。

企业的公有性质不变。从宏观上讲,公有制为主体,并不要求公有企业在数量上占优势,只要公有企业所控制的资本和固定资产的总量占优势,并能掌握国民经济命脉就行。这样就能在不改变公有制性质的前提下,充分利用各种非公资本,加快社会主义现代化建设。在分配制度上,既要坚持按劳分配为主,又要在法律允许的范围内,大力发展其他分配方式。这里特别要看到,按资分配对提高各种生产要素利用效率的积极作用。在克服原有企业"吃大锅饭"和搞平均主义的同时,不断改革分配制度,使按劳分配与按资分配同时得到发展,适当拉开收入差距,并通过一部分人先富起来,促进和带动共同富裕。在调节机制上,一方面要充分发挥市场在资源配置中的决定性作用,利用价值规律与价值增殖规律促进市场经济健康发展;另一方面要更好地发挥政府作用,加强国家对宏观经济的调控力度,积极利用财政政策和货币政策等经济手段,促进国民经济持续稳定协调发展。

第二,从初级阶段实际出发,但不背离社会主义方向。怎样才能坚持中国特色社会主义?关键是要克服右倾思潮影响。有些人认为,承认初级阶段实质是否认社会主义,重走资本主义道路,这是十分错误的。历史早就证明,中国不能走资本主义道路。正如邓小平指出的:"国民党搞了二十几年,中国还是半殖民地半封建社会,证明资本主义道路在中国是不能成功的……如果不搞社会主义,而走资本主义道路,中国的混乱状态就不能结束,贫困落后的状态就不能改变。"[1]因此,在坚持社会主义方向这一根本点上,是不能动摇的。我们提倡解放思想,但必须实事求是;我们搞多种所有制形式,但必须以公有制为主体;我们搞多种分配方式,但必须以按劳分配为主体;我们要市场调节,但必须服从国家的宏观调控;我们要对外开放,但必须以自力更生为主;我们允许一部分人先富,但要以共同富裕为目标;我们强调社会主义的中国特色,但必须符合马克思主义的普遍真理。一句话,我们要从初级阶段实际出发,但不能背离社会主义方向。应当注意,要坚持社会主义,必须首先分清什么是社会主义、什么不是社会主义。这里要克服两种倾向:一是把不是社会主义的东西当成社会主义来坚持,如过去把过度集中和平均主义当作社会主义,结果严重挫伤了人民群众的积极性;二是把本来是社会主义的东西或者可以为社会主义利用的东西,看成资本主义而

---

[1] 《邓小平文选》第三卷,人民出版社1993年版,第62—63页。

加以否定,如市场经济和股份制等,结果严重阻碍了我国经济发展。当然,在区分是否是社会主义的时候,又不能停留在姓"社"与姓"资"这种表层现象的争论上,而必须以实践作为检验真理的标准,经过反复探索和创新,才能从理论和实践的结合上使二者真正区分开来。因此,在初级阶段坚持社会主义有其复杂性和艰巨性。

第三,坚持党在初级阶段的基本路线不动摇。如何才能做到坚持社会主义方向,而不脱离初级阶段实际?这就必须始终不渝地坚持党的基本路线,正确处理"一个中心"与"两个基本点"的相互关系,做好以下四个方面的工作:(1)在经济上,要通过发展社会主义市场经济来提高生产力和实现社会主义生产目的。过去,我们把市场经济与资本主义等同起来,与社会主义对立起来,是完全错误的。应该讲,大生产的市场经济是资本主义与现阶段社会主义的共性。消灭资本主义,不仅不应该消灭社会化大生产,而且也不应该过早取消市场经济。市场经济不仅能与资本主义生产关系结合,推动资本主义经济发展,而且能与社会主义生产关系结合,推动社会主义经济发展。改革开放以来,由于我们大力发展社会主义市场经济,有力地促进了生产力发展和物质基础加强,有效地巩固了社会主义制度。(2)在政治上,要不断发展和完善社会主义的民主与法制。社会主义是千百万人民群众的共同事业,仅仅依靠少数人的积极性是不行的,必须调动起全体人民的积极性,这就需要健全广泛的民主制度。可以说,整个社会主义的历史进程,就是一个不断健全和完善民主的过程。但是,社会主义民主必须是有组织、有领导、有法律、有纪律的民主。离开民主集中制和社会主义法制的民主,将会演变成无政府主义和资产阶级自由化,最终破坏社会主义制度,损害人民群众的根本利益。(3)在思想上,要坚持历史唯物主义,坚持实事求是的思想路线。过去,社会主义几经曲折,思想根源都是历史唯心主义和形而上学。例如,割断了社会主义与资本主义的历史联系,否认它们有共性和继承性,把二者完全对立起来。结果一方面否认市场经济,反对引进和利用外资,搞闭关自守;另一方面脱离现有的物质和思想条件,盲目提高公有化程度,搞"穷过渡",使生产力发展受到严重影响,使经济上与发达国家已经缩小的差距又加大了。因此,坚持唯物史观、克服形而上学,就要正确认识社会主义与资本主义的本质区别和历史联系。在生产力方面,要努力向发达国家学习,以加速赶上和超过资本主义;在生产关系方面,要在消灭资本主义制度的同时,有限制地利用资本主义生产关系，逐步巩固和完善社会主义的经济基础。（4）在行动上，要采取一系列"两手抓，两手都要硬"的方针，一手抓物质文明，一手抓精神文明；一手抓经济建设，一手抓民主法制；一手抓改革开放，一手抓惩治腐败；一手抓经济体制改革，一手抓政治体制改革。只有这样，才能使现代化经济建设，不脱离社会主义正确方向，使中国特色社会主义得到健康、稳定和高质量发展，使社会主义优越性充分显示出来。

四、以生产力为标准完善社会主义生产关系

新中国成立 70 年和改革开放 40 年我们取得的伟大成就，与坚持马克思的辩证唯物主义和历史唯物主义是紧密联系和不可分割的。可以说，我们在发展和完善社会主义生产关系上取得的进步都是坚持生产力标准的结果，相反我们在生产关系上出现的问题和所犯的错误都与违反和脱离生产力标准密切相关。因此，认真总结这方面的经验教训，深刻认识社会主义建设时期生产力和生产关系这对基本矛盾的两重性特点和相容性规律，特别是正确认识生产力发展所起的决定性作用，对巩固和完善社会主义经济制度、加快社会主义现代化建设和赶超资本主义发达国家都具有重大和深远的战略意义。

(一) 马克思主义者的生产力标准是一脉相承的

马克思的历史唯物主义认为，在生产力与生产关系这对基本矛盾中，一方面是生产力决定生产关系，另一方面是生产关系反作用于生产力，因而它们具有两重性和相容性。生产力的决定作用不仅表现为有什么样的生产力就会产生什么样的生产关系，而且生产关系的调整和变革也要以是否有利于生产力发展来衡量和评判，这就是我们所说的生产力标准。在坚持生产力标准上，历代马克思主义者是一脉相承的，并在实践中不断得到丰富、发展和完善。

最早提出生产力标准的是辩证唯物主义和历史唯物主义的创始人马克思。他在《政治经济学批判》序言中就指出："无论哪一个社会形态，在它所能容纳的全部生产力发挥出来以前，是决不会灭亡的；而新的更高的生产关系，在它存在

的物质条件在旧社会的胎胞里成熟以前,是决不会出现的。"①把能否容纳全部生产力作为判断旧生产关系能否继续存在的客观标准,把是否具备物质条件作为判断新生产关系能否出现的根本标志,这不仅说明生产力是推动生产关系变革的内在原因和根本动力,而且帮助我们认识到生产关系及其社会形态更替过程的长期性和艰巨性。

毛泽东在领导中国革命和建设中,坚持和发展了马克思的生产力标准理论,他早在1945年写的《论联合政府》中就指出:"中国一切政党的政策及其实践在中国人民中所表现的作用的好坏、大小,归根到底,看它对于中国人民的生产力的发展是否有帮助及其帮助之大小,看它是束缚生产力的,还是解放生产力的。"②并且在领导社会主义建设中,坚持以生产力为标准不断改革和调整生产关系。当斯大林提出社会主义生产关系是完全适合生产力发展的观点时,毛泽东就进行了批评,提出社会主义生产关系和生产力是"又相适应又相矛盾"的理论③,坚持以生产力为标准不断改革和完善社会主义生产关系。当然,在改革开放之前,我们在调整社会主义生产关系时所犯的错误,如搞生产资料的单一公有制、平均主义的按劳分配和高度集中的计划经济体制等,也是脱离生产力标准的结果。

邓小平在改革开放中坚持了生产力标准,他不仅提出:"社会主义的首要任务是发展生产力"④,而且明确提出判断改革开放正确与否的标准是"三个有利于",即"是否有利于发展社会主义社会的生产力,是否有利于增强社会主义国家的综合国力,是否有利于提高人民的生活水平"⑤。在"三个有利于"中,邓小平把生产力标准放在了第一位,可见生产力标准的重要性和决定作用。在20世纪90年代初,世界社会主义处于低潮之时,邓小平提出了"三个有利于"标准,对于鼓起勇气冲破一切障碍、不断深化改革开放和加快我国的现代化建设,无疑起到了有力的推动作用。正因为我们在改革开放中始终坚持了"三个有利于"的标准,才取得今天这样举世瞩目的伟大成就。

---

① 《马克思恩格斯选集》第二卷,人民出版社2012年版,第3页。
② 《毛泽东选集》第三卷,人民出版社1991年版,第1079页。
③ 《毛泽东文集》第七卷,人民出版社1999年版,第215页。
④ 《邓小平选集》第三卷,人民出版社1993年版,第116页。
⑤ 《邓小平选集》第三卷,人民出版社1993年版,第372页。

在 2016 年 2 月 23 日召开的中央全面深化改革领导小组第二十一次会议上，习近平总书记提出："把是否促进经济社会发展、是否给人民群众带来实实在在的获得感，作为改革成效的评价标准。"①这一新标准是对生产力标准的坚持、发展和创新。习近平总书记还指出："在全面深化改革中，我们要坚持发展仍是解决我国所有问题的关键这个重大战略判断，使市场在资源配置中起决定性作用和更好发挥政府作用，推动我国社会生产力不断向前发展，推动实现物的不断丰富和人的全面发展的统一。"②习近平总书记提出"是否促进经济社会发展、是否给人民群众带来实实在在的获得感"的思想，与邓小平推进改革的"三个有利于"是一脉相承的，都是以生产力标准为出发点的，因而体现了我国改革理论和实践的延续性和一致性。

可见，从马克思到毛泽东、邓小平、习近平，在用生产力标准来衡量和判断生产关系的合理性和可行性上是一脉相承的，并且随着时代进步，其内容不断丰富、发展和创新。因此，马克思主义的生产力标准仍将是我们继续前行的理论基础和思想指导。

（二）努力克服违反生产力标准的错误倾向

在坚持马克思主义生产力标准上也不是一帆风顺的。一方面，我们在坚持生产力标准上取得了很大成就，包括新中国的建立以及生产资料所有制的社会主义改造完成，都是坚持生产力标准的结果；另一方面，在中国走社会主义道路是一个史无前例的壮举，需要在探索中前进，因而也遭遇了不少曲折。在处理生产力与生产关系这对基本矛盾中，不可避免地会出现两种偏差。一种是"左"倾错误，也就是使生产关系变革超越现有生产力水平，起到影响和阻碍生产力发展的作用；另一种是右倾错误，使生产关系变革落后于现有生产力水平，同样起到影响和阻碍生产力发展的作用。因此，认真总结新中国成立 70 年和改革开放 40 年来的经验教训，对新时代坚持生产力标准和加快中国特色社会主义经济

---

① 《习近平主持召开中央全面深化改革领导小组第二十一次会议》，人民网，2016 年 2 月 23 日。

② 《习近平：推动全党学习和掌握历史唯物主义》，新华网，2013 年 12 月 4 日。

发展具有重大现实意义和深远历史意义。

从一方面看,在社会主义初级阶段,生产关系变革不能超越现实生产力水平,否则容易犯"左"倾错误。在新中国成立后的前30年,在完成生产资料社会主义改造以后,对于如何建立和完善社会主义经济制度缺乏经验,只能照搬苏联模式,建立了生产资料的单一公有制、平均主义的按劳分配制度、高度集中的计划管理体制。从理论上讲,这是符合马克思、恩格斯、列宁、斯大林等经典作家对未来社会设想的,但是拿到社会主义初级阶段来推行,就超越了生产力水平和人们的觉悟程度,造成了"左"倾错误。从实践上讲,当时我们只有苏联经验可以学习和借鉴,没有其他模式可以仿效。事实上,这样的生产关系和经济制度,对于在生产力高度发达的资本主义国家进入社会主义以后是适用和可行的,但是对于刚刚从半殖民地半封建社会脱胎出来、生产力十分落后的新中国来讲是不适用和不可行的。也就是说,这样的生产关系和经济制度超越了当时的生产力水平和物质基础,也超越了人们的认识能力和觉悟程度,结果使生产关系阻碍了生产力发展,出现物资严重匮乏的短缺经济。直到党的十一届三中全会以后,经过拨乱反正和改革开放,才使我们纠正了"左"倾错误,重新回到正确轨道上来。

从另一方面看,在社会主义初级阶段,生产关系变革也不能落后于生产力水平,如果经济发展脱离社会主义正确方向,过分强调私有化和自由化就会犯右倾错误。我国改革开放以后的30年,不仅纠正了前30年中出现的"左"倾错误,而且取得了生产力迅速发展的巨大成就,成为世界瞩目的第二大经济体。但是,我们在取得伟大成就的同时也出现了一系列新的矛盾和问题,局部出现生产关系变革落后于生产力水平的右倾错误。例如,在一段时期内,由于过度否认公有经济的作用和地位,致使公有经济效率下降和国有资产大量流失;由于非公经济大力发展和按要素分配作用加强,导致贫富差距拉大、两极分化严重;由于市场经济管理不规范和对党政机关监督不严,导致权钱交易泛滥和腐败现象蔓延,因而出现由于生产关系不健全和调整不到位严重影响和阻碍生产力发展的状况。直到党的十八大召开,提出了"五为一体"的总体布局和"四个全面"的战略布局,才使这些错误得到全面、有效地制止和克服,重新回到生产力与生产关系相互促进和协调发展的正确道路上来。

可见,在坚持生产力标准、改革和完善社会主义生产关系时,既要克服生产关系超越生产力水平的"左"倾错误,又要避免生产关系落后于生产力要求的右倾错误,才能使社会主义生产关系按照生产力标准得到全面发展。

(三)掌握和运用生产力标准中的辩证思想和科学方法

习近平总书记指出,我们不能用改革开放前 30 年否定后 30 年,同样也不能用改革开放后 30 年否定前 30 年。说明这两个 30 年都是在党的领导下,使社会主义事业取得巨大成就的历史过程,因此是一脉相承和不可分割的。当然,在这两个 30 年中我们所犯的错误是不同的,前 30 年主要是"左"倾错误,后 30 年主要是右倾错误。因此,进入新时代以后,我们既要充分肯定前两个 30 年取得的历史成就,又要克服前两个 30 年所犯的两种错误。也就是说,既要克服生产关系超越生产力的"左"倾错误,又要克服生产关系落后于生产力的右倾错误。因此,要在新时代继续坚持生产力标准,有效避免和克服"左"和右的错误倾向,就必须掌握和运用好生产力标准中的辩证思想和科学方法。

马克思认为,社会发展的根本原因和动力是社会的基本矛盾,即生产力与生产关系的矛盾,以及经济基础与上层建筑的矛盾。正是这两对基本矛盾推动了人类社会的发展,也为中国特色社会主义的发展和创新提供了科学依据和理论指导。马克思在《资本论》的第一版序言中指出,我们"不仅苦于资本主义生产的发展,而且苦于资本主义生产的不发展"[①]。这句话好像是自相矛盾的,其实是马克思对历史唯物主义的形象表述,是基本经济规律在资本主义社会的具体表现。"苦于资本主义发展"是指资本主义生产关系给劳动者带来受剥削和受压迫的苦难;而"苦于资本主义不发展"是指当时的生产力不够发达,还不具备变革资本主义生产关系的物质条件和经济基础。这就生动地阐明了资本主义的基本矛盾和基本经济规律。联系我国社会主义经济的发展过程,同样受到基本矛盾和基本经济规律的制约。在改革开放之前,由于实行单一公有制和平均主义的按劳分配,以及高度集中的计划管理体制,使生产关系严重脱离了生产力水平,因而阻碍了生产力发展和社会主义优越性发挥。改革开放以后,由于调整了生产关系,允许多种所有制经济共同发展,让多种分配方式同时发挥作用,并且大力

---

① 马克思:《资本论》第一卷,人民出版社 2018 年版,第 9 页。

发展社会主义市场经济，这就加快了经济发展和显著提高了生产力水平，因而有力地巩固了社会主义制度和显示出社会主义优越性。可见，在社会主义初级阶段通过改革开放充分利用国内外资本主义因素加快经济发展，是符合生产力标准和基本经济规律的。

毛泽东在生产资料社会主义改造完成以后也说过：可以消灭资本主义，又搞资本主义。① 这里包含了辩证思想，因为我们消灭的"资本主义"与又搞的"资本主义"是完全不同的。过去，我们消灭的是资产阶级掌握政权的资本主义，是消灭资本主义制度；现在，我们搞的是由党和人民掌握政权前提下的资本主义，是受社会主义制约和为社会主义服务的资本主义，因此要把这两个"资本主义"严格区分开来。在社会主义条件下，充分利用国内外的资本主义因素，努力学习发达资本主义国家的先进科技和管理经验，大量引进外资以及充分利用个体经济和私营经济，为加快社会主义经济建设服务，是符合我国的基本国情和现实生产力水平的。因此，对于充分利用资本主义因素加快社会主义发展的思想和方法，必须深入研究、正确把握和科学运用。

说到底，社会主义是从资本主义发展过程中产生和壮大起来的。资本主义发展会从物质和精神两个方面为社会主义创造条件和奠定基础，所谓"条条大路通罗马"，说的就是这个道理。因此，必须充分认识中国特色社会主义经济的两重性特点和相容性规律。也就是说，我们不仅要在国内允许资本主义在一定条件下和范围内得到发展，而且要进一步扩大对外开放程度，充分利用外国资本主义的资源和市场来加快我国经济发展。因此，以生产力标准为出发点和理论依据，并在中国特色社会主义经济发展中科学运用，必将在实现中华民族伟大复兴中发挥出她的无限光芒。

(四) 知识分子的两重属性及其内在联系

完善社会主义生产关系的一个重要方面，就是要调节好人与人之间的相互关系，使人的积极性、主动性和创造性更充分地发挥出来。在社会主义初级阶段，正确认识知识分子与工人阶级的关系十分重要，也是在生产关系中具有两重

---

① 顾龙生：《毛泽东经济评传》，中国经济出版社2000年版，第3页。

性和相容性的具体体现,因而是需要认真研究和解决的重大问题。有人提出,既然知识分子是工人阶级的一部分,为什么又把知识分子同工人农民并列为社会主义社会的三支基本力量?这两种提法是否有矛盾?其实这里并不存在矛盾。"知识分子是工人阶级的一部分"强调的是阶级属性;"工人农民和知识分子是社会主义社会的三支基本力量"强调的是社会职能,这是由知识分子的阶级属性和社会职能的两重性和相容性决定的。认为这两种提法有矛盾,原因在于没有把知识分子的阶级属性与社会职能区分开来和结合起来。当我们不仅认识了二者的个性差别,而且了解了它们的内在联系,那么这种现象上的矛盾就会迎刃而解。

1. 要正确认识知识分子的阶级属性

马克思主义认为,"所谓阶级,就是这样一些集团,由于它们在一定社会经济结构中所处的地位不同,其中一个集团能够占有另一个集团的劳动"[1]。由于知识分子的经济地位差别很大,经常依附于不同的阶级,因此他们从来没有成为独立的阶级。在旧社会,经济地位较高的知识分子为统治阶级服务,成为资产阶级知识分子,而另一些经济地位较低的知识分子常常为生活所迫,成为被剥削和被压迫者。邓小平说:"马克思曾经指出,一般的工程技术人员也参与创造剩余价值。这就是说,他们也是受资本家剥削的。"[2]特别是有些先进知识分子,由于他们掌握较多的政治、经济、文化等方面知识,善于理论联系实际和理解人民疾苦,因而能够率先接受马克思主义,成为革命的组织者和领导者。这说明知识分子的阶级属性会随经济地位和世界观的转变而改变。新中国成立以后,工人阶级成为领导阶级,知识分子从根本上摆脱了受资产阶级统治和支配的地位,成为社会主义建设者和工人阶级队伍中的成员。具体来说,从旧中国来的知识分子,其中少数人经过革命斗争的锻炼和考验,成为坚定的社会主义者;而大多数知识分子是爱国的,经过学习和改造成为社会主义的拥护者和建设者;只有极少数人坚持反动立场,与社会主义为敌。"皮之不存,毛将焉附?"随着资产阶级被打倒和无产阶级政权建立,绝大多数知识分子必然会转到社会主义方面来。此外,与新中国一起成长起来的知识分子,由于受到党和人民的长期培养和教育,较为系统

---

[1] 《列宁选集》第四卷,人民出版社2012年版,第11页。
[2] 《邓小平文选》第二卷,人民出版社1994年版,第89页。

地接受了马克思主义,并能坚定地走社会主义道路,因而本身就是工人阶级的知识分子。过去由于极"左"思潮影响,看不到社会主义建立以后,知识分子在阶级属性方面的根本变化,片面强调其资产阶级属性,并且采取种种不适当的方法改造知识分子,如"文化大革命"等,严重挫伤了广大知识分子的积极性。邓小平深刻总结了这一历史教训,明确指出:知识分子"已经是工人阶级自己的一部分"①,这就充分肯定了知识分子的阶级属性,把工人阶级与知识分子从根本上统一起来。实践证明,只有正确认识知识分子的阶级属性,才能制定正确的政策,采取有力的措施广泛团结知识分子,加快社会主义建设。

2. 要正确认识知识分子的社会职能

工人、农民和知识分子之所以是社会主义社会的三支基本力量,是由工业、农业和科技在社会经济中的支柱地位所决定的。没有工业、农业为科技提供物质基础,科技难以发展;同样,没有科技为工业、农业提供指导,工业、农业的现代化程度难以提高。可见,工业、农业和科技是紧密联系、相互促进的。知识分子与工人、农民一样具有不可替代的社会职能。毛泽东早在新民主主义革命时期,就一再强调知识分子的重要作用。他说:"没有知识分子的参加,革命的胜利是不可能的。"②在社会主义建设时期,毛泽东指出:"我国的艰巨的社会主义建设事业,需要尽可能多的知识分子为它服务。"③随着党的中心工作转到现代化建设上来以后,邓小平指出:"一定要在党内造成一种空气:尊重知识,尊重人才。要反对不尊重知识分子的错误思想。"④进入新时代以后,习近平总书记进一步提出:"培养造就一大批具有国际水平的战略科技人才、科技领军人才、青年科技人才和高水平创新团队。"⑤这是因为知识分子的社会职能是与科学技术和生产力发展紧密联系的。知识分子是脑力劳动者,是科学技术的创造者和新生产力的开拓者。因此,要加速生产力发展和现代化进程,就必须高度重视科学文化知识,充分发挥包括自然科学家、社会科学家、工程技术人员、经营管理者、教育和

---

① 《邓小平文选》第二卷,人民出版社1994年版,第89页。
② 《毛泽东选集》第二卷,人民出版社1991年版,第618页。
③ 《毛泽东文集》第七卷,人民出版社1999年版,第225页。
④ 《邓小平文选》第二卷,人民出版社1994年版,第41页。
⑤ 习近平:《决胜全面建成小康会 夺取新时代中国特色社会主义伟大胜利——在中国共产党第十九次全国代表大会上的报告》,人民出版社2017年版,第31—32页。

宣传工作者在内的各类知识分子的作用。过去，由于极左思潮影响，不仅对知识分子阶级属性的认识有片面性，在多次政治运动中扩大了打击面，而且在劳动报酬方面搞平均主义，抹杀脑力劳动与体力劳动的差别，使知识分子的复杂劳动得不到合理补偿，严重挫伤了知识分子的积极性，因而阻碍了科技生产力发展，这样的教训也是深刻的。世界各国经济力的竞争，实质是科技力的竞争，归根结底是高、精、尖人才的竞争，特别是知识分子的数量和质量的竞争。因此，只有正确认识知识分子的社会职能，充分肯定他们的地位和作用，最大限度地发挥他们的积极性和创造性，才能加速科技生产力发展和现代化进程。

3. 要认识工人阶级知识化的重要性

科学技术作为第一生产力，要求我们充分肯定知识分子的社会地位和特殊职能。但是，承认知识分子是工人阶级的一部分，并不能代替整个工人阶级的知识化。过去，我们在改善工人农民与知识分子关系时，比较强调改造知识分子，而对工人阶级知识化重视不够。其实，工人阶级知识化对加强工人阶级领导、消除脑体对立、完善社会主义相互关系和促进生产力发展都有特别重要的意义。(1) 工人阶级知识化是克服自身缺陷和提高自身素质的需要。工人阶级是资本主义大工业的产物。一方面，工人阶级受资本主义剥削和压迫最深，最富有革命性；另一方面，资本主义剥夺了他们学习和深造的机会，产生了缺乏文化知识的局限性，使其历史使命的先进性与缺乏文化知识的局限性形成突出矛盾。因此，工人阶级只有努力学习科学理论和文化知识，不断提高技术水平和管理能力，才能更好地发挥领导阶级作用，完成自己的伟大使命。(2) 工人阶级知识化是领导现代化建设的迫切需要。现代化建设是比夺取政权的革命更为复杂的系统工程，它不仅要求工人阶级掌握马克思主义普遍真理，认识社会发展规律用于指导经济建设，而且要求工人阶级掌握自然科学知识，学会运用现代化生产技术和管理方法不断提高劳动生产力。因此，只有加速工人阶级知识化，才能在现代化建设中更好地发挥领导者和主力军的双重作用。(3) 工人阶级知识化是消除脑体对立的重要途径。社会主义的建立，虽然不能马上消除脑体分工，但是可以而且应该消除脑体对立。脑力劳动和体力劳动只有分工不同，没有高低贵贱之分。脑力劳动者与体力劳动者的根本利益是一致的，因此可以团结奋斗。社会主义就是要促使脑力劳动者与体力劳动者克服各自的缺陷，得到全面发展。一方面，要使知识分子根除轻视体力劳动、脱离生产实际的倾向，真正成为工人阶级的一部分；另一方面，工人阶级也要掌握科学文化知识，成为新型知识分子，即使在领导文化层次较高的部门时，也能由外行变成内行，真正掌握领导主动权。因此，消除脑体对立、实现人的全面发展，实质是要完善工人、农民与知识分子的相互关系，共同肩负起社会主义现代化建设的重任。

第4章

社会主义与市场经济的两重性和相容性

社会主义市场经济的建立是一个伟大创举,对中国特色社会主义经济发展有重大促进作用。社会主义是指根本制度,市场经济是指经济体制,因此社会主义市场经济具有根本制度与经济体制并存的两重性和有机结合的相容性。社会主义与市场经济能否并存和有机结合?这就需要我们以马克思的《资本论》为理论基础和思想指导,深入研究社会主义与市场经济的相互关系,揭示社会主义与市场经济的内在一致性和外在矛盾性,以及相互促进和有机结合的规律性;还需要我们按照价值规律和价值增殖规律的客观要求,不断深化经济体制改革和扩大对外开放,从而加快社会主义市场经济发展和完善,为向社会主义更高阶段过渡创造物质基础和精神条件。

一、《资本论》为社会主义市场经济提供理论指导

从根本上讲,马克思的《资本论》是社会主义市场经济的理论依据和思想武器,社会主义市场经济则是《资本论》在中国的实际运用和创新成果。过去人们认为,《资本论》仅仅揭示了资本主义经济的特殊规律,忽视了它也揭示了市场经济的一般规律。因为市场经济是资本主义经济产生的必要准备和历史前提,而资本主义经济又是市场经济发展的必然产物和必经阶段。因此,资本主义经济的实质是社会化大生产和私有制条件下的市场经济,只要撇开资本主义经济的特殊性质,《资本论》中关于社会化大生产和市场经济一般规律的理论,对于发展和完善社会主义市场经济是完全适用的,因而马克思的《资本论》仍然是我们创新和发展社会主义市场经济的理论基础和思想指导。

(一)《资本论》为社会主义市场经济提供理论依据

社会主义市场经济的建立,不仅有实践需要,而且有理论来源。马克思在《资本论》中揭示的关于市场经济一般规律的理论,为社会主义市场经济的创立

和发展提供了重要的理论依据和思想指导。

1. 市场经济不是私有制而是原始公有制的产物

按照传统的政治经济学观点,市场经济是在私有制基础上产生和发展起来的,因此认为要消灭私有制,就要消除市场经济。由于理论上的这个错误,造成"十月革命"后的苏联和改革开放前的新中国,都经历了一段消灭私有制和消除市场经济、单纯发展公有制和计划经济而遭受失败的惨痛教训。事实上,市场经济不是私有制的产物,而是在原始公有制基础上产生的。正如马克思在《资本论》中所说:"商品交换是在共同体的尽头,在它们与别的共同体或其成员接触的地方开始的。"①也就是说,在私有制产生以前,原始共同体及其成员之间已经开始进行商品交换了。这一历史表明,是先有商品交换,后有私有制的形成和发展。由此可以推断,由于市场经济不是私有制的产物,而是原始公有制的产物,因此在消灭私有制以后,公有企业之间以及公有经济内部的经济主体之间,仍然可以进行商品交换。可见,在消灭私有制的同时消除市场经济既不符合历史进程,也没有现实必要。特别是在社会主义初级阶段,仍然存在公有制、私有制和混合所有制等多种所有制形式,更需要大力发展社会主义市场经济,促进多种经济成分的平等竞争和协调发展。

2. 市场经济是多种经济共同发展的有效形式

市场经济是使多种经济成分,包括公有制、私有制和混合所有制等不同所有者共同参与资源配置,实现平等竞争和取得公平收益的有效形式。马克思在《资本论》第1卷第2章中讲过,在商品交换中"人们彼此只是作为商品的代表即商品占有者而存在"②,而不问生产该商品的要素归谁所有。也就是说,在市场经济中,人们只关心交换商品的效用和价格,而不关心生产资料等生产要素的来源,不问这些生产要素究竟是公有还是私有。这一事实说明,经过市场实现的商品交换,对不同所有者都是公平的。这一规律表明,市场经济既可以与生产要素的私有制结合,又可以与生产要素的公有制结合。这就为在社会主义条件下,发展公有制市场经济提供了理论依据。邓小平正是从实践中认识到这一规律,明确指出:"不要以为,一说计划经济就是社会主义,一说市场经济就是资本主义,

---

① 马克思:《资本论》第一卷,人民出版社2018年版,第107页。
② 马克思:《资本论》第一卷,人民出版社2018年版,第103—104页。

不是那么回事,两者都是手段,市场也可以为社会主义服务。"①这就从理论上彻底否认了只有资本主义才能搞市场经济的错误思想,有力地推动了社会主义市场经济的建立和发展。

3. 资本主义与社会主义在市场经济上的区别和联系

大家经常要问,资本主义搞市场经济,社会主义也搞市场经济,二者究竟有什么区别呢? 有的人甚至说,社会主义市场经济就是挂着"社会主义"招牌的资本主义经济,二者没有区别。这实际上是没有读懂《资本论》的缘故,不了解资本主义市场经济与社会主义市场经济的本质区别和必然联系。马克思在《资本论》中指出:"资本主义的私有制,是对个人的、以自己劳动为基础的私有制的第一个否定。但资本主义生产由于自然过程的必然性,造成了对自身的否定。这是否定的否定。这种否定不是重新建立私有制,而是在……生产资料的共同占有的基础上,重新建立个人所有制。"②这就是说,与市场经济相联系的所有制变化有一个辩证否定的扬弃过程。第一次否定,从小生产市场经济转变为资本主义市场经济,扬的是私有制,弃的是小生产;第二次否定,从资本主义市场经济转变为社会主义市场经济,扬的是大生产,弃的是私有制。通过两次否定,使市场经济在大生产和公有制的基础上得到发展。《资本论》帮助我们理解了市场经济从本源、变异到复归的历史演变,解决了资本主义市场经济与社会主义市场经济既有本质区别,又有必然联系的问题。这说明社会主义市场经济是市场经济的本源在更高层面上的复归,为我们理直气壮地发展市场经济指明方向和铺平道路。

(二) 社会主义与市场经济的内在联系和外在矛盾

关于社会主义和市场经济到底是对立的还是统一的,二者能否有机结合的问题,分歧很大,争论很多。这就需要我们进行深入的理论研究和实践探索,正确认识和全面揭示社会主义与市场经济的内在联系和外在矛盾,从而彻底解决它们具有两重性和相容性的问题。

---

① 《邓小平文选》第三卷,人民出版社 1993 年版,第 367 页。
② 马克思:《资本论》第一卷,人民出版社 2018 年版,第 874 页。

1. 社会主义与市场经济关系的三种理论

第一种是对立论,认为社会主义和市场经济是完全对立的、不能相容的。搞社会主义就要否定市场经济,搞市场经济就是恢复资本主义,把市场经济等同于资本主义。我们批判了这种观点,认为市场经济不具有根本制度的性质,它可以与不同的社会制度相结合,因而我们建立起社会主义市场经济体制。但是至今还有人认为,社会主义搞市场经济,实质是挂"社会主义"招牌走资本主义道路,说明对立论还有市场,仍在延续。

第二种是中性论,市场经济没有基本制度的特性,而是一种经济手段和生产方式,是生产力发展的动力和形式,因而是中性的。这就是邓小平理论的一个重要创新点,也是中国特色社会主义经济理论的一个重大突破。邓小平用战争的经验证明,市场经济同打仗的武器一样,本身没有阶级性。市场经济只是手段和方法,资本主义可以用,社会主义也可以用,而且我们用了以后效果很好,使生产力显著提高了。由于生产力发展和人民生活改善,使社会主义优越性更充分地显示出来。

第三种是内在联系论,这是在中性论基础上的深化和发展。实践证明,我们既不能把社会主义和市场经济看成对立的,也不能把市场经济仅仅看成中性的,而要看到社会主义与市场经济的内在联系,以及它们能够有机结合的必然性。有的人认为市场经济是不公平、不合理的,会产生尔虞我诈等欺骗行为。其实,这种不公平、不合理的现象不是市场经济的本质要求,而是由市场经济的运动形式造成的,而市场经济的本质要求与社会主义的发展趋势是完全一致的。因此,大力发展社会主义市场经济不仅有充分的理论依据,而且是社会主义经济发展的迫切需要。

2. 社会主义与市场经济本质上的一致性

虽然社会主义与市场经济在现象上有许多矛盾和不相容的地方,但是它们在本质上具有一致性,因而是可以相融的客观依据,表现在以下三个方面。

(1) 满足需要

商品首先必须有使用价值,如果商品没有用,就不会有人去买,其价值就不能实现。所以市场经济第一个本质要求是商品有用,其使用价值能满足社会需要。而社会主义的生产目的就是满足需要,即满足全体人民日益增长的美好生活需要。所以在社会主义初级阶段通过发展市场经济来满足人民需要,成为实现社会主义生产目的的主要途径和基本方式。

（2）劳动平等

商品除了有使用价值外，还要有价值，并通过交换来实现其价值，所以市场经济第二个本质要求是劳动平等。商品交换本质上是等价交换，价值是抽象劳动的凝结，等价交换实质是等量劳动相交换，反映了商品生产者之间劳动平等的生产关系。而建立社会主义制度的根本目标之一，就是要消灭剥削，消除两极分化，在社会化大生产条件下实现劳动平等和共同富裕。因此，劳动平等是发展市场经济和健全社会主义制度的共同要求。

（3）发展生产力

从本质上讲，市场经济是生产力发展的动力和形式。价值规律和价值增殖规律从微观和宏观两个方面促进了社会生产力提高。实践表明，有了市场经济，生产力就发展；否定市场经济，生产力就衰退。过去，计划经济时代生产满足不了需要，样样都要凭票供应。而搞了市场经济以后，出现了大多数产品供过于求的状况，人们满足需要的程度显著提高，社会主义优越性也充分显示出来。可见，发展市场经济成为实现社会主义根本任务、大力发展生产力和满足人民需要的有效途径和可靠方法。

3. 消除商品和货币拜物教的消极影响

市场经济不仅有与社会主义本质要求一致的优越性，还有其实现形式与社会主义本质要求相矛盾的局限性。市场经济实现形式的最大特点，是人与人的关系要通过物与物的形式来实现。正如马克思在《资本论》中所揭示的，所有商品的交换，实质是人们在交换劳动，"但它在人们面前采取了物与物的关系的虚幻形式"①，这就产生了物的关系掩盖人的关系的商品拜物教和货币拜物教。在思想觉悟不高和监督管理不严的情况下，使人们产生了对商品、货币和资本的盲目崇拜，导致以权谋私和权钱交易等腐败现象，对经济社会形成消极破坏作用。这是在社会主义市场经济中需要特别重视和加以解决的现实问题。现在党中央加大了反腐力度，一个重要原因也是为深化改革排除障碍。有些人依靠过去的改革获得不少利益，成为既得利益者，现在要深化改革他们就不愿意了。因此，要使全体人民都能分享改革成果，就必须冲破这些人的利益藩篱，为改革清除障

---

① 马克思：《资本论》第一卷，人民出版社2018年版，第90页。

碍和铺平道路。从这个意义上说,研究《资本论》所揭示的商品拜物教和货币拜物教原理,对我们解决社会主义市场经济中的权力拜物教等腐败问题、全面深化改革和加强法制建设都有重要的现实意义。

(三)发展和创新中国特色社会主义经济理论

《资本论》的生命力不仅表现在经济学的基本原理上,而且体现在科学的研究方法上。《资本论》是运用辩证唯物主义和历史唯物主义揭示资本主义条件下价值规律和价值增殖规律的产物和结晶。特别是关于劳动二重性的学说,成为科学劳动价值论的基石和贯穿全书的枢纽,使《资本论》成为一个艺术的有机整体。马克思只能根据资本主义经济的发展规律预测未来社会主义的发展趋势,而不可能对其从未经历的社会主义初级阶段做出先知先觉的描述。因此,我们要从基本国情和当前实际出发,学习和运用《资本论》的科学方法,充分认识社会主义初级阶段经济的两重性特点和相容性规律,以促进中国特色社会主义经济理论的发展和创新。

1. 在所有制的基本制度上,要发展和创新"两个毫不动摇"的思想

在社会主义初级阶段,公有经济和非公经济都是社会主义市场经济的重要组成部分,因而具有两重性和相容性,它们不仅可以长期并存、平等竞争,而且可以相互促进、有机结合。一方面,公有经济对非公经济具有支持和引导作用;另一方面,非公经济对公有经济具有促进和协调作用。因此,要在公平竞争的市场环境中,通过股份制、股份合作制和混合经济等形式充分发挥各种经济的优势和特点,使它们取长补短、有机结合。

2. 在收入分配的基本制度上,要发展和创新按劳分配与按要素分配相结合的思想

按劳分配和按要素分配并不是对立的,因而也具有两重性和相容性,可以相互补充和有机结合。按劳分配和按要素分配都是市场经济中不可或缺的收入分配途径。从当前来看,一方面要按照按劳分配的要求,提高劳动收入在国民收入中的比重;另一方面要按照按要素分配的要求,提高普通劳动者财产性收入的比重,使改革开放的成果能更加公平、合理地惠及全体人民,以克服收入两极分化和促进共同富裕。

3. 在调节机制的基本制度上,要发展和创新市场调节和宏观调控有机结合的措施和方法

在社会主义市场经济中,市场调节和宏观调控同样具有两重性和相容性,要全面深化改革,就要进一步解决好市场和政府的关系问题。一方面,要改革和完善市场经济体制,充分发挥市场机制在资源配置上的决定作用;另一方面,要改革和完善政府的行政管理体制,发挥好政府在克服市场失灵时的积极作用。这就要划清政府和市场的边界,凡是市场能发挥作用的,政府就要简政放权;凡是市场不能有效发挥作用的,政府就要积极干预,以弥补市场的缺陷。

4. 在社会主义经济的理论指导和科学运用上,要发展和创新中国特色的社会主义经济理论

要以马克思主义经济学为指导,同时吸收西方经济学和传统经济理论中的科学成分,因此这两种经济理论也具有两重性和相容性。强调马克思主义经济学的主导地位和指导作用,并不否认学习和借鉴西方经济学和传统经济理论的必要性和重要性。二者各有所长、各有所短,马克思主义经济学更注重本质的、历史的、规范的和质的分析;西方经济学和传统经济理论更注重现象的、现状的、实证的和量的分析。因此,二者可以取长补短、有机结合,在不同层面上共同促进中国经济发展。

总之,在社会主义初级阶段,中国经济不可能是纯而又纯的,必然会形成一系列具有两重性和相容性特征的体制和机制,形成双引擎驱动的动力体系。因此,我们要以《资本论》为理论基础和思想指导,发展和创新中国特色社会主义的经济理论,以推动我国经济的稳定、持续、高效地健康发展。

二、市场经济的本源、变异和复归

有些人提出,为什么资本主义和社会主义都要发展市场经济?社会主义市场经济与资本主义市场经济究竟有没有区别?社会主义与市场经济能否相互促进和有机结合?产生这些问题的直接原因在于:他们受传统思想影响较深,不了解市场经济的历史演变过程。因此,揭示市场经济的本源、变异和复归的全过程,对于理解社会主义市场经济与资本主义市场经济的区别和联系,以及社会主义与市场经济的两重性和相容性具有重要的理论意义和实践价值。

（一）市场经济的本源——小市场经济

市场经济是与生产力的一定发展阶段相联系的生产方式，它介于过去的自然经济和未来的产品经济之间。市场经济产生的条件有两个：一是社会分工，二是利益均等。社会分工是生产力发展的产物，它一方面表现为劳动的专门化，使同量劳动能生产更多产品；另一方面又表现为需要的多样化，生产者相互需要对方产品，使交换成为必要。因此，劳动专门化和需要多样化是市场经济产生的一般条件。利益均等是所有权的产物和表现。最初生产者仅交换剩余产品，交换的比例有偶然性，因此利益均等不明显。当产品一开始就为交换而生产时，生产者势必要求效率与利益相一致、劳动与收益相统一。因此，不同所有者之间利益均等地交换产品是市场经济产生的特殊条件。这里的所有者不一定是私有者，因为商品交换在私有制产生之前已经出现。正如马克思所说："商品交换是在共同体的尽头，在它们与别的共同体或其成员接触的地方开始的。"[1]历史表明，商品交换不是私有制而是原始公有制的产物。所以，当社会主义用公有制代替私有制以后，不需要马上取消商品生产。不仅在不同公有制之间，即使在全民所有制内部，相对独立的经济实体之间仍然具有商品交换的可能性和必要性。

分析市场经济产生的条件，可以看到它的本源有三个基本特征：第一，生产符合需要。在市场经济中，价值要以使用价值的存在为前提，只有他人需要的产品，其价值才能实现，价值规律促使社会生产符合社会需要。第二，劳动平等。在市场经济中，价值实体是一般人类劳动，等价交换实质是等量社会劳动相交换，体现了商品生产者之间劳动平等的生产关系。第三，发展生产力。提高生产力归根结底是要节约社会劳动，包括微观上节约单位产品的劳动和宏观上节约所有产品的总劳动。价值规律涉及的两种含义的社会必要劳动时间，恰恰反映了这两方面的要求。因此，价值规律实质是生产力发展的动力和形式。

可见，市场经济的本源是在小生产的基础上，以物的交换为形式、满足需要为前提、劳动平等为实质的生产方式，体现了发展生产力的要求。当然，市场经

---

[1] 马克思：《资本论》第一卷，人民出版社2018年版，第107页。

济的本源与其运动形式存在矛盾,这恰恰是小市场经济得以发展的动力。

(二) 市场经济的变异——资本主义经济

市场经济的本源是满足需要、劳动平等和发展生产力。随着经济条件变化,它会走向自己的反面。资本主义经济取代小市场经济的过程,是价值增殖成为生产目的、剥削平等取代劳动平等、生产力发展遇到人为障碍,使市场经济偏离本源的运动形式取得统治地位的过程,这一演变称为市场经济的变异。

市场经济变异的条件有两个:一是生产过程社会化,二是生产资料私有制。生产过程社会化是生产力发展的要求。生产力的提高一方面要求改进生产资料和劳动工艺、提高技术水平,另一方面要求提高生产的社会化程度。生产社会化,一方面表现为社会分工的发展,要求加强企业之间的横向协作;另一方面表现为直接生产过程分工的细化,要求加强企业内部的纵向协作。因此,以集体劳动代替个体劳动,使生产过程社会化是机器大生产的客观要求,也是资本主义经济产生的一般条件。资本主义私有制是劳动力与生产资料分离的产物,劳动力成为商品、生产资料成为资本是资本主义经济的起点,因而是市场经济变异的特殊条件。值得注意的是,劳动力成为商品虽然是货币转化为资本的前提,但不是产生资本剥削的根源。因此,社会主义在消灭私有制以后,如同不须消灭机器大生产一样,不必取消劳动力的商品形式。在生产资料公有制基础上,劳动力商品是增加社会积累和分配消费资料的现成形式。

市场经济的变异即资本主义经济有三个基本特征:第一,价值增殖。在小市场经济中,生产目的是使用价值即满足需要。在资本主义经济中,价值是资本运动的主体,价值增殖成为生产目的。第二,剥削平等。这里的"平等"指劳动力买卖是等价交换,符合价值规律。剩余价值来源于劳动力创造的价值大于其自身价值的差额。因此,资本家对雇佣工人的剥削是在平等形式下实现的。第三,限制生产力发展。在资本主义经济中,生产力虽然仍在发展,但是遇到难以逾越的障碍,具体表现为:(1)当新技术、新设备的成本高于所能代替的劳动力价值时,资本家会阻止它们的使用,限制科技生产力提高。(2)当增加投资不能增加利润时,资本家会限制投资或转移投资,阻止企业或国内生产力发展。(3)当生产增长与有支付能力的需求严重脱节时,就会通过经济危机强制实现平衡,使社会生产力遭受破坏。可见，生产力发展受到资本价值增殖规律的限制。

在小市场经济中已产生的市场经济的本源与它的运动形式的矛盾，在资本主义条件下得到充分展开，使商品价值规律转化为资本价值增殖规律，形成生产社会化和生产资料私有制的尖锐矛盾，显示出资本主义的历史暂时性。

（三）市场经济的复归——社会主义经济

如果说市场经济由满足需要转化为价值增殖，由劳动平等转化为剥削平等，从而生产力发展受到限制叫变异，那么再由价值增殖转化为满足需要，由剥削平等转化为劳动平等，为生产力发展开辟道路，即由社会主义经济替代资本主义经济，则可称为复归了。

市场经济复归的条件有两个：一是社会化大生产，二是生产资料公有制。社会主义代替资本主义，不仅不改变社会化大生产，而且由于生产力发展，使分工更细致、协作更广泛、生产的社会化程度更高。因此，社会化大生产是使市场经济复归的一般条件。社会主义公有制的建立，一方面消灭了剥削制度，铲除了市场经济变异的根源；另一方面还存在全民、集体和混合等多种公有制形式，企业仍然是独立或相对独立的经济实体，还要求利益均等地交换产品。因此，社会主义公有制是市场经济复归的特殊条件。

市场经济复归即社会主义经济有三个基本特征：第一，生产目的是满足人民需要。在社会主义初级阶段，生产目的只有在市场经济中才能实现。因为，一方面人民对物质和文化的需要是无限的，另一方面现实所能提供的物质资料总是有限的，要使两者统一，必须提高经济效益。商品使用价值代表劳动成果，商品价值反映劳动消耗，市场经济使提高经济效益渗透到它的每个细胞。所以只有大力发展市场经济，才能最大限度地实现社会主义生产目的。第二，社会化大生产条件下的劳动平等。这里需要解决两个问题：（1）企业之间的劳动平等。由于生产资料等客观条件效能特别高，而实现的超额利润不代表该企业的实际劳动，而是从生产力较低的企业转移来的，因此这部分利润应该通过价格、税收、利息等经济杠杆，转为国家所有和由全民分享。（2）职工之间的劳动平等。由于集体劳动而创造的生产力所体现的利润，不代表个别生产者劳动的增加，因此这部分利润应归企业集体所有，转化为企业积累基金和公共福利基金。对职工来说，只能根据各自的必要劳动获得报酬。只有这样，才能创造出公平的经济环境，促进企业之间和劳动者之间的合理竞争。第三，运用商品形式促进生产力发展。由于社会主义生产目的是满足人民需要，这就突破了资本主义的狭隘眼界，使价值增殖规律促进生产力的作用得以充分发挥。在这里应该把商品形式与它的资本主义运用区别开来。例如，劳动力商品是大生产市场经济的共性，只是它的资本主义运用才使劳动者受剥削。在社会主义社会，由于公有制使剩余劳动转化为公共财富，劳动者不再受剥削，因此消灭剥削制度以后并不需要马上取消劳动力商品。相反，劳动力商品的社会主义运用，不仅成为公共财富积累和按劳分配的形式，而且有利于劳动力的合理流动，实现人尽其才。因此，充分运用劳动力、生产资料、资金、土地等生产要素的商品形式，既可以提高它们的使用效率，又能为运用经济手段加强宏观调控创造条件。

综上所述，社会主义与市场经济结合不是偶然的，而是生产力与生产关系发展的产物和表现。只有认识市场经济的本源，才能理解社会主义与市场经济的内在联系；只有认识市场经济变异的根源，才能理解社会主义必将代替资本主义的历史使命；只有认识市场经济复归的必然性，才会充分利用市场机制促进社会主义经济发展和最大限度地满足人民的物质文化需要。

三、社会主义与市场经济的有机结合

现实表明，社会主义与市场经济不仅有并存的两重性，而且有相互促进和有机结合的相容性。改革开放以来，人们开始认识到社会主义与市场经济的必然联系。但是，仍有少数人认为，现在搞市场经济，只是挂"社会主义"招牌，走资本主义道路。因此，能否彻底消除传统观念的消极影响，正确认识社会主义与市场经济的两重性和相容性，不仅关系社会主义市场经济的健康发展，而且关系社会主义基本经济制度的日益完善。

(一) 社会主义与市场经济的内在统一性

要发展和完善社会主义市场经济，首先要正确认识和理解社会主义与市场经济的内在联系和有机结合的必然性。与传统观点不同,我们认为社会主义与市场经济不是相互排斥和完全对立的,而是内在统一和可以相容的。

1. 社会主义不排斥市场经济

(1) 市场经济是社会主义低级阶段,特别是它的初级阶段经济发展的必然方式

市场经济是由现阶段公有制的不完全和不成熟决定的。所谓"不完全",是指还不能建立马克思、恩格斯设想的单一全民所有制;所谓"不成熟",是指全民所有制还带有集体所有制的因素。因此,在经济实体的利益差别不可忽视条件下,社会主义只能是市场经济。

(2) 市场经济与社会主义的本质要求有一致性

① 生产符合需要。在市场经济中,只有他人需要的产品才有价值,价值规律促使生产符合需要。社会主义也要求生产符合需要,因此发展市场经济成为实现社会主义生产目的的基本途径。

② 劳动平等。在市场经济中,等价交换反映了生产者之间劳动平等的生产关系。同样,社会主义用公有制代替私有制,铲除了阶级剥削的根源,使市场经济要求的劳动平等成为现实。

③ 促进生产力发展。在市场经济中,价值规律和价值增殖规律是生产力发展的形式和动力。同样,社会主义的根本任务是发展生产力。社会主义把全体人民的根本利益统一起来,为自觉利用价值规律和价值增殖规律开辟了更广阔的道路。

(3) 社会主义初级阶段要求市场经济的充分发展

这是因为现阶段的公有制发展程度低、范围小、形式多,经济实体间的利益差别大。除了公有制经济以外,还要大力发展个体、私营、外资和合资等多种形式的非公经济,因此,只有商品交换才是企业间保持经济联系的适当形式,才能促进多种经济公平竞争、相互促进和协调发展。

2. 市场经济也不排斥社会主义

(1) 市场经济是一种能与不同所有制从而能与不同生产关系相结合的生产方式

随着生产力发展,市场经济经历了不同发展阶段。它与小生产私有制结合形成小市场经济,与大生产私有制结合形成资本主义经济,与大生产公有制结合

形成社会主义经济,从而使市场经济具有不同的社会性质。

(2) 市场经济与公有制有着不可忽视的历史联系

① 商品交换是原始公有制的产物。在原始社会后期,共同体之间开始平等地交换剩余产品,这是市场经济的起源。

② 大生产的公有制使市场经济发展到新阶段。市场经济的发展是辩证否定即扬弃的过程。资本主义经济代替小市场经济,扬的是私有制,弃的是小生产;社会主义经济代替资本主义经济,扬的是大生产,弃的是私有制。经过两次否定,使市场经济重新建立在公有制基础之上。

(3) 市场经济是社会主义经济发展不可逾越的历史阶段

市场经济是生产力发展到一定历史阶段的产物,它将随着社会主义高级阶段的到来而消亡。但是在社会主义低级阶段,特别是它的初级阶段,生产力发展还不可能达到这样的高度,实现单一全民所有制。因此,市场经济是社会主义发展的必经阶段,它将为市场经济消亡创造条件。

总之,市场经济要求发展到以公有制为基础的新阶段,而社会主义低级阶段又要求市场经济的充分发展。因此,从实质上讲,两者具有相互依存、相互促进的内在统一性,这是它们具有两重性和相容性的客观基础。

(二) 社会主义与市场经济外在的矛盾性

社会主义与市场经济的统一不是绝对的,而是有矛盾的,即一方面具有内在统一性,另一方面又有外在矛盾性,因而是对立的统一。社会主义与市场经济的外在矛盾,存在于社会主义的本质要求与市场经济的运动形式之间,以及市场经济的本质要求与社会主义的实现形式之间,具体表现在以下两个方面。

1. 市场经济的运动形式与社会主义本质要求的矛盾

在经济改革中出现的一系列矛盾,集中表现在市场经济运动形式与社会主义本质要求的差别上。(1) 社会主义要求生产符合需要,但是实际的商品生产常常脱离社会需要。虽然市场经济的实质也要求生产符合需要,但是价格偏离价值的运动正是生产与需要不一致的表现。在社会主义市场经济中,如果没有宏观调控和计划调节,这种生产与需要脱节的现象同样会发展到十分严重的地步。(2) 社会主义要求劳动平等,但是市场经济的运动形式常常表现为劳动不平等。因为商品交换中等量社会劳动是以不等量个别劳动为前提的,所以等价交换一开始就包含着不等量劳动交换的可能性。由于供求关系和价格体系等原因,使不等量劳动交换的可能性转化为现实性。(3)社会主义要求生产力按比例协调发展,但是价值规律自发调节实现的平衡是以个别生产力盲目发展为前提的。因此,过剩产品丧失其价值是部分生产力遭受损失的表现。(4)社会主义要求在提高物质文明的同时提高精神文明,但是商品、货币、资本则以物的形式掩盖人的关系,腐蚀人们的思想。商品、货币和资本拜物教成为贪污、盗窃、抢劫等犯罪活动的原因,它的转化形式权力拜物教则是行贿受贿、以权谋私、丧权辱国的重要根源。

2. 原有的计划经济体制与市场经济本质要求的矛盾

改革开放之前,我国企业活力不足、管理体制弊端累累,症结在于国民经济的实现形式不合理,传统的计划经济体制与市场经济的本质要求相矛盾。(1)市场经济要求企业成为独立的或相对独立的生产者和经营者,但是在计划经济体制下,企业由国家直接经营管理,成为国家行政机构的附属物,从而丧失了自主权和经营活力。(2)市场经济要求产权明确,但是计划经济体制使企业产权不落实。名义上由国家代表全民掌握所有权,使每个公民都成为所有者。但是他们并没有直接的权利,势必造成不关心、不爱惜甚至侵吞国有财产的状况。(3)市场经济要求完善的利益机制,但是计划经济体制用行政命令代替利益机制,削弱了生产力发展的内在动力。企业则对职工实行平均主义分配,严重挫伤了广大职工的积极性和创造性。(4)市场经济要求健全的竞争机制,但是原有的计划经济取消市场竞争,国家实行高度集中的行政管理和单一的计划调节,使企业和职工都失去了与经济利益相联系的外部压力,造成资金、土地、设备、原材料等生产要素利用效率低下,资源浪费严重。

可见,社会主义与市场经济的确存在矛盾,但这种矛盾不是内在的和不能克服的。不论是市场经济运动形式与社会主义本质要求的矛盾,还是计划经济体制与市场经济本质要求的矛盾,都是外在形式与它们共同本质的矛盾。

(三) 社会主义与市场经济相容的规律性

上述分析表明,社会主义与市场经济是矛盾统一的关系,从本质上看两者有统一性,但从形式上看二者又有矛盾性。那么,怎样才能在本质统一的基础上克服形式上的矛盾,使它们有机地融为一体呢?要从以下两方面加以努力。

一方面,社会主义生产关系决定市场经济的特殊性质,从而成为社会主义市场经济。社会主义市场经济既有一般市场经济的共性,又有社会主义生产关系决定的个性,因而是共性与个性的统一。这种统一构成社会主义市场经济的基本特征:(1)以公有制为主体的所有制形式和以按劳分配为主体的分配方式;(2)计划指导下的市场调节;(3)国家宏观控制下的企业自主经营;(4)互助合作基础上的竞争;(5)符合社会整体利益下的局部利益;(6)在社会主义生产目的指导下增加企业利润;等等。这表明社会主义把全体人民的根本利益统一起来,使国家能够实行有计划的宏观调控,从而使市场经济能够按照社会主义的生产目的按比例地协调发展,避免利益对抗和生产的无政府状况。

另一方面,市场经济的本质要求反作用于社会主义经济体制,要求其与市场经济的发展规律相适应。社会主义经济体制归根结底是由生产关系的性质决定的,但同样是社会主义国家,可以有不同的经济体制。在社会主义市场经济中,最好的经济体制应该能反映社会主义和市场经济的一致要求和共同本质。改革开放之前,我们搞的是政企合一、高度集中的计划经济体制。这种体制与产品经济是相适应的,但与市场经济存在着深刻矛盾。因此,社会主义与市场经济相融的过程,同时又是从市场经济的一般要求出发改革经济体制的过程。市场经济的基本要求是企业具有自主经营权,使它们成为独立的或相对独立的商品生产者。这就要求重新构造公有企业的产权关系,使产权主体明晰化,使企业具有自我发展的动力和压力。同时,为了兼顾国家、集体、个人三者利益,要求产权主体多元化,使不同经济主体具有相应的产权,形成经济利益的自我约束。

综上所述,要使社会主义与市场经济融为一体,我们必须做到两个坚持,克服两种片面观点。一方面,要坚持社会主义生产关系,以公有制作为市场经济的主要基础,克服市场经济运动形式同社会主义本质要求的矛盾,坚持市场经济的社会主义方向;另一方面,要坚持从市场经济的本质要求出发,改革社会主义经济的实现形式,克服原有经济体制同市场经济本质要求的矛盾,使经济体制更适合于市场经济发展。

四、价值规律、价格机制和驾驭能力

社会主义市场经济和其他市场经济一样,价值规律要通过价格机制得到贯彻,价格机制又要通过人们对市场的驾驭能力来发挥作用。因此,在社会主义初级阶段,正确认识价值规律、价格机制和驾驭能力之间的内在联系,是发展和完善社会主义市场经济的关键环节,也是解决社会主义与市场经济具有两重性和相容性问题的重要途径。

(一) 价值规律的实质、内容和作用

1. 要正确认识价值规律的实质

从总体上讲,价值规律实质是商品生产者之间物质利益均等的生产关系。这里有几个关键点:(1) 商品生产者是指不同生产资料的所有者,是独立或相对独立的经济实体,否则他们的产品就不会作为商品来交换。(2) 物质利益均等,不仅指相互交换的使用价值可以满足对方需要,而且价值所反映的社会劳动也应相等。(3) 这里的生产关系是广义的,包括生产关系和交换关系两个方面。因为商品和产品的区别在于交换,从这个意义上讲,商品的交换关系制约商品的生产关系。所以价值规律的实质可以概括为,商品生产者之间等量劳动相交换的生产关系。

2. 要全面了解价值规律的内容

价值规律的内容极其丰富,其中包括:生产中的价值规律即价值形成规律和价值增殖规律;交换中的价值规律即等价交换规律;分配中的价值规律即价值转形规律;以及在价值实现中所形成的各种规律,如货币流通规律、价格规律和竞争规律;等等。随着生产力发展,分工协作范围扩大,特别是社会主义初级阶段多种经济成分并存,使价值规律的运动形式变得更加错综复杂。因此,价值规律是一所大学校,只有让千百万人都进入这所学校深造,才能学会运用价值规律,促进社会主义经济发展。

3. 要充分理解价值规律的作用

虽然价值规律的运动形式千变万化,但它最基本的作用是促进生产力发展。

提高生产力归根到底是要节约社会劳动,包括在微观上节约生产单位产品的劳动时间,以及在宏观上节约各种产品的总劳动时间。价值规律涉及的两种含义社会必要劳动时间,反映了从宏观和微观两个方面节约劳动时间的要求,使价值规律成为生产力发展的形式和动力。如果违反价值规律,实质是违反生产力规律,就会造成经济发展的困难和曲折。因此,正确认识价值规律是深化经济体制改革、完善社会主义市场经济和加快现代化建设的迫切需要。

(二) 价格机制的现实表现

商品价格不仅反映商品价值,而且反映供求关系,因而是价值规律的表现形式。价格机制就是在价格运动中表现出来的价值规律,它体现在生产、交换、分配和消费等环节中,起着自发配置经济资源和调节商品供求的积极作用。因此,要学会运用价值规律,必须密切联系实际深入研究价格机制。

1. 价格机制反映生产中的价值规律,是价值形成规律和价值增殖规律的表现

这里有三个现实问题值得注意:(1)按值论价与按质论价的关系。过去不少人从经济学原理出发,认为价值是价格的基础,因此只承认按价值论价,不理解按质量论价。其实决定价值的社会必要劳动时间是生产一定质量产品的劳动时间,因而按质论价是按值论价的前提。过去我们忽视按质论价,使生产优质产品的较多劳动没有得到社会的承认,从而造成优质产品供不应求、劣质产品充斥市场,这是违反价值规律并通过价格机制反映出来的负效应。(2)价格与生产力变化的关系。价值规律表现为价值与生产力成反比例变化的规律。随着生产力提高,商品的生产时间减少,其价值就会下降。如果个别企业率先提高劳动生产力,使个别价值低于社会价值,在市场价格不变时,会使该企业获得超额利润;在销售价格适当降低时,不仅仍有超额利润,而且能提高企业的竞争能力,这是价值规律通过价格机制产生的正效应。(3)改进技术与增产增收的关系。不少企业为了提高劳动生产力,不断改进技术,用机器代替人力。但是,他们常常只看到单位时间内产量的增加,而不了解如果产品中过去劳动的增加超过活劳动的减少,就会导致生产力下降和利润减少。因此,要正确运用价格手段,严格核算生产成本,以避免增产减收。

2. 价格机制反映流通中的价值规律,是等价交换规律的表现

价值规律通过价格围绕价值上下波动,促使平均价格趋向价值。仔细分析发现,价格机制会对产品的供求产生正向或逆向调节。当价格趋向价值,从而使供给量趋向需求量时,价格起正向调节作用;相反,当价格偏离价值,从而使供给量脱离需求量时,价格起逆向调节作用。在自由竞争条件下,价格机制的正反向调节会自动转换。过去,由于不适当地限制价格波动,造成长线产品"短"不下来,而短线产品又"长"不上去。这种人为扭曲的价格会影响生产的持续健康发展。

3. 价格机制反映分配中的价值规律,是价值转形规律的表现

由于不同部门企业的竞争,会使利润率趋于平均化,从而使利润转化为平均利润、价值转化为生产价格。当剩余价值中的超额利润,作为地租加到生产价格上去以后,便形成垄断价格。价值转形是价格机制对生产要素以及利益关系进行调整的结果。我们看到,现实中存在的虚假利润影响企业进步。一方面,由于土地产品没有按劣等土地的个别价值计价,使许多原料、燃料价格偏低,土地产品的超额利润变成加工企业的虚假利润;另一方面,由于固定资产折旧率偏低,使部分折旧费也转化为企业利润,这不仅影响了企业设备更新和技术进步,而且削弱了它们发展的动力和压力。改革开放之前,由于资金和土地的无偿使用,不仅使国家失去了两笔重大的财源,而且造成了经济资源的巨大浪费。改革开放以后,虽然实现了资金的有偿使用和土地的有偿转让,但是虚拟资本的过度膨胀和地价的飞速上涨,也直接影响了实体经济的发展和壮大。因此,按价值分配规律改革价格体系,对合理配置资源和提高实体经济的生产效率,具有重要作用。

4. 价格机制反映价值实现中的规律,是按比例发展规律的表现

价值实现规律是如何通过价格机制来调节社会生产的呢?一方面,第一种含义社会必要劳动时间决定商品的价值量,从而决定该商品的供给量;另一方面,第二种含义社会必要劳动时间决定该部门应投入的劳动总量,从而决定社会对该商品有支付能力的需求量。只有在需求与供给相等时,价格才与价值相一致,否则供过于求时价格下跌,使一部分价值不能实现,会限制该部门的生产;相反,供不应求时价格上涨,一部分价值超额实现,会刺激该部门的生产。因此,价格机制会通过调节供求促使社会生产按比例发展。

以上分析表明,不论是生产、流通、分配还是实现中的价值规律,都要通过价格机制来贯彻它的要求。因此,正确发挥价格机制的作用,是科学利用价值规律的中心环节。

(二) 提高驾驭市场经济的能力

认识市场经济及其规律的目的,是要促进国民经济的持续健康发展。因此,在深刻认识价值规律及其价格机制的基础上,还要更好地发挥政府宏观管理的积极作用,努力提高驾驭市场经济和解决现实问题的能力,才能在实践中不断推进市场经济的发展和完善。

1. 在生产力方面,要解决可持续发展的问题

(1) 转变经济发展方式。要逐步实现经济发展由外延型、粗放型和投资拉动型向内含型、集约型和消费推动型转变,真正提高产品的科技含量和国际竞争力。

(2) 调整和优化产业结构。我国产业结构不合理,主要表现是第一、二产业比重大,而第三产业比重过小。因此,要以科技创新为动力,按照三、二、一的顺序来调整和优化产业结构。

(3) 发展循环经济和节约经济资源。我们不能走西方发达国家先污染后治理的老路,要合理开发和利用有限资源,按照低投入、高产出、重效益的原则,达到既保护生态环境又促进经济可持续发展的双重目标。

2. 在生产关系方面,要解决深化改革和完善体制的问题

(1) 探索公有制的实现形式,加强国有经济的主导地位。这里的关键是要落实公有产权,使股份制成为公有制的主要实现形式,并通过混合所有制等形式,加大国有经济的控制力和影响力。

(2) 加快非公经济的发展。个体、私营和外资等非公经济,在提高产值、增加税收、扩大就业、促进外贸、满足需要等方面发挥了积极作用。因此,要使它们在与公有经济的平等竞争中得到发展和壮大。

(3) 完善分配制度,防止两极分化。在改革初期,由于平均主义严重,必须强调效率优先。当前,局部出现收入差距过大,因而要更加注重公平。总之,在市场经济发展中,要有效限制两极分化,促进部分先富向共同富裕转化。

3. 在宏观调控方面，要解决用经济手段调节经济、正确处理速度与效益的关系、稳定物价和扩大就业等问题

过去，我们用宏观调控的方法，有效解决了经济过热时出现的通货膨胀，以及在经济疲软时出现的通货紧缩。目前，在能源、原材料和交通运输等基础性行业中，物价增长过快，但在日用消费品领域，仍然存在供大于求的状况。上游产品的价格变化不能及时地在下游产品上反映出来，使国家的货币政策和财政政策难以把握方向和力度。特别是股市的长期低迷、房市的过度升温、车市的先热后冷，都对宏观调控提出了更高要求。

4. 在意识形态方面，要解决上层建筑对经济基础的反作用问题

其中包括：批判商品拜物教和克服权钱交易、提高勤政廉政和执政为民的思想、增强民主和法治观念，以及加强精神文明建设等问题。市场经济是法治经济，要求建立完善的法律、法规体系，形成有法必依、执法必严、违法必究的法治氛围，为市场经济的健康发展提供良好的法治环境。同时，要加强思想道德和科技文化教育，提高全社会的精神文明程度，为发展和完善市场经济创造良好的社会环境。

以上这些问题，都需要通过更好地发挥政府宏观管理的积极作用，不断提高驾驭市场经济的能力来解决。驾驭市场经济的能力与管理者和经营者的素质是密切联系的。因此，努力提高全民的思想觉悟水平和科技文化素养，进而提高全体管理者和经营者的专业知识和职业技能，成为提高驾驭市场经济能力的基本前提和可靠保证。

五、探索用市场化方法解决老龄化问题

习近平总书记在党的十九大提出："积极应对人口老龄化，构建养老、孝老、敬老政策体系和社会环境，推进医养结合，加快老龄事业和产业发展。"[①]这里强调的老龄事业和产业，包含了通过社会主义市场经济的途径和方法，来改革和完

[①] 习近平：《决胜全面建成小康社会　夺取新时代中国特色社会主义伟大胜利——在中国共产党第十九次全国代表大会上的报告》，人民出版社2017年版，第48页。

善养老体制和机制的深刻含义。因此,正确认识市场化与老龄化的两重性和相容性,探索用市场化方法解决老龄化问题,成为中国特色社会主义经济中的一个重大现实课题。

(一) 市场化与老龄化相遇的历史必然性

目前,我国在提高经济市场化的同时,人口老龄化的问题也日益突出。我国市场化与老龄化相交和并存,这不是历史的巧遇,而是中国特色社会主义发展的必然结果。我国市场化改革已经走过40多年历程,进入深化发展的新阶段。而我国计划生育政策也走过30多年历程,进入允许和鼓励生二孩的新时期。在改革开放之前,一方面由于实行高度集中的计划经济,限制了社会生产力发展,使人民的物质文化需要难以满足;另一方面由于没有严格的计划生育政策,造成人口过快增长、必要生活资料严重短缺的状况。由于生产力不高而人口数量过大,必然使人民生活水平下降和社会主义优越性难以体现。因此,要改变这种落后状态,必须克服新中国成立后的"左"倾错误和改革计划经济体制,实行市场化改革和计划生育政策。改革开放后的40年,由于这两大基本国策的贯彻执行,彻底改变了中国贫穷落后的面貌,进入全面建设小康社会的新阶段。一方面,由于市场经济发展使劳动生产力显著提高;另一方面,由于计划生育政策使总人口有效控制。因此,不仅使我国经济总量达到世界第二,而且使人民生活水平普遍提高,使社会主义优越性充分显现。但是,执行30多年的独生子女政策势必造成年轻人比重急剧下降,老年人比重显著提高,人口老龄化问题日益严重。可见,市场化与老龄化相遇不是偶然的,而是我国实行市场化改革和贯彻计划生育政策的必然结果。我们要继续实行市场化改革,充分发挥市场在配置资源中的决定性作用,创造更高的劳动生产力和综合国力;同时要继续贯彻计划生育的基本国策,把人口控制在一定数量之内,形成较为合理的人口结构,克服人口老龄化造成的困难和压力。这就要求我们解决好当前市场化与老龄化的关系问题。也就是说,一方面要通过发展和完善市场经济,在增强国力和提高收入水平的同时,为老年人提供更加丰富多彩的物质产品和更加细致周全的服务项目,来满足全体老年人美好生活的需求;另一方面要通过改变老年人的思想观念,在政府提供基本保障的前提下,提高他们市场化养老的能力和水平,提高老年人的生活质量和消费档次。在解决老龄化问题的过程中,要不断调整产业结构、转变增长方式、促进市场经济发展。因此,用市场化解决老龄化问题成为人们关注的热点,成为需要全社会共同努力才能解决的现实问题。

(二) 大力发展满足老年人需要的产业和市场

要用市场化方法解决老龄化问题,就要大力发展能满足老年人需要的产业和市场。过去搞计划经济,由于当时老年人口的比重较低,老人需要的许多产品和服务常常被人们轻视和忽视,以至于"小脚老太"还活着,就买不到适合自己的鞋子了。开始搞市场经济的时候,由于我国老龄化程度不高,生产老年产品和提供老年服务的需求不大,而且利润较少,因此企业缺乏生产主动性和积极性。现在情况完全不同了,截止到 2019 年底,我国 60 周岁及以上人口 25 388 万人,占总人口的 18.1%。其中 65 周岁及以上人口 17 603 万人,占总人口的 12.6%。① 由于我国老年群体数量庞大,老年人用品和服务需求不断增加,老龄服务事业和产业发展空间广阔。因此,加快发展养老服务业和老龄产业,成为促进我国供给侧改革、调整和优化产业结构、增加中高端产品的重要领域,也成为保持我国经济中高速发展的强大动力之一。

首先是老年人的生活用品,如老年人喜爱的鞋帽和服装、老花眼镜、助听器、拐棍、轮椅、按摩用具、坐便器和尿不湿等。其次是老年人必备的卫生保健用品,如各种营养品、保健品、常用药、体温计、血压器和心脏起搏器等。再次是老年人的智能用品,如计算器、智能手机、游戏机、计步器和健身用品等。媒体上经常有老人走失和孤寡老人死在家中无人知晓的报道,说明大力发展便于智力衰退老人使用的定位器,以及便于他们求助和呼救的通信工具等具有必要性和紧迫性。最后是助老服务项目,如按摩推拿、保健医疗、家政服务等的需求越来越多,特别是能给老人提供"一对一"服务的医护保健人员非常缺乏,急需大规模培养、充实和提高;社区老年活动中心、健身场所和不同档次的托老院或敬老院等,都处于严重供不应求的状况,急需大力发展和不断完善。

老年人的产业和市场不仅要增加数量和扩大规模,而且要不断开拓、升级和

---

① 资料来源:国家统计局网站,2020 年 1 月 17 日 10: 14 登录。

创新。许多老年人的需求是由于产品创新和服务创新才被调动和焕发出来的。许多老年人的产品和服务市场开始很弱,需要得到政府和有关部门的人力支持和财力资助。但是,这些产品和服务市场一旦被打开,调动起广大老年人的消费积极性,企业不但不会亏损,反而会有很大的赢利空间。因此,发展和完善老年人需求的产业,提供老年人的消费产品和服务市场,是发展和完善社会主义市场经济的重要组成部分。特别是层次不同的养老机构,可以满足经济状况不同的老年群体需要。既能为老人提供更舒适的养老服务,又能为更多年轻人提供就业岗位,使市场经济在满足社会需要和提供劳动就业两方面的积极作用同时发挥出来,将有力地促进经济社会的和谐发展。可见,大力发展养老服务业和老龄产业,对加快我国当前的供给侧改革、转变经济发展方式和调整产业结构、提高经济效益和优化社会环境都有积极意义和促进作用。

(三) 努力提高市场化养老的能力和水平

发展老年人消费产业和扩大老年人服务市场,首先要得到老年人的积极支持和密切配合。因此,老年人也要提高认识和转变观念,增强市场化养老的积极性和主动性。为了提高老年人参与市场化养老的能力和水平,需要解决以下问题。

首先,老年人要提高对市场化养老必要性的认识。过去,由于长期实行计划经济,政府承担了主要的养老责任和包办了大部分的养老事业,使人们形成了养老单纯依靠政府的传统观念。在社会主义初级阶段,国家的经济实力和能够用于养老的资金还十分有限,不可能解决所有人全部的养老问题。因此,政府的养老责任主要是健全养老制度和发挥扥底的保障作用,致使每个老年人都能取得最基本的生活来源和社会保障。而老年人更高的物质和文化需要是无限丰富和不断提高的,这些方面的需求得依靠老年人及其家庭通过市场化途径才能得到解决。因此,我们要主动转变单纯依靠政府养老的传统观念,充分认识市场化养老在提高老年人生活质量和消费档次上的必要性和重要性,使市场化养老的作用更充分发挥和显现出来。

其次,要提高对市场化养老优越性的理解。市场化养老的实质是要解决老年人如何学会花钱和努力提高生活质量的问题。过去中国经济文化落后,老人们都养成了节俭的生活习惯。老年人在收入很低的情况下,也要省下一部分钱来存银行,以备不测。因此形成大多数老年人不舍得花钱和生活质量低下的落后状况。其实,单纯储蓄和过分节俭并不是好事。相对于奢侈浪费来说,节俭是劳动人民的传统美德。但是过分节俭和该用不用,不仅不利于提高人们的生活质量和消费层次,而且不利于拉动经济增长和提高综合国力,实现经济与消费的良性互动。因此,帮助老年人学会花钱,包括增加投资收益和提高消费水平两个方面。这样,既能使他们分享改革开放的成果和增加财产性收入,又能将大部分收入用于市场化养老,提高他们的生活质量和消费水平。

最后,要努力提高老年人市场化养老的自觉性。许多老年人为什么不愿意走市场化养老之路?一方面是长期的简朴生活养成了艰苦朴素、不愿意多花钱的生活习惯;另一方面是关爱子女的心思太重,不仅甘愿让子女"啃老",还要将全部财产留给子女。其实儿孙自有儿孙福,他们可以通过自身的刻苦努力创造美好未来,老人们不必为他们过度操心和忧虑。老年人过分溺爱子女不利于子女健康成长,无数实例证明,越是独立性强的子女就越有作为,而越是依赖性强的子女就越没出息;同时会降低资金的利用效益,留给子女的钱财一般需要存放十几年或几十年,常常会因通货膨胀等原因遭受巨大损失。因此,老年人要学会把自己积累的财富尽量地用于市场化养老,做到物尽其用、财尽其值,才能真正提高老年人的生活质量和消费水平,充分显示社会主义制度的优越性。

(四) 促进市场化与应对老龄化的有机结合

要把我国市场经济体制改革与养老市场化进程有机结合起来,一方面要用市场经济改革来解决市场化养老问题,另一方面要通过养老的市场化发展促进市场经济的完善。因此,要在实践中形成市场化改革与市场化养老相互促进、相得益彰的长效机制。

首先,通过完善市场经济来加快养老市场化进程。市场经济不仅是劳动经济和交换经济,而且是竞争经济和法治经济。因此不仅需要劳动平等和交换公平,而且需要规范竞争环境和严格法律制度。当前,市场经济不健全、市场环境仍比较混乱、市场的法律制度不完备,特别在老年人产品和服务市场上的问题更多。许多虚假广告中的不实宣传、假冒伪劣产品的销售和坑蒙拐骗的服务等,严重影响了老年人参与市场化养老的主动性和积极性。因此,只有强化法制宣传教育、严格整顿市场秩序、严厉打击各种违法乱纪的经营活动,才能加快完善市场经济体制,特别是健全老年人的消费和服务市场,才能使更多老年人放心地接受和参与市场化养老。

其次,通过养老市场化发展来加快市场经济改革进程。随着参与市场化养老人数的增加,养老产品和服务市场的规模扩大和水平提高,会反过来促进我国市场经济发展和完善。因为老年人是弱势群体,受到党和国家的关爱和照顾。特别是老龄化程度不断提高,老年人口的比重显著增大,老年人的产品和服务市场将得到优先发展。随着老龄人口生活水平和消费层次提高,对高、精、尖产品的需求日益增多,将有力地促进高科技产品和服务的创新发展,从而加快我国的现代化进程。现实表明,我国养老市场化程度提高,将有力推动科技发展和供给侧结构改革的深化。因此,老年服务业和老龄产业将成为推动市场经济改革深化和国民经济持续健康发展的强大动力。

最后,要形成市场经济改革与养老体制改革,相互促进、相得益彰的长效机制。我国的市场经济是从原有计划经济体制下演变过来的。我国的市场化养老体制也是从原有计划养老体制下演变过来的。因此,它们都需要克服计划经济体制束缚,不断提高市场化程度。所以在深化改革过程中它们可以相互促进、相互补充,形成互动机制和实现有机结合,使原有计划经济体制的弊端得到克服,使市场经济发展和市场化养老的优越性充分体现,逐步惠及全体老年人并得到传承和发扬。

第5章

市场经济与精神文明的两重性和相容性

要正确认识和把握社会主义与市场经济的相互关系,不仅要正确认识和理解社会主义与市场经济之间、"看得见的手"与"看不见的手"之间的两重性和相容性,还要进一步认识和理解市场经济与精神文明之间、市场经济与反腐倡廉之间的两重性和相容性,正确把握社会主义市场经济与精神文明相互促进和相辅相成的客观规律。在加快市场经济发展和提高物质文明水平的同时,不断加强思想道德教育和提高精神文明程度,形成物质文明与精神文明相互促进和相得益彰的体制、机制和法治,使中国特色社会主义不断取得物质文明和精神文明的双重进步。

一、商品拜物教的经济性质和社会意识

正确认识和对待商品拜物教,是发展和完善社会主义市场经济的一个重要课题。商品拜物教具有经济性质与社会意识的两重性和相容性,因此我们要把商品拜物教的经济性质与它的社会意识区分开来,从而在充分认识商品拜物教经济性质具有客观性和普遍性的同时,深刻理解批判商品拜物教社会意识的必要性和重要性,以促进市场经济与精神文明的有机结合和协调发展。

(一) 商品拜物教经济性质的客观性

商品拜物教是市场经济的产物,它是随着商品出现而形成的。商品是人生产的,但商品的命运反过来决定生产者的命运。这与宗教里人创造偶像,偶像反过来支配人很相似。因此,马克思把这种特殊经济现象称为商品拜物教。

商品拜物教是被物(商品)与物(商品)的交换所掩盖的人(生产者)与人(生产者)之间的劳动交换关系,即生产关系的物化。它的客观经济性质表现在:(1)从质上看,本来是人类劳动的等同性,现在采取了商品具有价值的同质性这种物的形式;(2)从量上看,本来是用来计算人类劳动力消耗的劳动时间,现在采取了商品具有价值量的形式;(3)从关系上看,本来是商品生产者之间交换劳动的关系,现在采取了交换商品的形式。可见,商品拜物教并不是任何人主观意志的产物,而是市场经济中劳动交换关系物化的表现和产物。

人与人交换劳动的关系,为什么要采取物与物交换的形式?马克思在《资本论》中指出,"商品世界的这种拜物教性质……是来源于生产商品的劳动所特有的社会性质"①,即私人劳动与社会劳动之间的矛盾。一方面,社会分工使商品生产者的劳动具有社会性;另一方面,私有制使商品生产者的劳动具有私人性。要使私人劳动转化为社会劳动,必须经过商品交换。因此,凝结在商品中的一般人类劳动,成为不同商品得以比较的同质实体和进行交换的内在尺度。劳动这一特有的社会性质,使私人劳动与社会劳动这种人与人的矛盾表现为商品交换中物与物的矛盾,产生了物支配人的拜物教性质。

社会主义经济是以公有制为主体的市场经济。与私有制为主体的市场经济相比,产生商品拜物教的根源发生了变化,私人劳动与社会劳动的矛盾为局部劳动与社会劳动的矛盾所代替。但是,生产关系物化的性质没有变,局部劳动要转化为社会劳动也必须经过商品交换。因此,只要社会主义仍然是市场经济,那么商品拜物教就必然存在。

更仔细地观察可以看到,商品拜物教与价值规律是密切联系和不可分割的。价值规律促进生产力发展的积极作用,是通过商品拜物教这种生产关系物化的形式来实现的。(1)价值规律提高有用劳动生产力的要求,是通过无用产品丧失其价值这种物的形式来实现的。(2)价值规律提高企业生产力的要求,是通过个别劳动时间较少的产品可形成超额利润这种物的形式来实现的。(3)价值规律促使社会生产力按比例发展的要求,是通过部分剩余产品不能实现其价值这种物的形式来实现的。可见,价值规律是通过物支配人的形式来显示其积极作用的。社会主义利用价值规律促进生产力发展的必要性,决定了商品拜物教经济性质存在的必然性。因此,商品拜物教经济性质的客观性和普遍性是不能被人为取消的。

---

① 马克思:《资本论》第一卷,人民出版社2018年版,第90页。

(二) 商品拜物教社会意识的危害性

什么是商品拜物教的社会意识？它与商品拜物教的经济性质如何区分？如果说价值规律导致物支配人的现象体现了商品拜物教的经济性质，那么超越价值规律的作用范围而产生的人崇拜物的利益观念，就是商品拜物教的社会意识；如果说商品拜物教的经济性质是以私人劳动（或局部劳动）与社会劳动的矛盾为其根源的经济基础，那么商品拜物教的社会意识是源于这一基础而又脱离这一基础、具有相对独立性的上层建筑；如果说经过市场，用较少个别劳动的产品来实现较多的社会价值，是商品拜物教经济性质的必然要求，那么用非法手段和方法来获得他人财富，则是商品拜物教社会意识的集中表现；如果说商品拜物教的经济性质体现在价值规律发挥作用的实现形式中，客观上起到促进生产力发展的作用，那么商品拜物教的社会意识则会阻碍生产力的发展，它的极端表现会起到破坏生产力的作用。因此，商品拜物教的社会意识是不能与它的经济性质"一视同仁"的。在社会主义条件下，商品拜物教意识的种种表现，起着极大的腐蚀和破坏作用。

首先，商品拜物教意识阻碍生产力发展。在市场经济中，价值规律要求按质论价，生产者可通过改进技术和设备、优化劳动组合等合理途径来提高生产力。但是，商品拜物教意识却导致生产者偷工减料、粗制滥造、以次充好，不仅严重损害了消费者的利益，而且由于人力、物力和财力的浪费，直接或间接地阻碍了生产力发展。

其次，货币拜物教意识破坏社会主义精神文明。货币是特殊商品，作为一般等价物起着促进商品生产和流通的重要作用，并成为实行按劳分配的工具。但是，货币拜物教意识却导致贪污、盗窃、诈骗、抢劫等罪恶。所谓"一切向钱看""有钱能使鬼推磨"，金钱至上和唯利是图等正是这一意识的真实写照，它不仅破坏正常的经济秩序，而且腐蚀人们的思想灵魂，造成各种经济犯罪。

最后，权力拜物教意识危害社会主义制度的巩固和完善。在社会主义社会，由个人代表集体或国家支配公有财产已成为普遍的社会职责，它要求各级干部廉洁奉公、全心全意为人民服务。但是，权力拜物教（商品、货币拜物教的转化形式）意识却导致行贿受贿、以权谋私、官商勾结、贪污腐败等可耻行为，使部分公有财产非法转归私有、部分公共必要价值变成新的私有剩余价值,劳动人民受到非制度化的隐性剥削,这一切引起党和人民的严重不满。

可见,在发展市场经济、利用价值规律的同时,如果不批判和限制商品拜物教的社会意识,任其泛滥,只能使市场经济促进生产力发展的积极作用被种种拜物教意识的消极作用所"消化"。在改革开放中,我们利用价值规律大力发展市场经济取得显著成效。但是,在一段时期里,由于忽视对商品拜物教腐朽意识的批判,又缺乏有力的限制手段和必要措施,造成经济秩序混乱和精神文明衰退的双重恶果,这样的教训也是深刻的。

(三) 利用拜物教的经济性质和限制其社会意识的统一性

社会主义经济的基本目标是发展生产、满足需要,而实现这一目标的根本途径是提高生产力。既然商品拜物教的经济性质与价值规律促进生产力发展的作用相联系,就必须充分利用;既然商品拜物教意识对生产力发展起阻碍作用,就必须加以限制。因此,对商品拜物教经济性质的正确利用和对其社会意识的必要限制,是促进社会主义市场经济发展和加强精神文明建设不可偏废的两个方面。

现阶段如何才能充分利用商品拜物教的经济性质呢?关键是要按价值规律的客观要求,健全和完善社会主义市场经济体制。包括克服公有企业产权不明确、不落实的缺陷,改革计划体制和完善市场机制等,为有效利用价值规律提供基本前提。此外,还要充分认识价格、利息、税收、利润、工资、奖金、地价和地租等经济范畴的拜物教性质,利用这些曾在资本主义条件下对生产力发展起过积极作用的经济形式,来为发展社会主义经济服务。

现阶段如何才能有效限制商品拜物教的社会意识呢?首先,要坚持党的基本路线,以经济工作为中心,抓好经济建设,保持社会安定。经济发展比例失调以及混乱的经济秩序,是商品拜物教意识充分显示其消极作用的经济基础和社会温床。其次,要在深化经济体制改革的同时改革政治体制,加强社会主义民主与法制,使限制商品拜物教意识有健全的政治和法律制度保证。最后,要加强社会主义精神文明建设。武器的批判不能代替批判的武器,精神的东西只能用精神的力量来战胜。要提高全民族的科学文化素质和思想道德修养,就得用社会主义精神文明来抵制和克服种种拜物教意识的消极影响。

利用商品拜物教的经济性质,实质是要大力发展市场经济、提高物质文明程度;限制商品拜物教的社会意识,实质是要坚持社会主义方向、提高精神文明程度。两者具有并存且不可分割的两重性和相互促进、有机结合的相容性。实践证明,只有加速市场经济发展,才能为限制商品拜物教意识,提供坚实的物质基础。同样,只有有效地限制商品拜物教意识,才能促使社会主义市场经济健康发展。因此,那种认为发展市场经济就不能限制商品拜物教意识、限制商品拜物教意识就不能发展市场经济的观点,是完全错误和十分有害的。

总之,商品拜物教是"属于生产过程支配人而人还没有支配生产过程的那种社会形态的"[①]。只要社会主义发展还没有从物质和精神两个方面创造出使市场经济消亡的条件,那就必须充分认识商品拜物教经济性质的客观性和普遍性。企图人为地取消市场经济,必然受到生产发展缓慢、人民生活水平下降、社会主义"步履"艰难的历史性惩罚。同时,如果不能形成限制商品拜物教意识的有效制度和措施,那么市场经济就会背离社会主义方向,同样会导致经济发展比例失调,阻碍人民生活水平提高,甚至会引起社会动荡,这已为历史的事实所证明。因此,必须认真总结正反两方面的经验教训,正确利用商品拜物教的经济性质,有效限制商品拜物教的社会意识,使社会主义市场经济日臻完善,使物质文明和精神文明同步得到提高。

二、市场经济与精神文明的两重性和相容性

邓小平一贯坚持"两手抓,两手都要硬"的思想[②],他一方面提出要发展社会主义市场经济;另一方面强调要搞好社会主义精神文明。习近平总书记在党的十九大进一步提出:"推动社会主义精神文明和物质文明协调发展。"[③]这里涉及

[①] 马克思:《资本论》第一卷,人民出版社2018年版,第99页。
[②] 《邓小平文选》第三卷,人民出版社1993年版,第378页。
[③] 习近平:《决胜全面建成小康社会 夺取新时代中国特色社会主义伟大胜利——在中国共产党第十九次全国代表大会上的报告》,人民出版社2017年版,第41页。

市场经济与精神文明的关系问题,需要我们深入探索和研究。有些人从现象出发,把它们对立起来产生两种忧虑:一是担心发展市场经济会影响精神文明,二是担心抓精神文明会妨碍市场经济。两种忧虑同出一辙,根源是不了解市场经济与精神文明的两重性和相容性。因此,只有从理论与实践的结合上,阐明市场经济与精神文明的对立统一关系,才能克服"左"和右的错误倾向,促进它们有机结合和协调发展。

(一) 市场经济与精神文明的内在联系

市场经济与精神文明的关系实质是经济基础与上层建筑的关系,它们不仅并存,而且相互促进,因而具有两重性和相容性。市场经济要为加强精神文明提供物质保证,精神文明要为市场经济的健康发展指示方向,因此二者要有机结合、相辅相成、相得益彰。按照唯物辩证法的观点,它们的内在联系具体表现在以下两个方面。

1. 市场经济为精神文明提供物质基础

马克思主义认为物质文明是基础,它决定和制约着精神文明。具体来讲:(1)只有物质生产力发展,从而剩余产品增加,才使人类取得精神活动的时间和物质条件,促进精神文明发展和繁荣;(2)只有物质生产力发展,从而科技水平提高,才能为精神文明提供日益先进的物质手段,为精神文明发展创造更为广阔的天地;(3)只有按照物质生产力的需要,加强精神文明建设,才能使精神文明具有内在动力和持久生命力。因此,精神文明是离不开物质文明这一根本源泉的。

在社会主义初级阶段,要为精神文明提供坚实的物质基础,必须大力发展市场经济。市场经济是为交换而生产的经济,它不仅是生产力发展的产物,而且是生产力发展的动力。社会主义市场经济的实质在于自觉遵循价值规律,充分利用利益机制促进生产力发展。发展生产力要求节约劳动时间,包括微观上节约单位产品的劳动时间和宏观上节约各类产品的总劳动时间。在市场经济中,价值规律涉及的两种含义的社会必要劳动时间,恰恰反映了生产力这两方面的要求。因此,价值规律成为生产力发展的形式和动力,大力发展市场经济就是为了充分利用价值规律,最大限度地促进生产力水平提高。历史经验表明,当生产力还没有达到一定高度,人为取消市场经济就会受到经济规律惩罚。苏联十月革命后,一度取消市场经济和我国改革开放以前限制市场经济所遭受的挫折,都证明了这一点。可见,市场经济是社会主义不可逾越的发展阶段,只有发展市场经济,才能为巩固社会主义制度和加强精神文明提供坚实的物质基础。

2. 精神文明为市场经济发展指示方向

我们既要坚持物质文明决定精神文明的唯物论,又要坚持精神文明反作用于物质文明的辩证法,因此在强调物质文明的基础作用时,不能忽视精神文明的指导作用。物质文明是人们改造自然的成果,表现为人们物质生产进步和物质生活改善;精神文明则是人们改造社会的成果,表现为人们精神产品增加和精神生活升华。

由于市场经济是促进物质生产力的社会形式,因此重视精神文明对物质文明的反作用,体现在精神文明对市场经济的促进作用上,具体表现为:(1)通过对市场经济理论的科学研究和广泛宣传,使全体劳动者能自觉遵循价值规律和价值增殖规律,充分利用价格、供求、竞争等利益机制促进市场经济发展;(2)通过大力发展教育事业,不断提高全体劳动者的科学文化素质,为市场经济提供更多人才和不竭智源;(3)通过大力开展思想教育和文艺活动,提高全体劳动者的道德水平和审美素养,以形成高尚的道德情操和精神风貌,为市场经济发展提供良好的社会环境。

市场经济就其运行机制来讲,既可以与资本主义生产关系结合,形成资本主义市场经济,又可以与社会主义生产关系结合,形成社会主义市场经济。这里除了生产关系对市场经济性质的决定作用外,上层建筑的反作用也十分重要。由于精神文明可以通过提高人们的思想觉悟指导人们的实际行动,反作用于市场经济,因此,只有不断提高全体劳动者的精神文明程度,才能逐步完善生产关系,保证市场经济沿着社会主义方向前进。

(二)市场经济与精神文明的外在矛盾

市场经济与精神文明从根本上讲是统一的。市场经济为精神文明提供物质基础和财力源泉,精神文明为市场经济提供理论指导和智力源泉,因而是相辅相成的。但在现实中它们常有矛盾,甚至格格不入。这就要分析市场经济与精神文明产生外在矛盾的具体原因。从改革前后的变化看,这种矛盾有以下两种表现。

1. 极左思潮阻碍市场经济发展

回顾改革开放前的历史,极左思潮阻碍市场经济发展表现在以下三个方面。

第一,追求单一公有制,人为取消与市场经济相适应的多种所有制。市场经济存在的前提是社会分工和不同的所有者。在社会主义初级阶段,由于生产力水平较低且发展不平衡,需要有多种所有制形式与之相适应,即使全民企业也还是相对独立的经济实体。不同所有者和不同经济实体之间,必须通过市场发生经济联系。但是在极左思潮影响下,一度取消商品、货币关系,搞"穷过渡",试图跑步进入共产主义,结果脱离了现实物质基础和人们觉悟程度,导致生产力的巨大破坏。

第二,否定市场调节,阻碍市场机制在资源配置中发挥决定性作用。市场经济通过价格机制、供求机制和竞争机制,实现人力、物力和财力在各生产部门的分配,促进社会生产的协调发展。但是在极左思潮影响下,人为取消市场调节,单纯依靠行政手段和计划调节,结果违背了客观经济规律,使生产与需求严重脱节,阻碍了社会生产力发展。

第三,提倡平均主义,违背市场经济通行的物质利益原则。市场经济的基本规律是价值规律,它要求社会必要劳动时间决定商品价值和实行等价交换,体现劳动平等的物质利益关系。但是极左思潮否认价值规律,推行分配上的平均主义,形成多劳不能多得、少劳不会少得的状况,严重挫伤劳动者的生产积极性,也限制了生产力水平提高。

特别是在"文化大革命"期间,形而上学猖獗,把市场经济等同于资本主义,把商品交换看成尔虞我诈,指责人们追求合理的物质利益是"奖金刺激""利润挂帅",试图用"空头政治"取代经济规律,结果搞乱了思想,使经济滑到崩溃的边缘。可见,要克服市场经济与精神文明的外在冲突,必须解放思想,肃清极左思潮的消极影响。

2. 商品、货币和权力拜物教阻碍精神文明建设

回顾改革开放后的历史,拜物教对精神文明的阻碍作用表现在以下三个方面。

第一,商品拜物教。在市场经济中,价值规律促使生产者改进技术设备,优

化人员组合,提高劳动生产力。但商品拜物教却导致生产者偷工减料、粗制滥造,以次充好,不仅损害消费者利益,而且浪费人力、物力和财力,削弱了精神文明的物质基础。

第二,货币拜物教。货币是特殊商品,作为一般等价物起着促进商品生产和流通的重要作用,但货币拜物教却导致贪污、盗窃、诈骗、抢劫等罪恶。"一切向钱看""有钱能使鬼推磨"等正是货币拜物教的生动写照,它不仅破坏正常经济秩序,而且腐蚀人们的灵魂、阻碍精神文明发展。

第三,权力拜物教。在社会主义社会,由个人代表集体或国家支配公有财产成为普遍的社会职责,它要求各级干部廉洁奉公,全心全意为人民服务。但权力拜物教(商品、货币拜物教的转化形式)却导致行贿受贿、以权谋私、官商勾结、贪污腐败等可耻行为,损害公有财产和破坏精神文明。

可见,在发展市场经济、利用价值规律的同时,如果不限制商品、货币和权力拜物教,任其泛滥,势必形成市场经济与精神文明的外在矛盾,使市场经济促进生产力发展的积极作用被拜物教的消极作用所"消化"。改革开放后,我们一度放松对商品、货币和权力拜物教的限制,局部造成经济秩序混乱和精神文明衰退的教训,值得认真吸取。

(三) 市场经济与精神文明的协调发展

市场经济与精神文明既有内在联系,又有外在矛盾,怎样才能使它们有机结合和协调发展呢? 这里需要从三方面着手。

第一,发展市场经济必须加强宏观调控,限制拜物教的消极作用。市场经济的运行机制具有盲目性和自发性。一方面,通过市场调节实现社会生产的按比例发展,常常要以过剩产品丧失其价值和部分生产力遭受损失为代价;另一方面,市场竞争导致的价格波动,成为拜物教显示其消极作用的温床。因此,在大力发展市场经济、充分利用价值规律促进生产力发展时,必须加强对人口增长、货币发行、基建规模、教育投资、消费水平和生态保护等的宏观调控,防止经济发展大起大落,以减少市场盲目性和自发性可能造成的经济损失,从而为加强精神文明,限制商品、货币和权力拜物教的消极作用,创造有利的社会氛围。

第二,加强精神文明必须以经济建设为中心,克服"左"倾盲动倾向。在社会主义初级阶段,由于生产力水平低、物质基础不雄厚,因而精神文明不可能一下子达到很高水平。如果"左"倾盲动、急于求成,势必适得其反。这里要注意两个问题:一是要把宣传共产主义理想和发扬共产主义精神,与贯彻现行经济政策和社会主义物质利益原则区别开来;二是要把政治思想教育和科技文化教育渗透到经济工作中去,更好地为经济建设服务。正反两方面的经验表明,只有从现实的物质条件和精神条件出发,紧紧围绕经济建设这个中心,精神文明建设才会取得实效,从而为市场经济发展创造有利的社会环境。

第三,建立市场经济与精神文明相互促进的动力机制。市场经济的发展会对人的思想品质和文化素质提出更高要求,这就需要加强精神文明建设。随着精神文明程度的提高,人们会对市场经济发展提出更高要求,这就需要完善市场经济体制和法制。这里的关键是要深入探索市场经济与精神文明相互促进的途径和方法,使市场经济能为精神文明提供更为充分的物质保证,又使精神文明能为市场经济提供更好的社会环境,使它们都能按照客观规律的要求相互促进和协调发展。

总之,要以马克思主义关于物质变精神和精神变物质的思想为指导,深刻认识市场经济与精神文明的两重性和相容性,既要反对片面强调精神文明而否定市场经济的"左"倾错误,又要反对盲目发展市场经济而忽视精神文明的右倾错误,努力使两者紧密结合,取得物质文明和精神文明的双重进步。

三、斯密"看不见的手"的两重性和相容性

亚当·斯密是18世纪英国伟大的经济学家和伦理学家,他的两本著作《国民财富的性质和原因的研究》(简称《国富论》)和《道德情操论》(简称《情操论》),对我们的经济发展和社会进步有着不可忽视的借鉴作用。斯密在《国富论》中构建了国民经济的理论体系,在《情操论》中构建了伦理道德的理论体系。这两个体系集中体现了斯密"看不见的手"的两重性和相容性。因此,把这两本著作结合起来学习,汲取其中的精华,才能使我们深刻认识经济与精神的相互关系,在完善市场经济和构建和谐社会中,促进物质文明和精神文明的协调发展。

(一)"看不见的手"是"两论"的内在联系

斯密作为资本主义上升时期资产阶级的思想家,其核心的价值观是"人人为自己,上帝为大家"。《情操论》和《国富论》都从人的利己本性出发,从经济与精神两个方面追求自身利益的最大化;而所谓的"上帝"就是"看不见的手",它会对人们的利己行为进行限制,从而协调个人利益与公共利益的关系,达到"为大家"的结果。那么"看不见的手"究竟是什么?它的神奇力量又是从何而来?综观斯密的论述,"看不见的手"实质是在利己行为的基础上,调节人们相互关系的方式,这种神奇力量是由社会自发产生的。

《国富论》和《情操论》在经济和精神两个领域中,描绘了斯密的核心价值观,说明有两只"看不见的手"分别在调节着人们的经济生活和精神生活。《国富论》是在经济领域中,阐述价值规律这只"看不见的手"如何调节经济生活;而《情操论》则是在精神领域中,阐述伦理道德这只"看不见的手"如何调节精神生活。社会发展到资本主义阶段,从经济上看,市场经济已成为经济发展的主要方式,价值规律与价值增殖规律成为生产力发展的动力和形式,它像一只无形的手,自发地调节着生产比例和发展速度。从精神上看,伦理道德作为意识形态,像另一只无形的手与私有制结合起来,成为调节人们相互关系和促进精神文明的动力和形式。斯密的这两本著作,正是当时物质文明和精神文明具有两重性和相容性的现实反映,它们融会贯通,揭示了经济和精神相互促进的内在联系。可以说,不了解斯密的伦理思想就难以把握他的经济思想;同样,不了解他的经济思想也不能真正掌握他的伦理思想。

在社会主义初级阶段,我们 方面要努力发展市场经济,利用价值规律加快物质文明;另一方面,又要努力提高全民族的思想文化水平,运用伦理道德提高精神文明。因此,深刻理解和汲取《国富论》和《情操论》中的两重性和相容性思想,充分发挥两只"看不见的手"的积极作用,对促进我国物质文明和精神文明的协调发展有着重要的现实意义。

(二)"看不见的手"调节经济生活

《国富论》的实质是描绘价值规律这只"看不见的手"如何调节经济生活。斯密在《国富论》中指出:"每一个人都应听其完全自由,让他采用自己的方法去追求自己的利益,以其劳动及资本和任何其他人或其他阶级相竞争。"①同时,"他受一只看不见的手的指导,去尽力达到一个并非他本意想要达到的目的。他追求自己的利益,往往使他能比真正出于本意的情况下更有效地促进社会的利益"②。在斯密看来,人们从事经济活动,目的是自私的,而在"看不见的手"的指引和调节下,促进了社会的繁荣和进步。很明显,这里讲的"看不见的手"就是指市场经济中的价值规律。在微观上,同一部门的生产者,由于劳动工具和劳动对象等客观条件,以及生产者技能和熟练程度等主观条件的差别,生产商品的个别劳动时间是各不相同的。但商品价值并不是由个别劳动时间决定,而是由社会必要劳动时间决定的。如果商品的个别劳动时间低于社会必要劳动时间,生产者就可获得利润和超额利润;如果商品的个别劳动时间高于社会必要劳动时间,生产者的利润就要减少,甚至亏损或破产。生产者为了增加利润和避免亏损,就会竞相改进技术、加强管理,力求提高个别生产力。价值规律就像一只"看不见的手",通过生产者之间的竞争,刺激社会生产力提高。在宏观上,价值规律调节着各类商品的生产比例,使商品供给符合需求。这是因为,价值规律要求等价交换,价格符合价值的均衡,又是通过供求机制和价格机制双向运动实现的。当商品供过于求时,价格降到价值以下,就会刺激消费和抑制生产;相反,当商品供不应求时,价格涨到价值以上,就会刺激生产和抑制消费。最终,价值规律像一只"看不见的手",调节着企业生产和市场需求,使商品的总供给和总需求趋向一致。虽然个别企业并没有促进社会经济发展的意图,但是通过价值规律的自发调节达到了增进社会利益的效果。

改革开放之前,我国实行高度集中的计划经济体制,国民经济完全由政府调控,就从根本上否定了价值规律这只"看不见的手"的作用,不仅使企业生产力难以提高,而且使社会供求严重失衡。改革开放以后,我们建立了市场经济体制,使价值规律这只"看不见的手"在刺激微观经济和调节宏观经济中的积极作用发

---

① [英]亚当·斯密:《国民财富的性质和原因的研究》,中国社会科学出版社 2007 年版,第 1445 页。
② [英]亚当·斯密:《国民财富的性质和原因的研究》,中国社会科学出版社 2007 年版,第 975 页。

挥出来，有效地促进了社会生产力发展。因此，要从斯密"看不见的手"的理论中汲取营养，学会利用价值规律和价值增殖规律来加快我国的现代化建设。

(三)"看不见的手"调节精神生活

斯密在论述"看不见的手"促进经济发展的同时，还论述了"看不见的手"促进社会和谐的思想。《情操论》的实质就是通过伦理道德这只"看不见的手"来调节精神生活。斯密在《情操论》中指出："富人尽管他们的天性是自私的和贪婪的，但是他们还是同穷人一起分享一切改良的成果。一只'看不见的手'不知不觉地增进了社会利益。"①斯密在《情操论》中阐明具有利己本性的个人怎样自觉控制他们自私的感情或行为，以及怎样自发建立有高尚行为的道德社会。这里有一个透过现象看本质的问题。从表面上看，是伦理道德激发了富人们的同情心，使得他们能与穷人分享生活必需品。而实际上，富人们从经验中已经意识到，将所有财富包括穷人的生活必需品据为己有，不仅不可能，甚至是愚蠢的。这是因为，如果穷人得不到必要的生活资料，他们就无法生存和生产，因而就不能为富人提供生活和享受的来源。从长远看，给穷人提供必要的生活资料，对富人是更为有利的。因此，富人们受伦理道德这只"看不见的手"的调节，不得不放弃一些眼前利益。但是，由于意识形态具有相对的独立性，特别是随着经济发展和社会财富增加，人们接受文化教育的程度提高，那些有利于富人长远利益的道德观念，如公平、责任、诚信、同情和礼貌等，被人们作为常识和习惯巩固和加强起来。由于意识形态的反作用，这种伦理道德作为一只"看不见的手"，调节着人们的精神生活，使"人人为自己"的社会也显得很道德、很和谐，因而促进了社会的精神文明。

但是，这个追求道德与和谐的社会的形成，并非在短期内没有经历过矛盾和曲折。事实上，资本主义也经历了从道德缺失到道德完善、从社会冲突到社会和谐的转变过程。在资本主义的初期，个人和企业为了私利，干了许多缺德的事情。这种恶劣的社会环境必然反作用于经济主体，最终使他们的自身利益受损。这些经验会不断教育人们，为眼前私利所干的坏事，从长远看是得不偿失的。两

---

① [英]亚当·斯密：《道德情操论》，九州出版社2007年版，第449页。

次世界大战的发起国,最终成为战败国的教训是深刻的。2008年,华尔街大鳄无节制的金融创新引爆了美国的金融危机,仍然具有教育意义。为了自身的长远利益,人们更加重视公平、责任、诚信、同情以致礼貌等行为规范,避免因缺德造成私利的更大损失。因此,伦理道德也是一只"看不见的手",自发地调节着人们的行为及其相互关系。

我国正处于社会主义初级阶段,市场经济还存在许多缺陷和不足,如道德缺失等,这与资本主义初期遇到的问题十分相似。这种道德缺失不但损害公众利益,而且影响自身发展。一些知名企业在奶粉生产中添加三聚氰胺,最终导致自身破产;许多所谓专家、名人代言劣质品广告,最终导致身败名裂。假冒伪劣、贪污腐败、官商勾结、权钱交易等正是道德败坏的表现,在伤害社会的同时也伤害了自己。这些现象让我们清醒地认识到,物质文明一定要与精神文明相伴而行,社会才能持久、稳定和健康地发展。

(四) 两只"看不见的手"要有机结合

斯密的《国富论》和《情操论》,虽然研究的领域和内容不同,但是它们的理论基础和思想方法是一致的,因此它们在理论创作中相互补充,在实际运用中相得益彰,对我国经济与社会的协调发展有积极的借鉴意义。

在理论创作上,《国富论》和《情操论》的写作和完善是交替进行的。1759年《情操论》出版以后,斯密就开始为创作《国富论》做准备。1776年《国富论》出版之后,斯密根据新的研究成果,又修订了《情操论》的第五版。1784年和1786年出版了《国富论》第三、第四版后,斯密又吸收其中的新思想,完成了《情操论》第六版的修订工作。从《情操论》和《国富论》交替创作、修订和再版的过程,可以看出这两本著作的密切联系和它们的互补效应。《情操论》和《国富论》不仅是斯密交替创作的两部姊妹篇,而且是其学术体系的两个组成部分,因此是一个不可分割的有机整体。

在实际运用中,斯密的"两论"反映出物质文明与精神文明的两重性和相容性。在《国富论》和《情操论》中描述的两只"看不见的手"是紧密联系的,因而是不能截然分开的。如果只要一只"看不见的手",忽视或取消另一只"看不见的手",结果会使两个文明都遭到削弱或损害,形成相互制约的恶性循环。如果把两只"看不见的手"有机结合，则能起到经济和精神相互促进的积极作用。物质文明提高后，人们会更加注重人文素质和道德修养，加快提高精神文明；而精神文明提高，又为经济建设提供良好的外部环境，从而推动物质文明更快发展，形成相互促进的良性循环，充分说明两种文明有机结合的必要性和重要性。

我国的历史经验也证明了两个文明协调发展的必要性和重要性。改革开放之前，由于极左路线的影响，特别是在"文化大革命"期间，过度强调了精神激励的作用，否认和取消物质激励的手段，使经济建设遭受重大挫折。在改革开放中，由于右倾思潮的影响，一度出现以牺牲精神文明为代价来加快物质文明的做法，同样使我们遭遇重重困难。可见，只有使物质文明与精神文明有机结合，才能使经济和精神相互促进、共同发展。

（五）决不能忽视"看得见的手"

斯密的理论体系，对于我们今天的发展有着重要的借鉴作用。但是，生活在18世纪的他在理论上也有局限性。斯密只提出"看不见的手"，但对"看得见的手"涉及很少，因此需要加以补充和完善。

自从15世纪末西欧资本主义萌芽开始，就一直存在着政府干预与自由经济这两大政策主张。斯密作为自由经济的代表，认为政府只是"守夜人"，其职责在于维护国家安全和社会安宁，不应干预和调节经济活动。自由主义经济学家对完美市场的描述，是建立在理性经济人的假设之上，因此只是一种理想状态。现实表明，"看不见的手"不是万能的，而"市场失灵"则是经常的。这就要求我们发挥宏观调控这只"看得见的手"的作用。在精神生活中，"看得见的手"表现在两个方面：一是法律制度，二是文化教育。斯密肯定了法律制度，但对文化教育涉及较少，就这一点来看，斯密的论述既不全面，又不完善。从经济与精神的相互关系来看，两只"看得见的手"也是相辅相成的。同时，"看得见的手"又是对"看不见的手"的有效补充。因此，我们在肯定"看不见的手"的积极作用时，决不能忽视和轻视"看得见的手"的特殊功效。

从历史唯物主义来讲，封建专制强调"看得见的手"，资本民主则强调"看不见的手"。我们发展社会主义，既要有民主又要有集中，要同时运用"看不见"和"看得见"这两只手，因此它们也有两重性和相容性，需要相互促进和有机结合，这是社会主义优越于封建专制和资本民主的重要体现。

从社会发展的角度来看,斯密的论述停留在这样一个阶段,一切行为都是以私人利益最大化为目标。而我们要过渡到一个更高的阶段,到那时一切行为的出发点,首先不是为自己,而是为公众和为社会。这里有一个如何看待个人与社会的关系问题。就社会主义的本质而言,并不否认个人的利益和愿望,因为只有个人的生活得到保障、个人的精神需要得到满足,才会有充足的体力和饱满的精力来为他人和社会做贡献。社会主义与资本主义不同之处在于,当个人利益与社会需要、个人愿望与社会理想发生矛盾和冲突时,我们需要个人服从社会、个体融入整体。因为只有一个完好的社会,才能为全体人民提供更好的物质生活和精神环境。资本主义是通过自发和盲目的途径来解决个人与社会的矛盾和冲突,而社会主义就是要通过自觉和自愿的途径来解决这些矛盾和冲突。这需要物质文明和精神文明同时达到一个相当高的程度。因此,我们要努力创造条件,从"人人为自己,上帝为大家"的历史阶段过渡到"人人为社会,社会为大家"的更高阶段。只有到那时,我们才能远远超越斯密时代的物质基础和"两论"的思想境界。

四、市场经济与反腐倡廉的两重性和相容性

在社会主义初级阶段,市场经济与反腐倡廉具有长期并存的两重性和相互促进的相容性,也是需要认真研究和解决的重大现实课题。邓小平指出:"在整个改革开放过程中都要反对腐败。"[①]习近平总书记进一步指出:"坚决纠正各种不正之风,以零容忍态度惩治腐败。"[②]可见,发展社会主义市场经济,政府和企业的领导更需保持清正廉洁,防止贪污腐败。这就要正确认识市场经济与反腐倡廉之间的内在联系和外在矛盾,深刻揭示市场经济实现形式的消极作用,阐明商品、货币和资本拜物教是产生腐败的经济根源,充分认识反腐倡廉的必要性和

---

① 《邓小平文选》第三卷,人民出版社1993年版,第379页。
② 习近平:《决胜全面建成小康社会 夺取新时代中国特色社会主义伟大胜利——在中国共产党第十九次全国代表大会上的报告》,人民出版社2017年版,第26页。

重要性，从而采取有力的政策措施，使市场经济与反腐倡廉有机结合、协调发展。

（一）市场经济的本质反对腐败

改革开放以后，社会主义市场经济的发展取得巨大成就，社会生产力、综合国力和人民生活水平都有显著提高。同时，腐败之风也有所蔓延，如企业偷税漏税、党政机关经商、部队保护走私等，虽为局部现象但是败坏了社会风气，引起党和人民的强烈不满。进入新时代以后，以习近平同志为核心的党中央采取了一系列强有力的政策和措施，制止和打击腐败，取得可喜成效。腐败的根源何在？有些人归罪于市场经济，这是有失偏颇的。我们既要发展市场经济，又要惩治腐败，这就需要对市场经济与产生腐败的关系做出客观具体的分析。

什么是腐败？腐败的形式很多，这里主要指公有权力的私有化。就这一特性来说，腐败不是市场经济的产物，而是公有权力与私有贪欲相联系的结果。早在原始社会后期、私有制形成过程中，某些共同体的首领就开始凭借公有权力为个人谋取私利。进入阶级社会后，随着私有制发展和国家拥有的公共权力增大，这种腐败现象更为严重。因此，腐败的根源是私有制及其腐朽意识。在社会主义条件下，由于公有制的建立，个人代表国家或集体掌握公有权力成为普遍现象，但是私有贪欲仍在腐蚀人们的思想、损害公共权益，因此反腐倡廉具有重要的现实意义。在探讨腐败与市场经济有无内在联系时，必须把市场经济的本质与它的运动形式区分开来。就市场经济的本质来讲，不仅不是产生腐败的根源，而且具有反腐败的要求。市场经济的本质可以概括为四条：（1）满足社会需要。商品的基本属性之一是使用价值，劳动产品必须有用才能成为商品，商品只有通过交换，满足社会需要，才能实现其价值。因此，满足社会需要是市场经济的本质要求。相反，腐败的实质是利用公有权力，通过对市场供求的破坏，来满足个人或小集团的私欲，与市场经济的本质要求背道而驰。（2）实现劳动平等。商品的本质属性是价值。价值是凝结在商品中的一般人类劳动。等价交换实质是等量劳动相交换，反映了商品生产者之间劳动平等的生产关系。相反，腐败是用牺牲公有权益为代价，换取个人或小集团的私利，这里没有劳动平等可言，而是用非法手段剥削和掠夺国家和集体的财富，损害人民利益。（3）提高经济效益。商品的使用价值反映劳动成果，商品的价值反映劳动消耗，因此，商品的使用价值与价值的比较准确反映出商品生产的经济效益。市场经济把提高经济效益的要求渗透到它的每个细胞,因而成为当代经济效益最高的生产方式。相反,腐败既要侵吞满足社会需要的使用价值,又要破坏体现劳动平等的价值实现,因而是从根本上损害经济效益的"毒瘤",除了揭露出来充当反面教材之外,没有任何公共利益可言。(4)发展生产力。市场经济的基本经济规律是价值规律,价值规律要求的第一种含义的社会必要劳动时间,促进企业改进技术、加强管理、提高个别生产力;价值规律要求的第二种含义的社会必要劳动时间,促进社会劳动按比例分配和部门间协调发展,以提高社会生产力。可见,市场经济实质是生产力发展的动力和形式。相反,腐败破坏生产力发展,不仅使大量财富非法落入腐败者手中,严重损害劳动者利益和他们的生产积极性,而且扰乱正常经济秩序和败坏社会风气,从根本上削弱了生产力发展的动力。以上四条说明,市场经济的本质不仅不会助长腐败,而且有反腐败的要求。有些人认为,在计划经济时期没有腐败,这也是错误的。实际是表面腐败现象较少,因为当时贯彻"左"倾路线,以阶级斗争为纲,狠抓斗私批修,一定程度上限制了腐败。但是即使如此,在某些高层领导中,由于缺乏有力的监督机制,腐败现象仍然存在,甚至更为严重。可见,市场经济与计划经济不是有无腐败的界限,只要有私有制及其腐朽意识存在,不论是何种经济都会产生腐败。我们只有认清腐败的真正来源,才能对症下药,做到药到病除,同时不会殃及市场经济的健康发展。

(二) 市场经济的形式助长腐败

虽然市场经济的本质要求反对腐败,但是它的运动形式与私有贪欲结合,却会助长腐败。市场经济运动形式的特征是人与人的关系要通过物与物的交换来实现,因此商品、货币、资本拜物教成为滋生腐败的肥沃土壤,权力拜物教则成为腐败的主要表现形式。

(1)商品拜物教刺激物欲膨胀。商品的本质是生产者之间等量劳动相交换的生产关系,而商品的现象却是无限多样的物质财富。在市场经济中,贪图享乐的私有观念会引起对物质财富的过度欲望,以致非法谋取财物,改变了商品的本质属性。

(2)货币拜物教刺激贪欲膨胀。商品是社会的特殊财富,它的转化形式——货币——是社会的一般财富,一般财富比特殊财富更具诱惑力。因为人们对特殊财富的需求总是有限的,而对一般财富的需求却是无限的,所以货币拜物教比商品拜物教有更大的危害性。所谓"一切向钱看""有钱能使鬼推磨"等,正是其真实写照,货币拜物教腐蚀人们的灵魂,造成各种经济犯罪。

(3)资本拜物教更能创造奇迹,它使人的灵魂变成资本的灵魂。商品流通公式"商品—货币—商品",表明货币作为流通手段只是商品交换的媒介,商品流通的目的是为了使用价值,以满足社会需要;而资本流通公式"货币—商品—货币",表明起点是货币,终点也是货币,而且是更多的货币,因此商品成为货币交换的媒介,价值成为经济运行的主体,价值增殖成为资本的唯一目的。正如马克思引用英国评论家登宁的话:"资本害怕没有利润或利润太少,就像自然界害怕真空一样……为了100%的利润,它就敢践踏一切人间法律;有300%的利润,它就敢犯任何罪行,甚至冒着绞首的危险。"[①]

(4)权力拜物教是市场经济条件下,商品、货币、资本拜物教的转化形式,它使权钱交易成为腐败的集中表现。在社会主义社会,人民与公有权力的关系应该是"人民—权力—人民",即人民是形成公有权力的起点和基础,为人民谋取利益则是行使公有权力的目的和归宿,权力本身仅仅是为人民服务的需要和手段。但是,权力拜物教改变了人民与公有权力的正常关系,其特征是"权力—人民—权力",即把拥有能满足私利的权力作为起点,把为人民服务作为谋取权力或掩饰真相的手段,以追求能满足私利的更大权力。因此,权力拜物教颠倒了人民与公有权力的关系,使谋求权力和追逐私利成为运动的主体,并且无限膨胀,勾画出一切新贪官污吏的行动轨迹。在社会主义社会,由个人代表集体或国家支配公有财产成为普遍的社会职责,它要求各级干部廉洁奉公,全心全意为人民服务。但是,权力拜物教与商品、货币和资本拜物教的结合,却导致行贿受贿、以权谋私、官商勾结、贪污腐败等可耻行为,使部分公有财产非法转归私有,部分公共价值变成新的私有价值,劳动人民受到非制度化的隐性剥削,这一切引起党和人民的严重不满。

社会主义市场经济的本质要求是发展生产力,提高人民的生活水平,巩固社会主义制度。如果不能有效制止权钱交易等腐败现象的蔓延,不仅不能提高生

[①] 马克思:《资本论》第一卷,人民出版社2018年版,第871页。

产力和人民的生活水平，反而会破坏社会主义制度，引起社会动荡和衰退。正反两方面的经验教训都证明了这一点。因此，采取一切有力的政策和措施，斩断市场经济的运动形式与公有权力私有化的联系，限制商品、货币、资本以及权力拜物教的消极影响，是社会主义初级阶段必须解决的重大课题，也是市场经济健康发展的必要条件。

(三) 市场经济与反腐倡廉相结合

市场经济的本质要求反对腐败，而它的运动形式助长腐败，因此发展和完善社会主义市场经济必须与反腐倡廉紧密结合。一方面，要大力发展市场经济，为反腐倡廉提供坚实的物质基础，同时根据市场经济的发展要求及其暴露出来的现实问题，有针对性地反腐倡廉；另一方面，要通过反腐倡廉不断完善市场经济的运行机制和体制，为其健康发展创造良好的社会环境，同时通过惩治腐败，限制商品、货币、资本以及权力拜物教的消极作用，保证市场经济能沿着社会主义方向健康发展。要使市场经济与反腐倡廉紧密结合，必须做好以下五个方面的工作。

第一，加强思想道德教育，提高精神文明程度。腐败的根源是私有制及其腐朽意识，因此反腐倡廉也要从提高人们的思想觉悟开始。权钱交易表面上与商品、货币的交换有相似之处，其实既不符合价值规律，又不符合道德规范。其理由有：(1) 公有权力不归私人所有，不能像商品一样用于交换，公有权力的私有化是完全背离所有权规律的；(2) 权钱交易的最大特点是用牺牲公共利益去换取私人利益，从根本上脱离了等价交换原则；(3) 化公为私、不劳而获、非法致富，与社会主义的道德规范格格不入、水火不容，其结果必定是祸国殃民。因此，加强思想道德教育、提高精神文明程度、深刻认识权力拜物教的实质及其危害，对增强反腐倡廉的自觉性极为重要。

第二，改革政治体制，加强党对政府部门的集中统一领导。党组织的根本任务是制定正确的思想政治路线，制定不同时期的大政方针，选拔和监督领导干部，以保证党的路线、方针和政策得到贯彻和落实。而政府的职能是根据党的路线、方针和政策，以及人大通过的各项任务，进行贯彻落实，特别是要抓好宏观调控，以保证各地区、各部门能相互配合、协调发展。如果不能加强党对政府的集中统一领导,就会削弱党对政府部门的监督和管理,各种腐败势力就会乘虚而入,侵蚀各级政府部门,导致公有权力的私有化和贪污腐败的普遍化。因此,加强党的集中统一领导,是防止和克服政府部门公有权力私有化的根本保证。

第三,改革经济体制,做到政企分开。政府的职能是加强宏观经济调控,不应直接干预企业的生产经营活动;只有企业才是市场的主体,拥有独立或相对独立的经营自主权。过去,由于政企不分,政府过多干预企业的生产经营活动,不仅使企业缺乏自主权,难以按照市场的需求搞好生产经营活动,而且政府部门直接对企业发号施令,从企业获得利益,助长了政府领导中的不正之风和腐败现象,也是许多国有企业亏损的原因之一。企业也要健全党的组织和加强党的领导,建立和完善企业监督管理的体制和机制,深化对职工的政治思想和道德品质教育,防止企业内部腐败现象的滋生和蔓延。

第四,改革干部体制,提高干部素质。在反腐倡廉过程中,干部的自身素质极为重要。各级领导代表国家和集体掌握着政权和财权,因而成为各种腐败势力进攻的主要目标。民间有句老话:"上梁不正下梁歪,中梁不正倒下来。"搞好一家企业,单靠一个好厂长不行,但是搞坏一家企业,有一个坏厂长就够了。因此政府和企业的领导干部,对反腐倡廉具有决定性作用。改革干部体制可采取以下三种措施。(1)改革干部选拔制度。特别是基层领导,不能单纯由上级部门指派,而要引进竞争机制,实行民主选举,使干部能扎根群众,真正提高防腐抗变能力。(2)健全干部的教育培训制度。在提高干部业务知识水平的同时,更要提高他们的思想道德水平。干部不是保险箱,思想教育不能一劳永逸,只有警钟长鸣才能保持廉洁自律。(3)落实干部政策,完善监督机制。干部也有切身利益,需要制定相关的政策措施,以保证其贯彻落实。干部职务越高,责任越大,相应的工作和生活条件更好一些是应该的;对于经济效益好的企业,给予有重大贡献的厂长、经理较丰厚的报酬也是合理的。这一切都有利于干部队伍的稳定和发展。但是,对于那些贪图享乐、贪赃枉法、以权谋私,并对国家或集体财产造成重大损失的干部,必须严肃查处。这里的监督包括上级领导、同级党组织和纪检监察部门,以及广大群众。依靠民主监督是保持干部廉洁的有效途径和可靠方法。

第五,加强法制建设,从严惩治腐败。市场经济是法治经济,市场经济的完善与法制的健全是同步实现的。过去腐败现象较为严重,与法制不健全有直接关系。加强法制建设要从两方面入手：一是要健全立法。立法不全，留下许多空隙，使腐败分子有机可乘。所谓"上有政策，下有对策""打擦边球"等，都与立法上的缺陷有关。二是要严格执法。有法不依，执法不严，比没有法律的危害更大。只有严格执法，才能形成威慑，起到杀一儆百的作用。新中国成立初期，枪毙大贪污犯刘青山、张子善的经验值得借鉴。只有真正做到王子犯法与庶民同罪，才能使法制在惩治腐败中的积极作用充分发挥出来。

总之，我们要在加强社会主义精神文明建设、不断提高思想觉悟和反腐倡廉自觉性的同时，按照市场经济的本质要求，加快政治体制和经济体制的改革，从体制和法制的高度，加强廉政建设，严肃惩治腐败，使市场经济与反腐倡廉同步协调发展，以取得现代化经济建设与巩固社会主义制度的双重胜利。

五、精神文明建设的机制、体制和法制

在社会主义现代化建设中，要使精神文明不断上新台阶，不仅要提高觉悟，更要健全制度。因此，制度建设是精神文明深化的表现，也是两个文明协调发展的重要保障。要使精神文明形成制度，必须深入研究精神文明的机制、体制和法制，正确认识它们的内在联系和相互作用，使制度建立在科学的基础之上。同物质文明一样，精神文明也有客观规律。机制正是客观规律的表现，要充分运用机制的力量，必须建立相应的体制；要使机制的客观性和体制的合理性有机结合，持久地发挥功效，必须依靠法制的规范性和强制性。只有三位一体成为制度和形成合力，才能使精神文明取得卓有成效的进步。

（一）精神文明的机制

精神文明的机制，不仅涉及精神文明内在要素之间的联系，而且涉及它与物质文明等外在条件之间的关系。因此，在加强精神文明时，要充分运用多种机制，形成合力才能取得成效。

第一，运行机制。要使精神文明成为制度，必须把精神文明纳入社会的发展规划，制定相应的政策和措施，使之变成可操作的实际运行。精神文明的运行机

制表现为三点。(1)运行动力。在提高人们物质生活的同时,不断改善人们的文化生活,这是全体人民的共同愿望,也是精神文明的根本动力。提高人的思想文化素质,为物质文明创造良好的社会环境,则是精神文明的直接动力。(2)运行压力。精神文明不仅要有动力,而且会有压力。例如在建立市场经济时,由于管理体制不健全,大量假冒伪劣商品上市,经济犯罪活动增多,社会风气受到污染,引起人们的极大不满,因而成为巨大的社会压力,鞭策人们去重视和加强精神文明。(3)运行合力。在精神文明的系统中,各种要素之间是紧密联系、相互推动的。例如,科学文化与思想道德可以互相渗透、互相促进,成为有机整体。

第二,激励机制。精神文明实际是做人的工作,更要运用激励手段,鼓励和吸引人们积极参与。一方面要提倡精神激励,如树立楷模、弘扬正气、倡导正确的人生观和价值观等,使人们学有榜样、干有方向;另一方面也不能忽视物质激励,如重奖有突出贡献的科技、文化、教育和理论工作者,使他们的创造性劳动得到合理补偿,使他们的杰出成果得到社会肯定。因此,要同时运用精神和物质两种激励方式,以改变物质文明物质奖励、精神文明精神奖励的片面做法。

第三,约束机制。对精神文明缺乏自觉性的人来讲,约束机制更为重要,包括三个方面。(1)法律法规约束。要依靠法律手段推动精神文明,对于公共道德方面的教育,可以与执行公共生活的法规结合起来。(2)行政纪律约束。各级政府要通过行政手段促进精神文明,以加强领导监督和群众监督。(3)道德舆论约束。通过宣传媒介造成社会舆论,影响和规范人们的思想和行为。运用约束机制实质是要发挥人大、政协、社会团体和广大群众在精神文明中的监督作用。

第四,保障机制。人们常常把物质文明看成硬指标,能够大量增加投入,而把精神文明看成软任务,投入可多可少。因此,加强精神文明更要健全保障机制,包括三个方面。(1)政府要把精神文明所需的部分经费开支纳入财政计划给予支持。(2)政府要制定一些优惠政策,支持文化事业单位通过贷款等途径扩大资金来源。(3)实行开放式筹措资金办法,发动社会团体和个人自愿出资建立精神文明基金,以解决经费短缺问题。

(二)精神文明的体制

要充分发挥各种机制的作用,必须建立与之相适应的组织体系和管理制度。

精神文明的体制可以分为领导管理体制与群众参与体制两大方面。其中包括微观的单位体制、中观的行业体制和社区体制、宏观的政府调控体制等。只有建立全面、系统、合理的组织管理体制，才能使精神文明的多种运行机制形成合力，有效推动精神文明的深化。

第一，精神文明的领导管理体制。加强精神文明的关键，是要有健全、完善的领导管理体制。各级政府都要建立由党委牵头，有关部门和群众团体参与的精神文明的领导机构。这个机构要有权威性，做到协调指导工作有权，开展活动、奖励先进有钱。要选配热爱精神文明工作，既有理论水平又有组织能力，甘于奉献的干部进入这个机构，形成一支精神文明的工作队伍。对消极、敷衍精神文明的行为要进行严厉批评。在考核领导政绩和选拔干部时，要把是否抓好精神文明作为重要内容，使健全领导管理体制成为精神文明的可靠保证。

第二，精神文明的群众参与体制。群众参与是通过单位、行业和社区等有组织的活动来实现的，因而群众参与体制具体表现为三点。（1）单位体制。在基层单位要有专门的组织机构负责抓精神文明。基层的党、政、工、团要紧密配合，把职工的政治思想教育与科技文化教育结合起来，把职业道德教育与提高业务水平结合起来，把做好本职工作与提高人的精神风貌结合起来。建立一整套加强精神文明的管理办法和考核制度，从根本上提高他们的思想觉悟和主人翁积极性，使精神文明真正落实到基层，成为各单位完成本职工作的可靠保证。（2）行业体制。各行各业都是精神文明的窗口，行风建设是精神文明发展水平的标尺，因而至关重要。要抓好行业的精神文明也要建立相应的组织管理体制。虽然各行各业的工作对象不同、业务范围不同，但是为人民服务的宗旨和加强精神文明的要求是共同的。各行各业都要以良好的行业风气为出发点，健全精神文明的行业体制。（3）社区体制。以社区建设为载体，把精神文明同强化社区管理、完善社区服务、发展社区文化和加强基层政权结合起来，使精神文明真正落到实处，取得实效。

第三，精神文明的调控体制。对精神文明建设进行宏观调控，实质是政府运用政治、行政、法律和经济的手段对其实施有效管理，形成一套健康、有序、科学的管理体制。政府宏观调控的内容包括：加强对各种相关组织，如科研机构、新闻单位、文化娱乐场所的管理，通过它们传导社会主义思想、道德和文化；加强对精神产品生产、流通的管理，形成主旋律突出、主渠道畅通的生产、流通体系；加强对精神文明队伍的管理，建设一支政治强、业务精、作风正的生力军等。

(三) 精神文明的法制

近几年来，我们在思想教育和舆论宣传上加强了精神文明的工作。但是，在现实生活中，有损于社会公德的现象仍屡见不鲜，一些与精神文明背道而驰的人还是屡教不改，说明精神文明不仅要有道德支撑，而且要有法制保障。

法制在广义上属于精神文明范畴，但从狭义上讲，两者又有不同内容。法制要以精神文明为渊源，是精神文明中的重要内容；而法制又为保障精神文明提供社会环境和法律准则，因此两者紧密联系、相互促进。当前，我们要特别重视运用法制手段来推动精神文明。

第一，发挥法制的教育作用，深入持久地开展法制宣传。增强全社会的法律意识，是精神文明的重要内容。其目的是使人们懂得公民的基本权利和义务，懂得与公民工作、生活密切相关的法律知识，提高公民依法维护自身权益的能力和同违法犯罪行为做斗争的自觉性。只有通过多种渠道，运用多种形式，在全体公民中开展法制宣传教育，才能使广大群众学法、知法、守法，积极投身于精神文明活动，并取得显著成效。

第二，发挥法制的规范作用，以法律形式确认精神文明的基本要求。法律对人的行为有导向作用，因此我们可以将精神文明的基本原则，用法律的形式固定下来。例如，把我们一贯倡导的，实践证明行之有效的，关于社会公德、职业道德、公共纪律、家庭伦理，以及纠正不良行为和恶习的要求，诸如"七不"规范等上升为地方性法规，使之具有法律约束力，借以规范人们的社会行为。

第三，发挥法制的制裁作用，严格执法，形成威慑。加强廉政建设，反对腐败的有效手段之一，就是厉行法制。对于那些利用职权、营私舞弊、非法侵吞国家和人民财产的人，必须绳之以法。此外，还要利用法律的作用，纠正人们的不良行为，使社会主义道德、风尚和义务得以贯彻，并逐步成为人们的自觉行动。可以相信，加强法制建设，严惩违法行为，定能起到扶正祛邪、净化社会的积极作用，从而保障精神文明健康发展。

(四)"三位一体"的抓手

要使精神文明形成制度,必须使机制、体制和法制"三位一体",有机结合形成合力。其中,机制是核心,体制是机制的外化,法制是机制和体制的强化。只有抓好机制,才能健全体制和完善法制,才能使三者真正统一起来。因此,使机制、体制和法制"三位一体"形成合力的过程,实质是使精神文明成为制度的过程,这里要做到五个结合。

第一,党的建设与精神文明的制度相结合。党的建设是精神文明不可分割的组成部分和重要内容,是精神文明制度建设的根本保证。因此,我们在抓精神文明的制度时,首先要把党内的一系列制度建设好。只有这样,才能使精神文明的制度有扎实的基础和良好的榜样,以党的建设来促进精神文明的制度建设。

第二,依靠群众与运用机制相结合。加强社会主义精神文明,实质是要全面提高人的思想文化素质,是一场深刻的思想革命,因而必须广泛依靠群众。但是依靠群众不等于放任自流,必须充分发挥各种机制的有效作用。从根本上讲,依靠群众与运用机制不是对立的。不论是运行机制、激励机制、保障机制还是约束机制,在发挥作用时都离不开人民群众的力量。实践表明,单纯依靠群众或单纯运用机制,都不能取得好的效果,只有使两者紧密结合,才能形成巨大的能动力量,推动精神文明上新台阶。

第三,领导重视与完善体制相结合。我们在实践中深深感到,领导重视和表率作用是加强精神文明的首要前提,没有这一条,其他便无从谈起。但是领导重视不能代替精神文明的体制。要根本解决精神文明时紧时松,"说起来重要,做起来次要,忙起来不要"的问题,必须从改革入手,强化管理,健全体制。这样,精神文明就不会因领导的更换而改变,也不会因干部的思想变化而波动。

第四,加强教育与健全法制相结合。在精神文明中,要始终坚持教育与法制"两手抓"。其中,人的思想教育是根本,要通过各种形式对全体人民进行生动活泼的理想、道德和情操教育,从根本上提高人的思想觉悟和意志品质。但是,仅仅依靠思想教育是不行的,对于缺乏自觉性的人来说,加强法律约束是必须的。法制具有强制规范行为的作用,是打击各种危害社会活动的有力武器。当然,二者又是相辅相成的,教育是健全法制的前提,法制是深化教育的保证,只有双管齐下,才能加快精神文明建设的步伐。

第五,硬件与软件、治标与治本相结合。硬件是物质基础,没有一定的硬件基础,精神文明工作难以展开。因此,我们要重视精神文明的硬件建设,不断增加资金投入。但是硬件建设仍然是治标,只有加强配套的软件建设,全面提高人的素质才是治本。从深层次上讲,机制、体制和法制,都属于精神文明的软件,因而更为重要。只有使硬件与软件、治标与治本紧密结合、相互促进,才能使精神文明不断深化,取得显著成效。

第6章

生产资料所有制的两重性和相容性

前五章是从生产力、生产关系、生产方式即市场经济的总体上,论述了中国特色社会主义经济的两重性和相容性,从第6章开始将从所有制、分配关系、调节机制、劳动价值、企业改制、劳动就业、土地制度等具体方面,深入阐述中国特色社会主义经济的两重性和相容性。生产资料所有制是生产关系的基础,它决定生产关系的性质和发展方向,因而至关重要。党的十八大和十九大反复强调了两个"毫不动摇"的思想,即"要毫不动摇巩固和发展公有制经济,毫不动摇鼓励、支持、引导非公有制经济发展"①。这就要求我们在正确认识公有制主体地位和国有经济主导作用的基础上,深刻揭示公有经济与非公经济的两重性和相容性,以巩固和完善我国所有制方面的基本经济制度。

一、社会主义初级阶段的所有制理论

在社会主义初级阶段,确立以公有制为主体,多种经济共同发展的所有制基本制度,不仅是对马克思主义经济理论的创新,而且是新中国成立后正反两方面历史经验的总结,更是深化经济体制改革和加快经济发展的需要。因此,深刻理解我国基本经济制度对所有制结构和性质特点的规定,对于巩固社会主义制度和加快现代化建设具有重大而深远的意义。

(一) 对所有制的基本规定是马克思主义的理论创新

所谓对所有制的基本规定,就是关于生产资料所有制的性质、地位和作用的规定,是生产关系制度化的体现。在社会主义初级阶段,我国基本经济制度规定要建立以公有制为主体,多种经济共同发展的所有制结构和体系。现实表明,这

---

① 习近平:《决胜全面建成小康社会 夺取新时代中国特色社会主义伟大胜利——在中国共产党第十九次全国代表大会上的报告》,人民出版社2017年版,第21页。

些有关所有制的基本规定是对马克思主义经济理论的坚持、发展和创新。

首先,我国基本经济制度对所有制的规定是对马克思关于生产力决定生产关系理论的坚持。一方面,作为社会主义国家,要建立和发展全民和集体等公有制经济,体现无产阶级所代表的先进生产力;另一方面,由于我国是从半殖民地半封建社会进入社会主义社会的,不仅存在以社会化大资本为代表并以机械化和半机械化为主的社会生产力,而且存在以小手工业、小农业和小商业为代表的、以手工劳动为主的个体生产力。因此,根据生产关系一定要适合生产力发展的基本经济规律,在社会主义初级阶段必须建立和完善与这种较落后、多层次、不平衡的生产力相适应的生产关系,建立和健全以公有制为主体、多种经济共同发展的所有制结构和制度。

其次,我国基本经济制度对所有制的规定是对马克思关于公有制理论的发展。因为马克思是从资本主义基本矛盾出发,揭示用公有制代替私有制的必然规律及其一般原理的,但是他没有亲眼看到和亲身经历这样的变革过程,所以马克思设想的未来社会只能是理想的、单一的公有制。而我国所有制的基本制度是在进入社会主义初级阶段以后建立的,由于现实生产力的差别性以及社会阶层的复杂性,要求我们不仅要考虑公有制的多样性,而且要考虑公有经济与非公经济的并存性。因此,强调公有制的主体性和多样性以及与非公经济的并存性和互补性,是对马克思公有制理论的深化、细化和具体化,是从理想公有制转变为现实公有制的产物和表现,也是对马克思关于公有制理论的丰富和发展。

最后,我国基本经济制度对所有制的规定更是对马克思所有制理论的创新。在我国所有制的基本制度中,既要强调公有制的主体性,又要强调多种所有制的并存性,并且要把二者有机结合起来,充分体现了马克思关于所有制理论的创新。马克思只有资本主义社会的生活经历,没有社会主义社会的实践经验,更加无法预见在落后国家率先建立社会主义必须经历的初级阶段,因而不可能提出公有经济与非公经济相互促进、有机结合的思想和理论。因此,我国所有制的基本制度提出以公有制为主体、多种经济共同发展的要求,不仅是对马克思关于社会主义是公有制的经济理论的坚持,而且是对多种经济并存和相互促进的所有制理论的重大创新。

(二) 对所有制的基本规定是历史经验的科学总结

我国基本经济制度对所有制的规定,不仅是发展和创新马克思所有制理论的产物,更是总结正反两方面历史经验的结晶。从新中国成立以来到改革开放之前,我国经历了几个不同的发展时期,为最终确立所有制的基本制度提供了宝贵经验。

新中国成立初期(1949—1952年),在新民主主义经济纲领指引下,我国形成了以国营经济为主导,个体、私营经济为主体,多种经济并存的所有制结构,使国民经济很快得到恢复和发展。"1952年的工农业总产值超过1936年(国民党统治时期的最高水平)的20%。同1949年相比,1952年全国职工工资平均提高70%,农民收入增长30%以上。"①社会主义改造时期(1953—1957年),形成了以国有经济为主导,公有经济为主体,个体、私营、合资等多种经济并存的所有制结构,也使国民经济得到了迅速发展和壮大,"年均GDP增长率达到11.3%"②。"1949年全国农业生产总值是三百二十六亿元,1956年上升到五百八十三亿元,比1949年增长了79%。随着农业总产值的增长,农民的购买力也大大提高了。1950年全国农民的购买力是八十一亿元,1956年上升到一百九十一亿元,比1950年增长了136%。1952年全国职工年平均工资是每人四百四十六元,1956年提高到六百一十元。在四年中间,提高了将近37%。"③比较新中国成立初期和社会主义改造这两个时期,我们发现虽然它们的经济主体有所不同,前者以私营、个体为主体,后者以国营、集体为主体,但是它们的共同特点是多种所有制并存,这种所有制结构是与生产力发展相适应的,因此有力地促进了国民经济的恢复和壮大,体现了多种经济共同发展的互补性和优越性。

但是,到了"大跃进"和"文化大革命"时期(1958—1976年),由于极左路线占据主导地位,把马克思设想的在社会主义高级阶段才能建立的单一公有制拿到社会主义初级阶段来推行,在脱离现实生产力水平和人们思想觉悟的基础上,盲目提高生产资料公有化程度,并且实行高度集中的计划管理体制和平均主义的分配制度,从而极大地限制了经济主体追求自身利益的积极性和主动性,导致生产效率低下、发展速度缓慢、资源浪费严重等问题,甚至出现三年自然灾害和"文化大革命"时期那样严重的经济衰退。"1958年提出跑步进入共产主义,基

---

① 《中国近现代史纲要》,高等教育出版社2008年版,第179页。
② 《中国经济60年:道路、模式与发展》第26卷,上海人民出版社2009年版,第18页。
③ 《1957年国务院政府工作报告》,中央政府门户网站,2006年2月23日。

建投资比上年增长 87.9%，积累率从 24.9% 急剧上升到 33.9%，1959 年又高达 43.8%。结果 1958—1960 年赤字累积近 200 亿元，农业生产从 1959 年起连续 3 年大幅度下降，平均每年下降 9.7%，轻工业生产也连续 3 年下降，陷入严重的经济困难。"①

新中国成立后正反两方面的经验告诉我们：在社会主义初级阶段，由于生产力状况不发达，决定了以公有制为主体和国有经济为主导，发展多种所有制经济的必要性和重要性，而脱离现实物质基础和人们觉悟程度，人为地强制推行单一公有制和高度集中的计划管理具有极大的盲目性和危害性。可见，公有制为主体、多种经济共同发展的所有制基本制度，是总结历史经验和教训的必然产物，是党和人民经过艰辛探索得出的科学结论。

(三) 对所有制的基本规定是深化改革的现实需要

我国基本经济制度对所有制的规定，是在改革开放中逐步建立和完善起来的。1997 年党的十五大第一次明确提出："公有制为主体、多种所有制经济共同发展，是我国社会主义初级阶段的一项基本经济制度。"②在这一基本经济制度的保障和相关理论的指引下，我国改革开放和经济发展取得了显著成效。

到了 21 世纪，我国进入全面建设小康社会的关键时期，它既是战略机遇期，又是矛盾凸显期。在公有经济与非公经济并存的情况下，如果不能正确处理好二者的关系，或重回单一公有制老路，或误入私有化歧途，都可能威胁我国的经济安全，甚至出现像苏联、东欧那样的社会动荡和经济衰退。因此，现实要求我们坚持和完善初级阶段的基本经济制度，准确地为公有经济与非公经济定位，为国民经济持续、稳定和快速发展提供制度保障。

党的十六大提出"两个毫不动摇"的思想，即"毫不动摇地巩固和发展公有制经济，毫不动摇地鼓励、支持和引导非公有制经济的发展"③。党的十七大提出：

---

① 黄泰岩：《我国实现"赶超"的战略选择》，《中国人民大学学报》1989 年第 5 期。
② 《江泽民文选》第二卷，人民出版社 2006 年版，第 19 页。
③ 《十六大以来重要文献选编》(上)，中央文献出版社 2005 年版，第 19 页。

"坚持平等保护物权,形成各种所有制经济平等竞争、相互促进的新格局。"①党的十七届四中全会进一步提出,要自觉划清"基本经济制度同私有化和单一公有制的界限"②。党的十八大和十九大再次强调和细化了"两个毫不动摇"的思想,这就使所有制的基本制度不断丰富和完善。"党的十八大以来的五年中,我国经济保持中高速增长,在世界主要国家中名列前茅,国内生产总值从 54 万亿元增长到 80 万亿元,年均增长 7.1%,占世界经济比重从 11.4% 提高到 15% 左右,稳居世界第二,对世界经济增长贡献率超过 30%。全社会研发投入年均增长 11%,规模跃居世界第二位。科技进步贡献率由 52.2% 提高到 57.5%。居民收入年均增长 7.4%,超过经济增速,形成世界上人口最多的中等收入群体。"③实践表明,公有制为主体、多种经济共同发展的所有制基本制度不仅是对马克思主义所有制理论的坚持、发展和创新,而且是符合现实生产力发展要求和广大人民觉悟程度的,因此是正确的。

然而,坚持和完善所有制的基本制度又不是一帆风顺的。近年来,随着市场经济规模扩大和对外开放程度提高,特别是由于某些传统思想回潮以及西方新自由主义影响,使人们对所有制基本制度的认识产生两种错误。一是"左"的倾向,那些还没有从单一公有制思想束缚下解放出来的人认为,目前非公经济在国民经济中的比重已接近或超过 50%,国有经济已降到不足 30%④,公有制的主体地位可能动摇,因此主张打击和限制非公经济发展;二是右的倾向,一些持有西方新自由主义观点的人认为,公有经济产权不清、效率低下、浪费严重,与市场经济不能兼容,因而主张恢复和推进私有化。这两种错误倾向从不同角度对我国所有制的基本制度提出质疑。因此,坚持所有制的基本制度必须反对"左"和右两种错误,划清所有制的基本制度与单一公有制和私有化这两个根本界限,才能使所有制的基本制度不断巩固、发展和完善。

---

① 《高举中国特色社会主义伟大旗帜 为夺取全面建设小康社会新胜利而奋斗》,人民出版社 2012 年版,第 25 页。
② 《学习贯彻党的十七届四中全会精神》,人民出版社 2009 年版,第 11 页。
③ 李克强:《政府工作报告——2018 年 3 月 5 日在第十三届全国人民代表大会第一次会议上》,人民出版社 2018 年版,第 2~3 页。
④ 张宇:《完善中国特色社会主义经济理论体系需要深入研究的若干问题》,《经济学动态》2008 年第 7 期,第 25 页。

二、坚持公有制为主体与反对单一公有制

在社会主义初级阶段,要坚持所有制的基本制度,首先要正确认识公有制的主体地位和国有经济的主导作用。一方面要反对实行单一公有制的"左"倾路线,防止重走封闭僵化的老路;另一方面又要反对实行私有化的右倾路线,防止走上改旗易帜的邪路。因此,坚持公有制的主体地位是不能动摇的。

(一) 公有制的实质与多种实现形式

所谓公有制,就是全体或部分劳动者共同占有生产资料的所有制形式。建立生产资料公有制的实质是要消灭资本主义的剥削制度,使劳动者成为生产资料的主人,形成劳动平等的生产关系。(1) 用社会主义公有制代替资本主义私有制,是生产关系一定要适合生产力性质规律作用的必然结果,它标志着资本主义剥削制度的瓦解,以及社会主义崭新制度的诞生。各国由于经济和社会状况不同,存在许多历史和地域上的差别,因而在公有制代替私有制过程中必然会形成纷繁复杂的形式和发展阶段上的差异,因此各国的变革不能强求统一和机械照搬。(2) 所有制是生产关系的基础,它决定人们之间的相互关系和分配关系,也就决定了生产关系的性质和发展方向。因此,社会主义公有制的建立意味着人与人的剥削关系被平等互利关系所代替、按资分配为主被按劳分配为主所代替,使生产关系性质发生了根本变化,使公有制所代表的生产关系成为人民整体利益和长远利益的集中体现。(3) 公有制决定社会主义生产目的,是满足全体人民日益增长的物质和文化需要。在社会主义市场经济条件下,虽然所有经济主体的直接目的仍然是增加产值和获取利润,但其最终目的或者说最终结果必然是满足社会需要。可见,公有制是社会主义主要经济规律产生和实现的前提条件,它制约着其他经济规律发挥作用的程度和范围。因而只有在公有制条件下,才能限制收入上两极分化和促进人民共同富裕。(4) 公有制是人民民主专政最重要的经济基础。只有坚持公有制,才能增强综合国力和完善上层建筑;在充分发挥市场作用的同时,充分发挥政府的宏观调控作用;在积极提高物质文明

的同时,努力提高精神文明程度,以推动经济和社会全面发展。可见,加强和完善公有制至关重要,它决定着经济发展的正确方向和劳动者的主人地位,是巩固社会主义制度和人民民主专政的根本保证。有些人把资本主义的国有企业也看成"公有制"是不正确的。虽然这些企业不归资本家私人所有,但是他们的政权掌握在垄断资产阶级手中,他们的国有企业是为整个资产阶级的根本利益和长远利益服务的,因此是社会化的"私有制",与社会主义的国有企业有本质区别。

如何保持公有制性质和提高公有经济地位?必须从以下三个方面努力。(1)要保持公有资产的主体地位。主体不是全体,不能搞脱离生产力水平的纯而又纯的公有经济,而要与非公经济共同发展。通过平等竞争,公有经济不仅要在固定资产的投资数量上,而且要在产品质量和产出效益上取得优势,显示出公有经济的优越性。(2)要保持国有经济的主导地位。主导不等于主体,更不能包办一切,国有经济的主导作用主要表现在对国民经济的控制力、调节力和影响力上。因此,从总体上讲,国有企业在数量上要减少,特别是那些规模小、效益差、无发展前途的企业,要通过关、停、并、转等形式进行剥离,真正提高国有企业的素质、规模和效益,使之更好地发挥主导作用。(3)要加快包含公有成分的混合经济的发展。混合经济是公有经济与非公经济在企业内部融合的途径和方式,它有利于多种经济相互促进、取长补短、共同发展,也是通过股份制和股份合作制等方式,扩大公有经济对非公经济控制、引导和影响的重要途径。

要巩固和加强公有制的主体地位,必须加快公有经济发展,不断丰富和完善公有经济的实现形式。过去人们认为,公有制只有全民和集体两种,其实是不正确的。在社会主义初级阶段,由于生产力发展水平的多层次和不平衡,要求公有制的实现形式多样化,以适应生产力的发展需要。公有制的实现形式,不仅要有全民或集体等单一性质的公有制形式,而且要有全民与集体、集体与集体,以及全民、集体与非公经济混合的实现形式。实现这种混合的基本形式是股份制和股份合作制。首先,股份制能否成为公有经济的实现形式是一个有争议的问题。过去,人们总是把股份制看成资本主义私有经济的实现形式,其实股份制是社会化大生产和市场经济的产物,本身不具有基本经济制度的属性,因而它既能与私有制结合,成为资本主义企业的经营管理制度;又能与公有制结合,成为社会主义企业的经营管理制度。股份制是一种比较完善的企业经营管理制度,具有所有权与经营权相分离、法人治理结构严密、经营管理机制合理、资产运作经济高效等特点,对克服原有公有制企业,特别是国有大中型企业在经营体制上的弊端,有很强的针对性和实用性。其次,股份合作制是股份制与合作制相结合的产物,它既融合了这两种经营管理制度的优点,又弥补了它们的缺陷,因而是一种新型集体经济的实现形式。股份合作制既解决了股份制下所有者和劳动者不统一、劳动者与生产资料相分离的问题,又解决了传统集体所有制下劳动者的产权和主人地位不落实的问题,从制度上保障了劳动者合法权益和主人地位。因此,发展股份制和股份合作制,成为公有企业经营管理制度改革和完善的主要途径。

(二) 划清公有制为主体与单一公有制的界限

划清所有制的基本制度与单一公有制的界限,实质是要划清公有制为主体与单一公有制的界限。而划清这一界限的关键是在发展公有经济的同时,能否为非公经济营造良好的环境和创造有利的条件,使公有经济与非公经济能够平等竞争、相互促进和协调发展。

改革开放 40 年来,党和国家出台了一系列的政策、措施和法规,为非公经济发展营造了良好的政治、法律和舆论环境,使非公经济取得迅速发展。但是,由于在传统的单一公有制下形成的"轻私""疑私""怕私""防私"等思想观念影响,以及由此而致的体制障碍,使非公经济面临不少困难,主要表现在四个方面。

1. 所谓的"玻璃门"和"弹簧门"现象

2005 年国务院颁布了《关于鼓励、支持和引导个体、私营等非公有制经济发展的若干意见》(以下简称《意见》),允许非公企业进入电力、电信、铁路、民航、石油等垄断行业和领域。由于受传统观念和旧体制影响,非公经济仍然遇到"看得见、进不去"的"玻璃门",或者"一进去就被弹回来"的"弹簧门"。如非公经济参与国防工业建设,有人担心他们靠不住,会给国家安全造成隐患,致使非公经济很难进入,即使进入也难以长期生存。

2. 融资困难的问题

《意见》提出,要加大对非公经济的财税金融支持。但银行仍对非公经济存在融资歧视,严重制约了它们的发展。"如四大国有银行在贷款发放、审批程序、不良贷款处理、信贷人员责任等方面,对民营企业的要求极为苛刻,远远超过国有企业。"①

3. 税负不公的问题

虽然费已改税,但在实施上仍存在"所有制歧视"。如传统军工企业可免去增值税,而非公企业不能享受同等待遇,使它们在竞争中处于不利地位。

4. "国进民退"的问题

为使部分国企退出竞争性行业,同时加快非公经济发展,我们曾提出"国退民进"的口号,并取得很好效果。但是在应对美国金融危机以后,却出现了"国进民退"的相反现象,如中粮入主蒙牛、中化收编民营化肥厂、五矿和中钢兼并民营钢厂、航空业中民营企业全军覆没、高速公路行业民营资本被集体清退,以及央企进军房地产市场等,对非公经济发展造成不利影响。

出现此类现象的原因是多方面的。首先,由于国家政策导向和国有银行偏爱,使得国企能够凭借政策和资金优势,进军一般性竞争行业和股市、楼市等,挤占了非公经济的发展空间;其次,这一系列兼并、重组又加固了国企的垄断地位,使得非公经济更加难以进入;最后,由这一现象所带来的不良舆论环境,使得非公经济不愿或不敢参与打破垄断的投资和竞争。

可见,在某些领域单一公有制的传统观念仍在延续。一方面,使得非公经济不敢放开手脚大力发展;另一方面,又有意无意地限制了非公经济的健康成长。这就要求我们划清公有制为主体与单一公有制的界限,时刻警惕"左"的错误倾向回潮和蔓延,不断完善维护非公经济的政策、措施和法规,并制定相应的配套措施和管理方法,为非公经济成长和壮大创造有利环境和条件。

三、坚持多种经济共同发展与反对私有化

在社会主义初级阶段,要坚持所有制的基本制度,一方面要坚持公有制的主体地位和发挥国有经济的主导作用,另一方面还要坚持多种所有制经济的共同发展。也就是说,坚持公有制为主体并不能否定或代替多种所有制经济的共同发展,同时多种所有制经济共同发展也不等于搞私有化。

---

① 《民企贷款受歧视》,中国经济网,2009年3月9日。

（一）非公经济的性质与现实作用

在社会主义初级阶段，由于生产力水平低、多层次和不平衡等特点，要求公有经济与非公经济相互补充、共同发展。这里的非公经济包括个体、私营、外资等。在对非公经济性质和作用的认识上，有一个转变观念和逐步提高的过程。改革开放前，由于"左"倾路线影响，几乎把所有非公经济都看成资本主义经济，或是滋生资本主义的土壤，纳入消灭之列，结果严重阻碍了生产力发展。其实，即使在资本主义条件下，劳动者的个体经济与有剥削的私营经济之间，民族资本主义经济与垄断资本主义经济之间，都有着质的区别，不能"一视同仁"。在社会主义条件下，它们原有的性质已发生根本变化，即由资本主义经济或从属于资本主义经济的性质，转变为社会主义市场经济的重要组成部分，取得了从属于社会主义经济的性质。因此，看不到这一根本性质的变化，就会犯"左"倾错误，否认非公经济存在和发展的必要性。经过改革开放的实践，才使我们逐步认识到公有经济与非公经济共同发展的重要性，因而党的十五大把多种经济共同发展作为基本经济制度确定下来。

为什么在社会主义条件下，仍然要大力发展非公经济？原因是多方面的。

（1）这是大力发展市场经济的需要。个体、私营和外资等非公经济都是市场经济的产物，它们与市场经济有着不可分割的历史联系。因此，市场经济存在的必要性决定了非公经济存在和发展的必要性，它们也是社会主义市场经济不可缺少的重要组成部分。

（2）壮大非公经济是加快国民经济发展的需要。首先，非公经济已成为国民经济新的增长点，生产出大量物质产品和精神产品，在满足人民物质和文化需要方面发挥了重要作用。其次，非公经济的发展有效扩大了劳动者的就业领域，大量吸纳公有企业下岗职工和农村剩余劳动力，为缓解就业矛盾和保持社会稳定做出重要贡献。再次，非公经济有效地把大量闲散资金吸收到生产领域，转化为生产经营资本，特别是通过引进外资大大加快了我国经济发展速度，为国家财政提供了大量税收，有力促进了综合国力增强。最后，非公经济发展也有利于我国现有产业结构的调整和优化。非公经济发展首先弥补了我国第三产业严重落后的现状，特别是随着民营科技企业的迅速发展，也促进了产业结构的升级换代。

（3）非公经济对公有经济的发展有借鉴和鞭策作用。非公企业的某些长处，恰恰是许多公有企业的缺陷，因而有利于取长补短。非公经济的共同特点是产权关系明晰、经营机制灵活，不仅对市场反应灵敏，而且利益机制体现得更为充分。其中，不同所有制形式都有其特点。个体经济经营规模小，对市场的适应性强，常常起着拾遗补阙的重要作用。私营经济把私有制与社会化生产经营结合起来，既能获得集体劳动所创造的较高劳动生产力，又能把私人老板那种精打细算、严格监督和时时处处追求利益最大化的特点发挥出来，因而能创造出比公有企业更高的经济效益。"三资"企业把发达国家先进的生产技术和管理经验引入国内，并能利用国际市场取得资金、原材料的来源和产品的销路等，创造出更高的劳动生产力和经济效益。特别是它们之间的平等竞争会形成巨大压力，鞭策公有经济的改革和发展。

当然，非公经济发展也不可避免地会带来一些负面影响，如有些私有企业偷漏税收、生产假冒伪劣商品、任意排放"三废"、破坏生态环境等，其实这些违法乱纪现象在公有企业中也是屡见不鲜的，因此主要是如何加强教育、严格监督和完善法制的问题。在这里，我们决不能采取因噎废食的态度，抓住非公经济在局部上的缺陷和不足，否定它们在全局上的重要地位和积极作用。

(二) 划清多种经济共同发展与私有化的界限

划清所有制的基本制度与私有化的界限，实质是要划清多种经济共同发展与私有化的界限，而划清这一界限的关键在于：能否在多种经济共同发展的同时，坚持公有制的主体地位和发挥国有经济的主导作用。

1. 认识公有制主体地位的必要性和重要性

对公有制的主体地位和国有经济的主导作用，以及它们的必要性和重要性都要有一个唯物辩证和科学全面的认识，需要解决以下三个问题。

第一，以公有制为主体是保持社会主义性质的需要。在这里，我们对公有制为主体要有全面、深刻和辩证的理解。首先，公有制为主体是从全局来讲的，并不排斥在部分落后行业和地区、沿海开放城市和经济特区，实行以非公经济为主体的管理体制。其次，公有制为主体不能简单地理解为在企业数量以及产值、利润上占多数,事实上,非公经济在这些方面已达到或超过了公有经济。"截止到 2017 年底,我国民营企业数量超过 2 700 万家,个体工商户超过 6 500 万户,注册资本超过 165 万亿元……贡献了 50% 以上的税收,60% 以上的国内生产总值,70% 以上的技术创新成果,80% 以上的城镇劳动就业,90% 以上的企业数量。"①公有制为主体的根本标志,是看最重要的生产资料——土地——和固定资产的数量和比重,是否在全国范围内占据优势和处于统治地位。在我国,城市土地归国家所有、农村土地归集体所有,因此土地的全民所有和集体所有是我国公有制为主体的最根本标志。我国固定资产的公有比重也是相当高的,这一方面是由于改革开放之前,长期实行计划经济,几乎全部固定资产的投资都属于全民和集体公有,另一方面是由于国家掌握了税收的主要来源,在过去主要依靠投资拉动经济增长的体制下,国家积累了大量的优质资产,其中包括道路、交通、水利建设等基础设施,成为公有固定资产的重要来源和必要组成部分。因此,只要土地的公有制性质不变,以及公有固定资产的比重占据优势,那么无论在企业数量还是产值、税收、利润上公有比重如何变化,公有制的主体地位都是不会动摇和改变的。最后,上层建筑对经济基础有巨大的反作用。国家不仅拥有能够控制国民经济命脉和规模庞大的优质资产,而且拥有调控宏观经济和再分配国民收入的权力和能力,可以通过相关政策、法律和制度来维护公有制,因而国家政权成为巩固公有经济主体地位的决定性力量。

第二,坚持公有制的主体地位就要充分发挥国有经济的主导作用。随着经济体制改革深化,国有企业逐步从一般竞争性行业退出,因而在数量上显著减少。但是经过改制的国有大、中型企业,由于经营机制转变和经济效益提高,在国民经济中的主导作用不断增强。由于国有经济是公有经济的中流砥柱,因此不断提高它们的经济实力和控制能力,是维护公有制主体地位和发挥国有经济主导作用的根本保障。国有企业在规模、质量和效益上都具有做强、做优、做大的基础和能力。2020 年,我国进入世界 500 强的企业总数是 129 家,其中八成以上是国有企业,充分证明了国有企业的强大实力和巨大潜力。

第三,坚持公有制的主体地位是对非公经济进行正确引导的可靠保证。非公经济作为一种不同于社会主义性质的经济成分,既有积极的一面,如增加就

---

① 习近平:《在民营企业座谈会上的讲话》,《光明日报》,2018 年 11 月 2 日。

业、扩大税收、满足需要和促进生产力发展等,也有消极的一面,如增大剥削、唯利是图、偷税漏税、阻碍生产力发展等,因而需要对它们进行正确引导。所以在多种所有制经济共同发展的同时,保持公有制主体地位和发挥国有经济主导作用至关重要。实践表明,只有坚持公有经济主体地位和发挥国有经济主导作用,才能保证国民经济沿着正确方向和道路不断前进。

2. 坚决反对和有效制止各种私有化倾向

20世纪90年代以后,随着非公经济发展和实力增强,一股代表资产阶级根本利益、主张私有化的思潮甚嚣尘上,公有制的主体地位不断受到冲击。主要表现在:

(1) 市场决定论。有些人认为,主体地位不是谁封的,哪种经济成分行就应占据主体地位,而符合"自私本性"的私营经济效率高,对市场适应性强,理应成为国民经济的主体。

(2) 均分国有资产论。有些人认为,国有经济产权不清、所有者虚置,只有将国有资产分解到个人,产权才能明晰,甚至提出要向苏联学习,将国家的外汇储备均分到个人。①②

(3) 消极保障论。当中央提出对国有经济进行战略调整时,有人公开主张对非公经济应"有需就让",要求公有经济退缩到单纯提供保障的地位,让非公经济发挥主导作用。

(4) 贱卖论。在国企民营化过程中,掀起了一股挑战国有资产的歪风,许多国有企业被贱买贱卖、半卖半送,甚至假卖真送,从而造成国有资产的大量流失。

允许私有经济存在和发展并不等于恢复和重建私有制,现实中出现的各种私有化的右倾错误,要求我们进一步划清多种所有制经济共同发展与私有化的界限,从理论和实践两个方面坚决反对和有效制止形形色色的私有化倾向。现实表明,我们提出公有经济与非公经济共同发展,并不是要用非公经济来取代公有经济的主体地位,更不是要全面恢复私有制。相反,我们的目标是要通过公有经济与非公经济的平等竞争和相互促进,更好地巩固公有制的主体地位和完成

---

① 赵华荃:《坚持公有制为主体的基本经济制度之我见》,《马克思主义研究》,2006年第11期,第31页。

② 《俄罗斯每人分一万卢布的教训与启示》,中国经济评论新闻网,2009年5月14日。

初级阶段的历史使命,为过渡到社会主义的高级阶段,最终消灭私有制及其剥削制度创造物质基础和社会条件。

四、公有经济与非公经济的有机结合

在社会主义初级阶段,公有经济与非公经济不仅具有长期并存的两重性,而且具有相互促进的相容性。如何才能在坚持公有制主体地位和发挥国有经济主导作用的同时,使非公经济得到发展和壮大?如何才能在非公经济发展和壮大的同时,不动摇公有制的主体地位和发挥国有经济的主导作用?这里的关键是要找到公有经济与非公经济有机结合的途径和方法。

(一) 公有经济对非公经济的支持和引导作用

要使公有经济与非公经济协调发展,这里的重要环节是要加快转变经济发展方式。过去的经济发展方式比较落后,主要特点是粗放型、外延型、投资和出口拉动型。这样的发展方式不仅投资大、产值低、效益差,而且容易导致重复建设、产能过剩、结构失衡、资源浪费和环境破坏等不良状况。落后的经济发展方式不仅阻碍了国民经济的健康发展,而且致使许多企业无处投资,只能将大量资金投入房市、股市和债市等,引发经济泡沫和导致金融危机。所以,要使公有经济与非公经济协调发展,最根本的方法是转变经济发展方式,加快各类企业向新能源、新技术、新材料和生态环保等新兴产业发展。只有这样,公有经济与非公经济才不会互相挤占市场,才会在转变经济发展方式的过程中,不断以技术创新和管理创新为动力,找到各自更广阔的投资领域和发展空间。

有人认为,公有经济发展会挤压和限制非公经济发展,这样的观点是片面的。只要路线正确和政策对头,公有经济发展反而会对非公经济产生积极影响。

1. 公有经济对非公经济有支持和促进作用

一方面,公有经济的壮大可以通过政府的财政金融政策,为非公经济发展提供物质基础;另一方面,非公企业在发展中,始终需要公有企业在原材料、机器设备、人才技术、信息咨询、供销渠道等方面的支持。

2. 公有经济对非公经济有指导和引导作用

一方面,公有经济为执行国家的宏观政策,在某些重点行业和关键领域的投资会带动非公经济的发展;另一方面,公有经济为保持国民经济持续、稳定发展,需要大量投资新兴产业,如新能源、新技术、新材料等,这些新的经济增长点也为民营资本拓宽了发展空间。因此,我们要充分利用公有经济的优势,发挥它们对非公经济的支持和引导作用。

(二)非公经济对公有经济的促进和协调作用

充分发挥非公经济对公有经济的促进和协调作用,前提是要调整和优化所有制结构,改变过去公有经济比重过高、非公经济比重过低、难以协调发展的局面。所有制结构不合理的根源之一是产业结构不合理。因为产业结构体现的是生产力发展的要求,而所有制结构体现的是生产关系完善的要求,因此所有制结构的调整也必须符合产业结构调整的需要。过去,产业结构不合理,主要表现是第一、第二产业比重过大,第三产业的比重过小,因而限制了非公经济的发展和壮大;在第一产业中的农业、能源和原材料产业又不能满足第二、第三产业的发展需要;这些瓶颈部门存在,不仅限制了整个国民经济的协调发展,也限制了公有经济和非公经济的有机结合。随着现代化建设发展和知识经济时代到来,对科技、教育、金融、信息、交通、运输等第三产业的需要日益加强,因此产业结构要按照三、二、一的顺序加以调整,这就为非公经济发展打开了空间,为公有经济和非公经济有机结合和协调发展创造了有利条件。只有通过产业结构调整和优化,特别是加快第三产业发展,才能使非公经济的比重显著提高,使非公经济有更大的发展空间和回旋余地,充分发挥它们对公有经济的促进和协调作用。

有人认为,私营和外资等非公经济有剥削性质,其发展会影响公有经济的主体地位,这样的认识也有失偏颇。虽然私营、外资等非公经济具有剥削性质,以及强烈的自发性和功利性,需要加以引导和管理,但在社会主义初级阶段,只要路线和方针正确,非公经济不仅不会动摇公有经济的主体地位,反而有利于公有经济的发展和壮大。

1. 非公经济有促进作用

非公经济进入的领域,使市场竞争加剧,这就增强了公有企业的紧迫感,迫使它们改革管理体制、转换经营机制和加快科技创新等,对公有经济的长远发展是有利的。

2. 非公经济有协调作用

一方面,非公经济可以协助和配合公有经济改革。如非公经济参与国有资产重组,为公有企业的联合、兼并、嫁接、租赁和拍卖等提供有利条件和有效途径;另一方面,非公经济把相关的配套和辅助工作做好,使公有经济能集中力量进行开发和创新,提高它们在高端技术方面的核心竞争力。因此,我们不应人为地限制非公经济发展,而要通过对非公经济的正确引导和管理,充分发挥它们对公有经济的促进和协调作用。

(三) 公有经济与非公经济的相互促进

党的十六大报告指出:"各种所有制经济完全可以在市场竞争中发挥各自优势,相互促进,共同发展。"[①]公有经济壮大可为非公经济提供物质基础,而非公经济壮大可促使公有经济改革深化。因此,要充分发挥各自优势,使它们能够取长补短、相得益彰。

1. 深化国有企业改革,发挥国有经济的主导作用

国有企业的改革必须朝着适当减少数量、提高效益和强化功能的方向发展。国有经济的功能是发挥主导作用,而这种作用是通过调控能力显示出来的。因此,在关系国计民生的重要部门和领域,必须加大对国有企业的投入,使其主导作用能够显示出来。同时,对于一些有高科技含量和广阔发展前景的新兴产业,国有企业也必须积极参与,在竞争中壮大自己,显示自己的实力和优势。但是在一般性竞争的加工业、零售业和服务业中,国有企业要尽可能退出来,使非公经济有更大的发展余地。当然,国有企业的进入和退出,都必须遵循市场经济的运行规律,实现生产要素的合理流动和高效配置,实现产业结构的调整和优化。

2. 按照市场经济的要求,发展多种形式的集体经济

(1) 使集体经济成为普遍的公有制形式。公有制为主体实质是集体经济为主体。因为国有经济主要是掌握经济命脉、提高控制能力,在数量上不必成为多

---

① 《十六大以来重要文献选编》(上),中央文献出版社2005年版,第19页。

数,而集体经济有较强的适应能力,可以与不同的生产力相适应,因此可以成为普遍的公有制形式。过去,认为集体经济只能与生产力较低的行业和部门相联系,其实是错误的。实践表明,集体经济也能与规模较大的行业和部门相联系,因此不断提高集体经济的现代化程度仍然是紧迫的战略任务。

(2) 集体经济是能与市场经济直接联系的经济形式。首先,集体经济的产权是独立而明晰的。集体的生产资料和产品属于每个集体企业的劳动者共同所有,它们具有独立的经营自主权,因而是真正的市场主体。其次,集体经济有权通过市场获得生产资料,对其产品具有占有、支配和处置的权利,因而是独立的交易主体。再次,产权收益的确定性决定集体企业能从自身利益出发,积极参与市场竞争,追求利益的最大化。最后,集体经济能以较低成本形成内部的约束机制。集体企业的劳动者对财产享有平等权利,因而有权参与民主管理,即每个职工都有参与重大决策和行使民主监督的权利。

(3) 加强农村统分结合、双层经营的家庭联产承包责任制。家庭联产承包责任制是改革开放以来中国农民的一大发明,是符合国情并能促进集体经济发展的好形式。它有利于调动广大农民的积极性和主动性,因此必须长期坚持。但是家庭承包经营规模狭小,在抗御自然灾害、兴修水利和发展规模经营上存在许多困难。因此,在发展家庭承包经营的同时,不能忽视集体经营的重要性。要利用集体力量建立产前、产中和产后的服务体系,弥补个体生产和经营的缺陷。许多农村在实践中创造出反租和倒包等形式,使土地向种田专业户集中,这样既能维护家庭承包和农民的切身利益,又能扩大规模经营和取得规模效益,值得推广和运用。

3. 在加强引导和管理的前提下促进非公经济健康发展

(1) 更新观念。要按照党的十九大精神,充分认识民营经济是社会主义市场经济的重要组成部分。克服那种认为公有经济与非公经济是彼此消长的错误观念,正确认识它们之间相互促进和共同发展的内在要求。目前,非公经济规模小、技术装备差、投资比重偏低仍然是主要倾向。因此,必须提高认识,积极鼓励和引导个体、私营和外资等非公经济健康发展,使它们能够与公有经济取长补短、协调发展。

(2) 完善政策。要调整对非公经济的政策,其中包括:提倡和鼓励不同经济之间的平等竞争,克服歧视性政策对非公经济的不利影响;要通过信贷等手段支持私人投资,利用有效的激励机制促使它们改造技术、更新设备、完善管理等,使非公经济取得更自由的发展空间;对于非公经济中已有较大规模和生产能力、有独特工艺技术和较强国际竞争力的企业,应尽快赋予它们进出口的权力,支持它们从事外贸业务和对外投资。

(3) 制度保证。要加强市场的规范化和法制化建设,使不同所有制经济都能平等竞争和有序发展。非公经济的发展不是权宜之计,而是长久之策,应从法律和制度上给予保障。要利用经济、行政和法律等手段加强宏观调控,使非公经济在促进现代化建设中的作用充分发挥出来。

(4) 发展混合所有制经济。市场经济的壮大和股份制的完善为发展多种成分的混合所有制经济提供了有利条件,不同性质的企业通过合作联盟可以彼此学习和取长补短,实现资源共享、风险分摊、优势互补,促进国民经济的持续健康发展。

第7章

消费资料分配的两重性和相容性

在社会主义初级阶段,建立以公有制为主体、多种经济共同发展的所有制制度,必须相应地建立以按劳分配为主、多种分配方式并存的分配制度。搞社会主义经济建设,公有制的主体地位不能动摇,按劳分配的主体地位也不能动摇。搞社会主义市场经济,多种所有制共同发展不能改变,多种分配方式有机结合也不能改变。在社会主义市场经济中,消费资料的分配具有按劳分配和按非劳动要素分配的两重性和相容性。也就是说,劳动创造的全部价值需要在劳动者和其他要素所有者之间进行合理分配。因此,我们只有坚持马克思主义劳动价值论,按照价值规律和价值增殖规律的客观要求,把按劳分配与按非劳动要素分配有机结合起来,才能克服分配中的平均主义和两极分化现象,使公平分配与提高效率的两重作用充分发挥出来,以加快社会主义现代化建设。

一、按劳分配的本质要求和实现形式

在研究社会主义初级阶段的基本分配制度时,首先要研究和解决作为分配主体的按劳分配问题。为了在社会主义市场经济中健全按劳分配制度和遵循按劳分配规律,我们不仅要深刻认识按劳分配的本质要求,而且要努力探索它的实现形式。因此,在完善公有制实现形式的同时完善按劳分配的实现形式,是我们急需解决的现实课题。

(一)按劳分配的本质要求及其萌芽形式

什么是按劳分配?简单地讲就是按劳动的数量和质量分配消费品,使劳动贡献成为劳动收益的直接依据。马克思设想的按劳分配要具备下列条件:(1)形成"自由人的联合体",即建立单一的生产资料全民所有制。(2)商品、货币已经消亡,个人劳动"直接作为总劳动的组成部分存在着"[①]。(3)在对总产

[①]《马克思恩格斯选集》第三卷,人民出版社2012年版,第363页。

品"作了各项扣除之后",可以按"每一个生产者的个人劳动时间"分配消费品。显然,社会主义的进程与马克思的设想距离甚远。特别在社会主义初级阶段,不仅有全民、集体和混合等多种公有制形式,而且要与个体、私营和外资等非公经济共同发展。由于生产资料与劳动力还处于分离状态,因而不能直接按劳分配消费品。

因此,有人认为按劳分配只是社会主义高级阶段的分配方式,在社会主义初级阶段是无法实行的。这里应该把按劳分配的本质要求与它的实现形式区分开来。在社会主义时期,按劳分配的本质要求是由生产资料公有制决定的,因而具有普遍性和长期性。但是按劳分配的实现形式会因生产力水平和社会条件的差异,表现得非常丰富和繁杂。正如马克思所说:"这种分配的方式会随着社会生产有机体本身的特殊方式和随着生产者的相应的历史发展程度而改变。"①虽然马克思设想的按劳分配与现阶段的实际不相符,但是可以探索符合实际的实现形式。其实,不论是货币工资还是劳动券,都不会改变按劳分配的本质要求,反而能显示出它的发展阶段和历史进程。

按劳分配是社会主义的分配制度,但是作为它前身的资本主义,不仅为按劳分配准备物质基础,而且提供萌芽形式。只要仔细分析就会看到,资本主义按劳动力价值分配与社会主义按劳分配具有同一性:(1)不论是按劳动力价值分配还是按劳分配,都不是按全部劳动分配,结果都是用必要消费资料再生产劳动力;(2)按劳动力价值分配包含按劳分配因素,因为按劳动力价值分配就是按再生产劳动力的必要劳动分配,实质是按劳分配的萌芽;(3)按劳动力价值分配与按劳分配会相互转化,既然在资本主义社会按劳动力价值分配间接反映了按劳分配的要求,那么在社会主义社会同样可以利用劳动力商品形式来实现按劳分配。

(二)劳动力商品形式的延续性和必然性

通过劳动力商品形式实现按劳分配碰到的关键问题是:在社会主义阶段,劳动力商品形式是否具有延续性和必然性?为了说明这一问题,必须从分析资本主义生产关系的变革开始。

---

① 马克思:《资本论》第一卷,人民出版社2018年版,第96页。

要生产，一方面需要生产资料，另一方面需要劳动力。因此，不仅有生产资料所有制，还有劳动力所有制。在资本主义社会它们是分离的，生产资料归资本家所有，劳动力归劳动者个人所有。要使它们结合，资本家与劳动者必须发生经济联系。在"商品形式成为劳动产品的一般形式"[1]的资本主义社会，这种联系的适当方式是买卖劳动力。资本家支付的工资实质是劳动力价值，劳动力的使用价值即劳动，创造出大于劳动力价值的部分（剩余价值）为资本家无偿占有。这种在等价交换条件下实现的剥削关系，根源于资本主义私有制。社会主义革命铲除了这一根源，实现了私有制向公有制的转变。但是劳动力个人所有以及它的商品性质，会不会随公有制建立而消失呢？

过去，人们总是把消灭生产资料私有制与取消劳动力个人所有看成同步完成的。事实并非如此，劳动力个人所有向社会所有转变，也要具备客观的经济条件。对社会来说，没有劳动力不行，特别是社会化大生产，需要自由支配劳动力；对劳动者来说，劳动力不用就毫无用处，它会随时间流逝而消失。因此，劳动力客观上具有让社会支配的必要性和可能性，但这并不等于具备了现实性。因为劳动力的存在要以劳动者的生存为前提，当人们的必要生活资料还要依靠个人劳动才能得到时，劳动者就会把劳动力作为"私有财产"。社会要完全占有和自由支配劳动力，就必须无条件向全体劳动者提供必要生活资料。也就是说，只有实现按需分配，劳动力个人所有才会消失。事实上，在社会主义时期，生产力还达不到按需分配的水平，因此"它默认，劳动者的不同等的个人天赋，从而不同等的工作能力，是天然特权"[2]。

当然，社会主义同资本主义相比，劳动力个人所有已经发生变化。在资本主义社会，劳动力所有者（雇佣工人）与生产资料所有者（资本家）处于剥削与被剥削的对立中。在社会主义社会，劳动力的所有者（个人）与生产资料所有者（国家或集体）根本利益一致。随着工农差别和干群差别的缩小，特别是在教育、卫生、社保、福利等方面按需分配因素的增加，劳动力部分社会所有的条件已经出现，这是在社会主义社会发扬共产主义精神的经济基础。虽然按需分配还不占主体地位，但它反映了在劳动力所有关系上，社会主义同资本主义的区别，以及同共

---

[1] 马克思：《资本论》第一卷，人民出版社2018年版，第75页。
[2] 《马克思恩格斯选集》第三卷，人民出版社2012年版，第364页。

产主义的联系。

过去有人认为,生产资料公有制使劳动者成为企业的主人,因而不能再把自己的劳动力卖给"自己",就忽视了个人与集体的区别。其实不论是个人的劳动力,还是企业的资产或产品,在市场经济条件下都不能无偿"调拨"。只要仔细分析就会发现,社会主义革命消灭了剥削制度,但是并没有消除劳动者与生产资料相分离的状况。在社会主义时期,除小生产者外,劳动者个人没有生产资料,他们作为劳动力的所有者与国家或集体所有的生产资料仍然是分离的。那么,要进行社会生产就要求公有企业向劳动者购买劳动力。在社会主义市场经济中,商品仍然是产品的普遍形式,等价交换是国家、集体、个人都能接受的平等关系。因此,劳动力商品具有历史延续性和现实必要性,它不会随资本主义私有制的消灭而消失。

过去人们总是把劳动力商品与劳动者受剥削等同起来,其实不全然,要做具体分析。在资本主义社会,雇佣工人是受剥削者,他们创造的剩余价值成为资本家的财富和扩大私有资本的源泉。但在社会主义社会,工人剩余劳动创造的价值转化为公共必要价值,成为国家或集体的财富和扩大再生产的手段,最终是为全体劳动者谋利益。因此在公有企业中,劳动力虽然是商品,但是劳动者已不再受剥削。如果说资本主义社会劳动力成为商品是被迫的,那么社会主义社会劳动力成为商品已有很大的自觉性。因为国家和集体是劳动者整体利益和长远利益的代表,所以劳动者应该树立"俯首甘为孺子牛"的思想,当好公有企业的雇员。

社会主义市场经济的实践证明了劳动力商品形式的必然性。首先,只有承认劳动力个人所有,才能在现有物质和思想基础上,实现多劳多得,充分调动劳动者的生产积极性;其次,只有把劳动力作为商品,才能促使劳动者努力学习,不断提高自身文化素质和劳动技能,从而提高劳动者的劳动力价值;再次,为了实现劳动力价值和提高劳动者生活水平,就必须充分发挥劳动力的使用价值,为社会创造更多物质财富;最后,只有健全劳动力市场,才能完善社会主义市场体系,促进劳动力合理流动,更好地配置劳动力资源。过去,我们否认劳动力市场,限制劳动力合理流动,结果加剧了劳动力的供需矛盾,出现有的地方缺乏人才、求才似渴,有的地方却人才积压、用非所长,甚至外流。可见,劳动力商品化不仅是完善社会主义市场体系和合理配置人力资源的需要,而且是健全社会主义分配制度、实现按劳分配的前提条件。

(三) 劳动力商品与按劳分配的有机结合

生产资料公有制的建立为实行按劳分配奠定了基础,但是实践表明,按劳分配的积极作用没有充分显示出来。就按劳分配本身来讲,我们遇到三大困难:(1)劳动计量没有统一的标准和尺度;(2)对国民收入在分配前要扣除多少没有准确的界限;(3)由于产品价格受市场波动影响较大,使劳动收入难以稳定。要解决以上困难,可靠办法是通过劳动力商品形式来实现按劳分配。

第一,劳动力作为商品,按劳分配就有了统一的标准和尺度。由于劳动者提供的劳动与补偿劳动力价值的必要劳动成正比,因此按劳动力价值分配实质也是按劳分配。这里补偿劳动力价值的必要劳动,又是由再生产劳动力的社会必要劳动时间决定的。这样社会必要劳动时间不仅决定一般商品的价值,而且决定劳动力价值,因而成为实行按劳分配的统一标准和共同尺度。这样,劳动工资与商品价格一样,只能围绕商品价值上下波动,不会过度偏离社会必要劳动时间这条中心线,因而解决了我们遇到的第一个困难。

第二,劳动力作为商品,使国民收入用于按劳分配的部分有了明确的界定。劳动者的劳动可分为两部分:一部分是个人必要劳动,另一部分是公共必要劳动。由于只有个人必要劳动部分用于按劳分配,这样就把国民收入中作为按劳分配的部分与公共基金的部分区分开来了。虽然这个界限是可以变动的,当必要生活资料价值下降时,用于按劳分配的部分会相对减少;当必要生活资料的品种和数量增加时,用于按劳分配的部分会相对增加。但在一个国家的一定时期里,用于再生产劳动力的费用是可以确定的,这样按劳分配的第二个困难就会迎刃而解。

第三,按劳动力价值分配消费品,能使劳动者的生活保持相对稳定。在市场经济中,如果劳动报酬与企业盈亏直接挂钩,势必引起劳动者的收入波动过大。克服这种状况的途径有两个:一是使企业的经营状况符合广义按劳分配的要求,即企业投入的总劳动要符合社会需要,不会造成产品供过于求或供不应求的状况,那么劳动者按狭义按劳分配取得的报酬就不会波动过大;二是把劳动报酬作为劳动力价值打入产品成本,首先从产品收益中扣除,这样,在产品价格高于成本的情况下,虽然企业利润会波动较大,但是职工的工资可以保持稳定,我们遇到的第三个困难就自然解决了。

总之,在社会主义市场经济中,劳动力商品形式的运用符合三大经济规律的要求:(1)劳动力价值由再生产劳动力的社会必要劳动时间决定,在劳动力买卖中符合商品等价交换的价值规律;(2)劳动创造的价值要大于劳动力价值,带来公共必要价值即公有剩余价值,符合社会主义的价值增殖规律;(3)工资体现的劳动力价值与劳动者提供的劳动量成正比,符合多劳多得的按劳分配规律。因此,只有正确揭示按劳分配与劳动力商品的内在联系,才能使社会主义分配原则与市场经济有机结合,使按劳分配得到有效贯彻,充分显示其积极作用。

二、按生产要素分配的地位和作用

在社会主义市场经济中,按劳分配与按要素分配具有两重性和相容性,因而是紧密联系和相互促进的,都是基本分配制度中不可或缺的重要组成部分。有人提出疑问,在确立了按劳分配的主体地位以后,为什么还要强调按非劳动要素分配?这是因为,只有劳动一种要素是不能进行生产的,还必须有土地、资金和生产资料等其他要素的配合。因此,按非劳动要素分配与按劳分配一样,也是维护要素所有者权益和维持社会再生产的需要,因而按非劳动要素分配是基本分配制度的另一个重要方面,也必须深入研究并得到有效贯彻。

(一) 按要素分配的含义和分类

生产要素是指人们进行物质生产必须具备的各种因素,其中包括资金、劳动、土地、技术以及管理等。按要素分配,就是社会根据要素投入的数量和贡献给予要素所有者相应的报酬,即要素所有者共同参与产品的收入分配。

1. 按资本要素分配

按资本要素分配即按资分配,包括:(1)个人或企业通过银行储蓄获取利息;(2)人们买卖债券、股票等有价证券获取红利、股息等收入;(3)以独资、合资等形式从事企业投资以获取利润等收益。

2. 按劳动力要素分配

按劳动力要素分配就是按劳分配。因为在市场经济条件下,按劳分配只能通过劳动力的商品形式来实现,即劳动者向企业提供劳动,企业依据劳动力价值向劳动者支付报酬,包括工资、奖金和津贴等。

3. 按土地等自然资源要素分配

在我国,土地属于国家或集体所有,不能自由买卖,但它在一定时期内的使用权却可以为不同的经济主体占有、支配、使用和转让等。因此,集体或个人可因拥有土地使用权而获取各种收入。

4. 按技术要素分配

技术要素所有者将自有的技术投入生产,获取相应报酬。其中包括:(1)以专利权的形式获得收益;(2)以技术入股的形式获取利润;(3)以人力资本的形式获取额外收入。

5. 按管理要素分配

管理是经济发展的重要因素,企业家和管理者将管理才能投入企业并为其做出贡献,就应获得相应的劳动报酬。由于这种管理需要承担极大的经营风险,因此应该取得比一般生产者更高的收入和回报。

(二) 正确认识价值创造与价值分配的内在联系

有些人不理解按劳分配与按要素分配的内在联系,因而人为地把它们割裂开来并对立起来。他们认为只有按劳分配才符合劳动价值论,因为劳动是价值的唯一源泉;相反,承认按非劳动要素分配就是违背劳动价值论,等于承认多要素共同创造价值。这说明他们并不了解价值创造与价值分配之间的区别和联系。

首先,价值创造与价值分配是价值规律不可或缺的两个方面。价值创造是基础、是前提,没有价值创造也就不会有价值分配。反过来,价值分配反作用于价值创造,它不仅会影响形成价值的劳动,而且会影响劳动的物质条件(其他生产要素)。因此,要深刻认识价值创造与价值分配之间的本质联系和相互作用,不能人为地把它们分割开来和对立起来。

其次,价值创造与价值分配所要解决的问题是不同的。价值创造是解决价值的来源问题。根据马克思主义经济学原理,价值只有一个来源,就是一般人类劳动,其他生产要素是创造价值的物质条件,但不是价值的直接来源。价值分配是解决要素所有权的实现问题。也就是说,虽然价值是活劳动创造的,但不等于新创造的价值必须全部按劳分配。因为商品的使用价值是由所有生产要素共同创造的。如果没有使用价值,价值会因失去物质承担者而无法存在。因此,其他要素的所有者也要从商品价值中取得报酬,否则他们将不愿意投入生产要素,商品的再生产就无法进行。因此除了支付劳动报酬之外,还要给其他要素所有者支付报酬,以实现他们的所有权和维持商品的再生产。

最后,按要素分配也必须符合价值规律和价值增殖规律。例如,利润是资本这一要素的收入,它是新创造价值中扣除了劳动力价值以后的剩余部分。而产业利润、商业利润和银行利润则是根据平均利润率在不同部门的分配,这是价值规律通过市场竞争转化为生产价格规律的结果。地租是土地这一要素的收入,它来源于剩余价值中大于平均利润的部分。由于农业有机构成较低,且受土地数量的限制,农业资本不能参与利润的平均化,因此农业劳动创造的剩余价值高于平均利润的部分成为绝对地租的来源,作为级差地租,来源于中等或优等土地的较高生产力所提供的超额剩余价值。因此,按非劳动要素分配,实质是对商品中的剩余价值进行再分配,因而必须符合价值规律和价值增殖规律。

可见,所有生产要素的收入,都体现了价值创造与价值分配之间的必然联系。那种认为按要素分配是违背劳动价值论和不符合价值规律的看法,是完全错误的。因此,按劳分配与按要素分配并不矛盾,它们都是劳动价值论在分配领域的实际运用,不仅具有两重性,而且具有相容性。

(三) 按资分配与优化资源配置

按资分配是按要素分配的基本形式,因为有了资本就可以转化为其他生产要素,所以在多种经济共同发展中,资本起着越来越重要的作用。按资分配是维护资本所有权的需要,它的必然性表现在三个方面。

(1) 维护资本的所有权和使用权。资金用于消费可满足生活需要,资金投入生产和经营就转化为资本,可满足投资需要。利息是资本所有权的实现形式,利润是资本使用权的实现形式。

(2) 提高资本的利用效益。因为大量的生产和经营资本是通过借贷取得的,所以使用者不仅要取得利润,而且要还本付息,这就迫使资本的使用者精打细算、合理安排,以提高利用效益。

(3) 有利于资本的合理配置。利润是资本使用权的报酬,利润越高,就会吸引更多的资本向该行业转移;反之则反是。利息是资本使用权的价格,它与利润有着不可分割的联系,利润越高,就会吸引更多的资本投入,造成资本供不应求,使利息上升;相反,就会出现资本供过于求,使利息下降。因此,利润通过利息,调节着资本在不同行业和部门的供求比例,起着合理配置经济资源和促进生产力发展的积极作用。

在市场经济中,按资分配涉及国家、集体和个人三者的所有权关系。国家作为国有资产的所有者和国有企业的投资者,要求从国有企业的利润中取得一份收益,即企业以国有资本占用费或股息形式上缴给国家。集体企业的资本收入大部分用于企业积累和扩大再生产,小部分作为股息或红利分配给股东或职工。个体经营者既是劳动者,又是投资者,因此他们的收入具有劳动收入与资本收入的双重属性。由于劳动所形成的收益差距是有限的,因此个体经营者在收益上的较大差距常常是由投资数量和投资方向的差别所造成的。对于私营企业和外资企业来讲,其所有者取得的利润是按资分配的收入。虽然有一部分所有者同时是经营管理者,利润中的一小部分可看作从事复杂劳动的报酬,但是利润中的绝大部分仍然是资本所有权和使用权的收益,从性质上讲是剥削收入,但在现阶段是合法的和必要的。

(四) 正确处理公平与效率的关系

要使按劳分配与按要素分配有机结合,必须解决好公平与效率之间的关系。西方有些经济学家认为,公平与效率是此消彼长的一对矛盾,坚持公平就会牺牲效率,坚持效率就会牺牲公平,二者如"鱼与熊掌不可兼得"。其实,这样的认识有失偏颇,因为只有当公平与效率的关系发展到极端,才可能形成此消彼长的状态。在正常情况下,公平与效率是对立统一、相辅相成的。

从对立的角度讲,公平属于人与人关系的范畴,其衡量标准会随着生产关系的变化而变化;效率属于人与自然关系的范畴,其衡量标准会随着生产力的变化而变化,因此二者之间的区别是明显的。但是,二者之间也有不可分割的内在联系。这种联系表现在两个方面：一方面是效率决定公平，效率为公平的产生和发展提供物质基础，没有效率也就没有公平。在原始社会，生产力水平低下，没有任何剩余产品，只能勉强维持生存，也就无所谓公平分配。随着生产效率的提高，产生了剩余产品和不同生产资料的所有者，人们之间才有了维护所有者利益、要求合理分配产品的公平观念。可见，效率是公平的物质基础，公平是效率的产物和表现，公平会随着效率提高而不断演变和发展。另一方面是公平反作用于效率，具体表现为两种情形：一是公平分配促进效率提高，二是分配不公阻碍效率提高。就微观经济而言，个人对分配公平与否的判断，将直接影响其生产和经营的积极性，影响其投入生产要素的数量和质量。不论是生产者还是经营者，只要认为投入生产要素所取得的报酬是合理的、公平的，他就会坚持和扩大投入；相反，就会减少投入或转移投入。可见，收入分配公平与否，会直接影响微观经济效率。就宏观经济而言，收入分配公平与否会影响总供给与总需求的平衡，影响国民经济增长与资源配置。如果一个国家出现收入分配严重不公，导致两极分化，那么，少数高收入阶层的收入就会比消费需求提高得更快，绝大多数的低收入阶层却无力提高消费水平，使社会的总需求相对减少。与此同时，社会生产能力却在急剧提高，使社会总供给不断增加，必然导致生产过剩的经济危机。相反，如果一个国家推行平均主义分配原则，使收入差距过小，就会挫伤人们生产和经营的积极性，从而减少生产要素投入和降低生产效率。与此同时，平均主义分配在制约经济发展的同时，会促使消费需求增长，造成总需求超过总供给，引起通货膨胀和短缺经济。可见，只有当收入分配较为合理时，才比较容易达到总供给与总需求的平衡。

  总之，公平与效率既不是完全对立的，也不是没有矛盾的，而是对立的统一。因此，我们既要大力发展市场经济，提高生产要素的利用效率，又要加大收入调节的力度，限制分配不公，做到两面兼顾与突出重点有机结合，使效率与公平都能落到实处，充分发挥各自的积极作用。

三、收入分配中存在的主要问题

  改革开放 40 多年来，中国社会经济发生了巨大而深刻的变化，在政府收入增长的同时,居民收入也增加了,但两者的增长却有很大差别。居民收入虽然伴随着经济增长而有所增长,但其速度一直落后于经济增长。这一问题以前表现得更为突出,最近已有所改观。从 2013 年到 2018 年的五年中,GDP 的年平均增长率为 7.1%,而居民的可支配收入的年平均增长率为 7.4%,高出了 0.3 个百分点。① 然而,个人所得税和财政收入则长期超过经济增长速度,最终导致居民收入在国民收入中所占份额持续下降,究其原因主要表现在以下五个方面。

(一) 在国民收入初次分配中劳动报酬所占比重偏低

一般来说,劳动报酬是居民收入的主体。改革开放以来,尽管我国居民劳动报酬不断增长,但是与 GDP 的增长速度相比是偏慢的。在收入的初次分配环节,劳动者的工资水平主要是由企业决定的。为了实现利润最大化,企业会尽可能压低劳动者工资,而劳动者长期处于弱势地位,缺乏同企业讨价还价的能力,最终只能被动接受较低的工资。而且我国劳动力市场长期处于供过于求的状态,劳动力价格即工资被迫降到劳动力价值以下,因而这种强资本、弱劳工的局面将会长期存在,并且受到市场供求关系的限制,这就是我国居民收入在国民收入中比重偏低的主要原因。特别在私营企业中,劳动报酬偏低及趋降问题的延续和恶化,会使资本收益和劳动报酬的差距进一步拉大,形成富者更富、贫者更贫的马太效应。一方面,资本拥有者的消费能力越来越强,但消费倾向却越来越低;另一方面,劳动者及其家庭的消费能力弱化,面临上不起学、买不起房、看不起病、养不起老等多种风险。这就使劳动与资本的矛盾加深,以及消费"鸿沟"扩大。

(二) 政府对于国民收入再分配的调节力度不够

目前,在国民收入的二次分配中,存在着许多问题。主要是我国当前的转移支付制度仍不健全,对城乡贫困人口的救助投入不足。作为调节收入分配重要

---

① 李克强:《政府工作报告——2018 年 3 月 5 日在第十三届全国人民代表大会第一次会议上》,人民出版社 2018 年版,第 2~3 页。

手段的税收政策,并没有充分发挥它在二次分配中的积极作用。众所周知,纳税是稀释居民收入水平的一个过程,也是调节贫富差距的重要手段,而政府的纳税政策对低收入者的保护力度还不够,这就影响了他们收入水平的提高。与此同时,我国的社会保障制度覆盖面小、保障水平低,尤其是对低收入群体和外来务工人员而言,几乎没有获得保障的途径与措施,致使他们中的大部分人无法享受到社会保险的待遇。

(三) 居民的财产性收入更低

财产性收入是指家庭拥有的动产如银行存款、有价证券,以及不动产如房屋、车辆、土地、收藏品等所获得的收入。财产性收入包括出让财产使用权所获得的利息、租金、专利收入等,也包括财产营运所获得的红利收入、财产增值收益等。目前,我国居民的财产性收入比较少、获取途径比较狭窄,主要是因为金融制度、财产制度不完善,个人理财意识不强也制约了居民收入的提高。因此为了使财产性收入成为城乡居民收入新的增长点,我国必须进行金融制度改革,制定更加完善的政策措施和法律法规,让普通居民拥有更多的财产性收入,更好地分享改革开放的成果。

(四) 居民收入的贫富差距有扩大的趋势

我国城乡、地区、行业收入存在严重差异,整个社会的贫富差距悬殊。从城乡差距看,1985 年,城镇居民人均可支配收入为农村居民人均纯收入的 1.86 倍,2007 年达到 3.33 倍的高位。近几年来,虽然农村经济快速发展,城乡收入差距有所下降,但在 2019 年仍有 2.15 倍。从地区差距看,中国最发达省份的人均 GDP 是最低省份的 4 倍,2019 年上半年上海市居民人均可支配收入达 35 294 元,居全国首位,是西藏地区人均可支配收入的 4 倍多。从行业差距看,垄断性行业与竞争性行业之间的工资差距在扩大。以金融、保险业为例,1990 年,其平均工资与制造业的平均工资大体相当,到了 2016 年,其平均工资竟高于制造业的平均工资 197%。不仅如此,垄断性行业的实际收入远远高于其工资。据权威人士估计,垄断性行业与其他行业的实际收入差距在 5~10 倍之间。再从贫富差距看,城乡均按5等分收入组进行比较,城镇的最高收入组与最低收入组的收入差距,在2000年、2014年、2015年、2016年分别是3.6倍、5.5倍、5.3倍、5.4倍;农村的最高收入组与最低收入组的收入差距,分别是6.5倍、8.7倍、8.4倍、9.5倍;城镇最高收入组(约1.6亿人)与农村最低收入组(约1.2亿人)的收入差距,由2000年的14.1倍急剧扩大到2016年的23.4倍。以上情况说明,我国不仅面临怎样收敛收入差距问题,而且面临如何避免两极分化导致社会风险的考验。

(五) 隐性收入加剧分配不公问题

所谓隐性收入,主要包括城镇偏向型补贴、非正常收入和灰色收入等。

1. 城镇偏向型补贴

在原有的城乡二元结构和计划经济体制下,我国长期实行偏向城市的福利补贴,即使在经济改革和社会转型时期,这种政策和做法有些还在沿袭。这种重城市轻农村、重市民轻农民的福利补贴,事实上形成了城镇居民的隐性收入,包括住房补贴、医疗补贴、教育补贴、社会保障和实物收入五个方面。

2. 非正常收入

部分国有企业存在收入分配的透明度低、工资外收入和福利过多、企业高管年薪畸高、职务消费不规范等问题。部分事业单位资金来源混乱,突破标准或自定标准随意发放津贴或补贴。官员们的"三公消费"也存在违规失范,有的以公务消费之名,行个人或家庭消费之实。

3. 灰色收入

在现实生活中有些收入,因制度或法律上没有明确界定,尚处在合法与非法的中间地带;还有些收入,因来源不明而不能认定其非法性的都是灰色收入。实际上,相当一部分灰色收入是尚未曝光的非法收入。灰色收入的获取往往同钱权交易、以权谋私、公共投资违规、土地收益分配等密切相关,其核心是权力寻租,因而少数特权阶层、重要部门成为灰色收入的"重灾区"。

因此,提高居民收入在国民收入分配中的比重、切实提高中下层人群的收入水平,已成当务之急,是我国现阶段社会主义建设的主要目标之一。所以,政府应该从根本上改变观念,从人民群众的切实利益出发制定相应的政策措施,监督各方遵守实施,从实际操作层面上提高居民收入。

四、构建公平和谐的三层次分配体系

社会主义市场经济条件下的收入分配可分为三个层面,初次分配是基础,再次分配是主导,三次分配是补充。这就需要对现有的分配政策进行调整、补充和创新,努力构建一个"基础 + 主导 + 补充"相结合的三层次分配体系,充分发挥它们的综合效应,以实现扩大消费、促进经济高质量发展的战略。

(一) 国民收入初次分配的调整和创新

初次分配是居民收入的主要渠道,是与市场联系最紧密的分配途径。为改善劳动者及其家庭的消费状况,就必须有效提高劳动报酬在国民收入中比重,更好地调动起广大劳动者的生产积极性和创造性。以提高劳动报酬的比重为重心,调整和创新初次分配要做到以下三点。

1. 重视市场效率的政策导向

在我国,坚持市场经济的改革取向,体现在政策上必定是自觉维护并科学发挥市场效率。在初次分配中,收入主要是依据市场效率来取得的。每个所有者按其提供生产要素的数量和质量,经过市场检验与认可,方可取得相应的报酬和收益。初次分配通行的原则是:效率越高,效益越大,收入也越多;效率越低,效益越小,收入就越少。因此,有关初次分配的政策必须以不损害效率为前提,坚持发挥市场在配置资源上的决定性作用,引导人们努力工作、积极进取。

2. 提高劳动报酬比重的政策

针对初次分配中存在"三个集中"倾向(财富向政府集中、财富向资本集中、财富向垄断行业集中)而导致居民收入和消费总体偏低的问题,我们应当在确保劳动报酬每年增长的前提下,制定提高劳动报酬比重的政策,并通过实施使劳动者收入与其贡献相匹配,推动初次分配从失衡走向均衡,从不公平走向相对公平。要坚持劳动报酬增长和劳动生产率提高同步,对于长期以来劳动报酬严重偏低的行业和企业,要争取在生产经营改善的基础上,使劳动报酬的增速略高于劳动生产率,以改变劳动报酬滞后或"垫底"的状况。当前,提高劳动报酬份额,要注重相关政策的合力:要形成能反映市场供求和企业效益的工资决定机制、增长机制和保障机制;要加强对企业的工资分配指导,提高劳动者最低工资标准,完善工资指导线制度,建立统一规范的企业薪酬调查和信息发布制度;要健全关于各项劳动工资的政策法规,政府主要通过税收杠杆和法律法规进行调节和规范;要完善和落实各类劳动者教育培训的政策指导,增强职业技能培训的针对性、实效性,侧重提高劳动者素质和技能,形成工资持续增长的动力机制。

3. 确立工资集体协商的政策

在初次分配关系中,劳动和资本关系是核心。为扭转劳动报酬严重偏低的状况,形成劳动报酬与资本收益的合理格局,我们要在坚持劳资互利的基础上,构建工资集体协商机制及相关政策措施,强化劳动者的维权意识和工会组织的维权作用。通过工会的集体发言机制影响企业或出资方,以确保职工收入能随企业发展和资本收益提高而相应增长。

(二) 国民收入再次分配的调整和创新

我国二次分配面对的基本问题是初次分配失衡,而部门垄断、权钱交易和贪污腐败等对市场的深度扭曲,又推进了收入差距扩大。因此"国家必须运用税收和转移支付政策,实行再分配"①。针对现实问题,在二次分配中更要注重社会公平,着力完善税收政策和转移支付政策,全方位地缩小收入分配差距。

1. 健全税收政策

税收是一种有效的再分配手段,因此要健全以个人所得税为主的税收体系。(1) 完善个人所得税政策。要实行综合与分类相结合的个人所得税制度,全面考虑家庭综合税负能力,以家庭为单位进行计征和抵扣。个人所得税既要坚持调高起征点的方略,又要强化对税率和税源的调整。要坚持低收入者不纳税、中收入者少纳税、高收入者多纳税的指导原则,切实缩小不同阶层的收入差距。(2) 适时出台房产税政策。在我国,家庭收入与房产状况有关联性,而房地产领域又是腐败收入与灰色收入的滋生地。因此尽快出台房产税政策,有利于

---

① [德] K.F.齐默尔曼:《经济学前沿问题》,中国发展出版社 2004 年版,第 322 页。

解决房地产领域腐败和分配不公难题。同时,对个人拥有的多套非自住房征收房产税,拓展了来自富人的税源,还可将部分房产收入用于经济适用房和廉租房建设。(3)择机开征遗产税和赠与税。改革开放以来,高收入阶层逐步壮大,财富不断增多,富人财产转移和"富二代"问题正在延续社会不公和代际不公。因此,不仅要择机开征遗产税,还要开征赠与税。要适当提高财产转移的税负水平,既增加国家税源,又防止收入差距在代际扩展。此外,还可推出社会保障税、完善消费税等。要实施以个税为主的综合调节,把居民收入差距缩小到合理程度。

2. 完善转移支付政策

在我国城乡、地区和不同群体的收入中,隐含着由公共服务导致的差距,这与政府转移支付和政策不到位有关。因此,要以基本公共服务均等化为目标,完善政府转移支付政策。这里要突出两个重点。(1)优化转移支付结构政策。目前,中央政府对地方政府的转移支付主要有返还性支出、财力性支付和专项支付三种方式。其中,财力性支付以基本公共服务均等化为目标。我们要据此推进转移支付结构优化,缩小税收返还规模,清理、归并专项支付项目,着力提高财力性支付规模和比例,增强地方政府,特别是县级政府公共服务的能力。(2)实施转移支付倾斜政策。政府转移支付要有利于缩小居民收入差距和地区发展差距,坚持向农民倾斜,向农民工倾斜,向城市低薪阶层和弱势群体倾斜,向落后地区倾斜。在全社会有序地营造收入分配公平化、公共服务均等化、消费关系和谐化的美好生活状态。

(三) 国民收入三次分配的调整和创新

三次分配是对初次分配和再次分配中的缺陷和不足加以弥补和矫正。在三次分配中,有些社会成员,特别是富人的慈善捐赠、公益义举,资助了弱势群体或落后地区,这是道德、信念等驱动的个人收入转移,有助于缩小社会收入分配差距,以发挥和体现三次分配的积极作用。

1. 培育和健全慈善组织和机构

慈善公益事业及其活动,主要依靠民间组织的规范运作。我国有各类慈善机构 100 多家,基金会 2 168 个,其中相当一部分是官办或半官办的。各类慈善组织在公益活动中发挥了积极作用,做出了不小的贡献,但是损害慈善公信的事件也时有发生,因此它们的健康发展仍然任重而道远。要按照发展公益事业的要求和慈善组织自身的成长规律来健全和完善相关政策,通过培育与规范慈善组织和机构,推进慈善公益事业健康发展。

2. 完善慈善捐赠的税收优惠政策

要开启和利用政策资源,构建与慈善公益事业相匹配的税收优惠,对从事各种慈善捐赠和社会公益捐助的个人、企业等实施税收减免,尽快提高免税比重,以鼓励和引导社会成员,尤其是富裕阶层,自愿将一部分收入和财富向低收入者、弱势群体和遭受特殊危难者进行友情转移,使收入差距和贫富差距得到收敛,实现共同富裕中不同阶层的利益和谐以及消费水平的普遍增长。

第8章

政府调控与市场调节的两重性和相容性

在社会主义市场经济中,政府的宏观调控与市场的自发调节具有长期并存的两重性和有机结合的相容性,因此需要深入研究它们之间的相互作用和内在联系。首先,要正确认识和处理计划指导、宏观调控和市场调节三者之间的关系,以保证国民经济有计划、按比例地协调发展。其次,要学会运用财政政策和货币政策等经济手段来调节宏观经济,克服市场调节的缺陷,防止经济波动过大。最后,要转变政府职能,使之高效地发挥计划指导和宏观调控的积极作用,为加快经济发展创造良好的外部环境。因此,正确认识和处理政府调控与市场调节的相互关系,对发展和完善社会主义市场经济至关重要。

一、市场调节、计划指导与宏观调控

计划与市场是两种不同的资源配置手段,具有各自的优点和缺点,因此它们可以长期并存、相互补充,这是社会主义市场经济具有两重性和相容性的表现。发展和完善社会主义市场经济,就是要在政府计划指导下,充分发挥市场机制在资源配置中的决定性作用,同时更好地发挥政府的宏观调控作用,以弥补市场调节的缺陷。因为市场并不是万能的,在经济运行中会出现许多市场失灵现象和市场无法解决的问题,所以在充分利用市场机制配置资源的同时,还要加强政府的计划指导和宏观调控,使它们相互补充和有机结合。

(一) 发挥市场在资源配置中的决定性作用

我国经济体制改革的伟大成就,与建立市场经济体制和扩大市场调节范围是紧密联系的。改革开放前,我国长期处于生产难以满足需要的状态,有些人把它看作社会主义的必然现象,认为"短缺经济"不可改变。可是,改革开放后,经过十几年的努力,绝大多数产品出现供过于求,"短缺经济"已不见踪影。为什么市场经济有如此大的作用和魅力?(1)市场机制是生产力发展的强大推动力。

在市场经济条件下,企业成为独立的或相对独立的经济实体和市场主体,利益机制成为企业面向市场努力生产的内在动力和外在压力,这就显著提高了企业生产力,促进了国民经济的加速发展。(2)市场机制对供求的调节具有灵活性。社会的供给和需求是不断变化的,在市场经济中价格是供求关系的"晴雨表",会及时发出市场变化的信号。同时,企业又都面向市场、具有独立决策的自主权,因而可以及时做出反应,促使生产与需求平衡发展。(3)市场机制的调节作用具有普遍性。市场机制不仅对公有经济有调节作用,而且对非公经济也有调节作用,因而能与不同层次生产力相适应,有利于多种经济共同发展。(4)市场机制具有决定性调节作用。在市场经济中,人、财、物都可自由流动,实现资源合理配置和资产优化组合,促进国民经济按比例地协调发展。正是由于市场机制具有以上积极作用,因而大大促进了生产力发展和物质财富增加。

怎样才能使市场机制在资源配置中起决定性作用?必须从以下五个方面加以努力。(1)加快企业改革,使公有企业特别是国有企业真正成为自主经营、自负盈亏、自我发展、自我约束的法人实体和市场主体。按照市场经济的要求建立现代企业制度,是完善市场经济体制的基本前提。(2)健全市场体系,使所有生产要素都能经过市场得到合理配置。这里,不仅要健全消费资料和生产资料市场,而且要健全资金、技术、人才、信息和房地产等生产要素市场,克服资源分布不均的状况。(3)完善法律体系,使所有经济活动都能纳入法制轨道,在法律制度保障之下安全高效运行。(4)扩大市场机制对相关领域的调节作用。与经济发展密切联系的领域如教育、科技、卫生和环保等,也要从实际出发改革原有的计划管理体制,积极引进市场机制,不断优化资源配置,使它们能更好地为经济建设服务。(5)加快经济发展,为完善市场经济体制提供物质基础。经济体制改革是一个循序渐进的过程,改革每前进一步都促进了生产力发展,而生产力提高又为深化改革创造了物质条件。因此,要形成改革经济体制与发展生产力相互促进的良性循环。

(二)发挥计划在资源配置中的指导作用

用市场经济代替计划经济,使市场机制在资源配置中起决定性作用,不等于否定计划机制及其调节作用。我们要改革的是与市场经济相对立的计划经济体制,而我们要建立的是有计划指导的市场经济体制。在市场经济条件下,为什么必须充分发挥计划的指导作用?(1)计划调节与市场调节有共性。所谓计划调节,是通过自觉的、有组织的计划机制来实现社会劳动(包括物化劳动和活劳动)的分配比例。所谓市场调节,是由自发的、无组织的市场机制来实现社会劳动的分配比例。按比例分配社会劳动则是它们的共同要求,这是最基本的经济规律之一。按比例分配社会劳动不仅是价值规律的客观要求,而且是有计划发展的出发点和归宿点,从而是计划调节与市场调节可以结合的共同基础。(2)有利于克服企业间盲目竞争造成的经济损失。市场调节是经济运行的事后调节,要以部分生产力的破坏和损失为代价。而计划调节是经济运行的事前调节,如果计划能正确反映经济规律,预测到市场变化的趋势,给企业提供事先的计划指导,那么就能加速经济发展,避免不必要的损失和浪费。(3)有利于宏观经济的协调发展。市场调节是由微观导向宏观,实质没有宏观调控能力。当宏观经济比例严重失调时,只能通过经济危机强制实现平衡。而计划调节是由宏观导向微观,是要自觉保持宏观经济的协调发展。因此,计划调节可以通过制定经济发展战略、中长期计划和运用各种经济手段来弥补市场调节的缺陷,避免宏观比例失调而导致的经济危机。(4)有利于限制分配不公。市场调节以既定的生产条件占有关系为前提,等价交换掩盖了由生产条件差别造成的不平等关系。市场调节不仅不能克服由此产生的利益差距,反而会扩大并导致两极分化。相反,计划调节可利用各种计划手段和价格、税收、信贷等经济杠杆来调节生产和分配,限制和缩小由此产生的分配不公。

怎样才能充分发挥计划指导的积极作用?(1)明确计划调节的必要性和重要性。合理的计划应该是能反映国民经济发展目标,对企业生产和经营有指导作用的中长期计划,从而使计划调节与市场调节有机结合,促进社会生产的协调发展。事实上,不仅社会主义国家,发达资本主义国家也越来越重视计划指导的积极作用。(2)调整计划指导的内容。不仅要有总量增长计划,还要有结构调整计划,从而使国民经济的总量增长与结构优化相互促进、相辅相成。(3)改革计划调节的方法。在市场经济条件下,由于计划不再是行政命令,因此必须运用价格、税收、信贷和汇率等经济杠杆来实现宏观计划。要强化政府部门在宏观调控方面的作用,学会运用经济手段实现政策导向。具体来讲,就是要通过政府规范市场、市场引导企业的方式,使宏观经济计划合乎市场规律地转化为企业行为,实现计划指导与市场调节的有机结合。

(三) 加强政府对宏观经济的调控作用

在发挥计划指导和市场调节作用的同时,为什么还要加强对国民经济的宏观调控?(1)这是社会化大生产的客观要求。社会化大生产是一个错综复杂的有机整体,如果没有宏观调控,各生产部门难以保持平衡和协调发展。(2)这是克服市场调节缺陷的需要。市场调节有其局限性,即滞后性、盲目性和短期性,因而决定了加强宏观调控的必要性。(3)这是实现计划调节的需要。在市场经济中,计划调节是对市场调节的修正和补充。由于宏观计划对企业有指导性,但无约束力,因此为了实现计划调节,必须加强宏观调控。可见,宏观调控是社会化大生产和市场经济的共同要求,为了加强政府对宏观经济的有效调控,必须做好以下三方面的工作。

第一,正确制定调控目标。宏观经济的调控目标,主要包括总量目标和结构目标。总量目标是在供需平衡基础上的经济增长目标。当总供给小于总需求即供不应求时,会引起物价上涨,形成卖方市场,造成短缺经济,因而需要通过宏观调控来刺激生产和限制消费。当总供给大于总需求即供大于求时,会引起物价下跌,形成买方市场,造成过剩经济,需要通过宏观调控来刺激消费和限制生产。因此,总供给与总需求的平衡是保证国民经济稳定增长的前提。必须从全局出发,制定符合实际的总量增长计划,避免经济过冷或过热的偏向,保持国民经济健康、稳定、持久的发展。结构目标是在总量增长的前提下,优化经济结构的目标。经济结构包括产业结构和地区结构。调整产业结构就是要调整三大产业之间的比例关系,特别是要加快第三产业发展,使其更好地为第一、第二产业服务。在调整产业结构的同时,还要进一步调整地区结构,克服地区间条块分割所造成的盲目投资、重复建设和产业结构趋同的状况,按照不同地区的经济特点和资源优势,根据经济发展的内在要求形成互补的地区结构,以促进国民经济的稳定、协调、健康发展。

第二,合理运用调控政策。在市场经济中加强宏观调控,最基本的是要运用好财政政策和货币政策。在20世纪90年代初期,我国一度出现投资规模过大、经济增长过快情况,使财政收支和供需总量失衡,引起严重的通货膨胀。中央政府及时采取有力的宏观调控措施,实行适度从紧的财政政策和货币政策。经过几年的调整,使国家的财政收支状况和金融形势都出现好转,不仅抑制了通货膨胀,而且保持了较高的经济增长速度,实现了宏观经济运行"软着陆"。20世纪末,由于亚洲金融危机影响了对外贸易,国内也出现产品积压和市场疲软现象,限制了经济总量增长。为了加快经济发展,政府采取积极的财政政策,加大能源、交通和农业的资金投入,这对启动市场、拉动内需起到积极作用。特别是运用货币政策,通过银行多次降息,不仅减轻了企业贷款的利息负担,而且使居民存款开始分流,更多地转化为投资和消费,从而拉动了国民经济的快速增长。可见,要充分发挥计划指导的积极作用,必须正确运用财政政策和货币政策,以保证宏观经济目标的实现。

第三,综合运用多种调控手段。在市场经济条件下,必须以经济手段为主,利用各种经济杠杆来贯彻和落实宏观调控政策。这里的经济杠杆包括税收、利率、价格、汇率、工资和财政补贴等。经济手段的特点是通过利益机制来引导、调节和控制企业的经济活动,使其符合宏观调控的目标和要求。由于使用经济手段必须遵循市场运行规则,又与企业的经济利益紧密联系,因此合理运用就能取得良好的调控效果。当然,在运用经济手段的同时,还要辅助采用法律手段和行政手段等。法律手段是依靠国家政权力量,通过经济法规来调节经济活动。经济手段与法律手段是紧密联系的,经济法规的制定要符合经济规律,经济法规的执行具有强制性,因而可以弥补经济手段的不足。行政手段是通过强制性命令、指示和规定等,按行政系统来调节经济活动。行政手段具有直接、强制和速效的特点,因而在特殊时期处理特殊问题时,具有经济手段和法律手段不能替代的积极作用。但是,行政手段不能超越合理使用的范围,否则会重犯政企不分的错误。总之,每一种手段都有其优点,又有其不足,因此必须取长补短、综合运用,才能取得好的效果。

二、计划调节与市场调节的两重性和相容性

在社会主义市场经济中,计划调节与市场调节具有两重性和相容性,因而是紧密联系和不能分离的。有些人认为,搞计划经济就不需要市场调节,而搞市场

经济也就不需要计划调节了。这种把计划调节与市场调节完全割裂开来和对立起来的看法是有失偏颇的。在社会主义市场经济中，发展公有经济要求计划调节，而发展多种经济就要求市场调节。因此，揭示计划调节与市场调节的内在联系和外在矛盾，探索两者有机结合的机制和体制，有助于在更深层面上解决公有经济与非公经济的两重性和相容性问题。

（一）计划调节与市场调节的内在统一性

有些人否认公有制与市场经济相容的根据之一，是计划调节与市场调节的不相容性。他们认为：或者按马克思、恩格斯的设想搞单一公有制产品经济，实行统一的计划调节；或者重建私有制商品经济，实行全面市场调节。如果两者结合，必然形成不"社"不"资"、不伦不类的状况，并把有些经济秩序的混乱现象归咎于两者的结合。其实，计划调节与市场调节的客观要求不是对立的，而是一致的。现实的社会主义不可能是纯粹的产品经济，也不可能是完全自由化的市场经济，而只能是有计划指导的市场经济，因此，计划指导不能脱离市场需求，市场经济必须加强计划指导。只有让计划调节与市场调节有机结合、相互补充，才能克服经济秩序的混乱现象，使社会主义经济持续、稳定、协调地健康发展。计划调节与市场调节具有两重性和相容性的理由如下。

首先，计划调节与市场调节的客观要求一致。所谓计划调节，是通过自觉的、有组织的计划机制来实现社会劳动（包括物化劳动和活劳动）的分配比例。所谓市场调节，是由自发的、无组织的市场机制来实现社会劳动的分配比例。虽然不同的调节机制在体现生产目的、涉及调节范围、满足需求程度和影响发展速度等方面会有差异，但是按比例分配社会劳动是它们的共同要求和必然结果。按比例分配劳动的规律是最一般因而是最基本的经济规律之一，它不仅是市场经济中价值规律的客观要求，也是公有经济有计划发展的出发点和归宿点，从而是计划调节与市场调节能相容的基础和前提。

其次，社会主义经济的计划指导要求发挥市场调节的积极作用。（1）有利于弥补计划调节的不足之处。现阶段的社会主义经济还不具备把一切经济活动纳入统一计划的物质技术手段和科学管理水平。由于资源分布很不平衡、产品名目极其繁杂、社会需要千变万化，因此，还要充分利用市场机制来自发调节商品生产和需求,以填补计划顾及不到的方面。(2)有利于克服计划调节可能产生的盲目性。计划的形式是主观的,计划的对象是客观的,要避免主观脱离客观,必须依靠市场提供的丰富信息。市场是供求关系的集中表现,计划只有源于市场、反映市场变化趋势,才能发挥其积极作用;反之,会造成供求比例失调和经济发展失衡。(3)有利于客观反映企业间的利益差别。现实经济不是单一全民所有,还有集体、个体、私营和外资等多种经济成分,每个经济实体都有特殊利益。所有经济活动只有经过市场才能对其效益做出评价,使利益机制成为企业的内在动力和外在压力。

最后,社会主义市场经济要求发挥计划调节的积极作用。(1)有利于克服盲目竞争造成的经济损失。市场调节是经济运行的事后调节,要以部分社会生产力破坏和企业经济损失为代价。而计划调节是经济运行的事前调节,如果计划能正确反映经济规律,预测到市场变化的趋势,就能加速经济发展,避免不必要的损失和浪费。(2)有利于加强宏观经济调控。市场调节是由微观导向宏观,实质没有宏观调控能力。因此,当宏观比例严重失调时,只能通过经济危机强制实现平衡。而计划调节是由宏观导向微观,实质要自觉保持宏观经济的协调发展。因此,计划调节可以通过制定经济发展战略、中、长期计划和运用各种计划手段,来弥补市场的缺陷和避免经济危机。(3)有利于限制不平等交换造成的利益不公。市场调节以既定的生产条件占有关系为前提,等价交换掩盖了由客观生产条件的差别带来的不平等关系。市场调节不仅不能克服由此产生的分配不公,反而会扩大并导致两极分化;相反,计划调节可利用各种计划手段和价格、税收、信贷等经济杠杆来调节生产和分配,限制和缩小由此产生的不公平。

(二) 计划调节与市场调节的外在矛盾性

在社会主义条件下,计划调节与市场调节有内在的统一性,因而它们的结合不仅可能,而且必要。但是在现实经济运动中,为什么常常不能有机结合起来?说明它们的统一不是绝对的,而是有条件的。一方面它们有内在的统一性,另一方面还有外在的矛盾性,所以是对立的统一。

计划与市场的对立集中表现在它们的调节机制和管理体制上。与计划相联系的是以行政隶属关系为前提的计划机制,与之相适应的管理体制是以集中为特征的。如果没有集中统一的计划管理体制,就不可能有计划的全面贯彻和落实,计划调节就会成为一句空话。相反,与市场相联系的是以商品生产者独立或相对独立的经济利益为基础的市场机制,与之相适应的管理体制是以分散为特征的。如果企业没有自负盈亏的独立性和自我发展、自我完善的自主权,就不会形成真正的市场,市场调节的作用就会消失。可见,计划与市场的对立实质是两种调节机制、两种管理体制的对立。在我国经济发展中表现为以下两对矛盾。

第一,传统的高度集中的计划管理体制限制了市场机制积极作用的发挥。这种管理体制与产品经济及其计划机制是相适应的。新中国成立以来,我们曾利用这种体制集中经济资源、保证重点建设,初步建成了较为完整的工业体系。但是,随着经济的发展和建设规模的扩大,它与市场经济及其市场机制形成尖锐的对立。具体表现在三个方面。(1)不能及时反映市场需求的变化。由于计划调节具有划一性和强制性,而实际需求具有多样性和灵活性。因此,这种体制常使供需脱节,紧俏商品供不应求,滞销商品堆积如山,严重阻碍了经济发展和人民生活水平提高。(2)压抑企业的经营积极性。这种体制片面强调国家的整体利益,忽视地方和企业的局部利益,使企业变成国家行政机构的附属物,丧失了商品生产者应有的独立性,这是长期以来国有企业经济活力不足的重要原因。(3)易于导致全局性的经济失误。由于脱离市场这个供求关系的"晴雨表",计划中的错误往往难以及时发现和纠正。特别是计划指导思想错误,造成全局性比例失调,常常需要较长时期的调整才能恢复,新中国成立以来几次大的失误都证明了这一点。可见,要充分发挥市场在调节供求、增强企业活力、及时纠正计划工作中的错误等方面的积极作用,就必须改革传统的高度集中的计划管理体制。

第二,完全由市场自发调节的管理体制,会限制计划调节积极作用的发挥。为了克服高度集中的计划管理体制的弊端,我们曾经提出"国家调节市场,市场引导企业"的目标模式,即按市场经济和价值规律的要求,逐步用间接的市场调节来代替直接的计划调节,建立与市场机制相适应的管理体制。这种体制对增强企业活力、克服供需脱节等弊端起着积极作用。但是,在市场还不完善和不健全的条件下,就放手让市场去引导企业,在实践中暴露出许多新问题。(1)企业过分强调局部的经济利益,而忽视或不顾国家的整体利益。有的企业盲目追求利润,只讲产品数量,不顾产品质量,严重损害了消费者利益;有的企业为了增发奖金,不惜降低折旧率、虚报产品成本、减少上缴税收、扣压紧俏商品、哄抬市场物价;有的技术落后的中、小企业与技术先进的大企业拼抢能源和原材料,甚至污染环境、破坏生态,影响社会效益。(2)削弱国家对宏观经济的调控能力。特别是在改革开放的前期,由于不适当地简政放权、减税让利和实行价格双轨制等,使地方和企业盲目增加投资,导致经济过热,计划外基建规模过大,社会消费基金畸形膨胀,总需求大大超过总供给,造成严重的比例失调和通货膨胀。(3)市场机制的消极作用充分显示。在没有严格的市场管理和法律制度的有效保障之下,放手让市场自发引导企业,势必造成经济秩序混乱、偷税漏税、投机倒把、贪污盗窃、行贿受贿等经济犯罪大量涌现,引起人民的极大不满。实践表明,改革高度集中的计划管理体制,不能否定或削弱计划调节的积极作用;否则单纯依靠市场调节,不仅不能提高社会经济效益,甚至会偏离社会主义方向。

可见,与两种调节机制相适应的两种管理体制,都有其积极的方面和消极的方面。高度集中的计划管理体制有加强宏观调控的优点,也有压抑企业活力的缺点;而偏重市场的管理体制有提高微观经济效益的优点,也有导致宏观失控的缺点。因此,要使计划调节与市场调节有机结合,必须利用一种机制的优点去克服另一种机制的缺点,使两种机制的优点同时得到发挥,两种机制的缺点都得到克服。这正是深化经济体制改革的难点,也是使计划调节与市场调节有机结合的关节点。

(三) 计划调节与市场调节有机结合的规律性

以上分析表明,一方面,计划调节与市场调节具有内在的统一性,可以扬长避短、相得益彰;另一方面,两种管理体制之间又具有外在的矛盾性,限制了两种机制的互补作用。因此,要解决两种机制内在要求相容与外在管理体制相斥的矛盾,就必须从改革管理体制入手,建立起与双功能复合机制相适应的新管理体制。

所谓双功能复合机制,就是同时具有计划调节和市场调节两种功能,并能相互补充、有机结合的调节机制。它既不同于"单一式"的计划机制或市场机制,也不同于计划与市场机械分割的"分立式"机制。这种机制具有以下两个特点。(1)计划调节与市场调节各有侧重。在宏观上要加强计划调节,在微观上要加强市场调节；对关系国计民生的重要商品的生产，必须受计划调节，对一般的商品生产，可以完全由市场调节，使两种功能扬长避短。(2) 计划调节与市场调节互补。一方面，计划调节具有整体利益、预先安排、自觉调节和直接控制的优点，可克服市场调节中利益不公、事后惩罚、自发调节和宏观失控等缺点；另一方面，市场调节具有多元利益、分散决策、横向传导和效率较高的优点，可克服计划调节中利益不直接、决策易失误、效率低下和活力不足等缺点。因此，这种双功能复合机制，如同人体中的呼吸系统与血液系统一样，既有分工又有联系，相互促进，这就从根本上克服了"单一式"和"分立式"机制的种种弊端，使计划调节与市场调节水乳交融、有机结合。

这种双功能复合机制，不是任何人主观意志的产物，而是由客观经济条件决定的。与资本主义市场经济相适应的是市场机制，与未来共产主义产品经济相适应的是计划机制，介于两者之间的社会主义市场经济只能是同时具有计划调节与市场调节两种功能的复合机制。其客观依据有两个。(1) 生产要素的双重配制。一方面，随着社会分工的发展，要求发挥市场的"横向性"功能，促使生产资料、劳动力和技术等生产要素在地区、部门、行业和企业之间合理流动，实现人尽其才、物尽其用、财尽其值；另一方面，随着社会协作程度的提高，要求发挥计划的"纵向性"功能，促使产业结构合理化，保证重要经济资源按比例分配，提高社会经济效益。(2) 所有制的二元结构。生产资料所有制是生产关系的基础，它的构成状况是调节机制形成和发挥作用的前提。我国改革开放以来，出现全民、集体等公有制为一元，个体、私营和外资企业等私有制为另一元的"二元化"发展态势。虽然公有经济始终是主体，私有经济是补充，但是由于公有企业和私有企业的经济联系日益增多，客观上要求计划和市场两种功能同时发挥作用，以促使二元经济的协调发展。社会主义经济本身的两重性和相容性，决定了调节机制的两重性和相容性。可见，双功能复合机制是客观经济条件的产物，是生产力、生产关系和生产方式具有两重性和相容性的必然要求。因此，只有这种机制才能使计划和市场有机结合，形成单一计划机制或单一市场机制所不具有的乘数效应，使社会主义经济活而不乱、管而不死、协调发展。

怎样才能建立起与双功能复合机制相适应的管理体制？这要从双功能复合机制的客观要求出发，总结正反两方面的历史经验，联系经济发展的实际，在改革中进行艰苦探索，在实践中处理好以下三种关系。

第一,两种调节形式的合理组合。计划调节与市场调节的有机结合,要求运用计划指导和市场机制两种调节形式。计划指导是非强制性的计划目标导向,这种调节形式决定它要受计划机制和市场机制双重制约,使计划的刚性和市场的弹性相济,诱导企业在追求自身效益的过程中,逐步接近国家的计划目标。市场机制是与供求联系的利益导向和自发协调,它对社会主义经济有双重效应。一方面,它的灵敏"补位"克服了计划的缺陷,给企业注入活力;另一方面,它的自发性和盲目性也会对计划产生破坏作用。因此,要使市场始终处于总体计划的约束之下,减少其自发扩张和收敛过程中的经济损失。不论是改革前计划指导范围过大,还是改革中市场调节程度过高,都给经济发展造成了困难。历史经验表明,两种调节形式的组合要符合国情,对不同时期、不同范围和不同类型的经济活动,要采取相应的调节形式。在经济秩序混乱,需要治理整顿的时候,须增强计划调节的比重,包括制定落实计划的政策措施,加强对市场的计划导向等;在经济秩序正常、发展较为顺利的时候,可以适当减少计划调节的比重,增大市场调节的力度。总之,要根据实际需要,使两种调节形式有机结合,为建立与双功能复合机制相适应的管理体制创造现实基础。

第二,三种调节手段的协调配合。要使双功能复合机制的优越性充分发挥,必须综合运用经济手段、法律手段和行政手段。用一种手段的优点去弥补另一种手段的缺点,使三种手段相互配合、相互制约。经济手段的优点是与企业的物质利益联系直接,可诱发内在动力和形成外部压力。但是,单纯使用经济手段又易造成"一切向钱看"的偏向,使企业只顾本位利益而忽视和损害国家利益,这就需要运用行政手段和法律手段制约企业的经济行为。同样,行政手段具有简洁、明快、高效的优点,但是过度强调行政手段,又易产生官僚主义,违背经济规律。因此,行政手段也要受到法律手段的制约,以保证企业的经营自主权。在一般情况下,要以经济手段为主,法律和行政手段为辅。但在特殊情况下,如经济运行过热出现全局性失衡时,国家有必要采取较多的行政干预,来控制货币发行、压缩基建规模、限制消费水平等以恢复总体平衡,并须较多地使用法律手段来整顿经济秩序,治理经济环境。因此,只有使三种调节手段协调发挥作用,才能为双功能复合机制的正常运行提供可靠保证。

第三,调节机制与主、客观经济条件的统一。双功能复合机制的作用要受到主、客观经济条件的制约。主观条件是人的素质,包括人们对客观经济规律和双功能复合机制的认识和掌握的程度、从事计划和市场管理工作的知识和能力、国家和企业各自克服利益偏好的自觉性等。客观条件是管理体制和物质基础,包括市场体系、企业管理体制、国民经济管理体制和预测、决策、计划、调控等技术手段。人的素质越高,管理体制越完善,物质技术手段越现代化,双功能复合机制的积极作用才能发挥得越充分;反之则反是。因此,要从主、客观两方面,为双功能复合机制作用的发挥创造有利条件。

总之,实现计划调节与市场调节的有机结合,是社会主义与市场经济相容的基本要求和组成部分。克服计划机制与市场机制在管理体制上的外部对立,建立起与双功能复合机制相应的新管理体制的过程,实质是社会主义与市场经济双向融合,即按社会主义的本质要求去克服市场经济运动形式弊端,以及按市场经济的本质要求去改革旧的高度集中的计划体制缺陷的过程。因此,计划调节与市场调节的有机结合将在调节机制的层面上进一步证明社会主义与市场经济的两重性和相容性。那种只承认计划机制而否认市场机制的理论,势必使社会主义脱离现实基础,导致生产力发展缓慢、人民生活水平下降和社会主义步履艰难,这已为我国改革开放前的实践所证明。相反,那种只承认市场机制而否认计划机制的理论,则会使市场经济背离社会主义方向,同样会导致经济发展的大起大落,这也为改革过程中经受的曲折所证明。因此,只有按照双功能复合机制的要求改革经济管理体制,才能使社会主义市场经济健康发展,逐步创造出比资本主义更高的社会生产力,不断满足全体人民日益增长的美好生活需要。

三、更好地发挥政府的调控作用

中国特色社会主义经济是政府宏观调控下的市场经济,就是要把计划调节与市场调节有机结合起来,在充分发挥市场在资源配置中决定性作用的同时,更好地发挥政府在宏观调控上的重要作用。加强宏观调控并不是对市场作用的否定或替代,而是为了弥补市场调节的缺陷和不足。因此,要在充分认识宏观调控必要性和重要性的基础上,通过深化经济体制改革和完善政府经济职能,运用多种手段加强宏观调控,以保证国民经济的持续健康发展。

（一）宏观调控的含义

宏观调控是由政府承担的对国民经济的协调和监管职能,包括以下任务:对国民经济的预测、计划和指导,对经济发展方式和产业结构的规划和调整,以及运用经济、行政、法律等手段,对宏观经济进行调节和控制等。

在现实生活中,人们往往把市场经济中的宏观调控与计划经济中的行政管制混为一谈,虽然二者都是政府管理经济的方式,但在管理层次、管理目标、管理方法等方面都有很大不同。就管理层次而言,宏观调控是对总供给和总需求等经济总量的调节,行政管制则是对生产者和企业等经济主体的直接干预。就管理目标而言,宏观调控是为了促进经济增长、增加就业、稳定物价、保持国际收支平衡等;行政管制则是为了消除"市场失灵",运用行政手段直接干预企业的生产经营活动。就管理方法而言,宏观调控不是要代替市场机制,而是要为优化资源配置创造条件,而行政管制是对市场机制的否定和替代,是要用行政手段来实现资源配置,因此它们是两种完全不同的宏观管理体制。

为了更好地了解宏观调控,还应消除一些认识上的误区。人们往往认为,宏观调控就是政府采取紧缩政策,抑制经济过快增长。其实,宏观调控既有紧缩型调控,也有扩张型调控,政府要根据实际情况采取不同政策。此外,宏观调控也不是"头痛医头、脚痛医脚"的临时之策和权宜之计,而是贯穿于经济发展全过程的重要工作。

宏观调控是随着市场化改革的深入而逐步完善的。据查证,"宏观调控"一词最早出现于 1988 年 9 月 26 日,《在中国共产党第十三届中央委员会第三次全体会议上的报告》中指出:"必须综合运用经济的、行政的、法律的、纪律的和思想政治工作的手段,五管齐下,进行宏观调控。"①因此,宏观调控与计划经济下的行政管制不同,它是与市场经济密切联系的,将随着市场经济发展而不断完善。

（二）宏观调控与政府职能

政府是否该对国民经济进行宏观调控？对于这个问题,在不同的历史时期

---

① 庞明川:《中国特色宏观调控的实践模式与理论创新》,《财经问题研究》,2009 年 12 月。

人们有着不同的看法,至今仍有不同的理论和观点,难以形成统一的看法。古典政治经济学往往认为市场可以依靠"看不见的手",自发调节和促进经济发展,不需要政府直接干预。古典学派的代表人物亚当·斯密曾说:"利己的润滑油将使经济齿轮几乎以奇迹般方式来运转,不需要计划,不需要国家元首的统治,市场会解决一切问题。"①到了1929年世界性经济危机爆发,传统的自由经济理论既无法解释,又无法解决现实的困境。1936年凯恩斯发表了《就业、利息和货币通论》一书,提出了国家干预宏观经济的理论,从此西方国家对宏观经济开始从自由放任转向政府干预。到了20世纪七八十年代,由于经济滞胀问题的产生,导致新自由主义思潮形成。他们认为,经济滞胀是政府过度干预造成的,重新提出自由放任的经济政策。而20世纪末发生的金融危机,则又一次引发了自由放任与政府干预之争。历史表明,自由放任的观点在1929—1933年的世界性经济危机面前,已被证明是失败的。而另一个极端,如苏联或计划经济时代的中国,政府统管一切也被证明是不成功的。因此,要辩证地理解政府在市场经济中的作用,既不能过度干预影响市场运行,也不能放弃宏观调控导致经济危机。

在改革开放之前,我国实行的是高度集中的计划经济。在这种体制下,小到微观生产活动,大到宏观经济调节,都要通过政府计划和集中管理来实现。随着计划经济向市场经济转变,政府职能也发生相应的变化。政府的经济管理职能要从以直接管理和微观管理为主,转变为以间接管理和宏观管理为主。在我国,政府职能的转变并不意味着要管的事情减少和减轻了;恰恰相反,政府要承担的职责反而更重大了。因为我国的市场经济不像西方国家是自发形成的,而是在政府启动和指导下发展的。政府的职责不只拘泥于调节经济总量和结构,还包括完善市场经济的体制和机制,制定和实现中长期战略目标等艰巨任务。

(三)宏观调控的必要性和重要性

社会主义市场经济的发展,需要加强和完善政府的宏观调控。实行宏观调

---

① 保罗·A.萨缪尔森,威廉·D.诺德豪斯著,高鸿业等译:《经济学》,中国发展出版社1992年版,第1274页。

控,不仅是社会化大生产和经济按比例发展的需要,也是控制市场风险和防范经济危机的需要。宏观调控不仅可以促进经济总量增加,而且可以促进经济结构优化,因而是市场经济健康运行的必要措施和有力保障。

1. 社会化大生产的需要

社会化大生产即生产的社会化,其主要特征是分工细化与协作加强。随着社会分工的发展,各种生产部门之间的协作关系日益密切,各个生产环节成为不可分割的组成部分,要求各生产部门和生产环节保持一定的比例关系,形成相互联系和相互制约的有机整体。市场经济是以社会化大生产为基础的商品经济,因此既要尊重价值规律和价值增殖规律,又要尊重生产力规律和按比例发展规律。社会主义市场经济同样如此,也要同时尊重这两种规律的要求,发挥它们共同促进经济发展的作用。随着生产规模扩大以及社会分工细化,更加需要政府对生产的各个部门和环节,以及国民经济的整体进行调节和控制,以适应社会化大生产和按比例发展规律的要求。

2. 防范各种经济风险的需要

伴随着经济全球化的快速发展,生产要素可以在全球范围内配置,这为许多发展中国家提供了更多的机遇,但也给它们带来了外部冲击和经济风险。我国的市场发育还不完善,经济结构也比较脆弱,容易受到外部不利因素的影响。为了防止经济波动过大,政府有必要加强宏观调控,对国民经济进行有效干预。就国内而言,经济运行中也存在着许多潜在风险,如地方政府债务过大可能引发坏账风险,民间融资成本过高可能导致债务纠纷,生产成本上升导致中小企业亏损、破产;物价上涨导致生活成本提高、经济增长缺乏动力等。① 不重视经济运行过程中来自国内外的潜在风险,必将危及国民经济的持续健康发展。

3. 调节供求和优化结构的需要

宏观经济运行是由总供给与总需求决定的。在短期内,总供给与总需求会出现不平衡的现象。当总供给大于总需求时,会出现经济衰退现象;当总需求大于总供给时,则会出现经济过热现象。宏观经济的"衰退"与"过热"常常会交替出现,使经济呈现周期性波动。为了保证经济持续稳定发展,需要政府加强宏观调控,以保持总供给与总需求的平衡。此外,我国经济自改革开放以来取得巨大

---

① 辜胜阻:《宏观调控要防潜在风险于未然》,人民网,2011年7月19日。

成就,但也存在结构不平衡问题。经济结构不平衡主要体现在产业结构和需求结构等方面,而地区和城乡不平衡则与相关政策有关。例如,我国实行"让一部分人、一部分地区先富起来"的政策,使得到政策优惠与倾斜的地区与其他地区的差距逐渐拉大。不能否认,让一部分人和地区先富起来的政策,在改革初期起到了促进发展和鼓励先进的作用,但也应看到,若这些不平衡状况长期存在,势必影响经济的平衡运行,也将影响社会稳定。因此,有必要制定有效的调控政策和措施,以促进经济社会的协调发展。

4. 市场经济健康运行的需要

党的十九大提出:"加快完善社会主义市场经济体制。"①这不仅是对市场经济改革的方向肯定,也是对未来经济发展的总体部署。但是市场并不是万能的,市场调节也有缺陷。首先,市场经济具有自发性与盲目性。由于市场主体受各自利益驱动,其活动并不能与社会的长远目标和整体利益相一致,因此需要政府通过调控来加以引导。其次,市场不能提供全部公共产品。基于公共产品的特性,私人厂商往往不愿意参与,即使有私人厂商愿意参与,也不能完全满足社会需要,因此必须采取政府投资的方式予以解决。再次,在市场竞争下,优胜劣汰,容易产生两极分化。政府应采取措施实现公平分配,以缩小人们之间的收入差距。市场有调节资源配置的积极作用,但是也有自发性、盲目性和局限性。因此,只有把市场调节与宏观调控有机结合,才能实现国民经济的持续、健康发展。

(四) 当前宏观调控的八大任务

2018年是贯彻党的十九大精神的开局之年,是改革开放40周年,是决胜全面建成小康社会、实施"十三五"规划承上启下的关键一年。根据国内外经济形势以及国内经济现状,在中央经济工作会议上,政府制定了宏观调控的八大任务,需要我们在今后的长时期内认真贯彻和落实。

一是深化供给侧结构性改革。要推进中国制造向中国创造转变、高速度发展向高质量发展转变、制造大国向制造强国转变。深化要素市场化配置改革,重

---

① 习近平:《决胜全面建成小康社会 夺取新时代中国特色社会主义伟大胜利——在中国共产党第十九次全国代表大会上的报告》,人民出版社2017年版,第33页。

点在"破""立""降"上下功夫。大力破除无效供给,把处置"僵尸企业"作为重要抓手,推动化解过剩产能;大力培育新动能,强化科技创新,推动传统产业优化升级,培育一批具有创新能力的排头兵企业,积极推进军民融合深度发展;大力降低实体经济成本,降低制度性交易成本,继续清理涉企收费,加大对乱收费的查处和整治力度,深化电力、石油天然气、铁路等行业改革,降低用能、物流成本。

二是激发各类市场主体活力。要推动国有资本做强、做优、做大,完善国有企业和国有资产的改革方案,围绕管资本为主加快转变国有资产监管机构职能,改革国有资本授权经营体制。加强国有企业党的领导和党的建设,推动国有企业完善现代企业制度,健全公司法人治理结构。要支持民营企业发展,落实保护产权政策,依法甄别并纠正社会反映强烈的产权纠纷案件。全面实施并不断完善市场准入负面清单制度,破除歧视性限制和各种隐性障碍,加快构建"亲清"的新型政商关系。

三是实施乡村振兴战略。要科学制定乡村振兴战略规划。健全城乡融合发展体制机制,清除阻碍要素下乡的各种障碍。推进农业供给侧结构性改革,坚持质量兴农、绿色兴农,农业政策从增产导向转向提质导向。深化粮食收储制度改革,让收储价格更好地反映市场供求,扩大轮作休耕制度试点。

四是实施区域协调发展战略。要实现基本公共服务均等化,基础设施通达程度比较均衡,人民生活水平大体相当。京津冀协同发展要以疏解北京非首都功能为重点,保持合理的职业结构,高起点、高质量地编制好雄安新区规划;推进长江经济带发展要以生态优先、绿色发展为引领;要围绕"一带一路"建设,创新对外投资方式,以投资带动贸易发展、产业发展;支持革命老区、民族地区、边疆地区、贫困地区改善生产生活条件;推进西部大开发,加快东北等老工业基地振兴,推动中部地区崛起,支持东部地区率先推动高质量发展;科学规划粤港澳大湾区建设;提高城市群质量,推进大、中、小城市网络化建设,增强对农业转移人口的吸引力和承载力,加快户籍制度改革落地的步伐,引导特色小镇健康发展。

五是推动形成全面开放新格局。要在开放的范围和层次上进一步拓展,更要在开放的思想观念、结构布局、体制机制上进一步拓展。有序放宽市场准入,全面实行准入前国民待遇加负面清单管理模式,继续精简负面清单,抓紧完善外资相关法律,加强知识产权保护;促进贸易平衡,更加注重提升出口质量和附加值,积极扩大进口,下调部分产品进口关税;大力发展服务贸易;继续推进自由贸易试验区改革试点,有效引导支持对外投资。

六是提高保障和改善民生水平。要针对人民群众关心的问题精准施策,着力解决中小学生课外负担重、"择校热""大班额"等突出问题,解决好婴幼儿照护和儿童早期教育服务问题。注重解决结构性就业矛盾,解决好性别歧视、身份歧视问题。改革完善基本养老保险制度,加快实现养老保险全国统筹。继续解决好"看病难、看病贵"问题,鼓励社会资金进入养老、医疗等领域。着力解决网上虚假信息诈骗、倒卖个人信息等突出问题。做好民生工作,要突出问题导向,尽力而为、量力而行,找准突出问题及其症结所在,周密谋划、用心操作。

七是加快建立多主体供应、多渠道保障、租购并举的住房制度。要发展住房租赁市场特别是长期租赁,保护租赁利益相关方合法权益,支持专业化、机构化住房租赁企业发展。完善促进房地产市场平稳健康发展的长效机制,保持房地产市场调控政策的连续性和稳定性,分清中央和地方事权,实行差别化调控。

八是加快推进生态文明建设。只有恢复绿水青山,才能使绿水青山变成金山银山。要实施好"十三五"规划确定的生态保护修复重大工程。启动大规模国土绿化行动,引导国有企业、民营企业、外资企业、集体、个人、社会组织等各方面资金投入,培育一批专门从事生态保护修复的专业化企业。深入实施"水十条",全面实施"土十条"。加快生态文明体制改革,健全自然资源资产产权制度,研究建立市场化、多元化生态补偿机制,改革生态环境监管体制。[①]

四、健全市场经济的法律制度

市场经济不仅是商品经济、竞争经济,更是信用经济、法治经济。要促进市场经济的健康发展,必须建立和完善相关的法律制度。我们要在充分认识法制建设的必要性和重要性的基础上,全面了解与市场经济紧密联系的法律制度,深刻揭示其中的主要内容和基本要求,并且通过加强立法与司法等途径,不断完善市场经济的法律制度,推进政府依法行政的法治化进程。

---

① 《中央经济工作会议在北京举行 习近平李克强作重要讲话 张高丽栗战书汪洋王沪宁赵乐际韩正出席会议》,《中国应急管理》,2017 年第 12 期,第 3—4 页。

(一) 健全市场经济法律制度的必要性

在市场经济中,企业是独立的和相对独立的经济主体,其行为有很大的自发性和盲目性。因此,企业的经营活动不仅要受到经济规律的制约,更要受到法律制度的约束。建立健全相关的法律制度,是发展和完善社会主义市场经济的需要,是促进市场有序竞争的需要,也是增强宏观调控有效性的需要。

1. 发展和完善市场经济的需要

我国是社会主义市场经济,因此健全法律制度的要求更高。市场经济首先是商品经济,是以交换为基础的生产方式。一切经济活动都要符合价值规律和价值增殖规律的要求,各种生产要素都要作为商品进入市场,并通过市场调节来配置资源和取得要素收益。在市场经济中,商品生产者的地位是平等的,通过供求、价格、竞争等市场机制的作用实现经济主体之间的公平交易,并促进生产要素的优化配置。作为社会主义市场经济,更加要求经济主体之间具有平等的法律地位,不仅拥有自主经营的权利和利益,而且也要尊重其他经济主体的权利和利益。这就需要法律的规范、引导和制约。因此,建立与完善法律制度是发展和完善社会主义市场经济的必然要求。

2. 促进市场有序竞争的需要

在市场经济的发展中,出现了许多无序及混乱现象,如偷工减料、制假售假、偷税漏税、商业欺诈等。造成市场的无序和混乱,既有经济转型的原因,也有市场本身的因素。要使市场经济有序发展,首要的任务就是健全法律制度。法律制度调节的对象是参与市场交易的企业,规范市场竞争的法律包括市场进出准则、定价规则和反对垄断的准则等。市场进出准则是关于企业进入或退出市场的准则,包括规定企业进入市场的资格、企业应履行的责任等;定价规则是限制企业定价中的非法行为、防止市场价格暴涨暴跌的规则;反对垄断的准则是维护公平竞争、防止行政特权非法干预的准则。总之,通过法律制度的建设,才能有效规范经济主体的行为,促进市场竞争的有序进行。

3. 增强宏观调控有效性的需要

市场失灵现象无法通过自身来解决,而是要通过市场外部的力量来干预,于是人们把希望寄托于政府,让其发挥宏观调控的作用。但值得注意的是,政府并非是一个人,而是一个庞大的机构,它的所有成员并非都是为了公共利益,有些人可能利用公共权力做不利于公众的事情,这就是所谓的政府失灵。而解决政府失灵的办法仍要靠法律法规的约束,即经济主体与政府成员都要置身于法律之下,受制度的约束。在现行的法律法规中,约束经济主体的规定较多,而约束政府成员的规定较少。在这种情况下,政府很容易以法律为借口,对市场进行过多的干预。因此,市场经济的有序发展离不开政府的宏观调控,而政府的有效调控则离不开健全的法律法规的约束。我们需要建立并完善相关的法律制度,使其既能约束经济主体又能约束政府成员,这对政府有效实施宏观调控、防止滥用权力有着重要作用。正如党的十八大所指出的:"要加快建设法治政府,用法律法规调整政府与市场、企业与社会的关系,努力做到政府职权法授、程序法定、行为法限、责任法究。"①

(二) 市场经济法律制度的基本内容

市场经济要以法律为保障,一切经营活动都必须在法律允许的范围内进行,要用完备的法律和法规,规范和调节各种经济关系。有关市场经济的法律制度,其基本内容包括明确市场主体、保护主体产权、维护市场秩序、促进有效调控,以及完善社会保障等方面,要使它们在实践中得到发展和完善。

1. 明确市场主体

市场主体是指参与市场交易的组织与个人,包括政府、企业与个人,其中企业是最重要的市场主体。在市场经济体制下,企业既是生产资料的产权主体,又是生产和经营的责任主体,是独立的商品生产者和经营者,能够自主决策、自主经营、自负盈亏。为了保证市场主体的独立性和自主性,必须以法的形式对它们的资格、条件、地位、权利、义务等做出明确的规定。

2. 保护主体产权

市场主体产权是以财产的所有权为依据,直接体现所有者利益的权利,一般包括物权、债权、股权、知识产权等。在市场经济体制下,市场主体之间都是平等的。对不同产权给予同样的法律保护,正是市场主体地位平等的重要体现。由

---

① 《十八大报告辅导读本》,人民出版社 2012 年版,第 30 页。

于所有市场主体的产权都能得到法律保护,因此在法律允许的范围之内,市场主体可以自由支配自己的财产,从事各种市场需要的生产经营活动,从而创造出更多的社会财富,推动整个国民经济的发展。

3. 维护市场秩序

为了更好地发挥市场对资源配置的决定性作用,必须有良好的市场秩序。在市场经济体制下,市场主体应享有平等竞争的权利和机会,并保证竞争手段的公平与正当。因此,必须按照公平、公正、公开的原则,制定市场主体共同遵守的准则和规范。例如,通过《合同法》,可以更好地维护合同当事人的权利与义务;通过《反不正当竞争法》,可以制止不正当竞争行为,保护经营者的合法权益;通过《消费者权益保护法》,可以对损害消费者的行为进行制裁,不但保护了消费者的权益,而且维护了市场秩序。此外,通过制定反垄断法以及产品质量法等,对促进公平竞争、维护市场秩序都具有重要意义。

4. 促进有效调控

在市场经济中,为了弥补市场机制的缺陷,需要加强政府的调节与控制,以弥补市场调节的不足和克服市场失灵现象。但政府干预的方式与程度要由法律来规范,政府的过度干预不仅导致行政权力膨胀,而且使企业权益受损,造成人为的比例失调和经济波动。因此,政府的宏观调控既要符合经济规律,又要符合法律规定,必须在法律允许的范围之内,通过合法途径和必要程序来进行,使政府的宏观调控职能充分、有效地发挥出来。

5. 完善社会保障

市场经济具有分化作用和马太效应,在竞争机制下形成的优胜劣汰容易产生两极分化并影响社会稳定。社会保障是市场经济运行的安全网与稳定器,通过建立与完善社会保障制度及其法律规定,可以使竞争中的弱者、生活困难者得到最基本的保障,人们有了安全感、稳定感,消除了后顾之忧,才可以积极创业、大胆消费,市场经济就有了巨大的发展动力和良好的社会环境。

(三) 市场经济对法律制度的基本要求

根据党的十八大和十九大精神,建立与完善市场经济体制,必须健全法律制度和做好相关工作。完善市场经济的法治建设是一个系统工程,包括加强重点领域立法、建立依法行政制度、深化司法体制改革等。同时,要加强法治教育和宣传,提高人民群众的法治意识,为市场经济的法治化创造有利的社会环境。

1. 加强重点领域立法

党的十九大提出:"建设中国特色社会主义法治体系,建设社会主义法治国家。"①新中国成立 70 年以来,特别是改革开放 40 多年来,我国的法律体系已经基本形成,面对新的经济形势,立法工作应有所变化,主要表现在:(1)从主要服务于经济的速度、总量和规模,向服务于效益、质量和方式转变;(2)从有关经济调节和市场监管的立法,向有关社会管理和公共服务的立法转变;(3)从致力于建立市场经济和改革调控体制,向致力于和谐社会和服务型政府转变;(4)从强调立法的数量和速度,向注重立法的质量和效果转变。在新时期建立与健全社会主义法治,应重点完善经济体制方面的立法。同时,要改进和创新立法方式,提高立法工作的透明度和公众参与度,增强法律法规的科学性、针对性和有效性。

2. 努力推进依法行政

党的十八大提出,要在 2020 年建成法治政府的目标,通过法律法规来调整政府与市场、企业、社会的关系,努力做到政府职权法授、程序法定、行为法限、责任法究。党的十九大进一步提出:"必须坚持厉行法治,推进科学立法、严格执法、公正司法、全民守法。"②在我国,行政机关承担着经济、政治、文化、生态文明建设等各个领域的管理任务,其行政能力和执法水平与人民生活息息相关。目前,依法行政的现状与经济社会发展的要求,特别是与全面建成小康社会的目标还有差距。在现实生活中,以人代法、以权代法、徇私枉法的现象不同程度存在。因此,要深入推进依法行政,着力规范政府行为,为顺利建成法治政府的目标而努力。

3. 深化司法体制改革

深化司法体制改革,完善司法制度,确保审判机关、检察机关公正行使审判

---

① 习近平:《决胜全面建成小康社会 夺取新时代中国特色社会主义伟大胜利——在中国共产党第十九次全国代表大会上的报告》,人民出版社 2017 年版,第 22 页。
② 习近平:《决胜全面建成小康社会 夺取新时代中国特色社会主义伟大胜利——在中国共产党第十九次全国代表大会上的报告》,人民出版社 2017 年版,第 38 页。

权、检察权。现代法治的重要特点是司法独立,我国《宪法》明确规定,人民法院依照法律规定独立行使审判权,人民检察院依照法律规定独立行使检察权,不受行政机关、社会团体和个人的干涉。为了让每个人在司法案件中都能感受到公平正义,应大力推进司法公正和司法公开。还应加强政法队伍建设,完善各项管理制度,提升法官、检察官的司法理念、业务能力和工作水平,维护司法的公信力和权威性。①

4. 加强法制宣传教育

党的十九大提出:"加大全民普法力度,建设社会主义法治文化,树立宪法法律至上、法律面前人人平等的法治理念。"②因此,要深入开展法治宣传教育,弘扬社会主义法治精神,增强全社会学法、尊法、守法和用法的意识,提高领导干部运用法治思维和法治方式,化解矛盾和维护稳定的能力。加强法治宣传和教育,增强广大人民特别是领导干部的法治观念,形成良好的法治环境,是实现依法治国的重要内容与可靠保证。我国人口众多,还有很多人法治观念淡薄,需要不断加强法治宣传和教育。在这一过程中,应注意宣传教育的方式和方法,不断强化人民群众的法治意识。

---

① 袁曙宏:《全面推进依法治国》,《十八大报告辅导读本》,人民出版社 2012 年版,第 218—220 页。

② 习近平:《决胜全面建成小康社会 夺取新时代中国特色社会主义伟大胜利——在中国共产党第十九次全国代表大会上的报告》,人民出版社 2017 年版,第 39 页。

第9章

劳动价值的两重性和相容性

马克思的劳动价值论和剩余价值论是建立在劳动两重性学说基础上的两大理论创新,是创立和发展马克思主义经济理论的两大基石,因而对发展中国特色社会主义经济和健全市场经济体制具有指导意义。在社会主义市场经济中,无论是公有企业还是非公企业都要遵循价值规律和价值增殖规律,因而仍然要坚持和发展马克思的劳动价值论和剩余价值论。也就是说,在社会主义市场经济中,由于公有经济和非公经济的两重性和相容性,决定了剩余价值和公共价值(剩余价值的转化形式)的两重性和相容性。因此,我们要在深刻揭示劳动价值、剩余价值和公共价值演变的基础上,进一步阐明价值创造与价值分配在管理、科技和服务等方面的两重性和相容性,以促进社会主义市场经济的发展和完善。

一、劳动价值、剩余价值和公共价值的演变与发展

劳动价值即商品价值是在以个体生产为基础的小市场经济中产生的,进而在社会化大生产的市场经济中转化为剩余价值。由于生产资料所有制不同,在资本主义社会形成私有剩余价值;在社会主义社会形成公有剩余价值,简称公共价值。因此,我们可以分三个历史阶段,即小生产的市场经济、资本主义市场经济和社会主义市场经济,来探讨劳动价值怎样从个体劳动价值异化为资本剩余价值,再向社会公共价值转变的历史过程,从而在坚持马克思劳动价值论基础上,充分认识在社会主义初级阶段综合运用这三种价值的必要性和重要性,特别是要充分认识剩余价值与公共价值的两重性和相容性,以加快社会主义市场经济发展和现代化强国建设。

(一) 劳动价值的本源——商品价值

恩格斯曾经指出,无产阶级的"全部理论来自对政治经济学的研究"[①],而马

---

① 《马克思恩格斯选集》第二卷,人民出版社 2012 年版,第 8 页。

克思的剩余价值理论是无产阶级政治经济学的基石,科学的劳动价值论则是剩余价值理论的基础。因此,正确认识和掌握劳动价值论对坚持和发展马克思主义经济理论,深入揭示社会主义市场经济规律,促进生产力发展具有重要的理论和实践意义。

马克思主义认为,劳动价值是历史范畴,劳动创造价值是市场经济的产物和表现。要全面理解劳动价值论,必须对劳动创造价值的前提条件、客观原因和实际作用有一个准确的了解。

首先,劳动创造价值是生产力发展的必然产物。随着生产力水平提高,形成以个体劳动为基础的社会分工,不同生产者之间劳动的专门化和需要的多样化,要求相互交换他们的产品,这就为产品转化为商品提供了前提条件。资本主义大生产取代个体劳动小生产,进而社会主义大生产取代资本主义大生产,都没有改变这种分工体系,相反使分工更细、专业化程度更高,因而更要通过全面的商品交换来满足生产和消费需要。

其次,劳动价值是商品生产者之间交换劳动的关系和表现。在生产资料私有制条件下,个体劳动者为了维护私有权,要求利益均等地交换产品。这种等价原则从愿望到实现,经历了漫长的历史过程。人们首先是不自觉地行动,最后才认识其中的必然,特别是认识价值实体是等同社会劳动,几乎凝聚了人类近两千年的智慧。直到近代,资产阶级古典经济学家才猜到商品的等同性根源于劳动,但是仍然不明白不同的劳动为什么可以相等的道理。直到马克思创立劳动二重性学说,通过对劳动一分为二,才揭示出抽象劳动形成价值的原理,使劳动价值论建立在科学基础之上,解决了这一政治经济学的千古难题。

最后,劳动价值的形成反过来有力地促进了生产力发展。这一作用通过价值规律的客观要求具体显现出来。在微观上,价值规律以产品个别劳动时间必须等于或低于社会必要劳动时间则可盈利的方式,促使商品生产者不断改进技术,加强管理,以提高个别生产力;在宏观上,价值规律以过剩产品不能实现其价值的方式,促使资源的合理流动和按比例配置,以提高社会生产力。可见,价值规律是生产力发展的动力,是通过利益机制推动经济发展的形式。因此,正确理解劳动价值论实质是要科学认识和自觉遵循价值规律。由于社会主义取代资本主义,不仅没有改变大生产的性质,而且还要大力发展市场经济,价值规律仍然是生产力的形式和动力,因此马克思的劳动价值论不仅没有过时,而且要在社会主义条件下得到发展和创新,充分显示它的指导作用。

(二) 劳动价值的变异——剩余价值

劳动价值实质是市场经济关系,这种关系会随着生产力发展而产生质的变化。资本主义市场经济取代小市场经济,使个体劳动价值转变为资本剩余价值,从而使小生产者之间的平等关系变成资本家对雇佣工人的剥削关系,是市场经济的第一次质变。这里我们必须深刻理解劳动价值转变为剩余价值的前提条件、根本原因、转化过程和实际作用。

首先,生产力发展为劳动价值转变为剩余价值提供了物质前提和生产方式。随着社会分工发展和生产技术进步,以手工作坊为起点的简单协作,为许多人共同使用生产资料和扩大生产规模提供了可能性,因而促进了个体劳动向集体劳动的转化。正如马克思所说:协作"创造了一种生产力,这种生产力本身必然是集体力"①。资本主义的工场手工业以及机器大工业,正是在这一基础上发展起来的。社会主义的建立,不仅不会取消社会化大生产,而且要把它提高到新阶段。因此,生产力发展始终是市场经济变化的根本动力。

其次,劳动力成为商品是使劳动价值转变为剩余价值的直接原因。小市场经济发展造成了社会的两极分化。一方面,使少数人积累起巨额财富,以至可以购买他人劳动力来生产;另一方面,使多数人丧失生产资料,不得不出卖劳动力来维持生存,这就为形成资本主义剥削提供了现实条件。社会主义取代资本主义之后,虽然消灭了资本主义剥削制度,建立起社会主义公有制,但是没有消除劳动力个人所有与生产资料公共所有之间的界限,劳动者与公有生产资料的结合仍然要采取买卖劳动力的形式。因此,劳动者在公有企业中提供的剩余价值取得了公共价值的性质。

再次,劳动价值转变为剩余价值的过程实质是价值规律向价值增殖规律转化的过程。一方面,由于劳动力买卖符合等价交换原则,并不违反价值规律;另一方面,劳动力的使用即劳动,能创造出大于劳动力价值的价值即剩余价值,从而使价值规律转变为价值增殖规律。因此,我们不能把价值规律与价值增殖规

---

① 《马克思恩格斯选集》第 2 卷,人民出版社 2012 年版,第 207 页。

律割裂开来和对立起来,它们具有共性和历史联系。可以说,价值规律是价值增殖规律产生的根源,而价值增殖规律是价值规律演变的结果,因而价值增殖规律是特殊的价值规律。在社会主义市场经济中,由于公有制使私有资本价值增殖转化为公有资本价值增殖,从而使私有剩余价值转化为公有剩余价值即公共价值。

最后,价值增殖规律反过来又促进了生产力发展。在资本主义社会,价值增殖规律对生产力的促进作用表现在两个方面:第一,资本家通过追求超额剩余价值,促进企业生产力提高。超额剩余价值来源于商品个别价值与社会价值的差额。当部分资本家率先改进技术,提高企业生产力,使其商品的个别价值低于社会价值时,就可获得超额剩余价值,体现了价值增殖规律提高微观生产力的要求。第二,资本家获得的相对剩余价值,是全社会劳动生产力普遍提高的结果。无数资本家在追逐超额剩余价值过程中,促使社会生产力普遍提高,从而降低了必要生活资料价值和劳动力价值,缩短工作日中的必要劳动时间,相对延长剩余劳动时间,使整个资产阶级都获得相对剩余价值,体现了价值增殖规律提高宏观生产力的要求。以前价值规律促进生产力发展的作用,现在被价值增殖规律所代替,并且在社会化大生产基础上得到更充分实现。社会主义代替资本主义,第一不会取消社会化大生产,第二要大力发展市场经济。因此,只要撇开资本主义生产关系的特殊性,价值规律、价值增殖规律对生产力的促进作用,在社会主义社会中是同样存在的。由于社会主义生产关系与市场经济本质要求的一致性,使价值规律、价值增殖规律能更全面反映生产力要求,从微观和宏观两个方面更有效地促进生产力发展。

(三) 劳动价值的复归——公共价值

在资本主义条件下,剩余价值促进生产力发展遇到不可逾越的障碍,受到私有制生产关系的束缚,这就要求建立社会主义生产关系及其经济制度。社会主义公有制的建立,使剩余价值转变为公共价值,这是市场经济的第二次质变。如果说由个体生产为基础的劳动价值,向大生产为基础的剩余价值转化是第一次否定,那么在大生产基础上,剩余价值向公共价值转化就是第二次否定即否定之否定,表明劳动价值在一个更高发展阶段上得到了复归。这里我们必须深刻理解剩余价值向公共价值转变的前提条件、根本原因、特殊性质和现实作用。

首先,生产力发展是实现这一转变的前提条件。一方面,生产力发展要求以生产资料公有制取代私有制,从根本上克服资本主义社会的基本矛盾;另一方面,现有生产力水平要求默认劳动者的个人能力是"天赋特权",即承认劳动力个人所有,企业只能通过购买劳动力商品,按职工提供的必要劳动进行"按劳分配"。因此,劳动者在剩余劳动时间提供的剩余价值,就合乎规律地转变为公共价值,即上缴国家的利税和企业留存的利润,使公共价值成为剩余价值的转化形式,成为劳动者不再受剥削的客观理由。

其次,社会主义公有制是使剩余价值转变为公共价值的根本原因。大生产和市场经济是社会主义与资本主义的共性,只是生产资料所有制性质的改变,才使它们具有不同的个性。社会主义公有制的建立,决定了剩余劳动创造的价值只能归集体或全民公有,使私有资本的价值增殖规律转变为公有资本的价值增殖规律,形成公共价值。因此,我们在改变生产资料私有制以后,过早否定市场经济是十分错误的,实质是人为否定生产力发展的形式和动力,因而受到经济规律的惩罚,结果吃了大亏。

再次,公共价值改变了剩余价值的剥削性质,使劳动价值在更高社会阶段得到复归。公共价值的形成,不仅表明劳动者摆脱了受剥削地位,而且使劳动者在剩余劳动时间里创造的价值,可以用于满足社会公共需要,更好地为劳动者的整体利益和长远利益服务,成为巩固和完善社会主义上层建筑的经济基础。可见,公共价值与剩余价值实际是同一价值量——工人在剩余劳动时间创造的价值,在不同生产关系中的表现形式,前者代表公共利益,后者代表私人利益。因此,如果说剩余价值是劳动价值在资本主义条件下剥削关系的体现,那么,公共价值则是劳动价值所代表的平等关系在社会主义条件下的再现。

最后,公共价值对生产力的促进作用得到更广阔的发展空间。在微观上,企业可以利用公共价值进行技术改造和扩大生产,以及改善职工的工作条件和提高他们的福利水平,加快提高企业生产力;在宏观上,国家可以集中大量公共价值用于基础建设和重点项目,用于调整产业结构和扶持落后地区,以及提高全体人民的公共福利和生活水平,提高社会生产力的整体水平。新中国成立以来,特别是改革开放以来,我国经济高速发展证明了合理使用公共价值的必要性和重要性。可见,公共价值体现了劳动者的整体利益和全民的长远利益,因此劳动者不仅要在必要劳动时间里为个人谋利益,而且要在剩余劳动时间里为国家和集体做贡献。

(四) 社会主义初级阶段是三种价值的综合

当然,要使社会主义完全取代资本主义,要使私有价值增殖规律完全转化为公共价值增殖规律,是一个长期而又复杂的历史过程。特别是在经济相对落后国家建立的社会主义,要经历一个以发展经济为中心任务的初级阶段,必须允许公有经济和私有经济在市场经济中平等竞争和共同发展,使劳动价值、剩余价值和公共价值有机结合,协调发挥作用,这就需要解决一系列新问题。

首先,在公有经济为主体的前提下,使多种经济成分共同发展。怎样才能使公有、私营、个体和外资等多种经济成分相互融合、协调发展?这就要从企业内部和外部两个方面改革和完善经济体制。具体来讲,在企业内部要建立和完善股份制和股份合作制,使不同所有制的生产要素可以在同一企业中有机结合;在企业外部则要健全市场经济体制,因为只有市场才能使不同所有制企业,在等价交换原则下平等互利地联系起来。虽然,不同经济实体的经营目标和现实利益不同,公有企业要求获得公共价值,私营企业要求获得剩余价值,个体生产者要求获得劳动价值,但是这三种价值都要遵循价值规律,通过商品交换来实现。因此,市场经济为多种经济成分有机结合创造了条件,使市场体制和价值规律成为各类经济主体发展的兼容形式和共同动力。

其次,在以按劳分配为主的前提下,使按劳分配、按资分配和按其他要素分配相互补充。马克思主义认为分配关系是生产关系的反面,公有与私有生产关系的两重性,决定了按劳分配与按要素分配的相容性。有些人认为,如果承认按劳分配就必须否定按要素分配,如果承认按要素分配,就必须否认按劳分配,把二者完全对立起来。产生这一错误的理论根源,是没有把价值创造与价值分配区分开来。由于劳动是商品价值的唯一源泉,因此在市场经济中,劳动者按必要劳动取得报酬是必然的。但是由于商品使用价值是价值的物质承担者,因此其他要素对生产使用价值的作用,必须在价值分配上得到体现,以实现其他要素的所有权。这就要求在实行按劳分配的同时实行按要素分配。可见,按劳分配与按要素分配的结合,是商品价值与使用价值统一的客观要求,是多种经济成分共同发展的现实需要,也是劳动价值论在社会主义初级阶段的创新发展。

再次,要兼顾公平与效率,适当拉开收入差距,通过一部分人和地区的先富,来带动后富和促进共同富裕。这里要解决三个具体问题:(1)私营业主的劳动及其收入问题。过去在批判资本主义剥削时,常把资本家的经营活动单纯理解为剥削行为,否认他们的管理劳动是片面的。在社会主义初级阶段,私营企业已经成为社会主义市场经济的组成部分,它们在增加就业、提供税收、满足消费和加快经济建设等方面发挥着重要作用,因而与资本主义的私营企业有着质的区别。虽然私营业主仍然具有剥削性质,但是他们为经营管理付出的辛勤劳动,必须得到社会承认和取得应有报酬,因而把他们的利润完全归结为剥削是不合理的。根据劳动价值、剩余价值和公共价值可以并存的原理,他们的利润应该分为管理劳动报酬、经营风险收入和上缴国家税收三部分,以保证合法的私营业主有稳定和丰厚的收入。(2)科技劳动者的贡献和分配问题。随着科技在经济建设中地位和作用的提高,科技劳动在价值创造和价值分配中的问题,越来越受到人们关注。科技劳动不仅是复杂劳动,而且是创造性劳动,因此其劳动特别艰辛,难以准确计量。但是从历史上看,对科技人员的劳动补偿是不充分的。在我国甚至有过脑体收入倒挂的经历,这不仅严重违背价值规律,直接阻碍科技和经济发展,而且挫伤了广大科技人员的积极性和创造性。因此,从复杂劳动的补偿和科技投入的回报两个方面,完善对科技劳动者的分配制度和奖励方法已成当务之急。(3)实体经济与虚拟经济的关系问题。劳动价值是实体经济的产物,它要求我们严格遵循价值规律和价值增殖规律,促进实体经济发展。但是,价值形式的超实体运行,即利用市场机制进行筹集资金和再分配利益,却是形成股票、债券和期货等虚拟经济的根源。现实表明,虚拟经济既有产生的必然性,又有作用的二重性,是一把"双刃剑"。因此,我们一方面要充分发挥虚拟经济对实体经济的推动作用,促进虚拟经济的规范发展;另一方面也要防止虚拟经济的过度膨胀,形成泡沫经济,反过来对实体经济产生破坏作用。我们的目标是使劳动价值与价值形式,从实体和虚拟两个方面,共同促进现代化建设的健康发展。

最后,充分发挥公共价值的主导和调节作用。公共价值的形成是社会主义优越性的集中体现,为价值增殖规律在公有制条件下推动生产力发展打开了广阔的空间。(1)为了实现社会主义生产目的,在坚持公有经济为主体、国有经济为主导的前提下,可以充分发挥三种价值同时促进生产力发展的合力作用。(2)在坚持公共价值的主导地位和发挥其调节作用的同时,充分利用其他价值的特点和优势,使它们相互补充、相得益彰,以达到合理配置资源和优化产业结构的目的。(3)在公有经济为主体的条件下,不仅有利于完善社会主义经济体制,而且可以通过健全社会主义法治和加强精神文明建设,来限制市场经济运行方式可能产生的消极作用和负面影响。因此,在生产力发展和人民生活改善的同时,扩大公共价值积累和进行合理使用,是加速提高综合国力、增强可持续发展能力和赶超发达国家的有效途径。

总之,劳动价值、剩余价值和公共价值是小市场经济、资本主义市场经济和社会主义市场经济的产物和表现,反映了市场经济有规律的螺旋式上升过程,它们的共性是在不同历史阶段促进生产力发展。由于社会主义仍然是市场经济,这就需要在深入研究马克思劳动价值论的基础上,充分认识劳动和劳动价值的新特点,从社会主义初级阶段的实际出发,综合发挥这三种价值及其运行规律的作用,充分认识剩余价值与公共价值的两重性和相容性,以促进社会生产发展和人民生活改善,使社会主义优越性更充分地发挥出来。

二、劳动价值论对经济发展的现实意义

劳动价值论的研究不能只停留在理论层面,而必须深入到经济运行的实践中去,充分发挥其对社会主义经济建设的指导作用。有些人认为劳动价值论是在资本主义条件下产生的,现在已经过时了,对社会主义经济发展没有指导作用,这是完全错误的。马克思的劳动价值论作为揭示商品内在矛盾的科学理论,虽然诞生于19世纪资本主义发展的初期,但是只要人类社会还存在商品、货币和资本关系,它所揭示的市场经济规律就必然存在,它依然能指导我们认识和解决社会主义市场经济中的新问题。由于社会主义初级阶段仍要大力发展市场经济,因此对马克思的劳动价值论进行深入学习和研究,充分认识劳动价值体现的两重性特点和相容性规律,是我们面临和亟须解决的重大现实课题。

(一) 对建立和完善社会主义市场经济的指导作用

劳动价值论虽然以揭示商品的内在矛盾为核心任务,但它从商品这一资本

主义经济的"细胞"出发,科学揭示了市场经济的基本规律即价值规律和价值增殖规律。因此,只要撇开资本主义的特殊性质,劳动价值论所阐明的生产、交换、分配和消费等方面的经济规律,对社会主义市场经济同样具有指导意义。

第一,在生产方面,理解劳动价值论的科学内涵,遵循它所揭示的客观规律,就能极大地促进生产力提高和国民经济增长。

早在200多年前,西方经济学的鼻祖亚当·斯密就在其代表作《国富论》中提出了"看不见的手"的原理,详细论述了市场机制在实现资源配置和提高生产力方面的积极作用。但是,亚当·斯密及以后的经济学家没能对市场机制的根源给出合理解释,直到马克思劳动价值论的出现才提供了科学答案。

在马克思看来,反映市场机制的"看不见的手"就是价值规律的要求和表现。正是价值规律的作用,才使市场中的个人或企业在追逐私利的同时,提高了社会生产力和增进了公共福利。这一过程得以实现的内在机制,恰恰是商品的个别劳动时间与社会必要劳动时间之间的矛盾运动。根据马克思劳动价值论的基本原理,任何商品都是使用价值和价值的统一体,使用价值用于满足人的某种需要;而价值则是决定商品交换比例的内在尺度。但是,由于形成价值实体的劳动是相同的人类劳动,所以只有社会必要劳动时间才能决定商品价值。这就导致一部分商品生产者因为个别劳动时间大于社会必要劳动时间而遭受损失,而另一部分商品生产者因为花费了较少的个别劳动时间而获得额外收益。在这种情况下,生产力低于社会平均水平的生产者为了免遭损失,就会通过各种途径如提高工人的熟练程度或采用新技术等,来缩短生产商品的个别劳动时间;而技术领先的生产者为了巩固其优势,或在竞争中争取更大收益,也会通过技术创新或设备改进来缩短个别劳动时间,结果使社会生产力普遍提高。可见,在市场经济条件下,个人或企业自发的利己行为终将导致公共福利增加。

市场经济的这一特点为改变我国计划经济模式,建立社会主义市场经济体制提供了理论依据。在过去的计划经济体制下,企业不是独立的商品生产者和经营者,产品的生产和销售均由国家计划统一安排。由于缺少市场机制的激励和约束,企业没有持久发展的内在动力和外在压力,因而导致社会生产发展缓慢。即使通过劳动竞赛或评比先进等激励手段,由于没能触及企业和个人的根本利益,所以也不能取得令人满意的效果。但是,实行市场经济体制以后,情况就有了根本性转变。作为商品生产者和经营者的企业要想在市场中求得生存与发展,就必须使其商品的个别劳动时间低于社会必要劳动时间,从而促使企业不断改进技术,加强管理,提高劳动生产率,进而促进整个国民经济的快速发展。

第二,在交换方面,正确理解和全面把握劳动价值论的内涵,有助于我们健全和完善商品市场和要素市场,充分发挥市场机制对国民经济的促进作用。

商品是使用价值和价值的统一体。买者要想取得商品使用价值;卖者要想让渡他的商品,并实现其中的价值和剩余价值都必须通过交换。在市场经济中,交换和生产具有同等重要的地位。由于交换既是企业生产的起点,又是它的终点和目的,所以营造一个诚信有序的市场环境,对于企业生产的正常进行乃至整个市场经济的健康发展都有举足轻重的影响。

形成诚信有序的市场环境的第一个要求,就是要在商品交换中充分反映等价交换原则,它是价值规律的具体体现。等价交换要求所有商品都按社会必要劳动时间进行交换。如果不按这一原则交换,就会使一些原本盈利的企业遭受损失,挫伤他们的生产积极性;或者使一些生产技术落后,应该淘汰的企业仍能苟延残喘,阻碍社会生产力提高。在原有的计划经济体制下,一切商品的价格都由政府制定,结果既不反映价值,又不反映供求。在这种扭曲的价格体制下,许多国有企业虽然工艺技术落后,产品的个别劳动时间大大高于社会必要劳动时间,但是仍能维持生存。这也部分地证明了,为什么商品价格放开以后,国有企业的整体效益普遍下滑,并且长期未能摆脱颓势。可见,只有符合价值规律的内在要求,建立科学合理的价格体系,才能刺激企业提高生产力,促进国民经济的发展。

形成诚信有序的市场环境的第二个要求,就是要建立和完善各类商品及要素市场,形成完备的市场体系。企业要想实现价值增殖,必须从市场上购买到两类商品:一类是能够创造新价值的劳动力,另一类是生产产品的生产资料。只有同时获得这两类商品,企业才能进行生产和实现价值增殖。因此,为了保证企业生产顺利进行,必须大力发展各类要素市场。同时继续完善商品市场,以保证企业产品销售和价值实现。可见,发展和完善各类商品和要素市场,形成规范成熟的市场体系,无论是保证企业生产的稳定和连续,还是加快企业的资金周转、减少流通费用,都有着重要作用。

第三,在分配方面,深入研究劳动价值论有利于更好地认识按要素分配的必要性,充分调动要素所有者的积极性,最大限度地发展社会生产力。

早在 17 世纪的英国,古典政治经济学的创始人威廉·配第就提出过"劳动是财富之父,土地是财富之母"①的思想,劳动虽然是创造物质财富的能动要素,但是其他生产要素同样不可或缺。马克思在劳动价值论中也有过类似的论述。他认为,劳动虽然是商品价值的唯一源泉,但商品的"使用价值,简言之,种种商品体,是自然物质和劳动这两种要素的结合"②。同时,由于商品价值要以使用价值为载体,而各种生产要素又是形成使用价值的物质条件,因此在进行价值分配时,除了按照劳动分配必要价值以外,还要根据其他生产要素的贡献分配剩余价值。其他生产要素如资本、技术、土地等都是形成使用价值的重要源泉,如果不对这些生产要素给予必要肯定和合理补偿,就会影响它们的所有者参与生产的积极性,进而影响生产力和经济效益提高。这对于资本和技术匮乏的发展中国家就显得更为重要。

第四,在消费方面,全面把握劳动价值论的科学内涵,有助于形成科学、合理的产业结构,避免重复投资、重复建设,以提高资源利用效率。

正如消费是生产的出发点和最终目的,而生产又决定消费的结构和数量,两者紧密联系一样,马克思对社会必要劳动时间的分析也是从内在联系出发,逐步扩展的。人们比较熟悉马克思所定义的第一种含义社会必要劳动时间,即"在现有的社会正常的生产条件下,在社会平均的劳动熟练程度和劳动强度下制造某种使用价值所需要的劳动时间"③,而忽视了第二种含义社会必要劳动时间,即"耗费在这种商品总量上的社会劳动的总量,就必须同这种商品的社会需要的量相适应,即同有支付能力的社会需要的量相适应"④。其实,这两种含义的社会必要劳动时间是内在统一、不能割裂的。

按照马克思的论述,商品价值的实现取决于当时的社会需要,也就是生产者和消费者具有支付能力的需求。如果实际投入某商品的劳动时间高于社会需要的数量,那么即使该部门每个商品的个别劳动时间都等于第一种含义社会必要劳动时间,其商品价值也不能按照第二种含义社会必要劳动时间来实现,整个行

---

① 马克思:《资本论》第一卷,人民出版社 2018 年版,第 56—57 页。
② 马克思:《资本论》第一卷,人民出版社 2018 年版,第 56 页。
③ 马克思:《资本论》第一卷,人民出版社 2018 年版,第 52 页。
④ 马克思:《资本论》第三卷,人民出版社 2018 年版,第 214 页。

业的一部分劳动时间，会由于超出社会需要而被浪费掉。因此，这就要求政府在市场经济运行中，实施必要的引导和调控，通过资源优化配置，形成合理产业结构，促使社会消费水平稳步提高。

(二) 对改革和发展国有企业的指导意义

国有企业是公有经济的主导，是国民经济中的支柱力量。如何增强国有企业的活力，提高国有经济的效益，是关系我国经济持续、稳定、健康发展的重要环节，也是社会主义市场经济体制改革的重要任务。其实，劳动价值论揭示的经济规律，不但对建立和完善社会主义市场经济具有指导作用，而且对国有企业的改革和发展也提供了真知灼见，如果仔细研究一定会大有裨益。

1. 从直接生产过程看，每个企业都要遵循价值形成规律，努力提高劳动生产力

如前所述，企业生产商品实际耗费的是个别劳动时间，但在进入流通领域参与交换时，企业能够实现的却是按照社会必要劳动时间决定的价值。所以企业在进行生产管理和经济核算时，必须同时从以下两个方面入手，寻求降低商品个别价值的途径。

（1）提高生产资料等物化劳动的利用效率，使同量生产资料能生产出更多产品。

① 通过广泛搜集市场信息，尽可能地降低劳动对象和劳动资料的采购成本，进而降低生产资料转移到产品中的价值；

② 通过采用新的工艺和技术，提高劳动对象的使用效率，尽可能地减少非生产性的原材料耗费；

③ 通过提高固定资产等劳动资料的利用效率，使其在寿命周期内生产更多产品。

（2）提高工人的生产效率，使同量活劳动消耗能生产出更多产品。

① 通过劳动力市场，选择高素质、懂业务的人就职上岗，同时利用劳动力市场上的竞争，尽可能降低企业的劳动成本；

② 通过加强对企业员工的技术培训，提高劳动的熟练程度，缩短生产单位产品的劳动时间；

③ 通过合理设置工作岗位、科学设计工艺流程、普及流水操作等方法，提高员工协作劳动的生产力。

2. 进入流通领域，各个企业都要遵循价值实现规律，按照市场需要安排生产

从前面的分析可知，第一种含义社会必要劳动时间虽然是形成商品价值的决定因素，但第二种含义社会必要劳动时间却是实现商品价值的决定因素。企业生产目的不是为了生产使用价值，而是为了实现价值和剩余价值，所以企业绝不能忽视第二种含义社会必要劳动时间。现实中，企业的产品结构与居民的消费需求存在一定程度的脱节。企业的许多投资在低水平上重复，忽视了居民消费层次的变动。低水平的生产过剩，最终导致了居民总需求萎缩和国民经济效益下降。因此，为了避免类似现象发生，可从以下方面加以改进。

（1）加强对市场需求的调查和预测，并求助于专业的咨询公司和大数据等技术手段，准确地把握社会需求及其变化趋势。

（2）切实遵循"以销定产"的原则，科学制定各项生产计划，采取积极有效的措施，应对市场的各种变化。

（3）要在企业中广泛推行弹性制造系统。通过开发和使用标准化程度高且适用面广的设备，来替代原来使用范围狭窄的专用设备，减少由于产品落伍可能导致的损失。

3. 从再生产的角度看，企业必须提高生产资料利用效率，避免和减少无形损耗

从再生产角度讲，商品价值不是取决于生产时的社会必要劳动时间，而是取决于再生产时的社会必要劳动时间。明确这一点非常重要，因为企业在生产经营中，不可避免地要持有一定数量的原材料和产成品的存货，以保证整个生产过程的连续和稳定。除此之外，企业还必须拥有一定数量使用期限较长的机器设备等固定资产。在社会生产力提高时，企业很容易因其物质财产的贬值而遭受无形损耗。所以，要避免或减轻这种损失，企业必须从以下几方面着手，加强对现有存货和固定资产的管理。

（1）对于企业原材料要采取定量采购的方式，严格控制存货数量。既要保证生产有序进行，又要防止存货过多，占用大量资金或遭受贬值损失。

（2）对于企业的产成品要做到"以销定产"，按照市场需求安排生产，避免生产过多无法销售造成的价值损失。

（3）对于企业固定资产，因为其价值昂贵可能遭受的损失较大，所以加强管理尤为重要。

① 在新设备投入生产的初期，提高它的利用效率，缩短回收期限；

② 对固定资产制定恰当的折旧期限和折旧率。不仅要考虑固定资产的物质使用寿命，更要结合生产力的发展趋势，考虑它的技术和经济使用寿命，避免因价值得不到及时转移而承受经济损失。

4. 国有企业必须提高生产的专业化程度

如果能够通过专业化分工，把一些不涉及企业核心竞争力的非关键产品，交由其他专业厂生产，而自己则集中精力于核心技术和关键产品的研究和开发，不但能够大大降低企业生产成本，更有利于在核心技术上巩固和提高自身优势，在市场竞争中立于不败之地，可从以下方面加以改进。

（1）生产的专业化分工有利于提高生产者的劳动熟练程度和技术水平，降低生产单位商品的劳动时间。

（2）通过生产的专业化，减少企业产品系列，把力量集中于某几项核心技术和关键环节，不但有利于避免经常调整设备和工艺造成的生产中断，还有助于培育企业核心技术，增强市场竞争力。

（3）实行专业化生产有利于企业提高经营管理水平。由于企业减少了生产的品种，经营也不像全能企业那样复杂，所以有利于总结管理经验，形成科学的管理方法。

（三）正确认识和解决新时代出现的新问题

如今与马克思创立劳动价值论所处的时代相比，已经发生了翻天覆地的变化。无论是在科学技术还是生产力水平上都与资本主义初期天差地别。所以不少人认为，马克思的劳动价值论已经过时，无力再对现实经济中出现的新问题做出令人满意的解答。其实不然，只要市场经济还存在，劳动价值论就不会过时，它所揭示的经济规律就依然适用。虽然马克思不可能预料后来社会的具体变化，但是只要运用劳动价值论的思想方法，遵循它所揭示的市场经济规律，还是能对许多新问题做出正确解释，并找到合理解决的办法。

第一,虽然现在工人的直接生产劳动呈下降趋势,工作时间也大为缩短,而社会财富却呈几何级数增长,但是这一切都不能否定劳动价值论。

早在生产自动化刚刚得到普及,无人工厂和机器人逐步取代工人出现在生产第一线时,就有许多人提出:马克思的劳动价值论已无法解释这一现象,而必须借助于资本价值论或知识价值论。其实,只要是全面了解劳动价值论的人都能得出正确结论:无人工厂或机器人都必须在人的操纵下才能完成特定工作任务。离开人,任何自动化机器设备都只能是废铜烂铁,试问它们又怎么能生产商品,创造价值呢?同时,尽管生产第一线直接劳动的工人减少了,但是为了保证生产的顺利进行,必须有一大批工人专门从事机器设备的制造、维修、保养和检测等工作。正如马克思所说:"为了从事生产劳动,现在不一定要亲自动手;只要成为总体工人的一个器官,完成他所属的某一种职能就够了。"①所以,从事这些相关工作也是生产性劳动,也创造商品价值。可见,"随着劳动过程的协作性质本身的发展,生产劳动和它的承担者即生产工人的概念也就必然扩大"②,不能再以是否直接作用于劳动对象作为是否创造价值的判断标准。另一方面,工人的工作时间随生产发展不断缩短,而整个社会的物质财富总量却以更快的速度增长。这种发展趋势同样不能否定劳动价值论,更不能作为其他要素创造价值的理由。这种现象恰恰说明了马克思对生产力和社会发展趋势预见的正确性:即随着科学技术的进步,劳动生产力的不断提高,商品的价值量必然不断降低。工人只需花费很少的一部分时间便能创造出足以满足人们需要的社会财富。这正是生产力发展、社会进步的主要标志和最终目的。

第二,20世纪以来,商品生产的形式较以往发生了根本性转变。生产方式由过去的劳动密集型逐步转向资本密集型和技术密集型。尤其是最近的几十年,科学技术在生产中的地位和作用不断提高。但是科学技术的这一发展趋势同样不能否定劳动价值论,而是为我们更好地利用科学技术来发展经济指明了方向。

科学技术之所以能够逐步替代劳动和资本成为第一生产力,是因为先进的科学技术能在很大程度上节约活劳动耗费,降低单位产品成本,提高劳动生产

---

① 《马克思恩格斯选集》第二卷,人民出版社2012年版,第236页。
② 《马克思恩格斯选集》第二卷,人民出版社2012年版,第236页。

率。虽然科学技术的生产需要投入大量复杂劳动,科学技术本身也具有较大的价值,但是与它投入使用后所节约的劳动相比,其本身的价值显然是微乎其微。马克思曾经说过:"随着大工业的发展,现实财富的创造较少地取决于劳动时间和已耗费的劳动量,较多地取决于在劳动时间内所运用的动因的力量,而这种动因自身——它们的巨大效率——又和生产它们所花费的直接劳动时间不成比例。"[1]这里的"动因的力量"就是指科学技术及其运用。可见,科学技术在提高劳动生产力方面的重要性。

但是科学技术要转化为直接生产力,并在生产过程中发挥作用,还必须经历两个阶段:一是科学技术的物化,二是科学技术的人化。科学技术的物化是科学技术与现实生产资料的结合。任何有用的科学技术都不能凭空发挥作用,而必须渗透到劳动资料和劳动对象之中,才能发挥其提高劳动生产力的作用。而科学技术的人化是科学技术与劳动者的结合,即通过对劳动者的培训和教育,使他们掌握科学技术,并学会操纵先进的机器设备。如果不经过这两个阶段,再先进的科学技术也只能是纸上谈兵,对社会生产没有任何作用。因此,在科技得到广泛应用的今天,在商品价值的形成过程中并没有改变生产资料转移价值和活劳动创造价值,这一劳动价值论的基本规定性。

正确认识科技转化为生产力的实际过程,对加快改革我国的科研体制意义重大。过去,我国的科研机构都是与企业相分离的,许多优秀的科研成果虽然有巨大的潜在效益,但是由于没能及时转化为现实生产力,不久就被国外更先进的科研成果所淘汰。因此,在科学技术日新月异、技术更新速度不断提高的今天,促使产、学、研紧密结合,让科技尽快转化为生产力是经济发展的必由之路。

第三,从近些年的经济发展状况来看,第一、第二产业等物质生产部门在整个国民经济中的比重不断下降,取而代之的是第三产业的异军突起。这要求我们结合新的形势,发展马克思的劳动价值论,做到坚持与发展相结合,从而更好地指导我们的实际工作。

马克思主义之所以是科学,正在于它的开放性和开拓性。劳动价值论不是终极的理论学说,随着新形势、新问题的出现,理应不断丰富和完善它的内容。对于第三产业的劳动是否是生产性劳动,是否创造价值的问题,马克思并没有给

---

[1] 《马克思恩格斯全集》第四十六卷下册,人民出版社1975年版,第217页。

出明确的答案。这是由马克思所处社会的经济状况决定的。那时,第三产业在整个国民经济中所占的比重非常小,对国民经济的影响也微乎其微。在这种情况下,为了便于说明问题,马克思在不影响理论主体正确性的前提下,科学地抽象掉了对第三产业的分析,只是在某些章节中零星地有所涉及。但是随着社会经济的不断发展,整个国民经济的结构发生了根本性转变,第三产业逐步取代第一、二产业成为国民经济中的最大部门。第三产业的发展状况也成为衡量一个国家经济发展水平的重要标志。在这种情况下,如果不在劳动价值论的基础上,提出服务劳动创造价值的理论,就会影响第三产业乃至整个国民经济的发展。我国第三产业之所以落后于发达国家,重要原因之一就是在理论上不承认服务业也创造价值,导致对第三产业重视不够和投入太少。尤其是在经济全球化的趋势下,与世界经济联系和交往更为密切的今天,在咨询业、金融业、电信业等第三产业发展上的落后,不仅影响我国在世界经济中的地位和作用,更给我国经济的安全和稳定带来不小的隐患。因此,只有发展马克思的劳动价值论,才能促使经济更为健康地发展。当然,在发展劳动价值论的时候,我们必须正确处理坚持与发展的关系。坚持不等于教条主义,发展也不等于自由主义。没有坚持的发展会使劳动价值论迷失方向、走上歧途;而没有发展的坚持会使劳动价值论丧失活力、变成教条。因此,只有在坚持的基础上,紧密结合实际,不断开拓创新,才能丰富和完善劳动价值论的内容,使它更好地发挥对现实经济的指导作用。

第四,在生产高度社会化的今天,经营管理者对企业发展和经济增长的作用越来越大。在分配时应给予相称的报酬,激励他们做出更大贡献,同时减少和抑制腐败现象。

在计划经济时代,企业只是政府机构的附属物,企业领导的职能只是执行政府下达的生产任务,管理者缺乏必要的自主权,当然也无须承担经济责任。但是,随着市场经济体制建立,企业逐渐成为独立的经济实体,拥有相应的自主权。在这种情况下,企业能否在市场中生存和发展,很大程度上取决于经营管理者的正确决策和科学管理。尤其是在生产社会化不断提高的今天,管理劳动在企业发展和国民经济增长中的贡献日益显著。因为现在企业所面临的外部环境远比计划经济时代来得复杂。企业的经营管理者往往需要在处理、协调和解决企业与外部方方面面关系的同时,还要对企业内部的管理结构和目标做出相应的调整,以适应外部环境的变化。因此,企业的经营管理者肩负的责任重大,付出的劳动也远比一般工人更多、更复杂。同时,优秀的经营管理者通过敏锐地捕捉市场机遇、合理地配置企业的经济资源、有效地组织和协调企业内部的各项事务,往往能够极大地提高劳动生产力。因此,在对经营管理者进行收入分配时,不但应该考虑其工龄、职称等因素,更应该结合他对企业的实际贡献,把收入分配与企业的经营业绩挂钩,才能真正做到公平合理。

(四) 更好地进入国际市场和融入世界经济

在经济全球化的今天,国际经济联系日益加强,任何国家都不能再像以前那样闭关自守。只有不断进入国际市场,融入世界经济,才能在与其他国家的合作和竞争中,学习他人的优点和长处,找到自己的差距和不足,从而为更好地发展本国经济创造条件。劳动价值论中所揭示的经济规律,对于一个国家更好地参与世界市场的竞争,确立自己的优势地位同样具有重要的指导意义。

第一,从经济全球化的角度看,出口企业必须按国际必要劳动时间生产产品,以降低生产成本和提高国际竞争力。

至此,社会必要劳动时间这一劳动价值论的核心概念,从内涵到外延又有了进一步的扩展和延伸。正如马克思所说:"国际价值的实体是国际的抽象劳动,国际价值量是由国际社会必要劳动量决定的,是由世界劳动的平均单位来计量的。"[①]只有在这个层面上,商品价值才真正表现为无差别人类劳动的凝结。企业要想使自己的产品在国际市场上得到承认,就必须使产品的国别价值低于国际价值。造成产品国别价值差异的因素有很多,如地理位置、自然资源、生产要素的供给状况及科技水平等。但是概括起来可分为两类:一类是不可再生或不可变更的,如地理位置及自然资源;另一类是可再生或可变更的,如各种生产要素的供给状况及科学技术的普及和应用程度。这些因素虽然都对生产具有这样或那样的影响,但是其中科学技术的发展却具有决定性作用。通过高新技术的运用,可以在很大程度上弥补资源贫乏或自然条件恶劣给生产造成的不利影响,为生产的顺利进行创造有利条件。其中日本就是一个极好的范例,日本本身是一个岛国,自然资源极度匮乏,又遭受了第二次世界大战的重创,国民经济受到

[①] 《马克思恩格斯全集》第二十六卷,人民出版社 1972 年版,第 166 页。

了毁灭性打击。但是在战后,日本通过几项具有深远意义的科学研究计划,不但使经济迅速恢复了元气,而且在许多尖端技术领域,如新材料、高性能半导体等方面确立了世界霸主的地位,成功地完成了产业结构从传统制造业向高新技术行业的转变,为国民经济的全面发展奠定了坚实基础。科技进步的重要前提就是对科技人才的培养。人并不是生来就具有科学知识的,"为改变一般人的本性,使它获得一定劳动部门的技能和技巧,成为发达的和专门的劳动力,就要有一定的教育或训练"①。因此,大力发展教育事业,普及科学技术知识,不但对于提高现有劳动者的文化知识和劳动熟练程度大有裨益,而且对于提高全民族的科学技术素养,增强国民经济的发展后劲更具有深远影响。

第二,既然科学技术在生产中的地位不断提高,那么掌握高新技术的人才对一国经济发展就有举足轻重的作用。因此,在进行收入分配时,应按劳动价值论的要求,向从事复杂劳动的科技工作者倾斜,其原因有以下三个方面。

(1) 复杂劳动者在成才前,必须接受大量的教育和培训,因而要付出较多的培养费用。这部分费用必须从日后的较高收入中得到补偿,否则人们就不愿意投资教育。

(2) 由于复杂劳动与简单劳动相比,其劳动的紧张程度、风险压力及工作责任都要大得多,因此在相同的劳动时间内,复杂劳动的强度远远高于简单劳动,它所创造的价值等于多倍的简单劳动,因而也要求取得更多的报酬。

(3) 复杂劳动的时间具有向直接生产过程以外延伸的特性。简单劳动以体力消耗为主,且往往局限于直接生产过程。而复杂劳动则不然,它不仅需要在生产过程中耗费体力和脑力,而且还要在生产过程之外延续这种耗费。复杂劳动者可能为了攻克一个技术难关,或为了在生产过程中引入一项可行的创新技术,往往在下班后还要思考,甚至占用大部分休息时间;复杂劳动者为了适应科学技术日新月异的发展趋势,往往需要在工作之余参加各种培训或接受再教育。因此,复杂劳动者要比简单劳动者追加更多的工作和学习时间,在收入分配时应该充分考虑到这一点。

以前,由于对劳动价值论的片面理解,一味强调直接生产中体力劳动的价值创造,而贬低科技工作者的脑力劳动,甚至把知识分子归入资产阶级的范围,导

---

① 《马克思恩格斯选集》第二卷,人民出版社 2012 年版,第 166 页。

致许多优秀人才流失,这是深刻的历史教训。因此,只有纠正轻视知识和知识分子的错误思想,遵循劳动价值论所揭示的客观规律,给予科技工作者更好的工作条件和应得的合理报酬,给予特殊贡献的科技工作者以超额的奖励,才能在留住人才的基础上,从海外吸引更多的稀缺人才,以促进我国科技实力提高。

第三,在促进世界经济一体化的过程中,国内的劳动分工也将进一步拓展为国际劳动分工。只有充分利用这一趋势,才能最大限度地降低生产成本,增强国际竞争力。

正如马克思在《资本论》中所说,"撇开社会生产的形态的发展程度不说,劳动生产率是同自然条件相联系的"[1],"同一劳动量用在富矿比用在贫矿能提供更多的金属"[2]。可见,一国的自然条件对其劳动生产力有较大影响。如果一国生产某种商品的自然资源比较丰富,生产条件也比较有利,那么生产单位商品所耗费的劳动时间相对就比较少。由于自然资源在世界各国的分布极不均衡,且在不同商品的生产条件上差异很大,这就要求每个国家都能结合自身的自然条件,发挥本国的资源优势,组织专业化生产,并通过参与国际贸易,获得产品国别价值低于国际价值所带来的额外收益。

这对于我国更好地融入世界经济有启示意义。在改革开放之前,我国一直处于闭关自守、相对孤立的状态,与国外的经济联系和交往非常少。其中部分是由于我国所处的国际政治环境造成的,同时也反映出当时的人们还没能认识到,经济全球化是世界经济发展的必然趋势,还缺乏对外开放、参与世界市场竞争的意识。没有国际经济的合作与交流,意味着经济发展会受到本国资源及生产条件的限制,从全球的角度讲,这时的资源配置是缺乏效率的。因为国外有更为优越的生产或投资环境,如果可以对外直接投资或由国外企业来生产某些产品,再进行国际交换的话,可以极大地降低生产成本。因此,只有实行改革开放,参与国际市场的竞争,在世界范围合理配置资源,寻求最佳的生产场所,才能在经济全球化的过程中获得更大利益。种种迹象表明:经济全球化是一个不可阻挡的发展趋势,只有通过国际间的专业化分工,充分利用其他国家的资源优势和生产条件,才能确立本国在世界市场上的竞争优势,提高整个国家的经济效益。

---

[1] 《马克思恩格斯选集》第二卷,人民出版社 2012 年版,第 239 页。
[2] 《马克思恩格斯选集》第二卷,人民出版社 2012 年版,第 100 页。

三、管理劳动及其价值的两重性和相容性

管理实践几乎和人类历史一样悠久,但在社会有了分工后,管理活动才真正与生产活动分离而独立存在,并随着生产力发展和生产关系变化,越来越显示出它的重要。随着社会化生产规模扩大,专业化程度加深,生产力提高和社会进步,管理已经成为不可缺少的要素。把不同分工、不同专业、不同企业、不同行业的人员合理组织起来,协调他们的相互关系,调动各种积极因素,合理配置社会资源,都需要有效的管理,因此管理的好坏已经在很大程度上成为企业成败和国家兴衰的关键。在这里重点研究和阐述管理劳动的价值创造和价值分配的两重性和相容性问题,使马克思的管理劳动价值论得到丰富、发展和完善。

(一) 管理劳动与管理者的两重性

劳动是人类谋求自身的生存和发展,运用劳动能力和劳动资料向自然界索取能量的一种创造性活动。在此过程中,一方面发生人与自然的关系,即劳动具有自然属性;另一方面发生人与人之间的关系,即劳动具有社会属性。古典经济学者就已经通过对劳动内涵的深入剖析,从现实生活中的个别劳动出发,抽象出"劳动一般"的概念;又从这种劳动同一性出发,指出每一种个别劳动都是创造财富与价值的源泉。

马克思在前人的基础上,从商品两重性入手,发现了劳动能力也具有两重性,即具体劳动创造使用价值(财富的物质形式)、抽象劳动创造价值(财富的社会形式)。二者的区别在于:具体劳动是创造使用价值的源泉,但不是使用价值的唯一来源,自然力、科学技术等因素也参与使用价值的创造;抽象劳动是价值的源泉,并且是价值的唯一来源。

在马克思的时代,社会分工还十分有限,市场交换的范围也不很广泛,特别是在资本主义初期,劳动与资本处于严重对立的状态,从而使生产者与实行监督的资本家处于对抗状态。因此,马克思只是侧重于从工厂内部分析劳动过程,所

以马克思关于劳动的概念也集中于生产劳动。但是,随着生产力发展,社会分工越来越细、范围越来越广,世界上已经出现了社会主义国家,资本主义国家的发展也早已超出了马克思的想象。所以劳动不应再是单纯的生产劳动,创造价值的劳动也不应只局限于直接生产劳动。

随着企业内部分工和社会大分工的细化,管理已成为一种独立的劳动形式,成为整个社会劳动的一部分。因此,管理劳动与一切劳动一样,具有两重性,即自然属性和社会属性。

一方面,管理劳动是由社会分工产生的一种特殊劳动,需要与自然物质相结合。处于不同企业、行业和政府部门的管理活动都有不同的形式和方式,因而也有不同的过程和结果,具体的管理劳动必须与具体的环境相适应,这是管理劳动的自然属性。

另一方面,撇去各种不同的形式和方式,管理劳动总是在协调人与人之间关系,正如马克思所说:"一切规模较大的直接社会劳动或共同劳动,都或多或少地需要指挥,以协调个人的活动,并执行生产总体的运动……"[1]管理劳动必然是一定生产关系的反映,在不同的生产方式下必然呈现出不同的性质和特点,这就是管理劳动的社会属性。

此外,劳动是劳动力的使用过程,管理劳动是管理能力的使用过程。如同作为商品的劳动力具有使用价值和价值一样,作为商品的管理能力也具有使用价值和价值的两重性。

一方面,管理活动有多种职能,其中最基本的是决策、组织、领导、控制和创新等。要完成这些基本职能,管理者必须具有执行这些职能的水平,这就是管理能力的使用价值,完成这些职能就是管理能力发挥作用的过程。

另一方面,管理能力和劳动力一样也具有价值。管理能力的价值是由生产和再生产它的社会必要劳动时间决定的,从事的管理劳动越复杂、要求越高,生产和再生产这种能力的社会必要劳动时间就越长,其价值也就越大。

可见,从商品角度来看,管理能力与一般劳动力同样具有使用价值和价值,那么管理劳动在价值创造上是否与一般劳动相同呢?

---

[1] 《马克思恩格斯选集》第二卷,人民出版社 2012 年版,第 208 页。

(二) 管理劳动与价值创造

根据马克思的解释,价值是凝结在商品中的无差别人类劳动。它有两层含义:第一,说明价值是在抽去使产品成为使用价值的物质组成部分以后,所剩下的凝结在产品中相同的人类劳动;第二,表明价值是与商品共存的,产品只有通过交换才成为商品,其价值才得以显露,反映出一种人与人之间的关系。那么是不是所有管理劳动都创造价值呢?对于这一点,应该一分为二地看待。

社会中的管理劳动可归于两类:一类是参与产品生产的经营性管理;另一类是不参与产品生产的行政性管理,这里的行政性管理主要指政府部门的有关职能。在本质上这两类管理劳动是相同的,都是以脑力劳动为主,只要管理活动是合理和有效的,那么最终都能增加社会福利。这两类管理不但在层次、范围、职能和目的上有所不同,而且在价值创造上也不相同。

现代意义上的生产经营性管理是社会分工以及协作的结果,正如马克思所说:"一切规模较大的直接社会劳动或共同劳动,都或多或少地需要指挥,以协调个人的活动,并执行生产总体的运动——不同于这一总体的独立器官的运动——所产生的各种一般职能。一个单独的提琴手是自己指挥自己,一个乐队就需要一个乐队指挥。"[1]从分工协作的角度出发,马克思提出了"总体工人"的概念,即"随着劳动过程的协作性质本身的发展,生产劳动和它的承担者即生产工人的概念也就必然扩大。为了从事生产劳动,现在不一定要亲自动手,只要成为总体工人的一个器官,完成他所属的某一种职能就够了"[2]。马克思还明确指出:在总体劳动过程中,"有的人多用手工作,有的人多用脑工作,有的人当经理、工程师、工艺师等等,有的人当监工,有的人当直接的体力劳动者或者做十分简单的粗工,于是劳动能力的越来越多的职能被列在生产劳动的直接概念下"[3]。因此在分工协作的情况下,生产经营性管理成为生产劳动的有机组成部分。

---

[1] 《马克思恩格斯选集》第二卷,人民出版社2012年版,第208页。
[2] 《马克思恩格斯选集》第二卷,人民出版社2012年版,第236页。
[3] 《马克思恩格斯全集》第四十九卷,人民出版社1972年版,第100页。

在大机器生产的条件下,一线劳动者的劳动仍然创造价值,显然他们的相当一部分劳动时间已经用在了管理机器上,并且这部分劳动时间还在不断增加,然而他们创造的价值并非越来越少;与此相似,生产经营管理者有的作为一线工人的管理者维持正常的生产秩序,有的则管理着与生产密切相关的各种活动,如采购、销售、财务等,虽然他们不直接生产商品,但是他们都间接地参与了整个生产过程。任何形式的劳动都包括脑力和体力两方面的消耗,生产商品的劳动是脑力劳动与体力劳动的融合。社会分工的发展使体力劳动与脑力劳动趋向专业化,在生产力水平较低的条件下,体力的作用固然比脑力更明显,而在生产力很发达的条件下,脑力的作用则更突出。这样的分化进一步提高了劳动生产率。

体力劳动与脑力劳动的分化,使生产经营性管理成为独立的以脑力劳动为主的生产劳动。管理者要处理好企业内部以及与外界的各种关系,要把生产安排得井井有条,要在众多可能性中做出正确的判断和选择,要平衡好企业所面临的风险与收益;同时,管理者承担的责任与生产工人相比也要大得多,他们的每一个决定都可能关系到企业的兴衰,这就决定了他们的付出不是简单的体力消耗,而是复杂的脑力劳动。

管理作为相对独立的脑力劳动,贯穿于生产的整个过程,是现代化大生产不可缺少的一部分。只要管理对维持生产的顺利进行、对加速资金周转、对提高生产率、对增收节支等是有效的,就能间接地增加商品价值或者使其创造的价值在商品中的比重增加。随着生产力提高,生产的专业化和自动化程度越来越高,管理作为相对独立的生产劳动越来越重要,其创造的价值就越来越大。

因此,在企业的整个生产过程中,各种不同形式的管理都是以完成生产和经营为最终目标的,管理者为生产过程提供直接的服务,经营性管理劳动是间接的生产劳动,并为最终产品增加价值。

而行政性管理就不同了,政府公务员履行管理职责是独立的,有特定的程序与方法。政府的主要职能有管理社会事务,对国民经济进行宏观调控等,其目的就是维持社会稳定和正常运行,保证国民经济的增长,最终使社会福利达到最大。因此,政府部门的各种行政性管理主要是为各类组织与个人的经济、政治、社会、文化等活动提供服务和法律保障。

政府官员的行政管理过程有的很复杂,有的也十分简单,但都是在法律、法规、行政命令等许可的范围内行使自己的职权,处理相关的社会事务,他们的活动不与特定的商品生产相联系。在这个过程中,政府官员除了收取一定的工本费,如资料费等,并不收取服务费用;也就是说,他们并没有与被服务者形成交换关系,他们的报酬来自国家的税收(属于再分配范畴),而且在岗位、职位既定的情况下,他们无论提供多少次服务,报酬基本是不变的。

从政府行政管理的职能和公务员行使管理职能的过程可以看出,政府部门的管理,不与任何商品的生产直接有关,所以行政性管理劳动不创造价值。

(三)管理劳动的衡量及其价值实现

虽然生产经营性管理创造价值,政府行政性管理不创造价值,但它们的有效劳动都能使社会福利增加。因此有必要对管理劳动的成果进行科学的衡量,即要以符合社会实际的合理尺度来评价管理劳动。

马克思说:"结合劳动的效果要么是单个人劳动根本不可能达到的,要么只能在长得多的时间内,或者只能在很小的规模上达到。这里的问题不仅是通过协作提高了个人生产力,而且是创造了一种生产力,这种生产力本身必然是集体力。"①这种由协作产生的生产力是劳动的社会生产力。分工协作创造了一种生产力,但这种生产力是否能发挥作用,或者说能发挥多少作用,这一点却不像它的产生那么容易和直接。企业是一个有机的组合体,本身就比个体劳动者有着更高的生产力,但如果缺少必要的管理,企业中的个人就会各行其是,真正的协作无法达成,这样不仅个人的工作无法顺利完成,还会造成内部矛盾重重,使企业陷于混乱和危机。所以说,分工协作创造了一种生产力,但这种生产力并非在任何状态下都能发挥出来,管理在这时显示了强大力量。

另外,有效的管理不仅能使协作产生的生产力发挥威力,还能在此基础上提高生产力。马克思认为:"劳动生产力是由多种情况决定的,其中包括:工人的平均熟练程度,科学的发展水平和它在工艺上应用的程度,生产过程的社会结合,生产资料的规模和效能,以及自然条件。"②这五个方面或多或少都与管理有关。工人的平均熟练程度,对社会来讲就是平均受教育的水平,保证适龄人口得

---

① 《马克思恩格斯选集》第二卷,人民出版社 2012 年版,第 207 页。
② 《马克思恩格斯选集》第二卷,人民出版社 2012 年版,第 100 页。

到义务教育是政府的职责;对企业来讲,职工培训已经是现代企业管理的基本组成部分。科学的发展要靠政府投资及政策引导,属于政府管理的范围;特定的科学技术在生产中是否被应用、如何应用则是企业管理的重要内容。生产过程的社会结合,对社会来讲就是各行业如何平衡发展,属于国家宏观调控的范畴;对企业来讲,就是各部门之间的协作关系如何,这很明显需要管理。生产资料的规模和效能,对社会来讲就是社会资源配置如何?资源利用是否有效?这一部分靠市场竞争,一部分也要靠宏观调控;对企业来讲,生产资料的规模是企业投资决策的重要内容,资源利用是否有效则要看企业整体的管理是否合理。自然条件的维护与改善,需要全社会的共同参与,政府的立法、监督与管理是必不可少的,企业改进生产工艺、加强管理是基础。

有效的管理必然提高生产力,生产力是具体劳动生产使用价值的能力,生产出能满足人们需求的商品越多,则使用价值越多,社会的财富就越多。众所周知价值是凝结在商品中的无差别人类劳动,以时间为计量单位,在劳动时间一定的情况下,不论生产商品多少,总价值不会超过总的劳动时间。政府的行政性管理并不创造价值,它只是通过各种专门的机构向社会提供必要的服务,它给人们提供方便,为人们创造价值提供保障,这在一定程度上增加了社会福利。所以,在直接形式的劳动不再是财富的唯一源泉,直接的劳动时间也不再是财富的准确尺度时,用使用价值的增加来衡量管理的成果要比用价值来衡量更直观、更方便、也更合适。

另外,对创造价值的管理者进行评价,不能仅停留在价值及使用价值的创造过程中,还必须考察价值的实现情况;也就是说,只有商品在市场上完成了交换,其价值得以等额甚至超额实现时,该管理者创造的价值才是有用的,这在市场经济体制下就显得更加突出。

商品的个别价值是由个别劳动时间决定的,而进行交换的商品价值是由社会必要劳动时间决定的。根据马克思的解释,社会必要劳动时间有两层含义:第一层含义是指在现有的社会正常生产条件下,社会平均的劳动熟练程度和劳动强度下制造单位商品所需的平均劳动量;第二层含义是指在社会总劳动量中,按比例规律决定的某部门应当投入的劳动量。第一层含义社会必要劳动时间的总量决定了社会中商品供应总量,第二层含义社会必要劳动时间则决定了有支付能力的社会需求。综合社会必要劳动时间这两层含义,我们可以知道:在商品的生产过程中,商品潜在的价值量是由第一种社会必要劳动时间决定的;然而,这种潜在的价值能否转化为真正的价值,从而使生产者的私人劳动转化为社会劳动,还取决于这种商品是否为社会所需要,取决于生产商品的私人劳动是否是社会总劳动中的必要份额,也就是社会需求决定了商品价值的实现。

以上分析可知,当管理者投入劳动、参与生产的商品是社会需要的;以及在同样的生产条件下,管理者投入的劳动不大于社会必要管理劳动时间时,管理劳动添加在商品中的价值才有可能实现。不过,由于有效的管理能够提高劳动生产率,因而还存在另一种情况:由于管理者卓有成效的管理,使企业的个别劳动生产率有较大幅度的提高,这时虽然管理者所投入的劳动时间大于同样条件下的社会必要劳动时间,但由于商品总量有较大幅度增加,从而使单个商品的个别价值仍低于它的社会价值。因而,只要这种商品的社会需求足够,该企业管理者创造的价值将更容易实现,或者可以实现超额价值。

商品的生产与交换是两个独立而又紧密联系的过程,"要生产商品,他不仅要生产使用价值,而且要为别人生产使用价值,即生产社会的使用价值"①。也就是说,商品是为了满足社会需要而生产的,是为了交换而生产的,要成为商品,产品必须通过交换。所以,经营性管理劳动创造的价值也只有通过商品交换才能得到实现。管理劳动的成果才被最终认可并得到公正的评价。

(四) 管理劳动者的价值分配与再分配

劳动创造的价值只是分配的对象,而不是分配的依据。因此,不论是哪一类管理劳动,不论它们有没有创造价值,只要这些劳动是社会必需的,它们创造了使用价值或提供了社会福利,管理者就有权参与价值分配。由于管理劳动是复杂的脑力劳动,在同样劳动时间内能创造出比一般体力劳动更多的价值和提供更多的社会福利,因而管理者应该得到更多劳动报酬和价值补偿。

1. 经营性管理者的价值分配

随着科学技术进步和生产力发展,管理劳动创造的价值在商品总价值中的比重越来越大。生产经营管理者通过自己的劳动间接地创造价值,对他们进行

---

① 《马克思恩格斯选集》第二卷,人民出版社 2012 年版,第 101 页。

分配应该考虑以下因素。

首先,要根据经营管理者在生产中的作用,即他们的业绩实行按劳分配。一方面,考虑管理者所承担的职责,要参考在现有的正常条件下,在社会平均的工作熟练程度和工作强度下,该项管理劳动能创造的价值量,从而确定在职者应得的报酬;另一方面,还必须考虑管理者工作的出色程度,即他的工作能否使本企业产品的个别价值低于社会价值,从而在相同的时间里使企业生产出更多的使用价值。

其次,在价值分配时,必须考虑管理者对自身的投资。一般而言,人力资本是指人们受教育的程度和工作中积累的知识和经验。越是高水平的人才,其对自身的投资越多,可能做出的贡献越大,其要求得到的报酬就越高。因此,作为高级管理人才这种稀缺的社会资源,他们在运用自己的能力对企业经营管理做出贡献的同时,所要求的回报和补偿就越多。

最后,作为企业的经营管理者,他们工作面临大量的风险和不确定性,与一般工人相比,他们必须随时做出种种决策,随后又必须面对成功或失败、企业盈利或亏损、个人声望提升或受损等种种风险,因而他们要求的收益就相应较高,这些也必须在分配中得到体现。

以上这些因素并不是全部,还有诸如企业经营规模、维持管理权威、对下级的激励等等也都是应考虑的因素。管理的企业规模越大,管理者所得应该越多,因为他们付出的劳动与企业规模相比可能成级数增长;在市场经济下,维持和显示领导权威最直接的方法就是超过下级的高收入、高福利。当然,薪资的级差应该合理,诸多因素都需在价值分配时予以充分考虑。"按劳分配、多劳多得"是根本原则,管理者应该凭借自身能力为企业多做贡献,从而合理、合法地取得较高报酬。

2. 行政性管理者的价值再分配

在现代社会中,不论是个人、家庭的正常生活,还是各类企业、社会团体等组织的正常运作,以致整个社会的稳定、发展,都离不开有效的社会管理。行政性管理者在一定的工作时间内,可以为很多人服务,也可以只为几个人服务;另外,行政性管理者提供的是公共服务,很难通过社会需求来确定价格,也不可能通过价格来调节社会需求,这就决定了他们的劳动无法与被服务者进行价值交换。由于行政性管理的特殊性质,决定了管理者的价值补偿只能来源于国家的税收,因而是对公共价值的再分配。

在多数情况下,行政管理者可以通过改变工作进度来调节自己的工作量,而收入却不会有太大变化。在原来的计划经济下,普通行政管理者的收入不高、差距不大,干好干坏、干多干少都一样,极大地影响了一些人的积极性;并且部门内部和社会上几乎不存在竞争,不存在失业的威胁,因而造成办事效率低下。现在,要建立和完善社会主义市场经济体制,政府部门的体制改革势在必行。与发达国家相比,我国公务员的收入是偏低的,因而增加公务员工资并在一定范围内拉开差距,成为政府工作改革中必要且重要的一环。这样在一定程度上能提高公务员的被认同感和责任心,在社会竞争越来越激烈的情况下,也增加了他们的危机感,可以促使他们努力工作,不断提高政府部门的工作效率,为社会提供更加优质高效的服务。

此外,行政管理人员的工作是社会必需的,他们是具备一定专业知识和管理能力的人才,而且多少都掌握一点权力。如果他们的收入与地位不相称,对他们的价值体现不够,那么他们就有可能利用手中的权力从其他途径获取报酬。如果这种以权谋私、"雁过拔毛"的情况发生,那么不仅会降低政府部门的工作效率,还会引起寻租等贪腐行为,使社会财富被不合理和不合法地再分配。当然,我们必须实行全面的政治体制改革,不断完善监察体制和健全法制,在加强政治思想教育的同时,加强社会监督和执法力度,才能保证行政管理者清正廉洁和全心全意为社会服务。

综上所述,管理劳动是生产力发展和社会分工的必然产物,其作用——不论是创造价值还是提供使用价值——随着生产力提高和社会分工细化而愈加重要。我国的经济要健康发展,生产力水平要切实提高,就必须尊重管理劳动者,重视他们的价值和提高他们的积极性,使他们能为社会主义市场经济发展和社会主义制度完善做出更大的贡献。

四、科技劳动及其价值的两重性和相容性

马克思的《资本论》问世后一百多年,科学技术取得了突飞猛进的发展,尤其是知识经济、数字经济和信息经济的出现,使形成价值的劳动发生了很大变化。

科技劳动逐步深入到两种传统的劳动形态——物质生产和社会服务中去,并且越发倾向于从这两种劳动形态中独立出来。知识、技术、信息等生产要素的作用不断增强,劳动者也趋于知识化、技能化,科学技术在经济生活中的作用越来越突出。这些新变化要求深化对劳动价值论的研究,深刻认识科技劳动及其价值的两重性和相容性,使劳动价值论成为推动现代科技发展的强大理论武器。

(一) 科技产品和科技劳动的两重性

根据是否参与物质产品生产,科技劳动可分为研究型(科学家的劳动)和生产型(工程师的劳动)两类,也可分为研究型、开发型和应用型三类,它们具有不同的性质和特点。因此,作为科技劳动的结晶——科技产品如科学原理、专利技术等创造发明,与一般商品相比更有其特殊性。

1. 科技产品的两因素

一般商品的两因素是由生产商品的劳动两重性决定的,作为具体劳动生产商品的使用价值,作为抽象劳动形成商品的价值。同样,科技产品的两因素也是由科技劳动的两重性决定的,但是科技产品的两因素与一般商品的两因素又有显著的区别。

(1) 科技产品的使用价值。一般商品的使用价值即它能满足人们某种需要的属性,是由该商品的自然属性决定的。但是,科技产品的使用价值即它能满足人们提高工作效率和取得经济效益的属性,不仅取决于它的自然属性,而且有赖于一定的社会关系如知识产权和技术专利等。因此,科技产品和一般商品的使用价值又有差别,不能将它们混为一谈。

① 有些科技产品的使用价值具有延续性。这主要是针对科技产品中的新理论、新原理而言的。因为理论和原理可以作为人们的思想被长期的记忆、保存和延续。而一般商品往往要受到物质使用寿命的限制,不能永久地发挥作用。

② 有些科技产品的使用价值具有时效性。这类科技产品主要是指新工艺和新技术等的发明。因为当更新、更好的科技产品被发明创造出来以后,原有的科技产品就会失去它的现实有用性。

(2) 科技产品的价值。科技劳动的成果作为产品和其他商品一样也有价值,但是科技产品价值的决定与一般商品不同,其特点表现在以下两个方面。

① 由于生产一般商品的个别劳动时间差异很大,所以商品价值只能由社会必要劳动时间决定。但是,科技成果是单一产出,科技产品只有一个创造主体,因此科技产品的价值只能由创造它的个别劳动时间来决定。

② 科技产品在一定时间内可以多次出卖或转让,所以科技产品每出卖一次,只能实现其价值的一部分,到更新、更好的科技产品出现之前所能实现的价格总额,才是其全部价值的货币表现。因此,科技产品中包含的实际劳动量与它实现的价值量之间会有很大的差别。

2. 科技劳动的两重性

科学和技术是两个不同的概念。科学是发现,是人类对客观世界固有规律认识而形成的理论体系;而技术是发明,是科学在生产过程中运用的产物和结晶。因此,我们可以将科技劳动分为两类:一类是从事基础理论研究,这类科技劳动无特定功利目的,其成果主要以学术论文、专著的形式表现出来;另一类是从事开发和应用研究。这类科技劳动是运用科技知识,为获取某一领域的应用性成果、达到某种商业化目的而进行的劳动,其成果形式可以是学术论文,也可以是专利技术或原理模型等。这是一个由科学到技术,再由技术到生产的开发、应用过程,是将潜在生产力转化为现实生产力的过程。这两类科技劳动的区别表现在与实际生产的联系上,前者没有直接联系,而后者的联系密切。但是,这两类科技活动都具有劳动的两重性,都是具体劳动和抽象劳动相统一的发明创造过程。

一方面,每一种科技活动通过自身的具体形式,形成具有不同使用价值的科技产品,可称其为具体劳动;另一方面,一切科技活动都是脑力和体力的耗费,形成具有价值的科技产品,可称其为抽象劳动。但是,抽象的科技劳动与一般抽象劳动在创造商品价值方面有很大的不同。一般抽象劳动创造商品价值,虽然也是脑力和体力的结合,但往往偏重于体力,以机械的重复劳动为主。相反,科技劳动者的活动往往偏重于脑力,以创造性的劳动为主,是更高级的复杂劳动。这种高级的复杂劳动不是简单劳动的倍加,而是简单劳动的倍乘。从这个意义上说,科技劳动者在同样的时间里能创造出更多的新价值。

(二) 科技劳动与价值创造的关系

要深入理解科技劳动与价值创造的关系,首先要明确科学技术与财富创造的关系,把科学技术与科技劳动区分开来,把物质财富的创造与商品价值的创造区分开来。在此基础上,才能得出只有生产性科技劳动才能创造价值的结论。

1. 科学技术本身不创造价值

科学技术是一种物化劳动,是包含大量科技劳动的产品,只能作为生产要素参与商品生产,同时转移自身的旧价值,而无法直接创造新价值。正如马克思所说,在商品的价值形成过程中,活劳动是新价值的唯一源泉;而物化劳动是保存在产品中凝固状态的劳动,它为活劳动发挥作用提供必要的物质条件。物化劳动作为劳动过程的物质条件,是生产力发展的重要因素。

虽然科学技术不能创造价值,但它在创造物质财富中的重要性是不争的事实,因此科学技术又被称为第一生产力。值得注意的是,科学技术是第一生产力与科技劳动创造价值是两回事,决定劳动生产力的因素和决定价值的因素不能混为一谈。劳动生产力是由多种情况决定的,其中包括:"工人的平均熟练程度,科学的发展水平和它在工艺上应用的程度,生产过程的社会结合,生产资料的规模和效能,以及自然条件。"①在马克思所列举的五个因素中,科学技术是一个重要因素,但它只有融入生产力的其他因素中才能发挥作用。比如,科学技术的人化使生产者具有更强的生产能力;科学技术的物化使机器、设备和原材料具有更高的生产效能;等等。因此,科学技术本身不是创造价值的源泉,而是促进物质财富增长的动因力量,成为提高物质生产力的首要因素。

也许有人会提出反驳:随着科学技术的发展,企业越来越多地采用新技术和先进的机器设备,使生产中的物化劳动大为增加,甚至出现"无人工厂"。按理说,整个社会所使用的活劳动大为减少,企业获得的利润总量应随之下降,但事实上绝大多数企业仍然是盈利的,整个社会的利润总量也在增大,那么原因何在呢? 这要从以下三方面加以解答。

第一,持此种观点的人没有认识到,所谓"无人工厂"实际上存在着大量与直接生产相关的其他活劳动。马克思指出:"为了从事生产劳动,现在不一定要亲自动手,只要成为总体工人的一个器官,完成他所属的某一职能就够了。"②也就是说,与"无人工厂"相关的设计、制造、维修、保养等间接生产产品的劳动显著增

---

① 《马克思恩格斯选集》第二卷,人民出版社 2012 年版,第 100 页。
② 《马克思恩格斯选集》第二卷,人民出版社 2012 年版,第 236 页。

加了,这类劳动也是生产劳动,也在创造商品的价值。

第二,随着科学技术的发展,资本有机构成不断提高,劳动者在一定时间内使用的生产资料会越来越多。从单个产品所包含的活劳动来讲,必然呈下降趋势,但是劳动的复杂程度却在不断提高,同样时间内创造的价值不但没有减少,反而增加了。正如马克思所说:"生产力特别高的劳动起了自乘的劳动的作用,或者说,在同样的时间内,它所创造的价值比同种社会平均劳动要多。"①此外,首先使用这类先进技术的企业,由于其个别价值低于社会价值,因而可获得超额利润,即由技术相对落后企业转移来的劳动价值。

第三,持这种观点的人并没有正确区分商品价值与物质财富这两个不同的概念。科学技术在生产过程中的运用可以转化为巨大的生产力,可以使一定时间内生产的产品数量增加,同时使单位产品中包含的活劳动减少。因此,在物质财富增加的同时,商品的价值总量可以相对减少或绝对减少。但是,社会总是用不变价格或现有价格(包含了通货膨胀的因素)来计量物质财富的总量。因此,随着劳动生产力的提高,必然表现为社会价格总量的绝对增加。这里,不能把商品的价值总量与不变价格或现有价格总量混为一谈。

所以在商品生产中,只有人的活劳动才是价值的唯一源泉,科学技术只有人化为复杂劳动,才能在生产过程中凝结为新价值。那么,科技劳动创造价值与普通劳动创造价值有何区别呢?这就需要我们进行深入的研究。

2. 科技劳动与价值创造的相互关系

分析科技劳动是否创造价值,可以从分析一般劳动形成价值的两个必要条件入手。第一个条件是这种劳动必须有用,能够生产出满足社会需要的产品。第二个条件是这种产品必须用于交换,能够满足市场需求。这两个条件与社会必要劳动时间的两种含义有密切的联系。马克思在论述第一种含义社会必要劳动时间时,强调了商品的使用价值即产品必须对社会有用;在论述第二种含义社会必要劳动时间时,强调了商品生产的总量必须符合市场的需要量。他指出:"耗费在这种商品总量上的社会劳动的总量,就必须同这种商品的社会需要的量相适应,即同有支付能力的社会需要的量相适应。"②从中可以看出,产品有用且

---

① 马克思:《资本论》第一卷,人民出版社2018年版,第370页。
② 马克思:《资本论》第三卷,人民出版社2018年版,第214页。

市场需要是商品价值得以形成的两个前提条件。因此,一种劳动是否成为价值并不在于它本身的重要性,而在于这种劳动是否生产出能交换的使用价值。同样,科技劳动只要符合上述两个条件,它就应当是创造价值的劳动。下面将对科技研究、科技开发和科技应用这三种劳动形式进行具体分析。

第一,科技研究者的劳动。如果科技劳动者处于独立的科研机构,那么他的科技劳动是否形成价值有两种情况。如果研究出来的成果不能为企业利用或不能在市场上交换,那么这些科技劳动就不能转化为价值。这种科研成果可能将来对人类非常有用,但其潜在价值暂时还无法实现,或者这种研究的结果完全是错误的,没有任何使用价值,那么期间投入的科技劳动将成为无效劳动,永远也不会形成商品价值。

如果科技劳动者生产出可用于交换的科技产品,那么这种科技劳动无疑是创造了新价值,并能使其投入的科技劳动得到相应的补偿。不同于一般物质产品的是,科技劳动者生产的是以一定物质形式为载体的精神产品。这类科技成果的取得需要借助前人的经验,是前人和今人长期从事复杂劳动的结晶。因此,在对这类科技产品进行价值补偿时,常常是不充分的。但是,与这类科技成果的运用所创造的物质财富和经济利益相比,以前投入的劳动却总是一个相对变小的量。

第二,科技开发者的劳动。处于企业科研部门的劳动者,虽然不直接参加企业的实际生产,但他们的研究是有针对性的,是研究和解决本企业生产中的技术问题,以及如何开发新工艺、新产品等等。此类科技劳动的成果将直接为企业所用,这样的研究部门成为企业发展不可缺少的组成部分。可以说,这些科技人员与生产工人共同创造了商品价值。因此,这类科研人员的劳动属于企业总体劳动的一部分,其创造的价值也应计入生产总值之中。随着科技发展和生产力提高,企业中科技劳动的比重将不断增加,科技开发者创造的价值也越来越大。

第三,科技应用者的劳动。这类劳动者如工程师、技术员等,将科学技术应用于生产过程,直接为企业的生产服务。具体表现为在生产中运用新技术、新工艺,使用具有较高科技含量的原材料和机器设备等。虽然科技应用者不像科技研究者和开发者那样,会创造出独立的科技成果,但此类劳动将作为一般人类劳动物化到产品中去,不断形成新价值并使社会价值总量增大。同时,科技知识物化到生产资料中,可以形成先进的生产设备和更高的生产能力;科技知识人化为劳动者的技能,可以增强和改善人的劳动力,提高他们劳动的技术档次和复杂程度,并通过复杂劳动创造更多的价值。

(三) 科技工作者的收入分配

现在理论界存在一种误区,认为按劳分配是符合劳动价值论的,而按生产要素分配是违反劳动价值论的。事实上,按劳分配与按生产要素分配不是完全对立的,而是具有长期并存的两重性和有机结合的相容性。在市场经济中,它们统一于价值规律与价值增殖规律。因此,科技劳动者的收入不仅是按劳分配的体现,而且是按生产要素分配的结果。

1. 生产要素参与价值分配的必然性

既然劳动以外的生产要素不创造价值,为什么它们也要参与价值分配呢?这就要深入分析生产要素参与价值分配的理论根据和现实需要。

第一,价值创造和价值分配的性质和作用是不同的。价值创造解决的是价值来源问题,只与生产商品的劳动相关。而价值分配解决的是要素所有权的实现问题,只与要素所有者的利益相关。我们实行按劳分配和按要素分配相结合的基本分配制度,就是因为目前实行的是以公有制为主体,多种所有制共同发展的基本经济制度。其中,按劳分配主要是由生产资料公有制决定的;按生产要素分配则是由多种所有制并存的市场经济决定的。在市场经济中,非劳动要素的所有者也要取得相应的收入,以实现他们的所有权。也就是说,要素使用者必须按照要素使用权的价格支付报酬,否则要素所有者就不愿意提供生产要素。

第二,分配方式要有利于生产发展和财富增加。虽然从表面上看,分配采取的是价值形态,但价值只是一种体现劳动平等的生产关系,我们不能用抽象的生产关系来满足人们的现实需要。因此,社会分配的最终对象只能是可以满足人们需要的使用价值,而使用价值又是多种生产要素共同作用的结果。因此,依据生产要素的贡献,使它们的所有者取得相应的报酬也是理所当然的。同样,科学技术也是生产要素,而且在现代化建设中显得更为重要。因此,知识产权、技术专利的所有者按科技要素的投入取得收益,也是按生产要素分配的具体体现。

2. 按科技劳动与科技要素分配的必要性

改革开放以来,通过贯彻让一部分人和一部分地区先富起来的政策,形成了城乡之间、地区之间、行业之间的收入差距,打破了原有的平均主义分配格局。特别是使高科技产业密集的地区,知识含量较高的生产部门,以及广大科技劳动者先富起来是执行这一政策的结果,也是按劳分配和按生产要素分配相结合原则的贯彻和落实。

第一,从科技劳动取得收入角度分析,这是按劳分配的具体表现。科技劳动参与价值创造,并且作为高级的复杂劳动,能创造出更多的价值。同时,科技成果的运用又创造出大量的使用价值,促进了生产力发展和生活水平提高。因此,根据按劳分配原则,使科技劳动者取得较高的报酬不仅是必要的,也是可能的。同时,科技劳动作为高级的复杂劳动,其劳动力的形成要比一般劳动力花费更多的时间和成本。如果维持和再生产科技劳动力的耗费得不到补偿,那么这种劳动力的供给将会萎缩,其直接后果就是阻碍现代化建设和生产力提高。因此,对科技劳动者进行收入分配时,一方面要根据按劳分配的原则,按其劳动的数量和质量进行分配;另一方面也要从劳动力价值的合理补偿,以及对复杂劳动的特殊奖励出发,给予科技劳动者较高的报酬,以激励他们做出更大的贡献。

第二,从知识产权、技术专利取得收入的角度分析,这是按生产要素分配的具体表现。科学技术作为生产要素参与社会财富创造,其贡献率越来越大。根据按生产要素分配的原则,作为科学技术的投入者,能够凭借知识产权、技术专利等参与价值分配。虽然在科技成果的形成中,凝结着科技工作者的大量劳动,使知识产权、技术专利等具有很高的出卖或转让价格,但是与科技成果实际运用所能取得的经济效益相比,它们又是一个较小的价值。因此,对科技成果所有者的价值补偿往往是不充分的,这在一定程度上影响了科技工作者发明创造的积极性。由此可见,通过知识产权、技术专利等形式,对科技工作者进行价值补偿和物质奖励,即按科技要素投入进行价值分配的制度,还需要在实践中不断健全和完善。

3. 提高科技劳动者收入水平的重要性

提高科技劳动者收入的必要性和重要性,集中体现在以下两个方面。

第一,引起人们对教育投入的重视程度。以前,我国长期存在"脑体收入倒挂"和知识贬值等不良现象,严重阻碍了生产力发展和生活水平提高。改革开放以后,党中央采取了一系列政策措施,使收入分配逐渐向科技工作者倾斜,使他们的工作条件和生活水平都有了明显改善和提高,有力地促进了我国科技事业的发展和壮大。由于提高了教育的收益率,从而提高了人们对智力开发的重视程度,为我国走上依靠科技发展经济的道路提供了有力保证。

第二,充分发挥收入差距形成的激励作用。区别复杂劳动与简单劳动、熟练劳动与非熟练劳动、创新劳动与重复劳动,并给予它们不同的劳动报酬,同时坚持效率优先、兼顾公平的收入分配原则,将有利于调动劳动者的生产积极性,努力提高自身的科技文化素质,提高劳动的熟练程度和适应复杂劳动的能力。因此,建立和健全按科技劳动,以及按知识产权、技术专利等进行价值分配的制度,将促使科技劳动者努力工作和不断创新,为加快生产力发展和现代化建设做出更大的贡献。

五、服务劳动及其价值的两重性和相容性

随着社会主义市场经济发展和经济现代化和全球化进程加快,第三产业中服务劳动的地位和作用不断提升,吸纳的劳动者人数日益增加,创造的产值利润在国民生产中的比重显著增大,成为国民经济发展和现代化建设中新的经济增长点。因此,我们在阐明管理劳动价值论和科技劳动价值论的基础上,还要深入研究和探讨服务劳动的价值创造及其分配问题,揭示服务劳动及其价值的两重性和相容性,以促进服务行业的发展和完善,使其更好地为我国工农业发展、科技振兴和对外开放,提供更加优质、高效和周全的服务。

(一) 服务商品的两因素与服务劳动的二重性

当代发达资本主义国家的共同特征是服务业(也称第三产业)在 GDP 中的比重越来越大。例如,在美国,1980 年服务业占 GDP 的比重为 73.83%,1990 年为 75.07%,2018 年为 80.6%;按服务业就业人口占总人口的比例来看,1980 年为 67.27%,1997 年为 74.34%[①],2018 年已达到 84%。发达资本主义国家制造业的疲软与服务业的兴旺形成了鲜明反差。为此,我们必须清楚地认识服务劳

---

① 陈宝森:《当代美国经济》,社会科学文献出版社 2001 年版,第 162、167 页。

动的性质和服务商品的生产规律,以促进现代化建设的健康发展。

1. 服务商品的两因素

马克思指出:"商品首先是一个外界的对象,一个靠自己的属性来满足人的某种需要的物。"① 在马克思看来,人们之所以去购买商品是因为它有使用价值,使用价值是商品的自然属性。但有使用价值的物品并不都是商品,因为一个物要成为商品,不仅要有使用价值而且要有价值。价值是凝结在商品中无差别的人类劳动,是商品的社会属性,体现了生产者之间等量劳动相交换的生产关系。因此,凡是商品必须是使用价值和价值的统一体。

长期以来,人们对于"服务商品"的认识是模糊的。历史上大多数经济学家,如亚当·斯密、萨伊、马克思等人,对服务劳动的争论主要集中在是否是生产劳动的问题上,而没有明确提出服务商品的概念。事实上,当传统意义上的有形商品出现时,无形的服务商品也同时产生了,只是由于历史条件的限制,使其数量极少,因此没有引起人们的关注。然而在今天,各类服务商品大量涌现,对我们生活的影响也越来越大。对于服务商品而言,它是一种"无形的消费品"。服务劳动之所以成为商品,是因为它和其他商品一样具有使用价值和价值。服务商品之所以显得神秘,是因为它和物质形态的商品有很大不同,主要表现在以下方面。

第一,服务商品是无形的,因此难以捉摸。一般物质商品是有形的,具有颜色、气味、重量等外在特征,人们可以直接触摸到它的存在,并能在一定时期内保存它。服务商品作为"无形的消费品",虽然看不见、摸不着,但它是客观存在的,就像物理学中的电磁场一样在现实生活中起作用。

第二,服务商品的生产与消费是同时实现的,也就是说,服务商品的生产过程,同时就是它的消费过程;而一般物质商品在消费前就已经被生产出来,因此它的生产和消费在时间和空间上是分离的。

服务商品与物质商品的这些差别,只是来源于存在形式上的不同,而非本质上——用来交换的劳动产品——的差别。服务商品在服务劳动的过程中被它们的购买者消费掉了,而不像物质商品那样,生产过程、交换过程及消费过程是明显分开的。但是,这种表面上的差异并不能抹杀服务劳动的商品性质。例如,一名歌唱演员在剧院里表演,观众购票欣赏。演员提供的文化产品使观众获得精

---

① 《马克思恩格斯选集》第二卷,人民出版社 2012 年版,第 95 页。

神上的享受。演员提供的服务商品——艺术(如各种节目),其价值来源于演员的表演劳动。观众为了消费这种商品需要支付货币(如购买门票),这种服务商品的交换过程是显而易见的。服务商品的价值也是由生产它的社会必要劳动时间决定的,这一点与物质商品并无区别。

2. 服务劳动的二重性

马克思认为,生产商品的劳动具有二重性——具体劳动和抽象劳动,具体劳动创造商品的使用价值,抽象劳动形成商品的价值,商品的两因素来源于劳动的二重性。同样,服务劳动也具有二重性,服务商品的两因素来源于服务劳动的二重性。在现代社会中,服务劳动的具体形式五花八门、层出不穷,满足了人们的不同需要。例如,教育、医疗、法律、会计、审计、统计、金融、管理、咨询,以及娱乐、餐饮、旅游等服务行业,都是提供服务劳动的重要部门。这些提供不同使用价值的具体劳动是不同质的,因而在量上无法比较;但是作为形成价值的实体——体力和脑力的综合——抽象劳动却是同质的,因而在量上可以比较。

这里要特别指出,服务劳动和服务商品有着本质的区别,就像一般生产劳动与它的物质产品——商品的区别一样。首先要明确的是:商品是劳动的产物,不仅包含劳动创造的价值,而且具有满足他人需要的使用价值。服务商品是一种特殊的无形产品,它的使用价值看不见、摸不着,但可通过消费者取得的满足来证实,就像人们证实电磁场的存在一样。而服务劳动是劳动者体力和脑力的耗费过程,服务劳动的不断输出来源于劳动力的耗费,而这种劳动力的生产和再生产,则需要耗费生活资料以及接受教育和训练。因此,服务商品不能等同于服务劳动,只有用于交换的服务劳动才会取得服务商品的性质。

不同的服务劳动包含的抽象劳动也有很大差别。有的服务劳动简单,有的非常复杂,例如律师、经济师、艺术家等人的劳动比理发师、鞋匠、清洁工的劳动复杂得多。这种复杂劳动创造的价值自然是简单劳动的倍加或倍乘。然而,并不是越复杂的服务劳动获得的收入就越高。毋庸置疑,复杂劳动创造的价值越大,获得的价值补偿也应该越多。但是,劳动者收入的多少不仅取决于劳动的复杂程度,而且还受到市场供求关系的影响。例如,一名当红歌星获得极高的收入,并不是因为他提供的服务价值有多大,而是因为能提供这种特殊商品的人非常少,而消费者却特别多。由于需求大大超过供给,使其价格大大超过价值,才使他获得极高的超额收入。

服务商品和其他商品一样,就其价值而论是不断下降的。这主要是因为劳动生产力提高,使同一时间内提供的商品更多了,而同一劳动在同样的时间内提供的价值总是相同的,所以单位商品的价值会不断下降,这是生产商品的具体劳动与抽象劳动矛盾运动的必然结果。

(二) 服务劳动的价值创造和价值增殖

要理解服务劳动的价值创造和价值增殖,首先要正确划分生产性服务劳动和非生产性服务劳动。生产性服务劳动创造价值,非生产性服务劳动不创造价值,因此它们的客观要求和现实作用是不同的。只有正确划分生产性服务劳动和非生产性服务劳动,才能采取相应的措施,促进二者的有机结合和协调发展。

1. 生产劳动与非生产劳动

服务劳动是否属于生产劳动?或者说服务劳动同生产劳动的关系如何?是一个有争议的问题。历史上不少学者对此进行过研究,至今未得出一致的结论。

最早研究这个问题的是政治经济学的奠基者亚当·斯密。斯密在分析资本积累时提出了生产性劳动和非生产性劳动的划分。他认为把积累起来的资本用于雇用工人,才是致富的有效途径,因为雇用工人不仅能将预付资本再生产出来,而且还能为资本家提供利润。因此他得出结论,同资本相交换的劳动是生产性劳动,同收入相交换的劳动则是非生产性劳动。

以人口论著名的马尔萨斯也认为,生产劳动与财富的定义有密切关系。他将劳动分为两类,与斯密的不同之处在于,他用"私人服务"替换了"非生产性劳动",其目的是为了表现他对这方面劳动的重视。在马尔萨斯看来,一切服务劳动都不是生产劳动,服务劳动不但不创造财富,而且会消耗财富,因为从事私人服务的人是以生产劳动所提供的剩余产品为生的。

被称为庸俗经济学之父的萨伊,从效用论出发也对生产劳动和非生产劳动进行了划分。在萨伊看来,生产有形产品——能在一定时期内保持不坏的产品——的劳动是生产劳动,因为它们协同创造了效用。萨伊认为仅将体力劳动当作生产劳动是远远不够的,因此生产劳动还要包括科学家、冒险家(即工场主、农场主和商人)提供的劳动。

马克思在批判地继承了李嘉图等人研究成果的基础上,对生产劳动与非生产劳动的关系进行了深刻的分析。马克思指出:"只有生产资本的劳动才是生产劳动。非生产劳动就是不同资本交换,而直接同收入即工资或利润交换的劳动。"①由此不难看出,生产劳动的概念是一个历史范畴。在资本主义社会,拥有自己的生产资料而不雇用别人,从事商品生产和商品交换的小生产者不属于资本家,因此他们的劳动不属于资本主义的生产劳动,而是小生产性质的劳动。

我们认为,生产劳动与非生产劳动的划分,在不同历史时期具有不同的内涵。在以农业为主的小生产方式下,手工业者、农民的劳动都是生产劳动。在社会化大生产方式下,以交换为目的的劳动才是生产劳动,因为能创造价值;相反,不以交换为目的的劳动是非生产劳动,因为不能创造价值。因此,在社会化大生产方式下,国家和政府机关的成员如警察、法官、检察官、军人等的服务劳动是非生产劳动,而教师、科技工作者、律师、经济师、会计师、统计师等人的劳动,以及娱乐、餐饮、旅游等提供的服务劳动都是生产劳动。可见,在服务劳动中是否创造价值是区分生产劳动和非生产劳动的重要标志。这里有一点要澄清,这种划分并不意味着生产劳动比非生产劳动重要。事实上,非生产劳动也很重要,同样是社会不可缺少的劳动形式。这里只是为了说明他们的服务不以交换为目的,没有与服务对象发生商品、货币关系,因此他们的劳动不具有生产性。至于有些非法的、有害的活动如贩毒、卖淫、洗黑钱等,因为都不属于劳动范畴,所以就谈不上价值创造的问题,更不具有生产劳动的性质了。

2. 价值创造和价值增殖

从上面的论述可知,生产性服务劳动创造价值。生产者在提供服务商品的过程中,一方面转移了生产资料的旧价值,另一方面用活劳动创造出新价值。例如,理发师在劳动时,理发工具的价值会按照其损耗程度转移到服务商品中去,而理发师的活劳动创造了新价值。但是,理发师的劳动是否会使价值增殖呢?这倒不一定。因为并非所有的生产性服务劳动都能形成价值增殖。例如,个体理发师的服务劳动不能使价值增殖,而受雇佣的理发师却能使价值增殖。对于个体理发师而言,没有雇佣他人劳动,因而他生产的服务商品只包含转移的生产资料价值和自己劳动新创造的价值,无法实现价值增殖;对于受雇佣的理发师而言,他创造的新价值除了用于弥补劳动力价值外,则以剩余价值的形式被雇佣他

---

① 《马克思恩格斯全集》第二十六卷第一册,人民出版社 1972 年版,第 148 页。

的资本家所占有,因而实现了价值增殖。这时,服务商品的价值就可分为三部分:不变资本价值、劳动力价值和剩余价值。攫取剩余价值是资本主义生产方式的必然要求,这一点对于分析服务劳动中的雇佣劳动也是同样适用的。

在社会主义大生产条件下,服务劳动者如何创造价值和实现价值增殖呢?在社会主义市场经济中,国有经济、集体经济和私营经济长期并存,其中国有经济发挥主导作用,公有经济处于主体地位,非公经济成为重要的组成部分。对于个体劳动者来说,如个体医生、个体理发师等是生产劳动,也创造了价值,但不能实现价值增殖。因为他们提供服务而获得的收益,仅相当于他们所创造的价值,没有为他人提供剩余价值。对于私营企业主来说,他们雇佣的劳动者不但创造了价值,而且创造了剩余价值,因而能够实现价值增殖。在社会主义初级阶段,私营企业并没有改变它的剥削性质,而是在法律允许的范围之内发挥其生机和活力,以弥补公有经济的不足。

对于公有企业而言,公有资本属于国家或集体所有,因此劳动者创造的剩余价值已转化为公共价值,一部分以税收形式上缴国家,用于社会的公共需要;另一部分以公积金形式留给企业,用于扩大生产和集体福利。国家以税收形式取之于民的部分,会通过财政支出用之于民。因此,在公有经济中,企业实现价值增殖的过程,已从制度上根除了剥削关系,因而成为社会主义的经济基础。公有资本的价值增殖推动公有经济发展,促进国民经济繁荣和社会主义制度巩固。

以上分析可以看出,资本主义经济和社会主义经济中的价值增殖有着本质的区别。我们必须承认:生产性服务劳动包括个体经济、私营经济和公有经济提供的服务劳动,都是社会主义市场经济中生产劳动的重要形式,都对社会主义经济发展做出了重要贡献。

(三) 服务劳动的收入分配与再分配

由于生产性服务劳动是创造价值的,而非生产性服务劳动是不创造价值的,但它们都是社会所必需的,因此要通过国民收入的分配与再分配,来保证这两类服务劳动都得到健康发展。

1. 价值在生产性服务领域的初次分配

对于生产性服务者而言,其提供的服务劳动创造了价值,因而要参与价值的初次分配。在服务业中,个体劳动者和公有企业的员工都是社会主义劳动者,都创造了价值,因此要根据他们提供服务劳动的质量和数量进行按劳分配。在按劳分配的同时,还必须考虑市场供求规律对劳动者收入的影响。例如,在大多数劳动者中,科学家、教授、高级管理者和技术人才等类型的劳动者所占比例很小,而他们创造价值的能力却很大,因此常常出现供不应求的状况,于是给他们的报酬就会显著提高。在服务业中,除了劳动力之外,还要投入其他生产要素。因此,在以技术、资本、土地等生产要素入股的合作制企业中,也必须实行按要素分配。因为这些生产要素作为稀缺的经济资源,必须得到合理的价值补偿,否则,它们的所有者就不愿意提供这些生产要素。随着经济增长和服务性行业发展,对这些资源的需求会越来越多,而供求矛盾的扩大将阻碍该行业服务能力提高。因此,在社会主义条件下对于生产性服务业的价值分配,既要实行按劳分配,又要实行按要素分配;既要维护劳动者创造价值的收益,又要维护其他所有者提供生产要素的权益;既要体现分配的公平原则,又要体现分配的激励效果,使它们有机地结合起来。

2. 价值在非生产性服务领域的再分配

我们知道,非生产性服务劳动不创造价值,因而不能参与初次分配,但可以参与再分配。作为非生产性服务的劳动者,如国家机关和事业单位的工作人员等,他们提供的服务劳动具有以下特点。首先,在同一工作时间内,他们服务的对象是不固定的,可以为几个人服务,也可以为很多人服务;其次,他们提供的是公共服务,而不是以交换为目的的商品服务,因此他们的劳动是不创造价值的;最后,他们的服务劳动是经济和社会正常运转所必不可少的,并不因为不创造价值而显得不重要。由于非生产性服务劳动的这些特点,决定了他们的劳动报酬不可能来自国民收入的初次分配,而只能通过国民收入的再分配来实现。

对非生产性服务者进行再分配也要遵循按劳分配原则。但是按劳分配不等于平均分配,按劳分配与平均主义并不相容。在计划经济时代,由于我们对按劳分配原则认识不清,造成非生产性服务者的收入过于平均,以致形成不了竞争和激励机制,造成办事效率低下、人浮于事、官僚主义等不良后果。在社会主义市场经济高速发展的今天,为了提高这些劳动者的积极性和主动性,应该以服务劳动的办事效率、复杂程度、贡献大小为标准,将收入差距适度拉大,形成有效的激励和竞争机制,使他们能提供优质高效的服务,以满足经济和社会的发展需要。

第10章

企业公有制与股份制的两重性和相容性

现代企业制度是大生产和市场经济条件下，企业经营管理的基本形式。改革开放以来，我们突破了股份制仅仅是资本主义企业经营管理制度的思想束缚，不仅使股份制逐步成为公有制的主要实现形式，而且通过建立和健全国有资产控股公司的方式，使企业公有制与股份制的两重性和相容性得到体现和运用，特别是使国有企业的两重经济职能得到发挥和展现，并在健全现代企业制度和完善企业领导与职工相互关系的基础上，使职工的两层次积极性得到开发和运用。实践证明，企业公有制与股份制不仅可以长期并存，而且可以有机结合，因而有力地促进了现代企业制度的发展和完善。

一、现代企业制度的来源与发展

在改革开放之初，引入现代企业制度还是一个全新的课题，虽然经过40多年的实践探索，已在公有企业的改革上取得了突破性进展，但是仍有许多现实问题需要解决。因此，从来源上弄清现代企业制度的本质特征和基本要求，从动态上把握现代企业制度的发展规律和适用范围，对于深化公有企业改革和发挥国有经济的主导作用，都有重要的理论意义和实践价值。

(一) 现代企业制度的产生

近代公司制是现代企业制度的萌芽，源于18世纪的民间合股公司。当时的合股公司未经政府特许，股票可以自由转让，股东只承担有限责任，由股东集体授权的经理人经营。鉴于这种公司具有筹集资金多、所有权转让容易、经营有连续性和由非所有者管理等优点，受到投资者们的欢迎。1834年，英国承认合股公司的法人地位。1837年，美国康涅狄格州颁布了第一部公司法，规定标准的公司注册程序。1844年，英国议会通过《合股公司法》，规定只要通过简单程序就可建立公司。1856年，英国议会确认注册公司对债务只负有限的赔偿责任。

公司制基本框架的确立,为现代企业制度的产生奠定了基础。

公司制向现代企业制度转变的标志,是所有权与经营权的分离。随着公司制的发展,越来越多的高层经理不再由他们的股份数量而是由管理能力来决定。直到20世纪50年代,支薪经理在高层管理中占支配地位,这类公司才被称为现代企业。从此,现代企业制度成为大中型公司普遍采用的基本制度。现代企业制度分为两种:有限责任公司和股份有限公司。有限责任公司是指不通过发行股票,而由为数不多的股东集资组成的公司;股份有限公司则是指把全部资本划分为等额股份,发行代表股份的有价证券——股票,而且可以自由转让的公司形式。

(二) 现代企业制度的本质特征

现代企业制度是一种不同于传统的业主制、合伙制以及其他公司制的新型制度。规范的现代企业制度具有系统性,其本质特征有三个:一是可靠的法人财产制度,二是健全的公司治理结构,三是有效的管理和制衡机制。其中,法人财产是现代企业的重要前提,治理结构和制衡机制是现代企业运行的有效保证。

1. 可靠的法人财产制度

法人财产制度是现代企业制度的基础,是以企业法人而非出资人(股东)作为财产主体的法律制度。该制度将企业财产分解为终极所有权和法人财产权,出资人(股东)只能通过一定的组织程序,才能控制和支配企业资产。法人财产包括三个要点:(1) 独立的法人资格。现代企业具有独立的法人资格,而企业产权则是衡量其法人资格的根本标志。(2) 只需承担有限责任。在法人财产和出资人财产之间有明确的界限,出资人在获取资本损益的同时,只以股金为限承担偿债责任。(3) 股权可以自由让渡。股权买卖与公司资产运行相分离,股权买卖不影响公司的独立运营,从而确保公司具有永续的生命力。

2. 健全的公司治理结构

公司治理结构是现代企业制度的核心。健全的公司治理结构,既能让经理层放手经营,又能确保所有者的最终控制。法人治理结构是在所有权、财产权与经营权分离的条件下,由股东大会、董事会、经理层和监事会组成的管理机构和制约机制,主要包括以下四个方面。

第一,股东大会。股东大会是由全体股东组成的最高权力机构,是股东借以行使自身权利和维护自身利益的主要方式。公司的重大决策均须得到股东大会批准,对于股东大会的决定,董事会必须执行。不过,股东大会只是非常设的决策机构,对外不代表公司,对内不经管业务。股东大会的职责包括:决定公司的经营方针和投资计划;审议批准公司的年度财务计划、利润分配和亏损弥补方案;对公司增减注册资本和发行债券等做出决议;选举和更换董事及由股东代表出任的监事;对公司的合并、解散和清算等事项做出决议,以及修改公司章程等。

第二,董事会。董事会是公司的常设权力机构和决策机构,是公司的法定代表。董事会的职责包括:执行股东大会的决议;决定公司的经营目标、重大方针、经营计划、投资方案和管理原则;制定公司的年度财务预决算方案、利润分配和亏损弥补方案;拟订公司的合并、分立、解散的方案;决定公司内部管理机构的设置;挑选、委任和监督经理人员,掌握经理人员的报酬和奖惩,并根据总经理提名聘任或解聘公司副总经理、财务负责人等;协调公司与股东、管理部门与股东之间的关系;提出盈利分配方案供股东大会审议等。

第三,经理层。经理层是公司的执行机构,由总经理、副总经理和常务董事等高层经理人员组成。这些人员由董事会聘任,并在董事会授权范围内负责公司的经营管理工作。执行机构的负责人被称为首席执行官,通常由总经理或者董事长担任。首席执行官需要履行的职责包括:执行董事会的决议;对外签订合同或处理业务;组织实施经营计划和投资方案;拟定内部管理机构和管理制度;提请董事会聘任或解聘副总经理、财务负责人;定期向董事会报告业务并提交工作报告等。

第四,监事会。为监督董事会及经理层的工作,公司还要设立监事会。监事会由股东大会选举产生,一般不少于3人,有独立行使其职责的权利和义务。监事会的职责包括:检查公司财务;列席董事会议;监督董事、经理是否违法、违规,并对损害公司利益的行为予以纠正;提议召开临时股东大会等。

3. 有效的管理和制衡机制

有效的管理和制衡机制是现代企业制度的可靠保障,它促进不同部门各负其责,协调运转。健全的现代企业制度包括两种制衡机制:一是股东大会与董事会之间的信托机制,二是董事会与管理层之间的委托代理机制。

第一,股东大会与董事会的信托机制。股东大会与董事会之间是一种信托关系,董事作为股东的受托人,接受股东大会的信任托管法人财产。董事会作为公司的法定代表全权负责公司经营,拥有支配法人财产的权利,并有权任命和指挥经理人员。这种信托关系有以下特点。首先,股东大会决定董事会人选。一旦委托董事会经营公司,它就成为公司的法定代表。之后股东不再干预公司事务,也不能因非故意的失误解聘董事,但可以玩忽职守、未尽责任等事由起诉董事,或通过股东大会罢免他们。其次,受托经营的董事只领取津贴。在股东人数较少的有限责任公司,董事会成员多半具有股东身份,而在股东人数较多的股份有限公司,董事会主要由经营专家及社会人士组成。最后,在大股东占主导地位的公司,往往派出代表充当董事。

第二,董事会与经理层的委托代理机制。董事会与经理层之间是一种委托代理关系。董事会依据管理知识和经营能力等,挑选和任命公司经理。经理层拥有董事会授予的管理权和代理权。这种委托代理关系的特点有:经理层的权力受限于董事会的委托范围,超越权限的决策都要报请董事会批准;公司对经理层进行有偿委任,经理层有义务和责任经营好公司,董事会有权监督经理层的绩效,并做出奖励或解聘的决定。

(三) 我国建设现代企业制度的基本要求

在计划经济向市场经济转型过程中,我们借鉴和吸收西方发达国家在现代企业制度上的优点和长处,改革和完善公有企业,特别是国有企业的管理体制和经营机制,提出了产权清晰、权责明确、政企分开、管理科学等基本要求,并在实践中积累了宝贵经验和取得了显著成效。

1. 产权清晰

产权制度是现代企业制度的核心,产权清晰是公有企业改革的基本要求。产权清晰是影响产权功能,以及企业效率的关键因素。这种清晰主要表现为:一是主体清晰,即要有特定的机构代表国家或集体行使法人财产的权利;二是结构清晰,即多元化的投资主体依其投资的比例享有相应的责任和利益;三是关系清晰,即资产的归属、权益的享用等要清晰,要弄清公有资产在实物、价值、权利上的边界;四是作用清晰,即投资者要按其投资的比例规范运行,充分发挥其对公司监督与激励的作用。

2. 权责明确

要求合理区分所有者、经营者和劳动者的责任和利益,既要充分调动各方的积极性与创造性,又要确保他们的权利不受侵蚀,包括以下两个方面。

一是权利明确。所有者按其出资额享有资产受益、重大决策和选择管理者的权利,企业破产时则对债务承担相应的有限责任。企业在其存续期间对法人财产拥有占有、支配、使用和处置的权利,并对其债务承担责任。经营者受所有者(董事会)的委托,在一定时期和范围内拥有经营企业资产,并获取相应收益的权利。劳动者按照合约拥有就业和得到收益的权利。

二是责任明确。严格来说,权利和责任不仅要明确,还要相互匹配。因此,权责明确意味着,除了明确界定所有者、经营者、劳动者及其他利益相关者的权利和责任外,还必须使权利和责任相对应或相平衡。为体现出这种效果,在所有者、经营者、劳动者及其他利益相关者之间,还应建立起相互依赖和相互监督的制衡机制。

3. 政企分开

政企分开是我国建立现代企业制度的前提。政企不分是原有计划经济体制的特点和弊端,政企分开就是将政府的行政管理职能与企业的经营管理职能分开。也就是政府将经营管理的职能还给企业,如放权让利、扩大企业自主权等,而企业则将原来承担的住房、医疗、养老等职能还给政府和社会。国家只是股东之一,政府只能在拥有股份的董事会上,代表国有资产参与决策,而不再插手企业经营管理的具体事务。因此,政企分开的程度也标志着我国现代企业制度改革的成熟程度。

4. 管理科学

管理科学就是要采取科学的制度和手段,取得更高的管理效益。严格来讲,管理科学包括人事管理、质量管理、生产管理、经营管理、研发管理等的科学化,是对一切大中企业的共同要求。我国将其纳入现代企业制度范畴,反映出不少企业存在重技术轻管理的不良倾向。为此,党中央提出"三改一加强"的号召(把改革同改组、改造和加强管理有机结合),要求企业围绕"科学管理"苦练内功,积极采取有利于生产经营、技术进步的管理模式和组织方法,凝聚和培养一支敏锐果敢、大胆创新、年富力强的管理和技术人才队伍。

二、股份制成为公有制的主要实现形式

实践表明,企业公有制与股份制具有两重性和相容性,如何使现代企业制度与公有企业长期并存和有机结合,成为深化经济体制改革、加快公有经济发展的重大现实课题。党的十六届三中全会的决定指出:"大力发展国有资本、集体资本和非公有资本等参股的混合所有制经济,实现投资主体多元化,使股份制成为公有制的主要实现形式。"①党的十九大进一步提出:"要深化国有企业改革,发展混合所有制经济,培育具有全球竞争力的世界一流企业。"②这些都是在改革实践的基础上,对公有制实现形式和混合所有制经济的重大理论突破,必将有力地推动公有经济,特别是国有经济快速健康持续发展。

(一) 我国推行股份制的进程

改革开放以来,我国突破股份制仅仅是资本主义企业经营管理制度的传统思想束缚,开始学习和引进发达国家通行的现代企业制度,从公有企业尝试建立股份制,到确认股份制是公有制的主要实现形式,经历了从试点到推广这样一个长期而曲折的过程,大致可分为三个阶段。

1. 正确认识股份制及其适用范围

过去,人们总是把股份制与私有制相联系,而与公有制相对立。产生这一错误的根源在于,把股份制这种企业经营管理制度与资本主义经济制度画了等号。其实,企业经营管理制度与社会经济制度是两个不同层次的范畴,股份制是体现企业经营管理的具体制度,而社会经济制度则是体现生产关系的根本制度,二者不能等同。股份制之所以出现在资本主义社会,是适应大生产和市场经济的需

---

① 《中共中央关于完善社会主义市场经济体制若干问题的决定》,中央政府门户网站,2008年8月13日。

② 习近平:《决胜全面建成小康社会 夺取新时代中国特色社会主义伟大胜利——在中国共产党第十九次全国代表大会上的报告》,人民出版社2017年版,第33页。

要。现实表明,社会主义不仅不会取消大生产和市场经济,而且还要加快它们的发展。因此,不但资本主义企业需要建立和健全股份制,社会主义企业更需要发展和完善股份制。

2. 国企改革显现股份制的优越性

在正确认识股份制的性质后,国有企业开始尝试股份制。党的十四大报告指出:"股份制有利于政企分开、转换企业经营机制和积聚社会资金,要积极试点,总结经验,抓紧制定和落实有关法规,使之有秩序地健康发展。"①这就为国有企业的股份制改革创造了有利条件。统计数据显示,从1984年至1991年底,全国试点股份制的3 200个国有企业,每年产值和税利都有较大幅度的增长,明显高于其他未实行股份制的企业。② 实践是检验真理的唯一标准,股份制试点给国有企业带来的效益证明,股份制确实有其无法替代的优越性,它促进了国有企业经营机制转换和经济活力增强。

3. 股份制成为公有制的主要实现形式

党的十六大报告指出:"要深化国有企业改革,进一步探索公有制特别是国有制的多种有效实现形式。"③党的十六届三中全会则提出:"要大力发展……混合所有制经济,实现投资主体多元化,使股份制成为公有制的主要实现形式。"④这一重大的理论突破,是对公有企业股份制改造经验的科学总结,必将对公有经济的发展产生深远影响。党的十五大以来,股份制已逐渐成为公有制的主要实现形式。党的十九大进一步明确提出:"要完善各类国有资产管理体制,改革国有资本授权经营体制,加快国有经济布局优化、结构调整、战略性重组,促进国有资产保值增值。"⑤这就为深化国有企业的股份制改革指明了前进方向。

---

① 江泽民总书记在中国共产党第十四次全国代表大会所做的报告,《加快改革开放和现代化建设步伐,夺取有中国特色社会主义事业的更大胜利》,人民网,1992年10月12日。

② 《对公有制实现形式认识的重要发展》,新华网,2003年11月12日。

③ 江泽民:《全面建设小康社会 开创中国特色社会主义事业新局面——在中国共产党第十六次全国代表大会上的报告》,人民出版社2002年版,第26页。

④ 中国共产党十六届三中全会通过的《中共中央关于完善社会主义市场经济体制若干问题的决定》,中华人民共和国中央人民政府网站,2008年8月13日。

⑤ 习近平:《决胜全面建成小康社会 夺取新时代中国特色社会主义伟大胜利——在中国共产党第十九次全国代表大会上的报告》,人民出版社2017年版,第33页。

（二）用股份制改造公有企业的必要性

在社会主义条件下，只要国有资本或集体资本掌握控股权或取得支配地位，那么这样的股份制企业就具有公有制性质。因此，大力发展股份制，使之成为公有制的主要实现形式，既有利于市场经济发展，又有利于公有经济壮大。

1. 明晰公有产权和完善治理结构

股份制是一种产权明晰的企业管理制度。这些年的实践表明，股份制发挥了越来越重要的作用。用股份制改革公有企业，使其资产股份化，是既能保持公有制性质，又能发挥市场主体作用的最佳选择。党的十四届三中全会和十六届三中全会，都把健全现代企业制度、完善法人治理结构作为改造国有企业、巩固和发展公有制的主要途径。对国有企业实行股份制改革，明确产权主体，理顺产权关系，既有利于保护国有资产，又有利于实现政企分开。同时，股份制要求完善公司的法人治理结构。在这种形式下，既能保证所有者对经营者的有效监督，又能保证经营者享有自主权，使企业保持自我发展、自我完善的动力和活力。

2. 提高公有企业资源利用的能力

股份制可以突破不同所有制的约束，使资金、资源、土地、技术等生产要素优化组合，不断形成新的生产力，并且在"利益共享、风险共担"的原则下，使生产要素充分发挥效用。股份制以其强大的资金实力和灵活的经营机制，有效地聚集各种要素，有利于形成新的经济增长点，为巩固和壮大公有经济开辟道路。例如，东北钢琴集团是营口最早实行改革的国有企业，也是最早实行股份制和经营者年薪制的企业之一。由于管理体制和经营机制的转变，仅用了 4 年时间就从一个破产企业变成明星企业，成为全国最大的三角钢琴生产基地。

3. 有利于增强公有经济的竞争力

专家学者们认为：股份制成为公有制的主要实现形式，对全面理解和把握公有经济提供了新思路，为解放和发展生产力开辟了新道路。使股份制成为公有制的主要实现形式，有利于增强公有经济的生命力，形成市场竞争的优势，从而加强公有经济的主体地位和发挥国有经济的主导作用。股份制企业能集中资金优势，分散投资风险，使企业形成自主经营、自负盈亏的经营机制，从而取得更好的整体效益。因此，把股份制与公有制结合起来，就能提高企业的竞争力和创新能力,增强公有经济的活力和实力。

4. 增大公有资本的渗透力和控制力

通过股份制和股份合作制,公有企业可以联合其他所有者,实现资本的聚集和集中,巩固公有经济的主体地位和增强国有经济的主导作用。股权的分散并没有削弱公有经济的优势地位,通过公有经济与其他经济互相参股,使其支配的资本增大,渗透力和控制力加强。党的十九大提出:"要深化国有企业改革,发展混合所有制经济,培养具有全球竞争力的世界一流企业。"①这就为通过国有控股等有效途径,做强、做优、做大国有企业,更好地发挥国有经济的主导作用开辟道路和指明方向。

(三) 公有企业在股份制改造中的问题

近年来,尽管公有企业的股份制改造发展很快,并在改革管理体制和经营机制上取得显著成效,但是仍然存在一些现实问题,需要我们采取积极的措施和方法加以解决,主要表现在以下方面。

1. 产权界定中的问题

现有的股份制,多数是由国有或集体企业改造而成。在实际工作中,有的企业将发明权、商标权等无形资产排除在国有资产之外;也有企业将投入其他单位的资产不计入国有资产,这两种情况均导致国有资产的流失。对国有资产的评估没有科学标准和严格程序,甚至有些企业为了吸引外资而低估国有资产。集体资产形成的历史复杂,在改制中如何将其量化到个人,意见不一。不少企业将集体资产作为集体股搁置起来,甚至成了无主财产。

2. 政府行政干预问题

从理论上讲,国有企业实行股份制以后,拥有了完全的自主权,因而能够避免行政干预。但在实际中,政府部门仍习惯于过去的管理方式,对股份制企业进行各种干预。目前突出的问题是股权结构不合理,有些企业的国有股或集体股占80%以上,这就为行政干预提供了现实基础。这里的行政干预,主要指代表

---

① 习近平:《决胜全面建成小康社会 夺取新时代中国特色社会主义伟大胜利——在中国共产党第十九次全国代表大会上的报告》,人民出版社2017年版,第33页。

国家控股的一些部门没有转变职能,沿袭计划经济的办法管理和支配企业,使政企难以分开。这种局面不改变,新机制将不能发挥作用,改制企业将重新陷入困境。当前,部分企业股份制改造后,效益下滑、亏损增加的事实也证明了这一点。

3. "内部人控制"的问题

作为股份制企业,资本所有权和经营权的分离,使委托-代理关系成为必然。由于信息不对称和契约不完整,代理人有可能逃避委托人的监督,形成内部人控制问题。在国有企业中主要表现为:(1)成本外溢,如过分的职务消费;(2)短期行为,如盲目投资和耗用资产;(3)收益内化,如大幅度提高工资、奖金和集体福利;(4)转移国有资产等。尽管内部人控制问题并不是中国特有的,但由于国有股权的所有者缺位,加之资本市场和经理人市场的不健全,所以代理问题比西方发达国家更为严重。

(四) 公有经济股份制的规范化

在股份制成为公有制实现形式的过程中,出现的以上问题具有普遍性,因此要采取科学态度加以分析和研究,找到正确解决的途径和方法,并采取相应的政策和措施,对公有的股份制经济实行规范化改造,做好以下三方面工作。

1. 规范政府行为,实现政企分开

在原有的计划经济体制下,政府直接介入企业的经营管理,使企业难以发挥能动作用。因此,在我国推行股份制就"要按照社会主义市场经济的要求,转变政府职能,实现政企分开,把企业生产经营管理的权力切实交给企业"[①]。在现行的体制中,国企领导(经营者)无论是由上级委派还是由职工民主选举,都具有与企业地位相应的行政级别,其管理权力和工资高低与行政职务成正比,这样的人事体制无法适应股份制要求。为促进股份制发展,国企的经营管理者必须从官员队伍中分离出来,形成具有独立利益和地位的企业家阶层。

2. 遵循股份制发展的基本原则

股份制发展必须坚持基本原则,主动与国际接轨。我国的股份制改造要遵

---

① 《高举邓小平理论伟大旗帜胜利前进——学习党的十五大会议精神》,新华出版社1997年版,第30页。

循下列原则:(1)股份制要依法设立和依法运行;(2)产权界限明晰、责任明确;(3)做到同股、同权、同责、同利;(4)股东大会、董事会、监事会的权利和责任明确,做到相互制约;(5)公司财务、章程及其他重要信息要向股东和社会公开;(6)外资股东可依法进入并享受国民待遇等。这些都是股份制正常运行、健康发展的基本原则,是各国资本相互融合的共同基础,也是我国股份制企业必须遵循的基本准则,因此必须在股份制改造中得到有效贯彻和落实。

3. 形成健全的法人治理结构

在法人治理结构中,股东大会是最高权力机构,主要行使重大问题的决策权、资产收益权、经营者选择权。董事会是股东大会的常设机构,它与股东大会是信任托管关系,行使资产经营的权力,承担资产增值的责任。经理层与董事会是委托代理关系,实际上也是一种建立在契约基础上的雇佣关系。经理层负责企业的日常经营活动,承担实现利润最大化的责任。监事会则受股东大会的指派,负责监督企业的财务状况和董事、经理的职务行为。有了这样一个既有明确分工、又有相互制约的法人治理结构,就能使股份制企业保持协调和高效运转。

三、国有控股公司的两重经济职能

国有控股公司是用股份制改造国有企业的重要形式,在经济职能上具有投资主体和市场主体的两重性和相容性,因此需要我们深入研究和科学运用。一方面,作为政府的投资主体,必须发挥主导作用,成为国民经济持续、稳定发展的可靠保障;另一方面,作为市场的竞争主体,必须不断提升创新能力和综合实力,做优、做强、做大国有企业。这就需要把国有控股公司的两重经济职能发挥出来,并使它们有机结合形成合力。因此,如何规范国有控股公司的行为,成为完善现代企业制度和发挥其两重经济职能的关键。

(一) 国有控股公司的主导作用及存在问题

国有控股公司是国有资本与股份制结合的产物。现代公司制企业的出资人,可以是自然人、法人,也可是代表全民的国家。事实上,政府出于稳定经济和保障民生的目的,必须控制一部分重要的经济活动。"国有控股公司的组建,正是在现代公司制度基础之上,国家直接干预社会经济活动的结果。"①

1. 国有控股公司的主导作用

作为政府的投资主体,国有控股公司应在国民经济中占据领导地位和发挥主导作用。由于市场经济具有先天的缺陷,市场规模越大,竞争程度越高,其自发性和盲目性就越大。因此,加强政府的宏观调控是经济运行的必要手段,而国有控股公司则是实现宏观调控的直接载体和重要力量。

国有控股公司发挥主导作用具有先天优势。国有控股公司拥有雄厚的社会资本和物质基础,掌管许多子公司和孙公司,并对相关企业和行业起着引导作用。因此,国有控股公司具有实现政府宏观调控要求的可能性和现实性,其落实政策的能力和效率远远高于其他企业;国有控股公司与政府联系密切,有助于经济政策的制定和执行;它们拥有的高层次人才,能为政策的贯彻落实提供可靠保证。实践表明,通过国有控股公司实现宏观调控具有事半功倍的效果。

2. 国有控股公司存在的问题

国有控股公司在发挥主导作用中存在的困难和障碍,可以从宏观和微观两个层面来分析。

在宏观上,中央和地方在权力和利益上会有矛盾。地方政府为了保证财政收入稳定,形成和维护"诸侯经济",割裂了经济发展的内在联系,限制了国有控股公司的主导作用。地方保护主义和低水平重复建设,使得产业结构趋同,市场空间变小,规模经济难以实现。同时,"诸侯经济"加剧了地区和行业间的不平衡,使国有资产的配置效益下降。

在微观上,国有控股公司的管理体制存在缺陷。首先,委托-代理问题。国有控股公司的委托-代理链过长,其中包括:国资委与国有控股公司,董事会与经理层,以及国有控股公司与下属子公司的关系,在这些关系中经常会有矛盾和冲突,导致各种机会主义蔓延。其次,约束激励问题。国有控股公司的代理人,拥有强大的资产支配权,因此产生内部人控制问题,使国有资产的利用效率下降;同时,委托人在更长的链条中成为代理人,就会降低对剩余索取权的追逐,甚

---

① 马姆德·阿尤步、斯文·赫格斯特德著,罗龙、黄剑平译:《公有制工业企业成功的决定因素》,中国财经经济出版社 1987 年版,第 58 页。

至放弃对经营效率最大化的追求。

可见,要发挥国有控股公司的主导作用,既要充分利用它们的优势,更要解决现存的矛盾和问题。

(二) 国有控股公司的市场主体作用及其困境

竞争是驱使企业改善经营、提高效益的外在压力。只有在市场竞争的环境里,企业才会不断增强创造力和管理效率,从而立于不败之地。国有控股公司作为市场竞争的主体,也必须接受市场的考验,按照市场信号配置经济资源和调整产业结构,追求产出和利润的最大化。

1. 国有控股公司作为市场主体的积极作用

国有控股公司作为市场主体,能有效避免过度的行政干预。第一,有效的市场竞争是投融资体制改革的前提。国有控股公司的投融资活动只有在激烈的竞争中,才能实现社会资本的最优配置,形成投融资行为的良性循环。第二,有效的市场竞争是企业并购优化的关键。国有控股公司的并购只有在双方自愿、互惠互利的条件下按照市场原则运作,才有助于生产和资本的集中,从而在更大规模和更高层次上获取利益。第三,有效的市场竞争是建立企业退出机制的必要条件。当国有控股公司面临破产时,只有遵循市场运行规律,按照破产程序规范操作,才能减少国有资产的损失。因此,通过在融资、并购、退出上引入竞争机制,可避免政府过度干预而产生的不良后果。

2. 国有控股公司作为市场主体面临的困境

由于市场经济的外部环境不健全,以及公司内部的制度障碍等因素,影响了国有控股公司市场主体职能的发挥。

外部环境不健全主要指资本市场以及经理人市场的缺陷,制约了国有控股公司的市场化进程。资本市场最原始和最根本的功能是融资。在现实中,由于投资者和筹资者的信息不对称,弱化了资本市场的资源配置功能。同时,我国还没有建立充分竞争的经理人市场,因而公司的高层领导大多是上级委任,真正实现市场化配置的很少,导致一些平庸无能的人仍然占据领导岗位,而许多精英却无法取得展现才华的舞台。

内部制度障碍指的是公司治理结构不完善,以及经营和决策的透明度低。

国有控股公司的"三会"(股东会、董事会、监事会)效率不高。由于国家股占绝对优势,小股东的参与度很低,股东大会常常流于形式;董事会通常由政府任命,因而也受到行政干预;监事会的成员较少,并且大多不具备专业知识,其作用也受到质疑,以上缺陷导致的"内部人控制"问题严重。另外,由于公司的治理信息不能按规定及时公布,存在"暗箱操作"的弊端。

因此,国有控股公司只有置身于市场竞争中,真正发挥市场主体的作用,才能克服体制上的障碍,在市场经济中实现优胜劣汰。

(三) 两重经济职能的有机结合

现实表明,国有控股公司的两重经济职能是缺一不可的。如果把国有控股公司的两重经济职能对立起来,其结果不是过度的政府干预,就是过度的放任自流。这就违背了建立国有控股公司的初衷,也难以解决自身目标与政府目标之间的冲突。其实,国有控股公司的两重经济职能,不仅不是对立的,而且可以相互补充、相互促进和相得益彰。

一方面,国有控股公司作为市场的竞争主体,不仅可以发挥主导作用,而且能克服相关问题。首先,市场主体的职能有利于提高公司的经营效率和赢利水平。市场竞争能打破"诸侯经济"的割据状态,促使企业不断调整产业结构,改善经营管理,达到保值增值的目的,进而巩固国有控股公司的主导地位。其次,市场主体的职能有利于提高公司素质。只有经过市场的考验,才能发现自身的缺陷和不足,并且加以弥补和克服。再次,竞争性市场可以为出资人提供较为完整的经济信息,有利于加强对公司的监督力度,形成良好的外部环境。最后,经理人市场能为公司选择高素质的管理人才,有效弥补国有控股公司委托-代理关系的缺陷,强化它们的领导地位和主导作用。

另一方面,国有控股公司作为投资主体,不仅可以发挥其市场主体的作用,而且能够摆脱现有的困境。首先,国有控股公司拥有政府投资的雄厚财力和物质基础,使其在市场竞争中能够占据制高点和取得主动权,这是它们的先天优势。其次,作为政府的投资主体,更能得到政策的支持和相关部门的指导,可以帮助它们摆脱市场现象的迷惑或干扰,得到长期、稳定和持续的发展。再次,随着经济体制改革的深化和市场化程度的提高,国有控股公司受到政府部门的干预会越来越少,自主经营、自负盈亏的能力会不断加强。最后,随着国有控股公司的壮大,与其他行业和部门的联系更广,市场主体的作用也会更充分地发挥出来。

可见,国有控股公司的两重经济职能不是对立的,而是相互补充、相互促进的。国有控股公司发挥投资主体的职能,可以提升其市场主体的竞争能力,而市场竞争能力的提升,使其主导作用能更好地发挥。但是,国有控股公司两重经济职能的良性关系不是一蹴而就的,必须在长期实践中不断磨合才能形成。这就需要加强对国有控股公司的科学治理,既包括政府对外部环境的改善,也包括公司内部治理结构的完善。实践表明,只有充分认识两重经济职能相互促进的内在要求,采取切实可行的办法和措施,才能实现二者的有机结合和良性循环。

四、完善领导与群众的相互关系

完善社会主义生产关系,不仅要完善生产资料的所有关系和消费资料的分配关系,而且要完善人们之间的相互关系。虽然社会主义消灭了人剥削人的制度,阶级斗争已经不是主要矛盾,但是人民内部矛盾仍然错综复杂,处理不好也会激化,因而不能掉以轻心。人民内部的主要矛盾集中表现在领导权威与群众参与的两重性和相容性上,这一主要矛盾制约和影响着其他矛盾。因此,正确处理领导与群众的关系,成为完善人们相互关系的重要方面和主要内容。

(一) 提高领导的权威性与民主意识

在领导与群众的矛盾中,领导常常处于矛盾的主要方面,因此提高领导的权威性与民主意识至关重要。什么叫权威?简单地讲就是服从。如果没有服从,权威就失去了意义。作为社会化大生产,生产者必须服从统一指挥,才能使生产有序进行,因此权威是大生产不可缺少的要素。在资本主义社会,生产资料归资本家所有,劳动者受到剥削和压迫,因而资本家对劳动者的权威具有阶级性和对抗性。在社会主义社会,劳动者成为生产资料的主人,消灭了人剥削人的制度以及人压迫人的对抗关系,但是没有也不可能消灭权威与服从的关系。因为社会主义仍然是社会化大生产,要求建立和完善严格的规章制度,保持领导与群众之间的权威与服从关系。因此,消灭剥削不等于消灭权威;相反,在社会主义社会,权威有更深刻、更丰富的内涵,需要我们去认识和把握。从微观上讲,领导权威又具体化为干部的个人权威,表现在两个方面:一是要有权力,二是要有威信。权力是人民给的,它由既定的制度和组织体系作保证。但是权力毕竟是手段,目的是为人民谋利益,如果离开了为人民服务这一根本的出发点和归属点,权力的性质就改变了。威信是由干部自身的行为树立的,如果时时处处为人民谋利益,他在人民群众中的威信就会提高,反之就会降低。有些干部只要权力,不要威信,甚至滥用职权,时间长了就会失去群众的支持和信任,最终丧失手中的权力。因此,权与威是密切联系的,有权更须有威,无威难以掌权,只有把权力与威信紧密结合的人,才会成为好的领导。而好领导的权威又与他们的民主意识息息相关。因为权力是人民给的,威信是在群众中树立起来的,领导的民主意识越强,他的权威就越大,所以民主是权威的根本源泉。

什么是民主意识?民主意识的实质是有无为人民服务的思想和境界。作为干部是把自己看成高人一等的"圣人",还是把自己看成为人民服务的"公仆",是区分有无民主意识的根本界限。一般来讲,干部是从群众中选拔出来的优秀者,又拥有决策权和指挥权,特别是在和平环境中,他们享有较好的工作条件和生活条件,因此容易产生某种优越感。如果放松主观世界改造,常常容易忘乎所以,逐渐淡化自己的使命感和民主意识,使官僚主义、形式主义滋生蔓延。在市场经济条件下,还会通过以权谋私和权钱交易等,导致某些干部的腐化堕落。可见,民主意识对保持干部的本色,坚持廉洁奉公至关重要。

怎样才能提高干部的民主意识?必须抓好以下几个方面:(1)加强理论学习,提高思想认识。中国共产党是用马克思主义理论武装起来的无产阶级政党,宗旨就是全心全意为人民服务。共产党人除了阶级的、民族的和全人类的利益之外,没有任何个人或小集团的私利。因此,只有努力学习理论,用正确的理论武装自己,明确肩负的历史使命,才会自觉增强民主意识,保持为人民服务的本色,抵制各种腐朽意识。(2)掌握从群众中来、到群众中去的领导方法。作为领导干部不仅要有为人民服务的愿望,而且要有为人民服务的本领。最基本的方法,就是要走群众路线。一切正确的政策、方针和方法,都必须坚持从群众中来、到群众中去。只有坚持从群众中来,才会有坚实的群众基础,只有到群众中去,才能检验其正确与否。离开了群众路线,政策、方针和方法就会走到邪路上去。(3)健全规章制度,加强组织纪律。干部也是人,有自觉的一面,也有不自觉的一面。对于不自觉的方面,要通过规章制度和组织纪律加以约束。一般在规章制度健全和组织纪律严明的地方,干部的民主意识就强,群众路线也贯彻得好;反之则反是。(4)实行民主监督,加大惩治力度。干部的权力是人民给的,因此在行使权力的时候,必须自觉接受人民群众的监督,要让人民群众有说话的机会和向领导提批评建议的途径。对于违法乱纪和腐化堕落的干部,必须加大惩治力度,形成威慑,以维护人民群众的民主权益。

(二) 增强群众的参与性与主人意识

要完善领导与群众的相互关系,不仅要提高领导的权威性和民主意识,而且要提高群众的参与性和主人意识。马克思主义认为,社会主义是千百万人民群众的共同事业,如果没有广大人民群众的积极投入,是绝不可能取得成功的。社会主义与人民群众的参与性有内在的、本质的必然联系。一方面,社会主义离不开人民群众。"人民,只有人民,才是创造世界历史的动力。"[1]要推翻资本主义,建立社会主义,最终实现共产主义,依靠少数人的努力是不行的。实践表明,人民群众不仅是社会主义革命的主力军,而且是社会主义建设的主力军,社会主义革命和建设的成功,是一点也离不开人民群众的团结奋斗。另一方面,人民群众也离不开社会主义。社会主义革命的目的,是推翻资本主义的剥削制度,使人民群众翻身成为国家的主人。社会主义建设的目的,是使全体人民摆脱贫穷,走上共同富裕的道路。因此,离开社会主义就没有人民群众的翻身和富裕。但是,在现实生活中,为什么许多人参与公共事务的主动性和积极性不高呢?这里有体制上的原因,在高度集中的管理体制下,领导容易犯主观主义和官僚主义的错误。有些领导总以为自己高明,把爱提批评意见的群众看成"刺头",是存心与领导作对,不仅不虚心听取意见,甚至给他们"穿小鞋"、进行打击报复等,因而挫伤了部分群众参与公共事务的积极性和主动性。同时,也有群众自身的原因,即缺乏主人意识。有些人认为,决策、指挥、管理是领导的事,干活、拿钱、吃饭才是百

---

[1] 《毛泽东选集》第三卷,人民出版社1991年版,第1031页。

姓的事，把分工看成分家。有些人认为，"多一事不如少一事"，消极地接受经验教训，忘记自己也是国家和企业的主人。

如何才能提高人民群众的主人意识？这与提高干部的民主意识一样，是一个系统工程，必须从多方面入手。(1) 加强理论学习，认识主人地位。不仅干部要学理论，提高领导能力，而且群众也要学理论，提高主人意识。社会主义是人民群众自己的事业，社会主义制度的建立，不仅使人民成为公有企业的主人，而且使人民成为国家的主人。只有充分认识自己的主人地位，才会焕发出主人的热情，积极投身于社会主义的改革和建设事业，使"国家兴亡，匹夫有责"的古训，成为每个人的自觉行动。(2) 深化体制改革，健全参与形式。过河要有船或桥，提高群众的参与性要有稳定的形式和组织保证。这里的关键是深化体制改革，健全民主集中制。中国既不能搞封建的独裁专制，也不能搞西方的三权分立和多党制，这就必须不断加强和完善人民代表大会制度，以及由各民主党派参加的政治协商制度，使人民与政府之间建立经常、稳定、有序的联系，使人民的意志和要求能得到及时表达和充分体现。特别是基层组织的领导班子，要逐渐由单一的任命制转变为选举制，从组织制度上保证，干部不仅要对上负责，而且要对下负责，通过选举实现群众的民主权益。同时，在企业的体制改革中，也要充分体现职工的民主要求，保障他们的民主权益。此外，要健全工会、共青团和妇联等群众组织，发挥他们在完善民主集中制中的纽带和桥梁作用。(3) 提高自身素质，增强参与能力。人民群众不仅要有参与公共事务的愿望，而且要有参与公共事务的能力。这就要求人民群众努力提高自身的思想文化素质，掌握参与公共事务的本领。因此，企业领导要主动加大对职工的教育、培训力度，提高他们的思想觉悟、文化水平和参与能力。(4) 加强法制建设，保障民主权益。人民群众的民主权益，必须得到法律保护，对于压制民主，实行打击报复的违法行为，必须受到查处和严惩，否则民主就会成为空谈，贪官污吏就会乘虚滋生蔓延。可见，提高人民群众的参与性和主人意识，对巩固和发展社会主义事业是何等重要啊！

(三) 处理好领导与群众的相互关系

要正确处理领导与群众的关系，必须使加强领导的权威性与提高群众的参与性紧密结合、相互补充、相互促进。从社会主义初级阶段的实际出发，我们要解决好以下两大问题。

一是加强领导的权威性,反对无政府主义和资产阶级自由化。社会主义与资本主义的根本区别之一,在于它创造出这样一种条件,使人们有可能在正确认识社会发展规律的基础上,通过有组织、有领导的方式,自觉地推动社会历史前进。可见,社会主义民主只能是有组织、有纪律、有法制的民主,它与资产阶级自由化有明确的界限,如果盲目否定党和政府的领导权威,就会陷入自由化的泥潭,危害社会主义事业。因此,在正确的思想和政治路线指引下,维护党和政府以及各级领导的权威,反对和制止无政府主义和资产阶级自由化,对巩固社会主义事业,加快现代化建设具有重大的现实意义。

二是提高群众的参与度,反对领导上的官僚主义和干部中的腐败现象。从根本上讲,社会主义事业的发展过程,就是人民民主健全和完善的过程,而人民民主健全和完善的程度,又与克服官僚主义和消除腐败现象密切相关。也就是说,人民民主越健全、越完善,官僚主义、腐败现象就越少,反之就越多,它们之间有着此消彼长的联动效应。现实表明:一方面,官僚主义压制民主。在官僚主义严重的地方,人们不能讲话、不敢讲话,或者讲了也没用,剥夺了人民的民主权利,使群众参与的积极性遭到打击;另一方面,专制助长腐败。凡是官僚主义严重的地方,腐败现象必然严重,因为离开民主监督的权力,更容易走向腐败。可见,人民民主和群众参与,是克服官僚主义和消除腐败的有力武器。

要根除官僚主义和腐败现象,必须加快民主化的改革进程,其中包括:(1)加强理论学习。在习近平新时代中国特色社会主义思想指导下,扩大关于民主与社会主义内在联系的宣传教育,不断提高对民主的本质和实现过程的理性认识,提高完善民主制度的自觉性。(2)深化体制改革。通过政治体制和经济体制的改革,不断丰富和完善民主的实现形式,如政府的信访制、举报制和职工的选举制、建议制等。使每个人感到有话能讲、敢讲并且讲了有用,真正形成"知无不言、言无不尽、言者无罪、闻者足戒"的民主氛围。(3)民主与法治有机结合。法治要以民主为前提,没有民主的法治会演变成独裁专制;同样,民主要以法治为依据和做保证,不以法治为依据的民主,会演变为无政府主义和资产阶级自由化。因此,民主与法治必须同步加强、协调发展,才能相辅相成、相得益彰。

总之,要深入研究领导权威与群众参与之间的两重性和相容性。我们既要加强领导的权威性,又要防止和克服领导的官僚主义和腐败现象;既要提高人民群众的参与度,又要防止和克服无政府主义和自由化倾向。只有使领导的民主意识与群众的主人意识同时得到提高,使民主与法治同步得到加强,才能使领导与群众的相互关系不断完善,使人民内部的各种矛盾得到及时妥善的解决,从而调动起广大人民群众的积极性和主动性,有力地推动社会主义事业前进。

五、企业职工积极性的两重性和相容性

在建立和完善现代企业制度和使股份制成为公有企业的主要实现形式的过程中,既要不断改革和完善企业管理制度和公司治理体系,又要不断提高企业职工的自身素质和他们的主观能动性。现代企业,无论是资本主义还是社会主义,都十分关注职工的积极性。按理说,在私有制下企业不可能充分调动职工的积极性;而公有制使劳动者成为企业主人,因而更能调动他们的积极性。但是,为什么不少公有企业职工积极性不高,甚至不如私有企业呢?这里将从职工积极性的两重性和相容性角度来探索原因和解决途径。

(一) 两层次积极性的区分

所谓积极性,是职工对待工作的主动性、责任感和开拓精神。从来源上划分,积极性有两个层次:第一层是一切人所共有的,为满足个人需要而产生的积极性;第二层是有觉悟的人所特有的,为满足社会需要而产生的积极性。两层次积极性既有区别又有联系:在共性上,两者都表现为主观能动性提高。在个性上,第一层次仅源于个人需要,它易调动,也易消失,缺乏稳定性;第二层次则源于社会需要,它依赖于思想觉悟,难形成,但不易衰退,有持久性。第二层次积极性是更高文明程度的表现,因而比第一层次积极性有更大的能动作用。

在两层次积极性上,社会主义与资本主义有本质区别。私有企业,仅从人的本能和生产要素的角度来调动职工积极性,因而充其量只是第一层次的。而公有企业,能从公有生产关系和历史使命高度,来调动第二层次积极性。私有企业虽然无法调动第二层次积极性,但能深入发掘第一层次积极性,来掩盖和弥补其

缺陷和不足。公有企业不仅能调动第一层次积极性,而且能调动第二层次积极性。但是不少公有企业,由于对两层次积极性缺乏正确认识和深入研究,出现种种偏向。或者是在"左"倾思想支配下,单纯强调第二层次积极性;或者是在右倾思想影响下,片面强调第一层次积极性;或者是二者都没有得到合理开发和运用,结果产生部分公有企业不如私有企业的状况。因此,认真研究和充分调动职工的两层次积极性,深刻理解积极性的两重性和相容性,是根本改变这一状况的有效途径。

(二) 不能忽视第一层次积极性

有的领导认为,只要调动职工第二层次积极性就够了,甚至把调动第一层次积极性看作脱离社会主义方向,这是错误的。因为在社会主义条件下,不可能使每个职工都充分认识自己的地位和责任。在传统观念影响下,当劳动还是谋生手段时,要求每个人都发挥第二层次积极性是不可能的。因此,调动人的本能积极性十分重要,这方面资本主义的管理理论和实践经验值得借鉴。

第一,需要说。美国心理学家马斯洛在《人在动机理论》一文中,提出了人的需要层次理论。他认为,人的需要可分为五类,即生理、安全、社交、尊重和自我实现。虽然这种划分是不充分的,但对我们了解职工的需要很有启发。企业领导和管理人员可根据职工的不同需要,设置多种目标,通过满足职工的不同需要,来激发他们的积极性。如针对职工有追求工资、奖金、福利等物质需要,企业可制定增资晋级的条件、奖金的考核指标,以及增加福利的具体要求等,引导职工为追求物质利益不断提高生产积极性。又如,针对职工有追求荣誉、地位、尊重、社交等精神需要,企业可通过评比表彰先进、组织业余活动等来调动他们的积极性。这样就可以把社会需要和企业需要转化为职工需要,有效地调动他们第一层次积极性。

第二,公平观。美国心理学家亚当斯在1976年提出公平理论。他侧重研究了工资合理和公平对职工的影响。他认为,一个人不仅关心其收入的绝对值,而且关心它的相对值,对自己的收入既要进行纵向比较,又要进行横向比较,一旦发现不合理、不公平,就会产生消极情绪。有些企业职工收入高,但存在分配不公,职工积极性仍然不高;相反,有些企业职工收入不高,但分配比较合理,职工仍有较高积极性。同样,公平理论在工作安排、人事调动、解决困难和处理违纪上都是适用的。在干部的选拔上,能否让职工平等竞争,也是公平与否的表现。公平观为职工普遍接受,因而是调动第一层次积极性的有力杠杆。

第三,双因论。美国心理学家赫茨伯格在20世纪50年代提出了双因素理论,他认为,保健因素只能消除职工不满,唯有激励因素才能焕发职工的生产热情。借鉴双因素理论,我们认为调动职工的积极性,既要重视增强激励因素,又不能忽视消除不满因素。在激励因素方面,既要有工资、奖金、福利等看得见、摸得着的物质奖励,又要有关心体贴、现场慰问、感情交流和荣誉表彰等精神鼓励;在消除不满因素方面,既要克服直接影响职工情绪的消极因素,如分配不公、任人唯亲、官僚主义等,又要注意克服间接影响职工积极性的不利因素,如生活设施、公共交通、社会治安等方面的困难。如果只注意激励因素而忽视不满因素,那么由激励因素调动的积极性,会被不满因素的消极作用所"消化"。

虽然需要说、公平观和双因论都是资本主义企业通过职工对个人利益的追求,来调动第一层次积极性的经验总结,但对我们仍有借鉴意义。正如列宁所说:"必须把国民经济的一切大部门建立在同个人利益的结合上面。"[1]因此,调动第一层次积极性不仅使社会主义深入人心,而且为激发第二层次积极性奠定了基础。

(三) 深入调动第二层次积极性

如果调动积极性仅停留在第一层次上,就不能充分显示社会主义的优越性。事实上,我们调动第二层次积极性,已取得丰富经验和显著成效。新中国成立70年和改革开放40年来,我们的巨大成就都与这种积极性密切联系。随着人们温饱问题基本解决,建设现代化强国的任务提上了议事日程。为了深入调动第二层次积极性,需要抓好以下三方面的教育。

1. 理想教育

(1) 理解共产主义。共产主义理想是人类的崇高境界,它不仅要求物质财富极大丰富,而且要使每个人全面发展,这样美好的社会需要几十代人的不懈努

---

[1] 《列宁选集》第四卷,人民出版社2012年版,第582页。

力,才能最终实现。

(2) 坚信社会主义。社会主义是从资本主义走向共产主义的必由之路。我们只有把远大理想建筑在对社会发展规律理解的基础上,才能明确历史使命,坚定不移走社会主义道路。

(3) 弘扬爱国主义。爱国主义和社会主义本质上是统一的,都有无穷的凝聚力,都是现代化建设的力量源泉。因此,理想教育要有科学性和实践性,要把共产主义理想同社会主义信念、爱国主义精神统一起来,变成职工的自觉行动。

2. 情操教育

要把远大理想变为实际行动,就要培养高尚的道德情操。

(1) 高度的社会责任感。把自己的努力与社会需要和人民利益联系起来,认真负责、精益求精地做好每件工作,是高度社会责任感的表现。

(2) 无私的奉献精神。要发扬工人阶级的光荣传统,以英雄人物为榜样,克己奉公,不计报酬,忘我工作,把有限的生命投入到无限的为人民服务中去。

(3) 理论联系实际的学风。人的积极性来源于先进思想和超群技术,而思想和技术的提高都离不开理论联系实际的学风,其中包括联系社会实践学习马列主义,认识社会规律;联系企业实际学习科学技术,掌握生产规律。

3. 主人翁教育

这里包括两个方面:一是要教育职工深刻认识自己的地位和责任,从而投入自己的全部身心,为企业发展和民族振兴而奋斗;二是要教育领导干部真正把职工当主人,尊重他们的民主权利,杜绝官僚主义。要使企业的指标和计划建筑在职工集思广益的基础上,使之成为他们自觉奋斗的目标。

可见,只有坚持开展多种形式、切合实际的理想、情操和主人翁教育,不断提高职工的思想觉悟,才能深入调动他们第二层次积极性。

(四) 两层次积极性的相互关系

如前所说,两层次积极性在性质上有区别,但在实践中,它们是同时存在、难以分割的,因而具有两重性和相容性。因此,深入研究和揭示两层次积极性的相互关系,对促进企业稳定发展和全面调动职工的主观能动性具有重要意义。

首先,两层次积极性不可偏废。在公有企业中,每个职工都有激发两层次积极性的可能性，而且多数职工能动性的发挥都是两层次积极性相结合的结果。因此，不可忽视对任何一层次积极性的调动。在"大跃进"和"文化大革命"时期，由于"左"倾路线影响，多数企业片面强调第二层次积极性，忽视或否认第一层次积极性，结果使职工的积极性受到严重的挫伤。在改革开放中的一段时期，由于受到资产阶级自由化思潮影响，不少企业照搬西方经验，片面强调职工第一层次积极性，轻视甚至否认第二层次积极性，结果不仅没有充分调动起职工的积极性，反而搞乱了思想。因此，要总结历史教训，摸索出一套同时调动职工两层次积极性的科学方法。

其次，两层次积极性可以互补。实际上，两层次积极性各有所长、各有所短，因而可以取长补短。第一层次积极性与个人利益联系紧密，有易调动和见效快的特点，但是容易助长个人主义思想。因此，调动第二层次积极性有利于限制第一层次积极性的副作用。调动第二层次积极性，一般需要较长时期的思想教育，有难调动和见效慢的特点，因此调动第一层次积极性有利于弥补第二层次积极性的缺陷。可见，职工的两层次积极性可以相互补充、相得益彰。

最后，两层次积极性会相互转化。通过调动第一层次积极性，可使职工的个人利益得到较多满足，体会到社会主义的优越性，这就为调动第二层次积极性创造了思想前提。同样，由于职工第二层次积极性的焕发，会有力地促进生产力发展，为调动第一层次积极性提供物质前提。因此，职工的两层次积极性会相互转化，形成合力，能更充分地发挥出来。

虽然积极性问题十分复杂，涉及主客观条件、政治经济制度和方法措施等方面，但是可以断言，如果能正确认识积极性的两重性和相容性，把职工的两层次积极性都调动起来，那么公有企业一定能形成更高的劳动生产力，加速我国的现代化建设。

第11章

就业制度的两重性和相容性

习近平总书记在党的十九大提出:"就业是最大的民生。要坚持就业优先战略和积极就业政策,实现更高质量和更充分就业。"[①]人口众多是我国的基本国情。如何扩大就业规模和实现充分就业,不仅是重要的经济问题,更是最大的民生问题。因此,就业制度具有政府重视和全民关注的两重性和相容性。现实表明,做好就业工作单纯依靠政府重视,或者单纯依靠民众关注都是不够的,必须使政府重视和民众关注相互促进和有机结合,使就业制度的两重性和相容性发挥出来,才能充分体现社会主义制度优越性。面对当前严峻的就业形势和诸多的现实问题,迫切需要党和政府团结广大人民共同努力,才能取得积极成效。

一、就业的重要地位和积极作用

充分就业是民生之本、安国之策,是经济社会发展的重要目标之一,只有政府和全民共同努力,形成合力,才能取得成效。在我国现有条件下,充分就业更是社会主义制度优越性的体现,是构建和谐社会的关键点和着眼点。充分认识就业的地位与作用,对于制定正确就业政策和合理解决就业问题,具有十分重要的理论意义和实践意义。

(一) 就业是民生之本

所谓"就业是民生之本",是指就业是人民生存和发展的根本。之所以这么认为,是因为无论对微观个体,还是对宏观整体来说,就业都有着无可替代的重要地位与积极作用,需要得到政府和民众的高度重视。

[①] 习近平:《决胜全面建成小康社会 夺取新时代中国特色社会主义伟大胜利——在中国共产党第十九次全国代表大会上的报告》,人民出版社2017年版,第46页。

1. 就业对微观主体的作用

众所周知,只有有了工作,才能有经济收入,才能满足个人和家庭吃、穿、住、用、行等的生活需要。而劳动者一旦失业,就意味着断绝了收入来源,个人和家庭的基本生活便失去了保障,更谈不上去满足精神生活和实现全面发展了。具体而言,就业对劳动者个体有以下三种功能。

第一,生活保障功能。在现阶段,就业仍然是劳动者谋生的手段,是劳动者获得生活资料的主要来源。劳动者通过就业和劳动付出,取得一定的经济收入,从而获得自身生存、维持家庭以及延续后代所需的生活资料。从这个角度上讲,就业具有保障劳动者生存的功能,这也是就业具有其他功能的前提和基础。

第二,价值实现功能。就业是劳动者个人能力和聪明才智得以显示和发挥的基本条件和主要途径。劳动者通过对专业知识的学习和培养,具备一定的理论知识和劳动技能,在适当的工作岗位上发挥出来,并对社会做出有益贡献。劳动者在改造客观世界的同时,也使自己的思想道德、技能水平得到提高。

第三,社会服务功能。就业是劳动者改造世界和服务社会的重要途径。在市场经济中,人们用自己的劳动成果与别人的劳动成果相交换,实质是相互提供劳动和服务。从这个意义上讲,就业使每个劳动者在为自己劳动和实现自身价值的同时,也为社会提供了服务和做出了贡献。

2. 就业对宏观整体的作用

就业不仅是关系到个人或企业的问题,也是关系到国民经济的健康发展和社会和谐稳定的重大问题,它对宏观经济和社会整体的作用尤为重要。

第一,增加社会财富的功能。马克思说过:"任何一个民族,如果停止劳动,不用说一年,就是几个星期,也要灭亡。"①在现代社会中,只有通过就业这种途径和方式,才能使劳动者与生产资料相结合,从而生产出物质和精神财富,为社会存在和发展提供经济基础。可见,在社会化大生产条件下,创造财富的前提是劳动者实现就业,从这个意义上讲,没有劳动就业社会财富便失去了来源。

第二,保持社会稳定的功能。就业不单是一个经济问题,而且还是一个政治问题,就业问题解决得如何直接关系到社会公平与制度稳定。就业问题解决得好,可以使社会成员安心工作和安定生活,使良好的社会秩序得以维护。相反,

---

① 《马克思恩格斯选集》第四卷,人民出版社 2012 年版,第 473 页。

如果就业问题没有很好地得到解决,失业人口增多,有劳动能力的人长期找不到工作,那么不仅会影响他们的现实生活,也会影响社会的和谐稳定。因为失业给失业者本人、家庭及社会所带来的精神伤害,是不可估量的;长期的精神紧张以及心理压力,会导致失业者身体状况下降和健康受损。另外,失业者还会怀疑自身价值,滋生反社会的情绪,导致堕落与犯罪等。正因为如此,大多数国家把充分就业作为调控宏观经济和维护社会稳定的重要目标。

第三,加快社会发展的功能。就业是一种经济活动,对社会发展有着重要的作用。一个社会就业水平高,经济资源得到充分利用,表明创造的物质和精神财富丰富,人们的生活质量和文明程度就会提高,社会进步的速度就会加快。

可见,就业不仅关系到劳动者的基本生活,而且关系到社会的和谐稳定,所以就业问题已成为世界各国普遍关心的焦点,都把充分就业列为宏观调控的四大目标之一。我国近年来明确提出,要把扩大就业放在经济社会发展的突出位置,实施积极的就业政策,制定鼓励劳动者自主创业、市场调节就业、政府促进就业的方针,多渠道扩大就业,逐步实现充分就业的目标。

(二) 充分就业是社会主义制度的本质要求

社会主义制度从建立之日起就给失业者带来了希望,因为其发展不仅要在本国实现充分就业,而且要在世界范围内促进充分就业。在社会主义初级阶段,我们要以习近平新时代中国特色社会主义思想为指导,把就业摆到经济社会发展的战略高度,以促进和保障充分就业目标的实现。

1. 充分就业是我国发展的长远目标

扩大就业有助于实现社会发展的根本目的。社会发展的根本目的在于满足全体成员的物质文化需求,最终达到成果共享、人人受益。而就业可以保障人们的基本生活需要,又有一个可以预期的良好前景。以此为起点,才谈得上社会成员的平等权利和生活质量的普遍提升,才谈得上社会和谐和共享发展成果。

2. 充分就业是社会主义的本质需要

我国是一个社会主义国家,实行的是社会主义市场经济体制。社会主义的本质是解放生产力,发展生产力,消灭剥削,消除两极分化,最终实现共同富裕。在资本主义社会里,劳动和资本处于对立的地位,资本家和雇佣工人之间存在剥削和被剥削、奴役和被奴役的对抗性矛盾；而在社会主义制度下，劳动者作为社会财富的创造者，摆脱了被统治、被剥削的地位，成为国家和企业的主人。就业是劳动者最基本的生存权利，也是其他权利得以实现的前提和基础。无法实现充分就业，共同富裕也只是空想而已！因此，政府应当保障和维护劳动者的就业权利，提高劳动者的生活水平，一步一步地向共同富裕这一最高目标前进。

3. 充分就业是科学发展的必然要求

科学发展的本质是以人为本，人的本质是社会关系的总和，而人的最基本、最重要的社会关系就是劳动关系，就业正是劳动关系的具体体现。一个人如果不能就业，他与社会的联系就会产生缺口，人际关系就不健全。现在有一种舆论认为，中国人口过多，并且单纯地把人看作负担，这是片面的。殊不知每个劳动者都有两只手，劳动创造的财富能够大于他们的消费资料。从这个意义上说，劳动力是潜在的社会财富，而就业是创造社会财富的必备条件。无论从微观还是宏观上看，只有坚持以人为本，才能摆脱"负担论"，把就业工作提到发展战略的高度，加以贯彻和落实。

（三）就业是构建和谐社会的关键

完善劳动关系是构建和谐社会的核心，就业涉及劳动与资本、劳动者与企业、劳动者与政府等多方面的关系，是和谐劳动关系的起始点。如果劳动者找不到工作，生活无着落，就会产生不良情绪和不安行为，社会便没有和谐可言。所以，就业与和谐社会有着不可分割的密切联系。

1. 充分就业是和谐社会的群众基础

就业同劳动群众的利益有着十分密切的关系，因此，充分就业是广大劳动者的普遍需求。劳动者的就业需求一旦得到满足，他们的心理会比较稳定，他们与政府的摩擦就会减少，社会就能趋向和谐。充分就业使广大劳动群众增进了对政府的信任，使构建和谐社会具有广泛的群众基础。

2. 充分就业是和谐社会的重要指标

充分就业，一方面为构建和谐社会奠定了群众基础；另一方面又是衡量和谐程度的重要指标。构建和谐社会绝不是简单的口号，它是一项复杂、庞大的系统工程，要通过实实在在的工作才能落实。为了推动和检查这一工程，需要设计一系列衡量考核的指标。这就需要我们科学地把握构建和谐社会与提高就业水平之间的关系,把充分就业作为我们的政策取向和长远目标。

3. 充分就业是和谐社会的最终体现

按照经济学理论,"充分就业"不等于"完全就业"。在充分就业情况下,仍然会存在摩擦性失业、自愿失业。因此,充分就业与一定的失业率可以并存,只是这种失业率应控制在合理水平上。如果出现大量非自愿失业和过高的失业率,无疑是与和谐社会的目标相悖的。不过,考虑到我国就业问题的复杂性,在较短时期内实现充分就业是不现实的,我们的阶段性目标应定位在促进就业上。与充分就业相比,促进就业所要求的是把失业率控制在社会可承受的范围内,把阶段性目标与长远目标结合起来,最终实现充分就业。

二、发挥政府部门促进就业的积极作用

政府在就业中的作用和职责问题,我国学界在认识上不尽统一。蔡昉等主张,在宏观经济政策中,要以扩大就业作为首要目标。[1] 魏杰认为,评价政府对就业的贡献,应该看就业机会的创造。[2] 范恒山认为,政府直接提供就业岗位永远解决不了就业问题,关键在于政府能否提供良好的就业与创业环境。[3] 孔泾源等认为,对于中国目前的状况来说,经济增长和就业似乎应处于同等重要的位置。[4] 尽管专家们的看法不同,但对促进政府解决就业问题是有积极作用的。

(一)扩大就业是政府的重要职责

我们必须明确,千方百计增加就业是政府的重要职责。政府促进就业,就是要使宏观经济与扩大就业协调发展。通过发展经济,制定就业政策,健全服务体

---

[1] 曾湘泉:《中国劳动问题研究》,中国劳动社会保障出版社2006年版,第72页。
[2] 孙明泉:《如何看待当前的就业形势》,《光明日报》,2002年8月20日。
[3] 王南:《中国真实的失业率到底是多少》,《中国经济时报》,2002年9月16日。
[4] 孔泾源:《中国劳动力市场发展与政策研究》,中国计划出版社2006年版,第74页。

系等,帮助有劳动能力的人实现就业和再就业,其基本要求有以下两点。

第一,必须把扩大就业摆在更加突出的位置。一国的劳动就业是否充分,是衡量经济发展和社会进步的重要标志之一。我们是社会主义国家,应充分发挥劳动力资源的比较优势和社会主义制度的优越性,在解决就业这个世界性难题上取得突破。历史经验表明,民以生为本,民以业为基。一个社会的失业率越高,潜伏的家庭和社会矛盾就越多,发生危机和冲突的可能性就越大。各级政府须把就业作为"为民办实事"的项目和工程,千方百计地扩大就业和控制失业率,这不仅是实现经济发展目标的需要,而且是社会稳定和谐的基础。由此可见,推动经济增长和促进社会和谐,都要求把扩大就业摆在更加突出的位置,这是当代中国实现科学发展的必然要求。

第二,必须把改善就业环境放到更为重要的位置。劳动就业是在一定环境下实现的,影响就业的各种因素形成就业环境。好的就业环境有助于营造人们干成事业的社会氛围,让一切知识、技术、管理和资本的活力竞相迸发,让一切创造财富的源泉充分涌流,持续地推进经济与就业的良性互动。显然,改善就业环境是就业和再就业工程的基础性建设,是政府扩大就业战略的第一个着力点。为此,各级政府要注重解决三个问题:一是要转变就业观念。既要帮助群众认识市场经济中劳动力的商品性质,劳动者必须接受就业市场的选择;同时又要树立职业平等和劳动光荣的观念,降低失业率,扩大就业面。二是要营造有利于非公经济扩大就业的环境。非公经济的就业容量很大,政府要进一步推进改革,调整政策,完善多种所有制平等竞争的格局,实现非公经济的健康发展和体面就业,使民营企业成为我国就业工程的重要组成部分。三是要健全劳动制度,以调节市场与劳动者的关系。改善就业环境重在优化规则和健全制度,要注重就业政策的调整和完善,注重用工制度的合法和规范,注重劳动力流动的合理性和就业岗位分布的均衡性。

(二) 政府促进就业的主要职能

政府职能的本质即公共服务,从这个意义上说,促进就业就是完善公共服务。这就要求政府确立以人为本的服务观,推进和完善就业服务制度,构建就业服务体系,运用经济、法律和行政手段调控社会就业,以达到扩大就业规模、优化就业结构、提高就业质量、实现充分就业的目标。

1. 编制就业规划

国家在解决就业问题时居于主导地位,这就要求其制定与经济、社会发展相吻合的就业规划。2017年2月6日,经李克强总理签批,国务院印发的《"十三五"促进就业规划》,明确了"十三五"时期促进就业的指导思想、基本原则、主要目标、重点任务和保障措施,对全国促进就业工作进行全面部署。只要各地按照这一规划去实施,绘就的就业蓝图就会变成现实。当然,不仅中央政府要编制就业规划,省(市)、地、县等各级政府也要编制就业规划,并保证扩大就业的总体规划得以贯彻和落实。总之,编制规划并推动其实施,是政府促进就业的首要职能。

2. 制订就业政策

其主要内容是:将失业率纳入宏观经济调控指标,对就业、再就业实施税收优惠,减免有关行政性收费,加强职业介绍、职业指导、职业培训等就业服务,开发就业岗位,提供社会保险补贴等,调动各方面的积极性,促进失业人员尽快就业。政府提出的就业政策,是国家主导就业的集中体现和政策指南。进一步健全和完善就业政策,形成一套更加完整的政策体系,并推动其落实,乃是政府职能的重中之重。

3. 加强失业调控

国家对社会就业管理的重心是失业调控,而关键在于科学制定和组织实施调控方案,把失业率控制在社会可承受的限度之内。我国政府加强调控的目标有:(1)控制失业率,将其控制在同类国家的平均限度之内;(2)减少失业人数,使其不会超过经济社会发展所允许的规模;(3)缩短失业时间,使个人失业的持续时间不会过长;(4)分散失业地区,使失业群体的出现不会过于集中;(5)加强失业安置,要保证失业人员的基本生活,并将其组织到就业培训中去。因此,从源头上调控失业,把失业的社会危害降到最低,是政府职能的关键所在。

4. 提高就业管理水平

加强就业管理,特别是规范劳动力市场秩序,是政府职能的重要体现。加强就业管理的内容有:(1)深化经济体制改革,打破劳动力市场的城乡、地区分割,规范劳动力市场秩序,加强劳动执法监察工作;(2)完善就业和失业统计制度,建立劳动力抽样调查制度,准确掌握劳动力市场的供求变化;(3)推进就业工作的法制建设,把行之有效的政策、措施,通过法律、法规形式固定下来,逐步形成长效机制。

5. 加大就业和再就业的资金投入

为改善就业环境,扩大就业规模,国家要实行有利于就业的财政政策,多渠道筹措资金,切实调整支出结构,形成与劳动保障目标相适应的财政投入机制,这是政府履行职能所必需的财力保障。现在,全国每年解决1 000多万人的就业问题,财政资金发挥了重要作用,尤其是其中200多万个就业岗位,是直接靠财政投入及税收优惠等创造和解决的。因此,各级政府要多渠道筹集资金,增加财政投入,发挥支撑作用。

(三) 构建完善的就业政策体系

就业政策体系是指国家制订和实施的各项就业措施的总称。构建完善的就业政策体系,形成促进就业的长效机制,要靠市场调节与政府促进相结合。而政府促进则主要通过政策措施来实现,因此构建完善有效的就业政策体系,是政府促进就业的重要举措。

1. 促进就业政策

促进就业的政策,主要包括增加就业总量、降低失业率与提高就业率的政策,如扩大内需、促进经济增长,拉动就业的政策;调整产业结构,发展第三产业、劳动密集型产业、中小企业、个体私营经济,提高就业弹性的政策;规范企业裁员,控制失业的政策;开发人力资源,提高劳动者素质的政策等。

2. 扶持就业政策

扶持就业的政策,主要包括促进弱势群体以及优先扶持群体就业的政策,如通过减免税费、小额贷款、创业服务,促进自谋职业的政策;通过社保补贴、岗位补贴、公共就业服务,促进企业增加就业岗位的政策;增加公益性岗位,降低失业率的政策等。

3. 社会保障政策

社会保障政策,主要包括为无收入、低收入或特殊困难者提供必要的生活保障及补贴的政策,如国有企业下岗职工基本生活保障政策;失业、医疗、养老、生育、工伤等社会保险政策；城乡居民最低生活保障政策，以及对特殊人群的社会救济政策等。

4. 市场支持政策

市场支持政策，主要包括发展劳动力市场，健全和优化市场功能，为劳动力供求双方提供高效优质服务的政策，如就业服务机构和信息、网络建设；免费职业培训、职业介绍的公共服务；鼓励和发展社会就业的服务机构等。

上述四方面政策是相互联系、相互补充的，它们共同促进了就业政策体系的发展和完善。

三、发挥社会力量促进就业的积极作用

在扩大就业规模的同时，实现更高质量的就业，是我国必须面对的重大民生问题。一方面，我们要充分依靠政府的行政力量，实施就业优先战略和更加积极的就业政策，来化解当前的就业矛盾；另一方面，还要充分依靠企事业单位、中介组织和培训机构，以及失业者和新增就业者等一切社会力量，来促进就业事业的发展。只有使政府和社会这两方面的力量都发挥出来，才能形成多渠道、多途径、多形式就业的新格局，才能更有力地促进就业事业全面发展，实现更加充分就业的战略目标。

（一）履行企业在就业中的社会责任

在社会主义市场经济条件下，企业在追求利润的同时，要自觉承担相应的社会责任。通过企业发展来解决就业问题，是企业实现利润目标和体现社会责任的两重性和相容性的重要标志，是企业必须完成的双重现实任务。

1. 企业增加就业的社会效应

企业是国民经济的细胞，是市场运行的主体，也是吸纳就业的实体。从人力资源运用来看，企业生产也就是劳动就业的实现。因此企业解决就业具有三大社会效应。

（1）落实政府的就业政策。推动企业发展，鼓励企业拓展经营范围、增强吸

纳就业能力。

（2）提高企业的社会责任。企业一旦提高了社会责任感，就会挖掘潜力，努力增加就业岗位，为解决就业难题做出积极贡献。

（3）获得令人赞羡的社会形象。企业在发展生产的同时，开发就业岗位，增加就业人员，也是一种"投资"，它不仅有开发人力资源的功能，而且能获得社会的回报，得到人们的尊重和赞誉。

2. 企业履行就业责任的具体要求

（1）面向社会招聘员工时，企业要自觉坚持四条基本准则：一是将社会责任与企业需要结合起来，实现增加就业与追求利润的统一。二是尊重劳动者的权益，坚持公平、公开、公正的原则，为劳动者提供平等的就业机会。三是要反对和杜绝就业歧视。四是作为就业岗位的提供者，有义务适当照顾残疾人、少数民族、下岗职工等特殊群体。

（2）企业在用工过程中，要做好员工的配置工作，将人力资源转化为经济效益，确保他们的收入公平合理。一要订立并履行劳动合同，自觉维护员工的合法权益。二要坚持公平与效率统一的原则，把握好投资者利益和员工利益的平衡。三要提供良好的工作环境，以保证员工的健康和安全。四要为员工开展职业技能培训，不断提高他们的文化素养。五要形成裁员控制机制，依法有度裁减冗员。

（二）发挥就业组织的积极作用

就业组织提供的服务具体包括：职业中介服务、信息咨询服务与职业培训服务，就业组织的建立与完善也就是这三项服务的建立与完善。三项服务的内容与职能各不相同又相互补充，各自发挥着不可替代的作用。

1. 职业中介服务

职业中介服务是指由劳动力市场中介组织提供的就业服务，分为公共中介机构服务与民营中介机构服务。前者系政府举办，属于公益性中介组织，主要为大中专毕业生、下岗人员提供免费服务；后者系民营中介，在为社会人员服务时需要收取相应的费用。目前，我国对中介服务收费标准没有统一的规定，而是根据服务的好坏、质量的高低，双方商榷后再确定。中国劳动力市场上的职业中介机构,只有人事部门批准的人才交流中心和劳动保障部门批准的职业介绍所,其在就业服务中发挥了重要作用:第一,提供用人单位空岗信息。职业中介机构可以建立职业需求信息库,实现劳动力的计算机联网,通过大屏幕向用工单位和就业人员发布职业需求信息,还可以通过互联网发布大学生的需求信息。第二,开展就业服务。公益性职业中介机构对下岗职工、失业人员免费提供职业介绍、职业指导等服务,主动提供一次以上的就业指导和三次以上的就业信息。

2. 信息咨询服务

信息咨询服务是指职业咨询机构在个人择业、就业指导、技术培训、单位人才招聘、劳动力人事代理及劳务派遣等业务范围为求职者提供信息服务。《中华人民共和国就业促进法》规定公共就业服务机构为劳动者免费提供下列服务:(1)就业政策法规咨询;(2)职业供求信息、市场工资信息和职业培训信息;(3)职业指导和职业介绍;(4)对就业困难人员实施就业援助;(5)办理就业登记、失业登记等事务;(6)其他公共就业服务。

近几年,个人职业咨询在我国有所发展。这种咨询主要是针对个人的职业发展、性格、爱好等具体情况,通过测试、咨询、诊断、规划等方式,运用科学的测评工具,提供全面的信息、策略与方法,引导咨询者客观地认识自己,了解自己的发展潜能、职业兴趣、个人性格,调适自己的职业状态,选择适合自己的发展方向,制定合理的发展规划。

3. 职业培训服务

为了促进劳动者提高职业技能,增强就业和创业能力,政府主办的职业技能培训机构和各类职业学校、用人单位依法开展职业培训等发挥了重要作用。职业培训服务包括就业前培训、在职培训、再就业培训和创业培训四大类。在职业培训服务方面,上海市形成了特有模式。①

第一,提供开业指导。开业指导主要为下岗、协保、失业人员提供再就业服务。该体系有三级网络,第一级是上海市开业指导中心,第二级是各区县的开业指导中心,第三级是遍布社区的各种服务机构。三级服务机构为失业人员提供项目开发、开业指导、代办各种手续等一条龙服务。

---

① 袁志平:《解读上海市就业再就业》,中共党史出版社2007年版,第212—374页。

第二，开展创业培训。上海市的创业培训工作从原来以政策引导为主，逐渐向提高创业者技能和增强市场竞争力转型，具体做法包括：(1)把创业培训和项目开发结合起来；(2)把创业培训与专家咨询结合起来；(3)把创业培训和融资担保结合起来。这些有针对性的培训提高了创业者的能力和成效。

第三，推出政府补贴培训。政府补贴培训通过"购买培训成果"来实现，具体做法是：劳动部门根据劳动力市场需求和预测，在职业信息网络上发布对下岗失业人员的培训任务，通过招标确定承接培训任务的培训单位，签订培训合同，考核培训质量，对培训达标的由劳动部门支付培训经费。这种"造血"方式，大大提升了失业人员的再就业能力。

第四，实施青年职业见习计划。针对日益突出的青年人失业状况，上海市推出了一项为年轻人量身打造的就业援助方案——"青年职业见习计划"，从而给青年人一个就业缓冲带，让他们在见习中收获实际操作技能、职业化的心态和观念，以便敲开职场大门，顺利踏上职业征程。这一计划效果显著，青年人的就业比例不断提高。

第五，建立公共实训基地。以明天的需求培养今天的学员，是高起点、高标准建造公共实训基地的宗旨。上海市建起了一座多功能"职业技能培训基地"，初步形成了以数字制造业、信息产业、创意产业为一体的公共实训格局，实训的项目覆盖46个职业大类，涉及160多个职业工种。为了充分发挥实训基地的集约化效应，采取免费向社会提供服务的方式，实现培训资源的高效利用。

(三) 鼓励创业精神和提高创业能力

创业是就业之源，大力弘扬创业精神，鼓励更多的劳动者成为创业者，用创业带动就业，是促进就业的一项战略任务，也是扩大就业的一条重要途径。

1. 落实鼓励创业的方针

党的十八大在坚持劳动者自主就业、市场调节就业与政府促进就业相结合的基础上，第一次将鼓励创业纳入就业方针，并强调引导劳动者转变就业观念，鼓励多渠道多形式就业。创业是就业之源，创业能够创造就业。自主创业能够产生两重就业效应：一是解决了本人的就业，二是带动了更多人的就业。遵循十八大提出的促进创业带动就业的指导方针，我国促进就业的战略任务重心，要从自谋职业、自主就业,向激励创业、促进创业、构建创业型经济和社会转变。

2. 完善创业的政策和措施

这些政策措施包括以下五个方面:第一,要加强创业观念教育,增强全社会的创业意识,树立创业典型,为自愿创业、敢于创业的劳动者营造良好的创业氛围,使全国成为各界人士乐于创业的热土。第二,要完善以创业带动就业的财税、金融政策。对创业型企业要予以政策扶持,如实行税费适当减免,提供小额担保贷款,实施财政贴息和社会保险补贴等优惠政策。第三,要加强创业培训,提高创业者的创业能力,坚持将促进就业与推动新兴产业发展、科技创新更加紧密地结合起来。第四,要推出创业激励政策与措施,包括对创业者的精神鼓励、物质激励、形象提升以及产权保护等,对创业者积累的财富和经济利益依法给予保护。第五,要强化项目信息、政策咨询、开业指导、融资途径等一系列创业服务,提高创业的成功率。

四、透视和解析农民工问题

农民工是指户籍仍在农村,但进城务工和在当地或异地从事非农产业的劳动者,他们为城市建设和农村进步,以及推进城乡统筹发展做出了重要贡献。农民工既有农民性质,又有工人性质,并且是二者的结合,因而也有两重性和相容性的特点和要求。由于人们的认识及相关政策滞后,使农民工领域出现许多不容忽视的问题。因此有必要研究农民工的成因、特点和发展过程,提出解决农民工问题的政策措施,使农民工更好地融入城市,为现代化建设发挥更大作用。

(一) 农民工产生的深层原因

农村劳动力向城市转移,这是世界各国经济发展的必然趋势。然而,中国出现农民工绝不是偶然的,而是有其深层的、特殊的体制原因。

纵观世界的近现代史,在西方资本主义发展和工业化过程中,都曾经历大批农村劳动力转移到城市,成为制造业和服务业劳动大军的过程,这是历史的必然,只不过中国推迟了几百年。在中国近代民族工业发展过程中,虽然也有部分农民进城务工,但由于我国没有经历资本主义充分发展的阶段,工业化又刚开始,所以当时没有形成农业劳动力转化为工业劳动力的高潮。

新中国成立以后,我们长期实行的是计划经济体制和城乡分割的二元结构,特别是户籍制度,把农民固定在土地上不能自由流动。20世纪80年代以来,改革开放和市场经济体制建立,大大加快了工业化和城镇化进程,使大批农业劳动力转移到城市。一方面,工业发展、城市建设需要大批劳动力,吸引了大量农民进城务工;另一方面,由于城乡分割的体制,又使转移到城镇的农民不能变为城市人口,由此便出现了户籍在农村、就业在城市的特殊群体即所谓农民工。这种劳动岗位和地点可以自由转移,而户籍不能随之转换的特殊现象,从根本上说是体制造成的。因此,农民工群体的形成,既有工业化、城镇化的普遍性,又有深层次体制障碍的特殊性。

(二) 农民工的特点和定位

在我国,农民是与市民相对应的群体,一般是指居住在农村,从事农业劳动的人口。所谓农民工,从字面上看,似乎是农民和工人的结合体,而实质上则是指户籍仍在农村,但进城务工和在当地或异地从事非农产业的劳动者。它是城乡分割,特别是户籍制度二元化形成的特殊群体。

1. 农民工的特点

第一,兼业性。主要从事工业等非农产业劳动,又在一定时段从事某些农业劳动。有的找到工作时在城市务工,找不到工作时回农村务农;有的在农闲时到城市或乡镇企业务工,农忙时回乡务农。这个特点在"民工潮"起始时期比较明显。

第二,流动性。相对一般产业工人来说,农民工的流动性特别大,不仅在地区之间,而且在各产业之间和工种之间经常流动。这种流动性常常带来很大的盲目性和不稳定性,形成"民工潮"和"民工荒"交替产生的现象。

第三,分离性。即户籍地和工作地相分离,虽然在城市从事非农产业工作,但户籍仍在农村。这种分离性带来就业环境、权益保护、工资待遇、社会保障、家庭团聚、子女入学甚至政治地位等种种不平等现象。

第四,技能低。相比较而言,农民工的文化程度较低,职业技能缺乏,转移就业前没有或很少接受过技术培训,多数人从事的是城镇低层次的简单劳动,因而农民工在城市服务性行业中所占比重明显较高。

以上特点,反映出农民工既属于产业工人范畴,又有所区别,也决定了农民工相对低下的弱势群体地位。

2. 农民工的定位

从职业分工角度进行理论概括,我们应给予农民工确切的定位。国务院发布的《关于解决农民工问题的若干意见》,把农民工确认为我国"产业工人的重要组成部分",是中国工人阶级的新成员,是非常正确的。

首先,从数量来看,农民工是一个庞大的劳动群体。据统计,2018年全国进城务工和在乡镇企业就业的农民工总数已达2.88亿,其中进城务工人员1.35亿左右。农民工确已成为中国产业工人的重要组成部分。[①]

其次,从工作性质来看,绝大多数进城就业的农民工,已脱离土地,不再从事农业劳动,很少甚至没有农业劳动收入。他们长期在城镇就业,主要依靠工业和其他非农产业获得工资性收入,基本上具备了产业工人的属性。

最后,从农民工的作用来看,农民外出务工,不仅为家庭和农村增加了收入,更重要的是为城市创造了财富,为城乡发展注入了活力,为产业结构调整、国家工业化和建设事业发展做出了重要贡献,体现了工人阶级的特质。

这个定位明确了农民工的产业工人性质和工人阶级身份,有助于提高农民工的政治地位,对于消除对农民工的社会偏见和歧视、维护农民工的合法权益、促进社会和谐稳定具有十分深远的意义。

(三) 农民工的发展过程和趋势

农民工是我国经济社会转型期的产物,呈现出发展过程的特殊性,具有明显的过渡性特点。因此,对于农民工问题需要认真研究和正确对待,根据经济社会发展的规律,找到解决的合理途径和有效方法。

1. 农民工的产生与发展

随着社会主义市场经济发展,城乡二元结构体制的改变,工业化和城镇化的

[①]《2018年中国农民工总数依然高达2.88亿人,但进城农民工数量在下降》,经济观察网,2019年4月29日。

积极推进,农民工的产生和发展大致经历了两个阶段。

第一是起始阶段。少量农村剩余劳动力向城镇非农产业转移,成为城乡劳动力自由流动的先行者。一方面,乡镇企业发展吸纳了一部分当地和外地的农业劳动力,从事非农产业的生产和经营活动;另一方面,城市建设发展也需要增加劳动力,为他们提供了就业岗位,务工收入相对务农收入更高,也吸引了中西部地区的农民进城打工。20世纪80年代末90年代初基本属于这种状况。

第二是发展阶段。大量农村剩余劳动力涌向城市,形成民工潮。城市建设的发展,工业化的加速推进,产业结构的不断优化都需要大量新增劳动力,建筑业、采掘业、餐饮、家政等服务业劳动力紧缺,为农村剩余劳动力转移创造了有利条件。先期进城打工者收入增加的示范效应,也促使大量农民进城务工,转移到非农产业工作,到20世纪90年代中期逐步形成了"民工潮"。

2. 农民工的发展趋势

就当前和今后一个时期而言,农民工正在并将继续发生三大转变。这三大转变显示出农民工的发展趋势,反映出农民工从萌芽、发展向消失过渡的变化。

一是由亦工亦农向全职非农转变。随着在非农产业务工时间的延长,全职非农的农民工日益增多,与原有城镇职工的差别越来越小。

二是由城乡流动向融入城市转变。农民工在城镇定居的逐渐增多,举家外出的农民工持续增加,不少农民工把家属子女带到城市定居,夫妻双双务工,租房入住,子女就地入学,成为没有城镇户口的城市居民。

三是由谋求生存向追求平等转变。外出务工的农民工,起初主要是为了增加劳动收益,改善生活条件;如今农民工进城务工,不仅为了赚钱,更向往城市现代化的生活方式,对尊重、平等和社会承认有更多企盼。

(四) 解决农民工问题的政策措施

农民工已经成为产业工人的重要组成部分,是中国工人阶级的新成员,理应在政治、经济、文化等各个方面享有与城市职工同等的权利和义务。为此,必须切实维护农民工权益,树立权利平等观念,构建有关农民工的政策体系。

第一,树立权利平等观念,公平相待,一视同仁。当前农民工面临的问题很多,诸如工资偏低、劳动时间过长、缺乏社会保障、子女上学和生活居住等存在困难。所有这些问题都是平等权利受到侵害的表现。要解决农民工问题,关键是要破除重工轻农的旧观念,树立劳动者权利一律平等的新观念,确保农民工在政治、经济、文化和社会上的权利平等。

第二,树立和谐劳动观念,合理分配,提高工资水平。农民工进城绝大部分在民营企业务工,他们的工资偏低,明显低于一般城市工人,且被拖欠的情况时有发生,部分农民工劳动创造的价值被非法侵吞。构建和谐劳动关系,核心是要公平正义,实行同工同酬,合理确定和提高农民工的工资待遇,切实解决农民工的社会保障问题,使他们的生活质量能得到改善和提高。

第三,制定农民工权益的保护法。农民工问题不能得到及时妥善的解决,一个重要原因就是缺乏有力的法律保障。他们的权益一旦受到侵犯,常常不能得到及时申诉和有效解决。为此,尽快制定农民工权益保护法,做到有法可依、依法办事,用法制来保障农民工的权益。及时解决农民工存在的突出问题,对于加快经济发展和促进社会和谐,以及实现城乡一体化都有重大的现实意义。

第四,废除对农民工歧视和排斥的政策法规。由于长期城乡隔离的二元体制,形成了一些歧视农民的政策法规,因此也形成了城乡分割的传统观念。积极维护农民工的权益,必须改革城乡分割的二元体制,从根本上废除对农民工的歧视性政策和排斥性法规。一是取消户口迁移限制,实现劳动力的自由流动;二是废除就业歧视,实现劳动平等和竞争上岗;三是废除身份歧视,实现城乡统一的社会保障制度;四是废除教育歧视,实现城乡平等的教育制度。

第五,明确农民工属地的主体责任。农民工问题既涉及农村,又涉及城市,为此需要明确究竟由谁来承担解决农民工问题的主体责任。从源头上看,农民工来自农村,从农村外出到城市打工,户籍地、输出地有一定的责任。但是一旦进入城市,在城市就业和生活,主要责任就转移到城市,由城市负主要责任。对农民工要实行属地管理,城市的政府、企业、社区都应当从不同角度关爱农民工,帮助他们解决工作和生活中的实际问题。

第12章

城乡土地制度的两重性和相容性

从生产力角度考察,土地是最重要的自然资源和经济资源,是社会生产不可缺少的物质条件和生产资料。从生产关系角度考察,围绕土地的所有、占有、支配和使用所形成的经济关系,又是最基础和最重要的生产关系。我国的城乡土地制度既有联系又有区别,因而具有两重性特点和相容性规律。城市土地是国家所有,农村土地是集体所有,从本质上讲都是公有的,共同构成社会主义生产资料公有制的基础。但是它们的公有化程度是不同的,在占有、支配、使用等方面也有差别,因而需要深入研究和正确把握。要通过深化城乡土地制度改革,优化土地资源配置和提高土地利用效率,为全面建成小康社会创造有利条件。

一、我国土地制度的建立和发展

我国土地总面积约 960 万平方公里,国有土地约占 54%,集体土地约占 46%。[①] 根据国土资源部的调查结果,到 2017 年为止,我国一共有农用地 64 486.4 万公顷,其中耕地 13 488.1 万公顷,园地 1 421.4 万公顷,林地 25 280.2 万公顷,牧草地 21 932 万公顷。[②] 但是人均耕地面积只有 1.35 亩(0.09 公顷),不足世界平均水平的一半。新中国成立以来,我国的土地制度是由多次改革和变迁形成的。

(一) 城市土地国有制的建立和发展

新中国建立以后,针对城市中不同性质的土地所有制,通过没收、赎买、征收等方式,把它们改造成国家所有制,实现了城市土地制度的根本变革。

1. 通过没收官僚资本把城市土地收归国有

随着各大城市的先后解放,根据《中国人民解放军布告》《中国人民政治协商

[①] 毕宝德:《土地经济学》第五版,中国人民大学出版社 2006 年版,第 183 页。
[②] 《2018 年中国生态环境状况公报》,搜狐网,2019 年 5 月 29 日。

会议共同纲领》等文件,关于废除帝国主义在中国的一切特权和没收官僚资本的规定,人民政府接管了国民党政府的土地,没收了帝国主义和官僚资本的土地。中央政府通过没收帝国主义和官僚资本的所有财产,并把土地收归国有,使国家掌握了经济命脉,对巩固政权、稳定社会和发展经济具有重大作用。

2. 通过赎买民族资本把城市土地变为国有

第一,赎买城市资本主义工商业的地产。从1953年开始,在改造资本主义工商业的过程中,通过赎买政策,把资本家的地产随同其他财产一起转归国有。1956年以后,经过清产核资,由国家每年支付5%的定息,地产的实际占有权和使用权已转归国家。到1966年6月取消了资本家的所有定息,表明他们的土地所有权已完全转化为国有。

第二,改造城市私有房地产业的地产。1956年根据党中央的有关决议,对房地产业进行改造,除少数实行公私合营外,绝大多数由国家统一租赁、统一分配使用和统一修缮维护。房地产由国家经租以后,采用定租办法,按期支付一部分租金(一般是租金的20%～40%)给房地产业主。1966年停止付租后,私营房地产公司和私有出租的房屋及其地基,最终完全变成了国有财产。

3. 以征地和法律程序实现城市土地国有化

新中国成立以后,城市建设所需土地,大量是靠征收非国有土地来解决的,被征收后的土地,所有权属于国家,用地单位和个人只有使用权。1956年党中央要求,"一切私人占有的城市空地、街基等地产,经过适当的办法,一律收归国有"。1982年通过的《中华人民共和国宪法》第十条规定:"城市的土地属于国家所有。"这一法律规定表明,我国城市土地的国有化已经全部完成。

(二) 农村土地国家所有制的建立和发展

我国农村通过土地改革,把原来官僚买办资产阶级所有的大荒地、大森林、大草原,以及河流、湖泊等收归国有,构成了农村国家所有制的土地。

1954年9月20日召开第一届全国人大,通过的第一部《中华人民共和国宪法》宣布:"矿藏、水流、由法律规定为国有的森林、荒地和其他资源,都属于全民所有","国家为了公共利益的需要,可以依照法律规定的条件,对城乡土地和其他生产资料实行征购、征用或者收归国有"。1982年通过的《中华人民共和国宪法》和1986年公布的《中华人民共和国土地管理法》(以下简称《土地管理法》)，对农村和城市郊区的国有土地做了进一步规定。可见，国家所有制的土地既有城市的，又有农村和城市郊区的。

(三) 农村土地集体所有制的建立和发展

新中国成立前，农村土地所有制是封建和半封建的。这种土地所有制造成了地主、富农对广大农民的剥削和压迫，严重阻碍了农村生产力发展。新中国成立后，通过土地改革，废除了封建地主所有制，确认了土地的农户家庭所有制，接着又通过农业合作化，建立起土地的农村集体所有制。

1. 通过土地改革把地主土地变为农民所有

1950年，中央人民政府颁布的《中华人民共和国土地改革法》规定："废除地主阶级封建剥削的土地所有制，实行农民的土地所有制。"根据这一法律，从1950年冬季开始，在中国内地，除西藏、新疆等少数民族地区以外，开展了土地改革运动。到1952年底，全国土地改革基本完成，废除了农村封建、半封建的土地所有制，约占农村人口60%～70%的农民无偿得到了4千多万公顷土地，实现了农民家庭土地所有制，大大激发了广大农民发展生产的积极性。

2. 通过农业合作化把农民土地变为集体所有

国家对个体农民的社会主义改造，是从农业合作化运动开始的。我国农业合作化经历了互助组、初级社和高级社三个发展阶段。

第一阶段，在土地私有制和分散经营的基础上，建立农业生产的互助组，农民不仅在自己土地上劳动，还要到互助组内其他农民土地上劳动，农业劳动范围的扩大，产生了集体所有制的萌芽。

第二阶段，实行土地作价入股，采用按股分红与按劳分配相结合的方法，建立初级社。在初级社中土地仍归农民所有，但归集体使用，这种所有权与使用权相分离的初级社已具有部分集体所有制性质。

第三阶段，建立高级社，使农民土地无偿转归集体所有。根据《高级农业生产合作社示范章程》规定："入社的农民把私有的土地和耕畜、大型农具等主要生产资料转变为合作社集体所有。"高级社已具有完全集体所有制性质。

通过农业合作化运动，到1957年全国已有97.5%的农户加入了农业生产合作社,其中加入高级社的农户占全国总数的96.2%,全国耕地基本上由农民的私有制变成了合作社的集体所有制。

3. 农村土地集体所有制的演变

1958年春夏,从高级社到人民公社,建立了土地的公社所有制,由于超越了生产力水平和人们的觉悟程度,导致对农业生产的大破坏。1962年通过的《农村人民公社工作条例(修正草案)》规定:"生产队范围内的土地,都归生产队所有。"确立了公社、大队、生产队"三级所有、队为基础"的集体所有制。

1978年以后,建立了将土地承包给农户的联产承包责任制。1982年通过的《中华人民共和国宪法》规定:"农村和城市郊区的土地,除由法律规定属于国家所有以外,属于集体所有。"1986年通过的《土地管理法》规定:"农民集体所有的土地依法属于村农民集体所有。"虽然《土地管理法》经过多次修订,但农村土地的集体所有制一直没有改变。

(四) 我国土地征收制度的形成与演变

在土地制度中包含土地的征收制度。土地征收是基于公共利益的需要,由代表国家的行政机关,依照法定程序,以强制手段取得土地所有权,并给予相应补偿的行政行为。我国土地征收制度的形成与演变,可分为三个时期。[①]

第一,1953—1981年,土地征收制度确立时期。1954年颁布的第一部《中华人民共和国宪法》,第一次明确了国家"为了公共利益的需要,对城乡土地实行征购、征用和收归国家所有"。1953年发布了《国家建设征用土地办法》,把第一部《中华人民共和国宪法》中"公共利益"的表述改为"适应国家建设的需要",征地用途列有"兴建厂矿、铁路、交通、水利、国防等工程,进行文化教育卫生建设、市政建设和其他建设"。对征地前安置、实施补偿等有明确和严格的规定。

第二,1982—1997年,土地征收制度改进时期。依据1982年《中华人民共和国宪法》规定,国家和集体两种土地所有制并存,实行城乡土地分治的管理体制。1986年出台了新中国第一部《土地管理法》,将《中华人民共和国宪法》规定的

[①] 韩俊等:《中国农村改革(2002—2012):促进"三农"发展的制度创新》,上海远东出版社2012年版,第266页。

"对土地实行征用",改成"对集体所有的土地实行征用",明确征地对象就是农村集体所有的土地,但对公共利益的用途没有明确界定,为以后不规范征地留下隐患。

第三,1998年至今,土地征收制度完善时期。1998年对《土地管理法》进行修改,对土地管理、土地转用和收益分配做了重大改变。(1)确立土地用途管制制度。国家将土地分为农用地、建设用地和未利用地,严格限制农用地转为建设用地,对耕地实行特殊保护。(2)明确土地利用总体规划具有法定约束力,以土地利用总体规划来约束城市、村庄和集镇的建设用地。(3)规定建设用地的使用对象和得地方式。建设使用土地必须依法申请,涉及农用地转为建设用地必须办理审批手续。(4)实行国有土地有偿使用制度。国家以土地所有者的身份,将土地使用权以协议、招标、拍卖等方式出让,由使用者向国家支付出让金。

二、改革和完善城市土地使用制度

在阐明城乡土地制度产生和发展的过程以后,需要进一步研究城乡土地制度的两重性和相容性,包含了改革和完善城市土地制度与改革和完善农村土地制度两个方面,以及它们之间的相互关系。这里首先阐述了城市土地使用制度的演变过程,在明确城市土地制度基本内容的基础上,分析了城市土地制度改革和完善的必要性,提出了改革和完善城市土地使用制度的若干重要问题,进行了探索性研究并提出了相应的改革措施。

(一) 我国城市土地使用制度的演变

确立城市土地国家所有以后,长期内实行无偿付、无期限、无流动的"三无"制度,严重影响土地资产的使用效率。随着计划经济向市场经济转型,国有土地开始实行有偿使用。随着城市土地使用权的流转,有效提高了土地的利用效率,不仅增加了各级政府的财政收入,也促进了土地市场的改革和完善。[①]

第一,征收土地使用费(税)。1979年7月1日,《中华人民共和国中外合资

[①] 毕宝德:《土地经济学》第五版,中国人民大学出版社2006年版,第118页。

经营企业法》规定,合营企业应缴纳场地使用费。国家在 1980 年提出对外资企业和中外合营企业征收土地使用费。1988 年 9 月 27 日,国务院发布《中华人民共和国城镇土地使用税暂行条例》,将土地使用费改为征收土地使用税。

第二,土地使用权有偿出让和转让。1987 年下半年,国家在深圳经济特区率先试点,具体做法是国家出让土地使用权,规定使用年限,一次性收取地价,并允许受让方转让土地使用权或进行抵押。1988 年,福州、海口、广州、厦门、上海、天津等城市相继进行了这方面的试点工作。

第三,制定地方性土地使用权有偿出让、转让法规。为了使城市土地使用权有偿出让、转让有法可依,从 1987 年 11 月起,上海、深圳、厦门、天津等城市先后制定和颁布了地方性的土地有偿出让和转让的条例或规定。由于土地的有偿使用,不仅增加了地方政府的财政收入,而且提高了城市土地的利用效益。

第四,修改《中华人民共和国宪法》和《土地管理法》。1988 年 4 月 12 日,第七届全国人大第一次会议通过宪法修正案,删去了《中华人民共和国宪法》第十条第四款中不得出租土地的规定,改为:"土地的使用权可以依照法律的规定转让。"1988 年 12 月 29 日,《土地管理法》也做了相应的修改,为新的城市土地使用制度提供了法律依据。

第五,制定全国性的土地使用权转让法规。1990 年,国务院发布了《中华人民共和国城镇国有土地使用权出让和转让暂行条例》,对土地使用权出让、转让等做了具体规定。1994 年,第八届全国人民代表大会常务委员会第八次会议通过了《中华人民共和国城市房地产管理法》,对土地使用权出让和转让做了进一步的法律规定。

(二) 城市土地使用制度的基本内容

我国城市土地使用制度,是一种既维护土地的国家所有制,又适应市场经济发展的土地制度,它包含以下基本内容。

第一,土地使用权出让。土地使用权出让,是国家以所有者身份在一定年限内出让土地,土地使用者向国家支付出让金;土地使用权出让的地块、用途、年限和其他条件,由市、县人民政府土地管理部门,会同城市规划和建设管理部门、房产管理部门共同拟定,地下的各类自然资源、矿产以及埋藏物、隐藏物和市政公共设施等,不在土地使用权有偿出让的范围之内。

第二,土地使用权转让。土地使用权转让包括出售、交换和赠予等;土地使用权转让应当签订转让合同,其权利、义务也随之转移;土地使用权转让,其地上建筑物、其他附加物所有权随之转让;土地使用权转让价格明显低于市场价格时,市、县人民政府有优先购买权,土地使用权转让价格不合理上涨时,市、县人民政府可采取必要措施加以抑制。

第三,土地使用权出租。土地使用权出租是土地使用者将土地使用权随同地上建筑物、其他附着物租赁给承租人使用,由承租人向出租人支付租金,不符合出让合同规定的土地不得出租。土地使用权出租后,出租人必须继续履行出让合同,以保证租赁双方的合法权益。

第四,土地使用权终止。土地使用权按合同规定的年限期满、提前收回、不履行合同及土地灭失等原因而终止。国家对土地使用者依法取得的土地使用权一般不提前收回,在特殊情况下,根据社会公共利益的需要,才能依照法律程序提前收回,并根据实际情况给予相应的补偿。

(三) 深化城市土地使用制度的改革

由于城市土地使用制度是改革开放以后的新生事物,因此不可避免地会存在许多问题。这就要求我们,不仅要进行深入的探索和研究,而且要通过深化改革来加以调整和完善,使其更好地为城市建设服务。

1. 城市土地使用制度存在的主要问题

由于土地使用制度比较复杂,而改革实践的时间尚短等原因,我国城市土地使用制度还存在许多不完善的方面,主要表现在以下几点。

第一,土地使用制度双轨制问题尚未解决。改革以后,实行新增经营性土地使用权市场化出让,而原先国有企业行政划拨的土地仍在实行"三无"制度,不但形成极不公平的现象,而且对土地使用效率的提高极为不利。必须通过深化改革,把原先行政划拨土地也纳入市场化管理的轨道。

第二,现行征地制度存在的弊端日益显现。一是"公共利益"的概念模糊,造成征地范围过宽;二是征地补偿标准过低,致使补偿范围较窄;三是征地程序不规范,被征地农民地位缺失;四是征地收益分配不均,被征地农民利益受损。由于上述种种问题引发了大量社会矛盾，影响到经济发展和社会稳定，因此必须加快征地制度的改革。

第三，土地使用权交易市场不规范，违法现象严重。如以租代征、假招投标、违规建设开发区而乱占土地等。2011年，全国共发现违法用地行为7万余件，涉及土地面积几十万公顷，由此产生的土地贿赂和腐败现象丛生，在群众中造成极坏影响。因此，对于此类事件必须认真查处和严格整治。

第四，土地市场法规不健全。我国已经制定了《土地管理法》和《中华人民共和国城市房地产管理法》等，但是很不健全。还有许多土地法规没有建立，如国土资源保护、土地资产权属、土地市场交易等。因此，许多涉及土地的纠纷，不能依法处理，造成不少乱象。而已有法律也存在执法不严的问题，如超过两年以上的闲置土地罚款，也未见真正执行，以致土地违法现象屡见不鲜。

第五，国家土地的总体规划对城市的约束力削弱。由于我国处于工业化、城镇化急速发展的时期，各地政府通过行政区划调整和城市规划修编，不断扩张城市边界，通过农用土地非农化转变成国有土地，出现了土地资源配置不合理现象，不仅不利于推进城乡发展一体化，也影响到耕地保护和粮食安全。

2. 城市土地使用制度深化改革的主要方面

第一，推进国有企业土地使用权的市场化改革，与非国有企业用地接轨。国有企业的土地使用权处置，可采用出让、租赁、作价入股、授权经营等方式。在处置国有土地资产时，要处理好国家、地方与企业之间的利益关系。在土地收益的分配时，要确保国家土地所有权的实现、地方政府进行基础设施投资的回报、企业对土地改造成本的回收，这三者之间的比例要妥善处理。

第二，规范政府与土地市场的关系，明确土地市场主体。按照市场经济规则，政府是国有土地的所有者和管理者，因而不能成为土地经营者和交易主体。地方政府将国有土地有偿出让只能收税，不能作为地方财政收入，税后出让金收入应归国家所有。在土地使用权出让的交易市场上，政府不能成为市场主体，应当构建国有土地经营公司，按市场规律进行土地的招标和拍卖等。

第三，健全土地出让招标拍卖制度，稳定地价。招投标不能只有"价高者得"一条原则，而是必须实行综合评标制度，如资质、诚信度、土地储备情况、房价预估、项目设计、时限等。使土地出让的溢价率保持在合理的幅度内，尽量避免"地王"再现，千方百计稳定地价，以促进住房价格基本稳定。在方式方法上要坚持公开、公正、公平,真正提高透明度,便于实施公众监督。

第四,改革和完善征地制度,维护被征地农民合法权益。首先要严格界定公益性和经营性用地界限,必须制定法规,明确公共利益征地不能用于经营性需要。经营性用地必须由土地使用者与土地所有者运用市场机制,在城乡统一的土地市场中进行交易,并办理手续、签订合同。完善征地补偿机制,规范征地拆迁管理,加大土地督察和执法力度,以维护被征地农民的权益。

第五,加强土地市场的法制建设,做到严格依法办事。借鉴西方发达国家的经验,建立土地市场法律体系,尽快出台国土资源规划法、耕地保护法、土地市场交易法等法律。应该按照法律、法规的要求健全行政管理,遵循有法可依、有法必依、违法必究、执法必严的原则,完善土地使用权的交易制度。

国家实行城市土地使用制度,必须处理好中央与各地方之间、土地管理部门与其他部门之间的关系。实践表明,只有严格依法办事,严肃惩处违法、违规案件,才能真正改变"上有政策、下有对策"的不良现象。

三、改革和完善农村土地流转制度

在研究城乡土地制度的两重性和相容性中,在阐明城市土地制度的改革和完善以后,还要阐明农村土地制度的改革和完善。党的十九大提出:"巩固和完善农村基本经营制度,深化农村土地制度改革,完善承包地'三权'分置制度。"①这就要求我们在坚持农村基本经营制度,维护农民土地权益的基础上,采取农村土地"三权"分置的方法,通过促进和加快土地流转来发展规模经营和壮大集体经济,以提高农村土地的配置和利用效率,更好地实现乡村振兴战略和彻底解决"三农"问题。

(一)农村土地流转的必然性

在深化农村经济体制改革和实现农业现代化的进程中,加快农村土地流转

---

① 习近平:《决胜全面建成小康社会 夺取新时代中国特色社会主义伟大胜利——在中国共产党第十九次全国代表大会上的报告》,人民出版社2017年版,第32页。

是农业专业化、规模化经营的迫切需要,是新型城镇化发展的客观要求,也是农业经营体制创新的必然结果。

第一,农村土地流转是现代农业发展的迫切需要。现代农业要求专业化、标准化、规模化生产,对集约化、节约化、品牌化也有更高的要求。现在市场上对农产品质量和安全的要求也越来越高,只有运用现代科学技术,规模化经营才能解决。如果继续在零星的土地上分散耕作,可能连机械化也难以实现,更不要说先进科技的应用了,所以现代农业的专业化、规模化必然要求土地的合理流转。

第二,农村土地流转是城镇化发展的客观要求。随着城镇化发展,农村大量剩余劳动力转移到城镇就业,到 2018 年底农民工总人数已达 2.88 亿人。农村劳动力大量流动,农户兼业化,村庄空心化,人口老龄化的趋势十分明显。农村中多数耕地由老人和妇女耕种,不利于农业生产发展。农业生产发展的客观规律,要求土地的流动必须与劳动力的转移相适应。新型城镇化的发展,必然要求土地向种田能手和专业户集中。可见,农村土地流动是城镇化的必然要求。

第三,农村土地流转是农业生产经营体制创新的必然结果。从我国生产力的水平来看,已经到了通过创新农业经营体制,促进规模生产来适应和推进现代农业的历史阶段。农业生产经营体制的创新,主要是农业组织方式的创新。这就是要在土地承包关系稳定的前提下,发展规模化经营。也就是说,过去以农户在分散的、狭小的土地上各自经营为主,现在要通过机制创新使土地适度集中,以利于集约化、专业化、规模化生产。正因为规模化经营的需要,农村土地必须加快流转和集中。2013 年中央一号文件明确指出:"坚持依法自愿有偿原则,引导农村土地承包经营权有序流转,鼓励和支持承包土地向专业大户、家庭农场、农民合作社流转,发展多种形式的适度规模经营。"[①]2016 年,农业部组织起草了《关于完善农村土地所有权承包权经营权分置办法的意见》(中办发〔2016〕67号),强调了实行"三权"分置的必要性及重要性;重点要求落实"三权"分置的指导思想和基本原则,致力于坚持土地集体所有权的根本地位、重点保护农户承包权、加速放活土地经营权,并且积极完善"三权"关系;对确保"三权"分置有序实施提出了更高要求,这项举措对农村土地产权制度改革将产生深远影响。

---

① 《中共中央国务院关于加快发展现代农业进一步增强农村发展活力的若干意见》,《经济日报》,2013 年 2 月 1 日。

总之,农村土地流转要着眼于土地规模经营,创新农业生产经营体制,稳步提高农业组织化程度,促进农业现代化、专业化、规模化发展。农业生产经营体制创新是推进现代农业的核心和基础,要尊重和保障农户生产经营的主体地位,培育和壮大新型农业生产经营组织,使农村生产要素的潜能充分发挥出来。

(二) 农村土地流转中的矛盾和问题

近几年来,我国农村土地流转正在逐步展开。据农业部统计,到 2018 年底,全国承包耕地流转面积已超过 5.3 亿亩(3533 万公顷),超过家庭承包经营耕地总面积的 34.8%,在一些我国东部及南部沿海地区,流转比例甚至已经超过 50%。但是在农村土地流转过程中遇到了不少矛盾和问题,需要我们加以研究和解决。

第一,农村土地所有权主体不清晰,在土地流转中农民利益受损。农村集体土地所有权的主体不清晰,是突出问题。农村集体土地所有者的定位是,仅限于集体经济组织的共同共有,没有落实到按份共有的农民个人。实际上,农村土地的集体所有制,是农民按份共有与集体公有相结合的制度。由于现行法规对农村集体所有定义的局限,在村级和乡(镇)级集体经济中,农民的权利受到侵犯,在土地流转中农民的权益得不到保障,引起农民群体的不满。特别是由农民承包的土地变为集体建设用地时,体现农民按份共有的权益不清晰,往往以没有改变集体所有制为由,使他们转让土地的权益得不到实现。

第二,土地流转的机制不健全。农村土地流转尚处于初始阶段,缺乏明确的政策导向和扶持政策体系,土地流转的激励机制和约束机制尚未形成。同时农村土地流转的价格机制和补偿机制缺乏,往往是一对一谈判,造成相同区域土地流转价格相差较大,形成土地转让过程的不公平现象。

第三,农村土地流转的服务机构缺失。一是信息渠道不畅,往往出现一方面农户有转出土地意向,但找不到合适的受让方;另一方面,有需求者又找不到合适的出让者和合适的土地。二是缺乏土地流转的咨询机构,为转让价格及相关事宜提供咨询服务等。三是土地转让的中介服务组织缺失,如转让的程序、合同签订等手续,没有相应的机构办理。

第四,农村土地流转的管理不到位。部分基层干部对农村土地流转工作的重要性认识不足,对土地流转疏于管理,以致处于自流状态。在农村土地流转上无法律法规可循,如承包经营土地确权、权属转移的原则、程序、手续,转移合同的签订等,均要有相关法律做出规定。而至今许多法律尚未出台,形成无法可依的状态,由此引起许多纠纷难以处置。

(三) 完善农村土地流转的政策措施

我国正处于并将长期处于社会主义初级阶段,壮大集体经济实力,发展多种形式规模经营,搞好新型城镇化和新农村建设,形成城乡一体的工农关系,都要求改革和完善农村土地的流转制度,使之能够健康有序运行。

1. 改革农村土地集体产权制度,有效保护农民的土地财产权利

首先,要从理论上明确农村集体土地所有制是一定范围内农民群众的共有制,农民承包经营的土地是集体土地按份共有的部分,土地承包数量就是农民按份共有的份额,应给予他们土地占有、使用、收益、处分的相应权利。

其次,要做好农村土地的确权登记工作,健全农村土地承包经营权制度,强化对农村耕地、林地和各类土地承包经营权的物权保护。在确权登记中要妥善解决土地面积不准、四至不清等问题,使农民的承包经营权落到实处。

最后,明确农村土地流转过程中农民按份共有的主体地位,行使各种流转方式获得相应权益。还要尊重农民的土地流转主体地位,坚持依法、自愿、有偿的原则,不搞强迫命令,有效维护农民的土地财产权益。

2. 构建相应的服务机构,完善农村土地流转的各项服务

要逐步建立和健全县、乡、村三级服务网络。一是构建信息服务机构,强化信息服务,搞好政策咨询;二是构建流转土地价格评估机构,为土地流转提供指导价格;三是构建土地流转的中介机构,可参照城市土地使用权交易中心模式,集中办理合同签订、权属转移和确认等手续和事宜。

3. 完善农村土地流转的价格机制和补偿机制

要明确农村土地具有资产和资源双重属性,其价格是资产价格和资源价格的总和,决不能仅以土地的产出来评估价格。同时,土地又是稀缺资源不能再生,土地价格与需求密切相关,在评估时要充分考虑市场需求。通过评估逐步建

立土地流转的指导价格、最低保护价格、正常增长价格的体系。

4. 建立和健全农村土地流转的相关法律

农村土地流转涉及国家、集体和个人三方面的利益,对农民个人来说,涉及当前收入和长远生计,对农村集体来说,涉及土地所有权和集体利益,对国家来说涉及耕地保护、粮食安全等多重利益;而农村土地本身又是所有权、占有权、使用权、处置权的统一,权属关系极为复杂,所以法律规范极为重要。

5. 积极引导,加强管理

农村土地流转是一件十分复杂、涉及多方利益关系的交易活动。省市和县镇从农业现代化、规模化经营出发,应积极支持,逐步推开。对流转过程中的相关政策做出具体规定,培育新型职业农民、种养大户、家庭农场等新型农业经营主体,使农村土地向他们倾斜。对农村土地流转要做一些原则性规范,如坚持自愿互利、合理补偿、不破坏农业生产力等原则,保证农村土地流转的健康运行。

四、提高土地的配置和利用效率

在阐明城乡土地制度的两重性以后,还要把它们综合起来,阐明城乡土地制度的相容性。也就是说,在改革和完善城市土地使用制度、农村土地流转制度的基础上,要按照《全国土地利用总体规划纲要(2016—2030 年)》,积极引导全社会保护和合理利用城乡土地资源,加强政府对土地资源的总体规划和宏观调控,还要采取相应的政策措施,不断优化土地资源配置和提高土地利用效率,使有限的土地能够更加充分和高效地为社会主义经济建设服务。

(一) 土地资源面临的严峻挑战

土地是人类生存发展的物质基础和前提条件。我国是一个人多地少、耕地稀缺的发展中大国,经济社会发展对土地的需求量不断增大。改革开放以来,土地管理事业快速发展,初步建立起符合国情、适应市场经济要求的土地管理制度。但是从土地供需状况和可持续发展要求来看,我国土地管理仍然存在不少新问题和突出矛盾,需要我们去面对和解决。

1. 资源约束进一步增加

(1) 资源质量缺陷明显。虽然我国资源总量大、种类全,但是人均少,质量总体水平不高,而且主要资源的人均占有量远低于世界平均水平。与此同时,矿产资源低品位、难选冶矿多;土地资源中难以利用的土地较多、适宜农用的土地较少;水资源和土地资源空间相容性差,资源丰富和生态脆弱地区有很多重叠。

(2) 资源需求急剧增加。近十年来,中国的矿产资源需求增长率上升了0.5～1倍,也高出同期世界平均增长率的0.5～1倍,对外依存度增加。石油、铁矿石、铜、铝等矿产资源的国内安全性为50%或更低。

2. 生态环境压力正在上升

(1) 地区的环境质量继续降低。国内土壤环境条件普遍不乐观,部分地区土壤污染严重,耕地土壤质量受到影响,废弃工业区和矿区的土壤环境问题显著。

(2) 生态系统功能持续下降。在一些地区,森林破坏、湿地萎缩、河湖干涸、水土流失、草原沙化、草地退化等问题严重,生物多样性减少,生态系统事故频繁发生。

3. 国土空间格局必须优化

(1) 经济布局与人口和资源的分配相矛盾;

(2) 城市、农业、生态空间的结构性矛盾也很突出;

(3) 部分地区国土开发力度和资源环境承载能力不一致,土地过度开发和开发不足并存;

(4) 海陆国土缺乏总体的发展规划。

4. 国土开发质量需要提高

(1) 城市化推进困难,质量问题严重。部分城市承载能力不足,水土资源和能源都相对匮乏,环境污染问题凸显。

(2) 产业低质量和同质化比较普遍。同时,地区之间的产业趋同现象严重,部分行业产能过剩。

(3) 基础设施建设的问题突出,体现在重复与不足并存。有些地区的基础设施建设太过先进,造成闲置和浪费。而中西部偏远地区的基础设施建设却相对落后,缺乏公共服务如健康、医疗和环境保护等基础设施。

(4) 城乡发展差距仍然较大。近几年来,城乡收入差距的比例有所下降,但在 2018 年仍有 2.69 倍。城乡人均收入的绝对差距则从 2000 年的 4 026 元,扩大到 2018 年的 24 634 元。

上述分析说明,提高土地资源配置和利用效率,已成为当前促进经济稳定增长、实现经济社会可持续发展的迫切任务。

(二) 土地利用的原则和要求

为实现"两个一百年"的奋斗目标,必须加强顶层设计和统筹规划。针对土地开发的突出问题以及面临的机遇和挑战,需要确定国土开发、保护与整治的指导思想、基本原则和主要目标。

1. 土地利用的基本原则

根据土地使用规律和我国的基本国情,制定了六项土地利用原则:一是坚持土地开发与环境承载能力相匹配,二是坚持集聚开发与均衡发展相协调,三是坚持点上开发与面上保护相统一,四是坚持陆上开发和海域利用相配合,五是坚持节约优先和高效利用相统筹,六是坚持市场调节与政府调控相结合。只有坚持和贯彻这六项基本原则,才能实现合理配置和高效利用土地的长远目标。

2. 土地利用的主要目标

根据国家 2016 年至 2030 年国土资源利用规划,近 5 年内土地保护和利用的主要目标有如下四条。

第一,不断优化国土空间开发格局。到 2020 年,全国主体功能区布局基本形成,国土空间布局得到优化;到 2030 年,主体功能区布局进一步完善。国土开发强度不超过 4.62%,城镇空间控制在 11.67 万平方千米以内。

第二,大幅提升国土开发的协调性,使城乡区域协调发展取得实质进展,国土开发的协调性大幅提升。

第三,基本建成资源节约型、环境友好型社会。到 2030 年,耕地保有量保持在 18.25 亿亩(1 公顷 = 15 亩)以上,建成高标准农田 12 亿亩,新增治理水土流失面积 94 万平方千米以上。

第四,基础设施体系趋于完善,资源保障能力和国土安全水平不断提升。到 2030 年,综合交通和信息通信基础设施体系更加完善,公路与铁路网密度达到 0.6 千米/平方千米,用水总量控制在 7 000 亿立方米以内。

(三) 土地资源优化配置和高效利用的措施

土地是最重要的经济社会资源,特别是在人多地少的基本国情下,提高土地资源的配置和利用效率对于经济社会和可持续发展具有重要意义。因此,要制定严格的政策和措施,并使其得到贯彻和落实。

1. 节约、集约、高效利用土地

我国正处在工业化、信息化、城镇化和农业现代化同步推进的重要时期。在新的发展阶段上,必须树立大国土、大资源、大生态的理念;树立国土资源数量、质量、生态三位一体综合管理的理念;树立节约、集约和高效利用土地的理念。(1) 所谓节约利用土地,是指在满足土地使用基本功能的前提下,通过采用技术、经济和政策等措施,降低对土地资源的消耗;(2) 所谓集约利用土地,是指在土地资源既定的情况下,通过土地集聚性使用增进土地的利用效率,提高建设用地的效益;(3) 所谓高效利用,是指通过技术、经济和政策等手段,对现有土地进行改造,提高整体利用效率。它反映单位土地的经济产出,其衡量指标包括单位用地财政收入总额、单位用地GDP总额、单位用地房地产增加值等。因此,在土地使用制度改革中,一切部门、行业、单位用地,都必须以节约、集约、高效用地为指导思想和基本原则。

2. 实行最严格的土地保护制度

在土地利用问题上,确保农业用地是关系到粮食安全、经济社会稳定和可持续发展的大战略。保持18亿亩耕地是未来发展的一个约束性指标,不可逾越的红线。要守住这条红线,一方面要节约用地,杜绝乱占耕地的行为;另一方面要通过国土整治,平整复耕,挖掘补充耕地的潜力,实行"先补后占""占补平衡"的原则。据有关调查数据显示,田块归并全国可增地约4 700万亩,退耕还田约4 300万亩,矿区复耕约2 300万亩。国土资源部提供的数据表明,自2008年以来,中央支持开展的10个土地整治重大工程,整治规模达6 000多万亩,补充耕地面积1 000多万亩,使近几年耕地锐减势头得到一定的遏制。

3. 实行最严格的节约用地制度

我国城镇固定资产投资和建筑占地浪费情况十分严重。中国社会科学院的测算表明,每亿元固定资产投资占用耕地44亩。同时建筑用地也占用大量土地,目前房地产用地量分别是：在建用地510万亩,待建210万亩。据测算,城镇居民人均占地世界平均水平是80平方米,而我国则达到130平方米。可见,城镇建设用地节约和集约的潜力很大。所以要大力发展节约型建筑和节约型住宅,严控高档次、大面积、大户型等别墅和豪宅建设,较多建设60～70平方米、80～90平方米的中小户型住宅,既可节约土地,又可增加住宅套数,更好地满足居民需求。同时,农村土地也要实行规模化和集约化经营,以提高土地使用效率。

4. 提高土地的配置和利用效率

在土地利用方面,应从基本国情出发,认真研究城市的适度规模,有效地利用土地和获得规模效益。应该看到,并不是城市越大,规模效益就越高。由于过大的城市规模会加重政府和居民的负担,因此要优化城市规模,才能获得最大效益。从有效利用土地角度来看,我国城镇应该是集约型而非扩散型,要实现城镇建设用地与国情相符合,与土地承载力相适应,关键是要节约用地,提高土地利用效率,这是全面建成小康社会的需要,也有助于城乡一体化的推进。

为了实现土地资源优化配置和提高利用效率,应采取以下措施：(1)严格执行《全国土地利用总体规划纲要(2016—2030年)》的基本原则和目标要求,加强监管力度,实行严格的问责制,严厉处罚违法违规者；(2)严格执行国家规定市、镇的设置标准,改变小城市用地规模偏大的情况,制止无限扩张城镇边界、擅自调整行政区划而进行城镇规划修编的不良倾向；(3)严格考核城市规模净效益,在国家对土地利用率考核时,将城市规模净效益列为主要考核项目,对出现负效益的城镇应追究政府职责。

5. 强化土地总体规划和计划管理

在推进城镇化的过程中,城乡建设规划是主导。城乡各项建设都要通过土地利用的总体规划,来实现土地资源的优化配置和节约集约利用。所以要坚持规划先行,保持土地利用规划的严肃性。各级城市发展规划和土地利用规划都要提交人代会通过,使之具有法律效力,防止规划朝令夕改、频出"省长市长工程"造成土地资源浪费。城乡建设规划、土地利用规划、产业发展规划和新农村建设规划要相互对接,逐步实现"四规合一",城乡一体化发展。同时,要严格土地用途管制,健全节约用地标准,加强用地节约责任和考核,从宏观管理上确保土地资源的优化配置和高效利用。

总之,要努力提高土地资源的配置和利用效率,走中国特色新型工业化、信息化、城镇化、农业现代化道路,为全面建成小康社会,推进中国特色社会主义建设创造前提条件。

第13章

经济建设与教育文化的两重性和相容性

党的十九大在提出推动经济建设持续健康发展的同时,又提出优先发展教育文化事业的战略思想。可见,经济建设与教育文化也具有两重性特点和相容性规律,它们好比鸟之两翼和车之双轨不可分离,因而是促进社会发展和人类进步的两大引擎,相互促进和相得益彰。经济建设是教育文化的物质基础,没有经济建设提供的物质保障,教育文化就难以顺利前行;同样,经济建设需要教育文化培养人才,没有大量高素质的劳动者,经济建设也难以高效发展。因此,揭示经济建设与教育文化的两重性和相容性,充分认识它们之间的内在联系和相互关系,对实现二者的有机结合和协调发展,具有重大的现实意义和深远的历史意义。

一、教育是提高人们科学文化素质的根本途径

习近平总书记在党的十九大指出:"要全面贯彻党的教育方针,落实立德树人根本任务,发展素质教育,推进教育公平,培养德、智、体、美全面发展的社会主义建设者和接班人。"[①] 可见,教育的根本任务是立德树人,实质是要全面提高人的素质,包括培养人才,更新知识和提高师资都要依靠教育事业的优先发展。因此,发展教育是提高全体劳动者政治思想觉悟和科学文化素养的战略措施,是经济建设和科技进步的根本保证。

(一) 教育的宗旨是培养人才

社会主义的根本任务是发展生产力。发展生产力要靠科技进步,科技进步需要培养人才,培养人才亟待发展教育。因此,提高劳动者的政治思想觉悟和科

---

① 习近平:《决胜全面建成小康社会 夺取新时代中国特色社会主义伟大胜利——在中国共产党第十九次全国代表大会上的报告》,人民出版社2017年版,第45页。

学文化素养，为社会主义建设培养人才成为教育的宗旨。

　　首先，要重视培养科学研究人才。高科技代表现代生产力的发展方向。只有在高科技方面有所突破，才能实现生产力的突飞猛进，才能占领科技领域和世界市场的制高点，取得经济发展的主动权。高科技的发展要靠自然科学家和他们的重大发现。没有深厚扎实的基础理论作依托，高科技难以向纵深方向发展。美国之所以成为世界上经济最发达国家，成为高科技的策源地，原因之一是重视自然科学家和基础理论研究。虽然中国经济相对落后，但是有了钱学森、华罗庚、钱三强等一批著名科学家，使我国在短时期内研制成功原子弹、氢弹和人造卫星，也使我国在高科技领域有了立足之地，并促进了经济发展。科学研究人才也包括社会科学家。马克思、恩格斯、列宁、毛泽东、邓小平都是伟大的思想家，正是他们的科学理论指导，才使中国的社会主义革命和建设取得伟大成就。相反，我们的失误与不尊重社会科学家及其研究成果是密切联系的。如果20世纪50年代能接受马寅初的人口理论，实行计划生育，就不会造成今天如此沉重的人口负担；如果20世纪60年代能合理采纳孙冶方的价值理论，大力发展市场经济，定能加快经济发展和现代化建设。可见，社会科学家和社会科学的基础理论对社会主义发展，同样具有决定性作用。

　　其次，要重视培养工程技术和科学管理人才。科学研究的目的是发现本质，揭示规律，为发展生产力提供可能性；技术研究的目的是运用科学，发明创造，为发展生产力提供现实性。因此，技术是科学转化为生产力的中介，对经济发展有乘数效应和加速作用。日本虽然在基础理论方面不及美国，但是它注意引进和消化别国的科研成果，大力发展应用科学，结果在工程技术方面赶上和超过美国。过去我们也存在重理论、轻技术重基础、轻应用重自研、轻引进的倾向，影响了工程技术发展和生产力提高。因此，我们要更新观念，在重视基础理论研究的同时，大力发展工程技术，建立技术兴邦、技术创业的思想，培养出更多的工程技术人才，加速科技向现实生产力转化。同时，要大力培养管理人才。科学管理是完善工程技术与优化劳动组合的纽带，是提高劳动生产率的可靠保证。如果把工程技术比作"硬件"，科学管理则为"软件"，它们是经济腾飞的双翅，现代化生产的双轨，必须同步协调发展。据有关专家测算，我国整体的技术水平比发达国家落后大约20年，而管理水平则要落后30年。因此，大力培养经济师、企业家等管理人才，不断提高管理能力，是建设现代化强国的迫切需要。

最后，要重视培养操作技术能手。人才不仅包括科学家、工程师、经济师和企业家，而且包括生产第一线的操作技术能手。随着现代科学技术发展，电子计算机运用和自动化程度提高，对直接生产者的体力要求减轻了，但对智力的要求更高了，需要他们接受中等以上的教育，掌握较高的科学文化知识和操作技能。许多发展中国家的经验表明，由于直接生产者不具备较高的科学文化素质，大量引进先进技术设备也难以取得理想的经济效益。因此，在普及义务教育，加强中等和高等教育的同时，大力发展职业技术教育和成人教育，提高直接生产者的科学文化素质，培养更多的操作技术能手是一项紧迫而又艰巨的任务。

可见，人才与素质是密切联系的。素质是人才的基础，人才是高素质的体现。因此，只有提高全民族的科学文化素质，才能加快高、精、尖人才的培养。世界各国经济力的竞争，实质是科技力的竞争，归根结底是人才培养力的竞争。我国不仅人才紧缺，人才培养能力不强，而且存在人才外流现象。因此，我们既要增加教育投资、扩大教育规模、提高受教育程度，又要改革教育体制、调整教育结构、提高教育质量。在教育普及化和多样化的基础上，促进教育的优质化和现代化，为经济发展和科技进步培养更多的优秀人才。

（二）再教育的任务是更新知识

提高劳动者的科学文化素养，既要通过教育传授知识，又要通过再教育更新知识。有人认为，一个大学生在校学习只能获得所需知识的 10%，绝大部分知识要通过工作实践和再教育获得。在科技迅猛发展的今天，如不更新知识，人才也会退化为庸才。知识是人类的理性认识和改造世界的力量源泉，因而人们对知识的追求是无止境的。教育实现了知识的外延扩大再生产，又通过培养人才促进知识的内涵扩大再生产。因此，教育是经济的。它不仅节约了再生产知识的时间，而且通过提高劳动者的科学文化素质，促进了生产力发展。科技是物质生产的动因力量，教育则是人才生产的动因力量，因而都是第一生产力。随着生产力发展和科技进步，人类进入了"知识爆炸"时代，知识总量翻番的周期不断缩短，这是科技发展的产物，也是科技发展的需要。"知识爆炸"显示出科技进步的方向和轨迹，释放出高速发展生产力的巨大能量。

科技进步要求劳动者不断更新知识。首先，科学家要更新知识。由于现代科学使分门别类的研究日臻完善,科学家只有不断接受新知识,开拓新的研究领域,综合运用多门学科知识,才能在整体和深层次上有新发现,才会在边缘学科、交叉学科与中间学科上有新建树。其次,工程技术人员要更新知识。现代工程技术都是多门科学和多种技术综合运用的结晶。特别是光电子、超导材料、生物工程、宇航和海洋开发等尖端技术,都必须大量吸收前人和外国人的研究成果,掌握最新的信息资料和技术手段,才会有新突破和新创造。新科学原理从发现到运用间隔时间缩短的趋势,迫使工程技术人员加速更新知识。再次,各级管理人员要更新知识。现代科学管理要求综合运用自然科学和社会科学的各种知识。管理者只有不断更新知识,才会掌握高度综合的科学和技术,对复杂的系统工程做出合乎规律的决策,使管理与现代化生产相适应。最后,直接生产者也要更新知识。生产者要不断提高科学文化素质,学会运用现代化技术设备,才能在激烈的竞争中立于不败之地,在技术升级、设备更新和行业转换中具有应变能力。

"知识爆炸"更需要劳动者提高接受新知识的能力,因而对再教育提出了更高要求。(1)重视基础知识。虽然新知识层出不穷,但是各学科的基础知识是相对稳定的。只有牢固掌握基础知识,才能更好地接受新知识。(2)学会运用现代化的技术手段。随着科技进步,电脑已部分地代替人脑,特别是在接受和贮存信息的能量上远远超过人脑。因此,掌握电子计算机和互联网等先进的技术手段,就能大大提高接受新知识的效率。(3)掌握科学的思维方法。由于电子计算机能把人脑部分地从接受和贮存信息方面解放出来,从而可以侧重发挥其在判断和想象方面的功能。因此,再教育不仅要学到新知识,更要学会科学的思维方法,提高创造性思维能力。(4)学会运用新知识。新知识无穷无尽,如果没有明确的学习目的,就会如堕烟海抓不住中心。因此,必须从实际出发,有针对性地接受新知识,提高运用新知识为实践服务的能力,使知识成为改造世界的物质力量。

可见,知识与素质也是密切联系的。素质是知识的结晶,知识是素质的标志。只有更新知识,才会提高素质;只有提高素质,才会自觉更新知识。过去再教育曾有过两种偏向,一是片面强调学习实用技术知识,忽视学历教育,使成年人的科学文化水平难以提高;二是过分强调学历教育,忽视传授实用技术知识,造成学用脱节。两种偏向都影响了劳动者素质的全面提高。因此,我们要总结历史经验,紧紧抓住提高劳动者素质这一中心环节,在普遍提高劳动者科学文化水平的基础上,不断更新知识和提高技能,使再教育更好地为现代化建设服务。

(三) 办好教育的关键是提高教师素质

无论是培养人才,还是更新知识,都要发展教育,因而学校成为再生产知识和人才的"工厂",教师成为开发智力和提高素质的"工程师"。教师不懂的东西无法教会学生,教师的知识、智力和师能决定和制约着教学的内容、质量和效果。要提高全体劳动者的素质,先要提高全体教师的素质。因此,办好教育的关键在教师。随着科技进步和现代化教育发展,对教师的素质提出了更高的要求。

1. 要提高教师的知识素质

这就要求教师不断学习新知识,优化知识结构。

(1) 巩固基础知识。只有基础知识扎实,才能举一反三、触类旁通。科技越发展,知识总量越大,增长速度越快,牢固掌握基础知识越重要。教师的基础知识扎实,才能给学生打下坚实的知识基础,为他们向高深发展创造条件。

(2) 深化专业知识。教师要刻苦研究专业知识,通晓它的历史和现状,并能预测未来。只有不断深化专业知识,才能站在学科的前沿,用最新的科研成果丰富教学内容,培养出高水平的学生来。

(3) 丰富新学科知识。由于现代科技使自然科学、社会科学和工程技术融为一体,这就要求教师不断拓宽知识面,掌握跨学科的本领。教师做到文理相通,才能给予学生多方位、多角度和多层次的启发引导,使教学更具主动性、灵活性和适应性。

2. 要提高教师的智力素质

智力是接受知识的能力,也是改进师能的基础。

(1) 观察力。提高教师的观察力,一方面有助于接受新知识、新理论,把握科技发展的进程;另一方面有利于了解学生的特点和个性,做到因材施教。观察力的提高要靠知识和经验的积累。

(2) 记忆力。科研和教学都要有知识的储备,这就需要有好的记忆能力。只有掌握记忆规律,形成敏捷、准确和持久的记忆,才能获得更多信息和知识,提高科研能力和教学水平。

(3) 想象力。创造离不开想象。正如爱因斯坦所说,"想象力是科学研究的实在因素"①,因此,教师只有把丰富的想象与抽象思维结合起来,才能深化科学研究,并通过教学促进学生的创造性思维。

(4) 思维能力。教师要具备分析和综合的抽象思维能力。要掌握用多条思路分析问题,设想多种途径解决问题的多元思考方式。教师具有科学的思维方法,才能对学生进行思维训练,培养学生多方位、多角度认识事物和解决问题的能力。

3. 要提高教师的师能素质

教师不仅要有丰富的知识和较高的智力,而且还应具备传授知识的职业技能——师能。

(1) 表达能力。教师的口头表达要准确、简洁、通俗,富有感染力。文字表达要清楚、概括、严谨,具有逻辑性。还要会用绘画、图示、表格等形式辅助,以增强表达效果。

(2) 指导能力。教师不仅要传授知识,而且要激发学生的求知欲和进取心,教会他们学习方法,提高他们获取知识的能力,使教师成为"一位交换意见的参加者,一位帮助发现矛盾论点而不是拿出现成真理的人"②。

(3) 应变能力。在实际教学中,常会出现预料不到的特殊情况,教师要具有沉着果断,善抓时机,因势利导,化繁复为简明的应变能力。

(4) 教研能力。教师要善于调查研究,总结经验,摸索规律,发现和创造出新的教学方法,并能上升到教学理论,用于指导教学实践。

可见,知识、智力和师能是密切联系、相辅相成的。知识会促进智力发展,知识和智力的结合会促进师能提高,而三者都要求提高教师的科学文化素质,都需要通过教育和再教育得到发展和完善。因此,办好师范院校就显得特别重要。

总之,经济建设急需大量人才,科技进步需要更新知识,发展教育亟待提高师资。因此,我们不仅要办好初等、中等和高等教育,为培养未来人才奠定基础,而且要办好成人的再教育,为提高现有劳动者的科学文化水平和更新知识创造条件,更要办好师范院校和做好师资培训工作,为全面提高劳动者素质提供强大

---

① 《爱因斯坦文集》第一卷,商务印书馆 1976 年版,第 284 页。
② 埃德加·富尔:《学会生存》,上海译文出版社 1979 年版,第 18—19 页。

的师资力量,使教育在经济发展和科技进步中的战略作用充分显示出来。

二、经济与教育的两重性和相容性

新中国成立70年来我国的经济建设取得显著成就,我国的教育事业也有了长足进步。这里的重要原因是社会主义制度的建立和完善,对经济和教育的发展起到巨大推动作用,特别是40年的改革开放又加速了它们的协调发展。但是,从我国社会主义整个历史进程来看,不论是经济还是教育,都与发达国家存在较大差距。要改变这一状况,不仅要求我们正确认识经济与教育的两重性特点,而且要深刻揭示它们相互促进的相容性规律。在社会主义市场经济中,努力改变基本建设等"看得见"工程与培养人才等"看不见"工程比例失调的状况。在正确认识生产力、生产关系、经济基础与教育内在联系的基础上,全面促进经济与教育的协调发展,从根本上推进社会主义现代化建设,以加速赶超发达国家和充分显示社会主义制度的优越性。

(一) 生产力与教育

生产力是经济发展的物质内容,生产力中的劳动者是教育的主要对象。因此,研究经济与教育的两重性和相容性,必须从发展生产力开始。

社会主义的根本任务是发展生产力。发展生产力包括解放和提高生产力两个方面。社会主义不仅是解放生产力的产物,而且只有通过提高生产力,才能得到巩固和向更高社会过渡。因此,发展生产力对社会主义始终具有决定性意义。

科学技术是第一生产力。生产力是人与自然之间的物质变换关系,是人们生产使用价值即物质财富的能力。生产力的源泉包括自然力、人力和科学技术力。实践表明,现成自然物的利用和劳动者直接经验的运用,对生产力的促进作用总是有限的,只有科学技术对生产力的促进作用才是无限的。科学技术不仅能提高人的劳动技能,优化劳动组合,而且能用自然力代替人的体力和部分脑力,从而对生产力发展有乘数效应和加速作用,成为生产力中第一位的"动因力量"。

科技和经济发展需要人才。科学技术对生产力的促进作用,一方面表现为生产力的客体要素——生产资料效能提高,另一方面表现为生产力的主体要素——劳动者素质提高。而生产资料效能提高,归根结底是劳动者运用科学技术,创造发明的结果,是一点也离不开人的能动作用的。因此,通过教育和训练提高全体劳动者素质,培养出更多的科技人才、管理干部和操作能手,是促进经济发展和科技进步的根本保证。

培养人才要靠教育。世界各国经济力的竞争实质是科技力的竞争,归根结底是人才培养力的竞争。我国不仅人才紧缺,人才培养力不高,而且存在学非所用,用非所长,人才外流等不良现象。因此,我们既要增加教育投资,扩大教育规模,提高受教育程度;又要改革教育体制,调整教育结构,提高教育质量。在教育普及化和多样化的基础上,促进教育的智能化和现代化,为经济发展和科技进步培养更多的有用人才。

办好教育的关键是提高师资。无论是培养人才还是更新知识都要发展教育,因而学校成为再生产知识和人才的"工厂",教师成为开发智力和提高素质的"工程师"。教师不懂的东西无法教会学生,教师的知识、智慧和师能决定、制约着教学的内容、质量和效果。随着现代科学技术的发展,对教师提出了更高的要求:(1)要保持敏锐的洞察力和远见卓识,自觉跟上时代的步伐;(2)要不断更新知识,不断调整和优化知识结构,以便用新知识充实教学内容和改进教学方法;(3)要提高科研能力,不断改进教学质量。

教育通过提高人的素质来提高劳动生产力。而提高人的素质包括培养人才、更新知识和提高师资都离不开教育。只有不断提高劳动者的科学文化素质,才能使教育在经济发展和科技进步中的作用充分显示出来,加速生产力发展。

(二) 生产关系与教育

生产资料公有制的建立,消灭了剥削制度,使教育成为维护人民根本利益和传播社会主义思想的前沿阵地。具体表现为:(1)公有制使社会的剩余产品转化为公共产品,为大力发展教育事业奠定了物质基础;(2)公有制使劳动者成为国家和企业的主人,因而获得了接受教育的平等权利;(3)公有制要求教育与生产劳动相结合,为培养能理论联系实际,有真知灼见的有用人才开辟了广阔道路；(4) 公有制通过消灭剥削阶级和剥削制度，为劳动者全面发展创造了前提条件，使教育成为发展社会主义经济，维护民主制度和促进精神文明的有效途径。

完善社会主义的相互关系，要求消除脑体对立和实现工人阶级知识化。过去我们在消除脑体对立时，比较强调改造知识分子，而对工人阶级知识化重视不够。其实工人阶级知识化对加强工人阶级领导，消除脑体对立，完善人们的相互关系和发展生产力都有重要作用。工人阶级只有带头知识化，才能真正成为先进生产力的代表，最终完成自己的伟大历史使命。实现工人阶级知识化需要长期的艰苦努力。"为了缩短知识化的过程，必须加速知识和知识分子的扩大再生产，这就更要重视和尊重从事精神产品生产的现有的知识分子，特别是其中的科学家和教师。"①因此，完善社会主义的相互关系，消除脑体对立，实际是要完善工人阶级与知识分子的相互关系，使他们共同肩负起社会主义建设的重任。

按劳分配是提高劳动者受教育程度的动力机制。由于按劳分配即按劳动力的使用价值分配（因为劳动力的使用价值就是劳动），与按劳动力的价值分配具有同一性，不论是按劳动力价值分配还是按劳分配，都不是按全部劳动分配，结果都是用必要消费资料再生产劳动力。因此，在社会主义市场经济中，按劳动力价值分配可以成为按劳分配间接的实现形式。劳动力价值由三部分构成：(1) 劳动者的必要生活资料价值；(2) 劳动者养育子女的费用；(3) 劳动者的教育训练费用。其中必要生活资料和养育子女的费用，在一定时期内是相对稳定的，而教育训练费用会因人而异，弹性较大。因此，在其他条件不变的情况下，教育训练费用越高，说明劳动者能从事劳动的复杂程度越高，从而劳动力价值就越高，按劳动力价值获得的消费品就越多。可见，这种以劳动力价值为基础的按劳分配形式，会成为劳动者努力学习科学文化知识，不断提高劳动技能的直接动力。

可见，生产关系与教育是经济发展不可偏废的两个方面，同样具有两重性和相容性，因此必须使它们相互促进、有机结合和协调发展。

---

① 张薰华：《科学与生产力》，《解放日报》，1991年9月11日。

(三) 经济发展与教育

我们的目标是要创造出经济推动教育,教育为经济服务的社会环境和动力机制,促进经济与教育的良性循环,因此必须深刻揭示经济与教育的相互关系。

1. *经济是教育的基础*

(1) 经济产生教育。经济发展需要继承,而继承离不开教育。随着经济的发展,不仅使自然教育更为普遍,而且出现了专门的教育机构——学校,使教育成为社会再生产不可缺少的环节。(2) 经济为教育提供物质基础。社会剩余产品的数量决定了教育的规模,教学的物质条件制约着教育的发展水平。(3) 经济发展为教育指示方向。正如恩格斯所说:"经济上的需要曾经是,而且越来越是对自然界的认识不断进展的主要动力。"[①]只有按经济发展的需要办教育,教育才有前途和生命力。(4) 经济发展要求不断提高劳动者受教育的程度。可见,经济不仅是教育的基础,而且是推动教育发展的动力。

2. *教育反作用于经济*

教育符合经济发展需要,就会有力地促进经济发展。相反,教育滞后,脱离经济发展需要,就会阻碍经济发展。世界上经济发达国家在发展经济的条件和途径上各不相同,但是教育对经济所起的加速作用却是共同的,特别是战后日本和德国经济的迅速恢复和高速发展,有力地证明了这一点。同样,经济不发达国家造成经济落后的具体原因各不相同,但是它们都与教育落后密切相关。因此,认真总结历史经验,充分认识教育对经济的能动作用,对落后国家赶超发达国家具有重要现实意义。我国与发达国家的差距明显地表现在教育投资和受教育的程度方面。可以断言,中国在教育上赶上和超过发达国家之日,将是中国在经济上赶上和超过发达国家之时。

3. *教育具有经济性质*

(1) 教育是知识的外延扩大再生产。它使知识横向得到扩展,使其在更多人的头脑里扎根,使科学技术在更大范围内转化为物质生产力,推动人类社会发展。(2) 教育促进了知识的内涵扩大再生产。教师不仅要传授前人和外人已经

---

① 《马克思恩格斯选集》第四卷,人民出版社 2012 年版,第 612 页。

发现的科学原理,而且要进行科学研究,发现新规律,提出新理论,丰富教学内容。此外,教育通过知识的人化,培养出更多知识分子和科学家,壮大了科学研究的队伍,有力地促进了科学研究的深化。(3)教育节约了再生产知识和人才的时间。正如马克思所说:"再生产科学所必要的劳动时间,同最初生产科学所需要的劳动时间是无法相比的,例如学生在一小时内就能学会二项式定理。"①因此,教育是再生产知识的加速器,它有力地缩短了培养人才的时间,提高了再生产人才的效率。(4)教育有显著的经济效益。教育通过提高人的智能,包括文化素质和职业技能,大大提高了劳动生产率,因而教育的投入和产出具有比一般物质生产更大的经济效益。因此,只有充分认识教育的经济性质,才会自觉地把教育放到各项经济工作的首位,抓紧、抓好。

4. 要提高教育的经济效益

在经济落后、投资不足的条件下加快发展教育,关键是要经济地办教育,不断提高教育的经济效益。而提高教育的经济效益,实质是要用尽可能节省的人力、物力和财力,培养出更多的高质量人才。(1)结构效益。如教育的投资结构、专业结构等,使教育结构与经济结构相适应。(2)布局效益。如果学校布局合理,可节约基建投资,节省教师和管理人员,提高办学效益。(3)速度效益。在既定的教育投资下发展速度过慢,会形成高投入、低产出;速度过快,会造成办学规模过大,质量下降。(4)规模效益。在学校的投入中,有一部分是固定投入,如校舍、设备等,另一部分是变动投入如办公费、实验费等。随着学校规模的扩大,平均投入量会递减。但是当规模扩大到一定程度,必须增加固定投入时,平均投入量会递增。因此,平均投入量最低点的规模效益最高。(5)体制效益。包括学校的隶属关系、管理权限和管理内容等。学校的领导体制过分集中,容易产生统得过死,影响地方、部门和学校的办学积极性;反之,过十分散、缺乏集中统一领导,又会造成盲目发展和无序竞争,两者都会影响教学质量和办学效益。

国内外经验表明,教育振兴总是与经济繁荣紧密联系和相互促进的,因而同样具有两重性和相容性。我们要遵循经济与教育有机联系的客观规律,树立教育为经济服务和经济依靠教育发展的指导思想,促进经济与教育的协调发展。

---

① 《马克思恩格斯全集》第二十六卷,人民出版社1972年版,第377页。

三、经济规律与教育规律的两重性和相容性

随着社会主义市场经济发展和教育改革深化,人们碰到了许多新的问题,其中包括教育是否是商品,办学能否市场化等。产生这些问题的直接原因,是不了解市场经济与教育事业的区别和联系,而根本原因是不理解经济规律与教育规律的对立统一关系。因此,正确揭示经济规律与教育规律的两重性和相容性,对科学解答以上问题,促进市场经济与教育事业有机结合和协调发展,在理论与实践上都有重要意义。就经济规律与教育规律来讲,它们既独立并存,又紧密联系,具有以下特性。

(一) 经济规律与教育规律的非替代性

事物的主要矛盾和矛盾主要方面决定着事物的性质,以及与其他事物的区别,从而决定其规律的特殊性。经济是人改造物的生产活动,既包括人与自然的物质变换关系,又包括人与人的物质利益关系。因此,经济规律是以生产力为内容,生产关系为形式,两者有机结合的规律。而教育则是人改造人的精神活动,既包括传授知识和技能的行为,又包括使人形成思想和品德的过程。因此,教育规律是以教学为手段,育人为目的,使人的身心得到发展的规律。经济与教育的不同性质和特点决定了经济规律与教育规律的根本区别,具体表现在三个方面。

(1) 对象不同。经济活动首先是物质生产,其改造的对象是物,人利用物、改造物来满足自己的需要。因而经济规律是不能超越与人的物质利益紧密联系的生产活动的。教育是人类改造自身的社会行为,其改造的对象是人,因而教育规律是不能脱离与人的接受能力紧密联系的育人活动的。

(2) 方式不同。经济活动是通过物质资料的生产、分配、交换和消费等方式实现的,其运行主要借助于经济手段。教育活动是通过教与学、问与答、训与练等方式实现的,其运行主要依靠教学手段。教育与经济的不同运作方式是教育规律与经济规律发挥不同作用的前提条件。

(3) 结果不同。经济活动的结果是物质财富增加和生活水平提高,因而经济规律实质是人类物质文明的规律;教育的结果是人的素质提高和社会精神面貌改善,因而教育规律实质是人类精神文明的规律。可见,两者具有根本不同的性质。

由于经济与教育的对象、方式和结果不同,从而决定经济规律与教育规律作用的范围、条件和性质也不相同。因此,两种规律不仅各有特点,而且不可替代。规律的错位运用,本身是违背规律的表现,必将受到规律的惩罚,这方面我们有过双重的教训。在"文化大革命"期间,由于极"左"思潮泛滥,有些人试图用教育规律替代经济规律,在企业中取消必要的规章制度和管理措施,用"空头政治"和纯粹思想教育来处理人们的物质利益关系,这就违背了经济规律,扭曲了按劳分配,破坏了生产秩序,使经济滑到崩溃的边缘。相反,在改革开放和发展市场经济时,有些人又走到另一个极端,试图用经济规律替代教育规律,把教育当商品、学校当企业、办学当营业,把教育事业变成营利性产业,这就从根本上违背了教育规律。办学市场化导致一部分人无视教育规律和教师尊严,不顾教学质量和教学效果,乱办学、乱收费,甚至弄虚作假,欺世盗名,互挖墙脚,造成极坏的社会影响。可见,不论是用教育规律替代经济规律,还是用经济规律替代教育规律,其失败的教训都是惨痛的。只有正确认识经济规律与教育规律的不同作用,在各自规律允许的范围内和条件下合理运用它们,才会取得理想的效果,使这两种规律从不同的方面共同促进社会发展。

(二) 经济规律与教育规律有交叉性

不同的规律是不能相互代替的。但是,事物之间不仅有间接的外在联系,而且常常直接交错在一起,有结合部分,这就决定规律之间有交叉性。拿经济规律与教育规律来讲,其交叉性表现在两个方面。

一方面,要按经济发展的需要做好教育工作,因而教育规律转化为经济教育规律,其客观要求有三点。(1) 基础教育要为未来经济发展培养合格劳动者。教育的根本目的是促进人的全面发展,但就教育的经济功能来讲,是再生产劳动力。由于新生劳动力的生产周期比较长,因此基础教育要具备超前性,使教育内容与未来经济发展的需要相一致。由于现代经济发展快、变化大,这就要求基础教育能全面提高学生的思想和文化素质,为适应未来经济发展打下扎实的基础。(2)高等教育要为现代化经济生产复杂劳动力。随着现代化程度提高,对劳动者科学文化素质的要求越来越高,复杂劳动的比重也越来越大。这就要求高等教育不仅能使学生掌握更全面的基础知识,而且要提高运用专业知识从事复杂劳动的能力,为现代高、精、尖技术发展,培养更多的专门人才。(3)成人教育要提高现有劳动者的生产能力。有人认为,一个大学生在校学习只能获得所需知识的10%,其余部分要通过工作实践和再教育获得,因而成人教育就显得更为重要。特别是企业的职工教育,本身是经济工作不可分割的一部分,只有按照企业发展的实际需要,加强对职工的教育和培训,才能有针对性地提高他们的技能技巧,从而提高企业劳动生产力和加速经济发展。可见,经济教育规律不是用经济规律替代或改变教育规律,而是在遵循教育规律的基础上,使教育更好地为经济建设服务,因而是特殊的教育规律。

另一方面,要按教育的需要做好办学中的经济工作,因而经济规律转化为教育经济规律,其客观要求有三点。(1)合理发展校办产业。在政府财政拨款不足、教育经费短缺的情况下,充分利用学校人力资源、技术特长等方面的有利条件,发展校办产业,其提供的产品和服务可弥补社会经济的不足,还可以安置学校的剩余人员、增加办学资金来源、为教学与生产劳动结合提供实习场所。特别是高校兴办的产业是使科研成果迅速转化为生产力的实验基地,有更为重要的教育经济意义。但是,校办产业毕竟不是学校的根本任务,其存在和发展必须以不妨碍教学为前提。(2)增加教育投资和教师工资。长期以来,教育投资不足,根源在于价值循环失衡。教育生产人才,人才创造价值,价值却不能补偿教育开支和增加教育投资,阻碍了教育事业的发展。根据劳动价值论,教师的劳动是复杂劳动,其劳动力价值应多倍于简单劳动力。但是在改革开放之前,由于脑体收入倒挂,使教师的复杂劳动得不到合理补偿,影响了教师积极性和教育事业发展。可见,教育投资和教师工资,既是教育问题,又是经济问题,准确地讲是教育经济问题,因此只有遵循教育经济规律才能得到合理解决。(3)提高教育的经济效益。教育事业与一般产业不同,不能以营利为目的,但教育作为人才产业也有一个投入与产出的问题。投入包括教育必需的人力、物力和财力,产出则是指培养的人才增加和素质提高。因此,提高教育的经济效益,就是要在提高教育质量的同时,降低相同办学规模的支出。在旧教育体制下,由于把教育看成纯消费部门,不搞经济核算,不讲经济效益,造成物化劳动和活劳动的巨大浪费,使教育的经济效益呈下降趋势。因此,只有自觉遵循教育经济规律,严格核算教育开支,准确评价其使用效果,才能不断提高办学的经济效益。这对于经济相对落后的国家,要加速发展教育事业显得尤为重要。

(三) 经济规律与教育规律有借鉴性

所谓借鉴,就不是原封不动地照搬照套,而是有条件、有选择地学习和运用。经济与教育虽然性质和特点都不同,但是作为社会发展不可偏废的两大事业,它们又有长期并存的两重性和协调发展的相容性。因此,经济规律与教育规律在实际发挥作用时有可借鉴性,具体表现在两个方面。

1. 发展教育事业可引进市场机制

(1) 供求机制。在市场经济中,只有使用价值能满足社会需要的商品才能实现其价值,价值规律促使商品生产者按社会需要生产,以克服供求脱节的矛盾。同样,兴办教育事业也要满足社会需要。从办学的规模和结构,到学生的来源和就业都有供求问题。因此,引进供求机制有利于合理配置教育资源,优化教育结构,提高办学效益,使教育培养的人才符合社会发展需要。

(2) 价格机制。市场经济的实质是通过等价交换来实现劳动平等。虽然价格会偏离价值,但是从长远看,平均价格趋向价值,因而是价值规律的实现形式。教育事业虽不能以营利为目的,但它投入的人、财、物也要求按等价交换原则得到补偿,否则教育事业难以生存和发展。因此,正确引进价格机制,有利于克服教育投资不足和教师收入过低的劳动不平等现象。

(3) 竞争机制。价值规律实质是通过竞争促进生产力发展的经济形式。价值规律一方面促进商品生产者改进技术,加强管理,提高个别生产力;另一方面促使社会总劳动(物化劳动和活劳动)按比例分配,提高社会生产力。教育虽不是物质生产,但要生产人才,因此也有提高人才生产力的要求。引进竞争机制,一方面能促进办学单位改进教学和管理,提高微观的人才生产能力;另一方面能促进教育资源的合理配置,优化教育规模和结构,提高宏观的人才生产能力。这里要划清引进市场机制与教育市场化的界限,它不是要用经济规律代替教育规律,而是要在正确维护教育特性和自觉遵循教育规律的前提下,有分寸、有取舍地运用市场机制,以加速教育事业发展。

2. 在做好企业职工的思想工作中,可以运用教育学原理

在社会主义制度下,职工是企业的主人,因此在坚持正确的物质利益原则,用好经济手段的同时,还必须做好职工的思想教育工作,不断提高企业的凝聚力。这里科学地借鉴教育规律,合理地运用教育学原理十分必要。

(1) 根据因材施教的原则,针对不同对象提出不同的思想要求。如在要求广大职工正确对待国家、集体和个人三者利益关系时,要对党员、干部提出不计私利、克己奉公和全心全意为人民服务的更高要求。

(2) 贯彻循序渐进的原则,从企业职工的思想实际出发,制定合理的宣传教育计划,逐步把思想教育引向深入。如在转变企业经营机制时,要先采取请进来、走出去、学习、了解和对比等方法,取得感性认识,然后在此基础上,加强对中国特色社会主义和市场经济的理论学习,取得理性认识,从而提高深化改革的自觉性。

(3) 采用启发式的方法,让职工自己提出问题,自己寻求答案和自己解决问题。例如,针对企业效益下降的实际,组织群众自己查找问题、分析原因和提出改进措施,要比领导包办代替更好,可收到事半功倍的效果。

(4) 通过动之以情、晓之以理、导之以行的途径,把思想工作做深、做细、做到家。企业不仅要用物质奖励和精神鼓励等方法增强企业的激励因素,而且要用关心群众生活和制止歪风邪气等方法消除职工的不满情绪,将消极因素转化为积极因素,使职工焕发持久的生产积极性。可见,认真学习教育学原理,正确借鉴教育规律,采用具体灵活的方法,定能使企业思想工作取得良好效果,促进企业管理加强和经济发展加速。

总之,在正确认识和合理处理经济规律与教育规律的两重性和相容性的关系上。首先,要反对替代论,防止规律的错位运用,克服经济活动教育化和教育活动市场化的错误倾向。其次,要充分认识规律之间的交叉关系,学会正确运用这两种规律的相互促进作用,使教育的经济功能和经济的教育功能都能充分发挥出来。最后,要正确认识规律之间的借鉴性,学会在一定范围内和程度上,借鉴经济规律促进教育事业发展;同时引进教育规律中的重要原理做好企业职工的思想工作,从而使经济规律与教育规律相互补充、相得益彰,有力地推动经济建设与教育事业协调发展。

四、引进市场机制发展成人教育事业

随着社会主义市场经济发展,我国经济、政治和教育体制都在发生深刻变化。如何改革成人教育(以下简称成教)体制,合理配置成教资源,优化成教结构,经济高效地发展成教事业,已成当务之急。我们一方面要适应市场经济,改革成教体制;另一方面要遵循成教规律,提高劳动者素质。这里碰到发展成教事业与引进市场机制的两重性和相容性问题。有些人赞成引进市场机制,甚至主张办学市场化;有些人则认为办学不能市场化,进而反对引进市场机制。因此,成教事业与市场机制的两重性和相容性问题不解决,成教体制改革难以深化,成教事业难以取得突破性进展。

(一) 认识教育本质,反对办学市场化

要回答能否引进市场机制发展成教事业的问题,首先要把引进市场机制与办学市场化区分开来。引进市场机制实质是把市场机制与成教事业结合起来,是以不违背教育规律为前提的。而办学市场化则与教育本质及其特性相矛盾。有些人提出教育商品化、学校企业化和办学市场化等,实际是把教育当商业、学校当企业、办学当营业,试图把教育完全纳入市场经济的运行轨道,成为营利性产业。办学市场化导致忽视教育规律和教师尊严,不顾教学质量和教学效果,乱办学、乱收费的现象,甚至出现弄虚作假、欺世盗名和互挖墙脚等学店式拼争。这种倾向虽不是主流,但任其发展势必使教育走向歧途。因此,不论是引进市场机制还是克服办学市场化,都必须充分认识教育的本质特性。

第一,教育与物质生产不同,具有特殊的社会性。物质生产是人改造物,要遵循自然规律;教育是人改造人,要遵循社会规律,两者有质的区别,不能简单类比和等同。教育的社会性有其特点。(1)催化力。教育促进自然人向社会人转化。人的本质是社会性,但社会性不是从母胎中带来的,而是后天形成的。教育不论是父兄传授直接经验,还是教师传授书本知识,都起到使自然人变成社会人的催化作用。即使成年人也会留有自然人的"尾巴",仍然需要接受成人教育,提

高人的社会化程度,这就是教育的本质。(2)双向性。物质生产具有单向性特征,在物质生产中,人是主体,物是被利用和被改造的客体,产品要满足人的需要。而教育主要是教师向学生传授知识和技能,但学生并不是消极被动的。在学校教学中,教师是主导,学生是主体,教育的结果——人才是师生共同努力的结晶。特别是成人教育,学员有丰富的实践经验和学习的迫切愿望,这就要求教师按照他们的特点和需要从事教学,否则难以取得好的效果。(3)多功能。教育不仅有再生产劳动力,提高劳动技能,从而促进生产力发展的经济作用,而且有政治、文化和思想等多种社会功能。教育作为上层建筑会通过丰富人的知识,提高认识能力和转变陈旧观念,促进政治制度发展、文化生活改善和文明程度提高。因此,只有全面认识教育功能,才不会把教育与物质生产简单等同起来。

第二,教育与商品生产不同,具有特殊的公益性。教育不仅使受教育者受益,而且使全社会受益。教育通过提高人的素质,从政治、经济、文化、思想和科技等各个方面促进社会发展,因此教育是全民的事业,与商品生产相比更有其特点。商品只能满足消费者的需要,而且当生产超过社会需要时,生产越多则浪费越大。教育则不同,教育是人类的精神财富——知识的传播,教育越发展,受教育的人越多,知识就越不会泯灭,就能在更大范围和更高程度上转化为物质力量,促进经济和社会发展。

第三,教育事业与一般产业不同,具有非营利性。教育事业就其本质属性来讲,是为经济和社会发展提供服务,因而不能以营利为目的。(1)教育不是物质生产,不直接创造价值,全部教育费用都要通过国民收入的再分配来实现,因而不具有一般产业的营利性。(2)教育不仅要再生产劳动力,而且要促进人的全面发展。如果办学以盈利为目的,就会背离教育宗旨,削弱教育在政治思想和道德品质方面的功能,限制人的素质全面提高。(3)就教育是再生产劳动力来讲,教育训练费用只能由劳动力价值补偿,因而不能由此赚取利润。特别是成人教育,过高的教育训练费用,不仅会限制劳动力再生产,而且会阻碍文化知识和科学技术的传播和普及,直接影响社会生产力发展。

可见,教育的本质及其特性与办学市场化是格格不入的,成人教育作为整个教育的组成部分也必须遵循教育规律。因此,引进市场机制发展成教事业,必须与办学市场化划清界限。

(二) 引进市场机制，遵循教育规律

要回答能否引进市场机制发展成教事业的问题，还须搞清引进市场机制与遵循教育规律的相互关系。有些人认为引进市场机制必然违背教育规律，而要遵循教育规律就不能引进市场机制，把两者完全对立起来。产生这种认识的原因是把教学与办学混为一谈了。我们讲，从事教学活动必须遵循教育规律，而兴办教育事业既要遵循教育规律，又要遵循经济规律，因而在办学中可以而且必须引进市场机制。其中，不仅校办企业作为筹措资金的形式，本身是市场经济的一部分，而且办学中人、财、物的投入与补偿也是一种经济活动，必须与市场经济相联系。其实教学与办学是教育事业不可分割的两个方面，它们互不排斥，且相辅相成。也就是说，在教学中遵循教育规律，不妨碍在办学中引进市场机制；同样，在办学中引进市场机制，不否认在教学中要遵循教育规律。事物发展常常受多种规律制约。这里可打个比方，要搞好一个企业，既要遵循产品在工艺方面的自然规律，又要遵循企业在经营方面的经济规律，在正确认识两者关系的前提下，它们不仅不相矛盾，而且会相互促进。产品工艺好会促进企业的经营发展，而企业的经营发展则要求提高产品工艺。生产与经营的关系和教学与办学的关系有相似之处。一方面，我们要在教学中遵循教育规律，提高教学质量和教学效果，培养出更多的优秀人才；另一方面，我们要在办学中引进市场机制，开拓资金来源，改进招生办法，调整专业结构和提高管理水平，使办学与市场经济的需要相适应。这两方面也是相互促进的，改进教学质量必然要求提高办学水平，而提高办学水平，又会对教学质量提出更高要求。可见，引进市场机制提高办学水平，与遵循教育规律改进教学质量是相辅相成的。因此，我们既要认识教育事业与市场经济的区别，防止办学市场化；又要认识教育事业与市场经济的联系，合理引进市场机制，使市场经济与教育事业紧密结合、相得益彰。

我们要引进市场机制发展成教事业，根本原因是市场经济与成教事业有内在联系和共同要求。(1) 满足需要。兴办成教事业，从办学的规模和结构，到学生的来源和择业都有一个供求问题，因此引进市场的供求机制，有利于合理配置成教资源，提高办学效益，使成教培养的人才符合社会需要。(2) 劳动平等。成教事业是人才产业的重要组成部分，因而是市场经济不可缺少的重要环节。成

教事业虽不能以营利为目的,但它的人力、物力和财力的投入,都要求按劳动平等和等价交换原则得到补偿,否则成教事业难以生存和发展。因此正确引进市场的价格机制,有利于克服成教事业投资不足和教师收入过低的劳动不平等现象。(3) 提高生产力。成人教育虽不是物质生产,但要造就人才,因此也有提高人才生产力的要求。把市场的竞争机制引进成教领域,一方面会促进办学单位改进教学和管理,提高微观的人才生产力;另一方面会促进成教资源的合理配置,优化成教的规模和结构,提高宏观的人才生产力。因此,引进市场机制不是为了营利,而是为了加速成教事业发展。由于市场经济与成教事业具有两重性和相容性,因而在正确维护成教特性和自觉遵循教育规律的前提下,合理运用市场机制,能有力地促进成教事业发展。

(三) 运用市场机制,发展成教事业

以上分析表明,一方面要遵循教育规律,防止办学市场化;另一方面要根据教育事业需要,合理引进市场机制。由于成教对象主要是在职员工和成年劳动者,他们既有学习要求,又有劳动收入,因而成教事业能更直接、更充分地运用市场机制。因此,引进市场机制发展成教事业,就是要在不违背教育规律的前提下,使成教事业与市场经济有机结合,表现在以下三个方面。

第一,引进价格机制,合理收取学费,改变成教经费不足的状况。长期以来,不仅普教资金短缺,而且成教资金也严重不足。究其原因是价值循环失衡。教育培养人才,人才创造价值,价值却不能补偿教育费用和提高教师收入,直接阻碍了教育事业发展。因此,克服成教资金不足的有效方法,除了随经济发展,国家和企业按比例增加教育投资外,还要遵循价值规律,运用价格机制,使成教的日常开支能按合理价格得到补偿。(1) 使教学器材和设备等物化劳动消耗得到及时补偿,克服成教事业因物质条件差而难以发展的状况。(2) 提高成教工作者劳动报酬,合理补偿他们的活劳动消耗。教师和研究人员的劳动是复杂劳动,根据劳动价值论,他们的劳动力价值应成倍高于简单劳动力价值。因此,不仅要使教师和科研人员的复杂劳动得到合理补偿,而且要对做出特殊贡献的先进工作者给予精神鼓励和物质奖励,激励更多教育工作者为成教事业做出更大贡献。(3) 改变职工的教育训练费用全部由国家或企业支付的做法。因为在市场

经济中，职工的基本工资仍然是劳动力价值的转化形式，应包括劳动力的教育训练费用。如果职工个人不承担学费，缺点至少有三：其一，使成教经费更加紧缺；其二，职工工资中的教育训练费用会转化为非教育开支，冲击其他市场；其三，职工因缺乏经济压力，难以取得好的学习成绩。总之，从教学设备、教师工资到教学开支，都要制定合理的价格标准，实现成教事业与市场经济的有机结合。

第二，引进供求机制，调整专业结构和课程设置，使成人教育更好地为经济建设服务。教育的根本目的是促使人全面发展，而成教的直接目的是为经济建设和社会发展培养人才。由于成教的主体是在职员工，因此对他们的教育培训，更要符合现实生产力发展的需要。过去成教也有片面追求文凭学历的倾向，以致不少专业和课程设置脱离实际工作需要。一方面，造成许多人学非所用、用非所长，浪费了教育资源；另一方面，经济建设急需的专业人才却严重不足，特别是改革开放以来，外贸、经管、财税和政法等方面的人才缺口很大。这就要自觉运用供求机制，克服人才供需脱节的矛盾。对于供不应求的专业可适当提高收费标准，以加速该专业的发展。相反，对供过于求的专业会因入不敷出和难以为继而被削减或淘汰。除少数特殊专业要由国家统一计划安排外，一般专业都应受供求机制的调节，使成教发展与经济建设需要相一致。

第三，引进竞争机制，提高成教质量和管理水平。在市场经济中，企业为了立于不败之地就要不断改进技术，加强管理，提高企业生产力。市场竞争促进了资源配置、结构调整和效益提高。同样，发展成教事业也要运用竞争机制。(1)成人入学要经过考试，坚持择优录取的原则，促使考生自觉提高自身素质；(2)教师任教要竞争上岗，择优聘用，促使教师自觉更新知识，提高师能素质，不断改进教学方法；(3)教学管理人员要定期考核，坚持上岗标准，对不称职的要及时更换，以提高学校的管理水平；(4)成人学校之间要平等竞争，以优化成教结构和布局，并根据教学质量和社会需求，决定其兴衰存亡。实践表明，有无竞争机制会导致完全不同的办学效果。有些自筹资金的民办成人学校，虽然资金少、设备差，但由于风险大、压力重，办学人员更能艰苦奋斗，开拓创新，取得较高的办学效益。因此，只有充分运用竞争机制，形成优胜劣汰、适者生存的外部环境，才会加速成教事业发展，为社会培养更多优秀人才。

总之，我们既要划清引进市场机制与教育市场化的界限，又要正确认识引进市场机制与遵循成教规律的有机联系，按照市场经济与成教事业的共同要求，自觉运用市场机制,合理配置成教资源,优化成教结构,提高成教质量,使之更好地为社会主义现代化建设服务。

五、社区功能与文化建设的两重性和相容性

社区功能不仅要为居民的物质生活提供方便,而且要促进居民的思想文化水平提高,因而具有社区功能和文化建设的两重性和相容性。随着改革开放深入,社区功能日益增强;随着现代化经济发展,文化建设显得更为重要。在完善社会主义市场经济和构建和谐社会的过程中,如何使社区功能与文化建设有机结合,成为亟待解决的现实课题。社区功能的核心是做好人的工作,文化建设的目的是提高人的素质,它们都要以人为本,通过满足人的需要来提高文明程度。因此,以习近平新时代中国特色社会主义思想为指导,深入研究社区功能与文化建设的两重性和相容性,对加快市场经济发展和构建和谐社会具有重要的现实意义。

(一) 文化建设是社区功能的重要组成部分

要深入揭示社区功能与文化建设的内在联系,必须对社区文化的性质和种类有准确的定义和了解。文化的内涵极其丰富,从广义上讲,指人类的一切进步,包括物质文明和精神文明;从狭义上讲,指人类的精神文明,包括科学技术和思想道德。我们这里讲的社区文化主要指狭义文化,具体分为三层:一是直接满足消费需要的休闲文化,如唱歌、跳舞、读书、看报、下棋、打牌、种花、养鸟等,属于浅层次的文化。这种文化具有广泛的群众性和普遍的适用性,不论男女老幼都能选择参与,不论何时何地休闲都有此类需求。它不仅能丰富居民的业余生活,而且能陶冶思想情操,是社区文化建设的现实基础。二是分门别类的专项文化,如科技、教育、文艺、体育、卫生、环保等,属于中等层次的文化。这类文化一般都经过长期发展才能形成体系,并要求有相应的硬件设施。因此,社区发展这类文化,必须利用地区现有的资源,在休闲文化的基础上逐步加以完善。如有的社区建立科普之窗、教育园地、文艺专栏、体育专栏、卫生咨询和环保论坛等,

都是因地制宜发展专项文化的有益尝试。实践表明，专项文化有利于传播专门知识，提高专业素养，促进人的全面发展，反映了人们对较高文化的需求。三是体现精神境界和思想情操的观念文化，具有更为深刻和丰富的内涵，其中包括人生观、世界观、价值观和审美观等，是人类所追求的最高层次的文化。从"七不"规范到"五讲四美三热爱"，从爱心工程到初心使命教育，都与这类文化有关，它对提高全民族的思想觉悟和道德品质具有决定作用。这高、中、低三个层次的文化，相互联系、相互制约，形成有机整体。低层次文化要向高层次文化过渡和升华，而高层次文化又成为低层次文化的创新动力和思想指导。因此，要遵循文化体系及其运动规律的要求，循序渐进地搞好社区文化建设。

　　文化建设不仅是社区的主要功能之一，而且在现代化建设中具有重要地位和积极作用。具体表现在：（1）文化建设是实现新时代奋斗目标的基本要求和前提条件。要使中国特色的社会主义全面发展，必须使物质文明和精神文明共同进步、经济和社会协调发展。以上海为例，随着市区的标志性文化设施，如东方明珠电视塔、上海图书馆、上海博物馆、八万人体育场和上海大剧院等的逐步建成，市区文化建设的重心开始下移。上海作为国际大都市，不仅要有国际一流的文化设施，更要提高全体市民的文化素养，这就要求切实加强社区文化建设。只有使社区得到相应发展，全市的文化建设才会有广泛、扎实的群众基础，才会使上海的精神面貌、社会环境与国际大都市的要求相匹配。（2）文化建设是维护社会稳定、促进全面进步的重要环节。改革开放和现代化建设需要有一个稳定的社会环境，而社会稳定的基础是社区。社区是各种矛盾酝酿、扩散和集中表现的场所，是社会稳定的"晴雨表"，因而搞好社区建设极为关键。保持社区稳定不仅要靠经济发展和综合治理，更要靠文化事业发展和精神文明程度提高。因此，文化建设成为社区建设的重要组成部分，成为反映社区稳定与否的显著标志。（3）文化建设是提高市民素质和城市文明程度的必由之路。市民的整体素质和城市的文明程度提高，主要是通过宣传教育、文化熏陶和健康有益的群众活动来实现的，而社区文化建设是达到这一目的的主要途径之一。社区文化具有普遍、深入、经常和持久的特点，它可以通过具体生动、深入浅出、喜闻乐见的丰富形式，进行宣传教育，起到潜移默化、循序渐进、不断深入的积极作用。因此，只有全面认识文化建设的重要地位，普遍持久地加强社区文化建设，才能使社区功能充分发挥出来，真正提高市民的文化素养和城市的文明程度。

(二) 社区功能为文化建设提供条件

加强文化建设必须有物质基础和人才资源,除了政府部门的固定拨款和指派少数干部之外,主要是通过发挥社区自身的功能来解决。社区功能的实质是弥补政府和市场的不足,做好政府不能和市场不管的那些工作。所谓政府不能,是因为社区工作面广量大,政府的人力、物力和财力都无法包揽。实践证明,政府包办社区工作效果不好,不仅耗资巨大,削弱了政府的宏观调控职能,而且会限制社区资源的开发和利用,影响居民自身积极性和主动性的发挥。因此,要走"小政府,大社会"的改革之路,把原有过大的政府职能,部分下放给社区,使社区能在政府的宏观指导下,充分依靠自身力量,发挥更大作用。所谓市场不管,是因为市场活动主要以营利为目的,不可能经常地为社区居民提供无偿服务。而社区工作,特别是文化建设,大多是公益性的,因此只能依靠社区自身的力量。社区的最大特点或最大优点,在于社区内有潜在的物质基础、文化底蕴和人才资源,是文化建设取之不尽、用之不竭的力量源泉。只有充分利用好这笔有形和无形资产,才能使社区功能最大限度地发挥出来。具体包括以下几个方面:(1) 充分利用现有的物质条件和文化设施。有的街道因地制宜,建立里弄运动场,开辟了走、跑、跳、投、拉等运动项目,特别是自制的鹅卵石走道,备受老年人的青睐,有效地满足了居民增强体质的需要;有的街道与学校联合起来,开办双休日"教育公园",使居民也能到学校参加篮球、排球、足球和乒乓球等体育活动,还能到学校图书馆借书、阅览报刊等,特别是利用教室,开办各种讲座,大大丰富了居民双休日的文化生活;有的街道利用街区广场,举办大型文艺演出、纳凉晚会、专场音乐会等,产生了较大的社会影响,受到群众的热烈欢迎。(2) 充分利用现有的文化遗产和体现革命传统的精神财富。如南市区有丰富的文化遗产,从古建筑到历代文物,从名人字画到风味小吃等,都有待我们去研究和继承,这就为社区文化建设提供了大量的历史知识和思想内容;黄浦区保留着丰富的、有意义的历史遗迹,如党的一大会址、五卅运动纪念碑、新四军驻沪办事处、任弼时旧居等,都是进行革命传统教育的有益场所和生动教材。许多社区充分利用这些文化遗产,促进了文化建设,取得了良好效果。(3) 充分利用社区内的人才、技术资源。有的街道动员退休的科技人员,创办科技之窗,举办科技讲座,宣传和普及科技知识；有的社区组织退休教师，开办各种辅导班，如高考和中考的补习班、少儿英语口语班、电脑学习班等，满足了不同层次居民的学习要求；有的社区依靠退休的文艺工作者，组织合唱团和文艺小分队等，进行排练节目和文艺演出，大大丰富了社区的文化生活；有的社区把退休的医务人员组织起来，进行卫生保健宣传、环境卫生检查和防病、治病工作，有效提高了街道卫生防病工作的质量。有的社区还建立人才库，把电工、木工、泥工、钳工和驾驶员等有特殊技能的人组织起来，成立志愿者服务队，随时提供多种服务。通过挖掘人才资源，使退休职工的一技之长得到发挥，使为人民服务的精神也得到发扬。（4）充分利用社区内企事业单位的集体力量和综合资源。许多社区得到企事业单位在人力、物力、财力上的支持，因而能持久、稳定地开展社区工作。为什么企事业单位愿意为社区活动出力？因为他们不仅有条件、有能力，更重要的是，他们认识到社区工作的重要性，以及社区活动对他们的促进作用。如黄浦区打浦街道的金玉兰商场主动出资，为社区举办文化活动搭台，吸引了大量的过路群众。他们说："先要有人气，才会有财气。"他们把支持社区活动与搞好商场经营统一起来，看到了它们之间的内在联系。有的企事业单位把支持社区活动看作提高自身的知名度、美化自身形象、产生广告效应的重要途径。有些企事业单位，因为积极支持社区工作，一旦与周围居民发生矛盾和冲突，街道和居委就会主动出面，为他们排忧解难，做好调解工作。实践表明，通过资源共享，不仅能节约文化建设投资，提高现有文化资源的利用效率，而且能加快改善社区的精神文明状况。

（三）文化建设为社区功能指示方向

一方面，社区功能对文化建设有决定作用，为其提供物质基础和人才资源；另一方面，文化建设会反作用于社区功能，为其提供动力和指示方向。随着现代化建设发展和生活水平提高，人们在物质方面需要得到的帮助相对减少，而人们在文化方面的需求不断增多，因此加强文化建设，越来越成为社区的主要目标。而文化建设的发展和人们文化水平的提高，反过来对发挥社区功能也提出了更高要求，具体表现在三个方面。（1）提高社区服务功能的文化含量。在经济落后和生活水平较低的状况下，社区服务主要是帮助居民解决生存问题，如救济孤寡老人、帮助住房困难户改造厨房和增加卫生设备等。随着经济发展和生活水平提高,社区服务更多地是要帮助居民解决发展问题,即满足他们在精神方面的需求。因此,社区服务功能中的文化含量不断提高。有的社区开辟各种专栏,宣传菜谱、烹调、茶艺和食疗等知识,以提高居民的饮食文化水平。有的社区组织中、老年服饰表演,提高居民的审美情趣,既美化了自己,又美化了社会。有些社区组织信鸽协会和养鸟团体等,把鸟文化与保护生态结合起来;有的社区组织盆景展览和种植技术交流,把盆景文化与绿化环境结合起来。有的社区不仅开辟图书馆、阅览室和读报栏,而且专门建立免费查询资料的电脑站,以满足居民对文化信息的需求。(2)通过文化建设来加强社区的调节功能。随着国有企业改革的深化,街道里下岗待业人数逐渐增加。如何解决下岗职工问题,成为维护社区安定的重要环节。有的社区通过加强文化建设,如建立图书室、文化馆、敬老院和舞厅等设施,吸收下岗职工担任工作人员,解决他们的生活来源问题;有的社区专门开办各种培训班,如电脑班、财会班、烹饪班等,帮助他们掌握一技之长,从而提高再就业的能力。有的社区还建立劳动力调剂市场,提供人才的供求信息,促进劳动力资源的合理配制,使文化建设与解决下岗职工的再就业问题有机结合,取得良好的效果。(3)文化建设与精神文明日益融为一体。许多街道组织了老年合唱团、文艺小分队和健身体操班等,提高了社区在居民中的凝聚力,推动了安全保卫、环境卫生、帮困助教和爱心工程的开展。这一切有力地说明,文化建设越来越成为发挥社区功能的强大动力。

　　文化建设的根本目的是提高市民素质,促进人的全面发展,因而为进一步发挥社区功能指明方向。具体表现在五个方面。(1)提高思想觉悟。社区要成为学习和宣传的阵地,使党的路线、方针和政策成为居民的自觉行动,从而焕发出更高的热情,投身于现代化建设。(2)提高道德水准。社区要成为继承和发扬中华民族传统美德的场所,提倡敬老爱幼、团结互助、勤俭节约的高尚品德。通过美化环境,创建文明小区等活动,使维护正义、反对邪恶成为每个居民的行为准则。(3)提高文化知识水平。社区要形成热爱科学、尊师重教、人人爱学习、个个求上进的文化氛围。为不同年龄和文化程度的居民,创造学文化、学知识、学科技的有利条件,使社区成为培养各类人才的沃土和摇篮。(4)提高欣赏能力和审美情趣。社区开展多种形式的文艺活动,不仅要丰富精神生活,而且要提高文化品位,使居民学会欣赏、理解美学,掌握文艺评判的标准,使高雅艺术也能逐步进入百姓生活。(5)提高人口和环保意识。计划生育和保护生态是我国的两项基本国策。因此,通过文化建设,加强计划生育和保护生态的教育,不断提高居民的认识水平和觉悟程度,以保证基本国策的贯彻落实。

(四) 社区功能与文化建设有机结合

以上分别从社区功能为文化建设提供物质基础和人才资源,以及文化建设为发挥社区功能提供动力和指示方向,这两个不同的角度,说明了它们之间的两重性和相容性。如何从实际出发,按照客观规律的要求,充分发挥人们的主观能动性,使社区功能与文化建设的两重性和相容性的积极作用更好地发挥出来,其方法和措施有以下四条。

第一,加强理论研究,认识结合规律。发挥社区功能与加强文化建设,对我们都是新课题,为了减少盲目性,提高自觉性,必须深化理论研究,总结实践经验。这里要做到三个结合。(1) 政府宏观指导与群众自觉参与相结合。在发挥社区功能和加强文化建设的问题上,有两种不同的思路:一种认为,这项工作必须由政府来抓,由政府提供人力、物力和财力,否则难以取得成效;另一种认为,这项工作必须完全放手,让社区群众自觉、自愿和自发进行,像国外的社区一样,不需要政府的插手和干预。其实,前一种思路是改革开放前的做法,一方面高估了政府包揽社区工作的能力,另一方面低估了群众参与社区活动的主动性和积极性。后一种思路则脱离了中国的国情。在发达国家,自发的社区活动取决于两个条件:一是居民生活非常富裕,以至于能够自己出资,解决经费问题;二是社区活动没有明确的目标和方向,常常处于可有可无、可多可少的状态。而我国则不同,一方面,居民的生活还不富裕,有些还很穷。因此,社区活动的经费,必须部分依靠政府的财政支出,否则大多数社区活动难以持久。如市文明办在各个主要的社区,投资购买健身器材,有力地推动了全民健身运动的开展,取得可喜成效,充分说明加大政府投入的重要性。另一方面,我们的社区活动有明确的目标和方向,即要为经济建设和文化建设服务,不仅要常抓不懈,而且不能偏离社会主义方向。如果社区活动脱离正确的思想指导,听任迷信、赌博、淫秽和吸毒等活动的蔓延,不仅不是加强文化建设,反而是削弱了精神文明。因此,正确的思路,应该使政府的宏观指导、必要投资与群众的主动参与、自挖潜力紧密结合,使两种资源和两方面的积极性都能充分发挥,使社区文化建设始终沿着正确的方向前进。(2) 社区服务功能与文化建设相结合。一方面,随着经济发展和人民生活水平提高,我们要不断增加社区服务中的文化含量,提高服务档次,满足居民对较高文化的需求;另一方面,社区文化建设决不能好大喜功,脱离实际和居民的消费水平,更不能以加强文化建设的名义,取消或削弱社区的服务功能。如有的街道以营利为目的,花费巨额投资,自建高档娱乐场馆,结果脱离了群众的实际需要,反而造成冷冷清清、无人问津的局面。因此,只有使社区功能与文化建设有机结合、相互促进,才能取得相辅相成、相得益彰的积极效果。(3) 文化建设的硬件与软件相结合。文化建设没有一定的硬件设施不行,硬件是基础、是标志、是前提。但是,增加硬件必须量力而行、循序渐进、逐步完善。同时,社区文化建设的重点,必须始终放在软件方面。软件涉及人的思想觉悟、精神面貌和管理水平等,是决定文化建设的方向和显示其成效的根本因素,因而更为重要。有些社区的硬件设施不错,但是不能充分发挥作用,原因是软件建设没有跟上,因而缺乏人气和凝聚力。相反,有些社区的硬件设施比较简陋,但是群众性的文化娱乐活动却搞得轰轰烈烈,原因是软件方面的工作做得比较好,把群众的主动性和积极性调动起来了。因此,探索文化建设软件与硬件相结合的途径和方法,是急需解决的现实问题。

第二,提高干部素质,增强管理水平。在促进社区功能与文化建设结合的过程中,干部的自身素质具有决定性作用,要求干部从觉悟和能力两方面都得到提高。一方面,要提高勤奋工作和甘愿奉献的思想境界。社区工作特别琐碎、繁忙,而且劳动贡献不能与经济收益直接挂钩,因而精神境界特别重要,没有全心全意为人民服务的思想和无私奉献的精神,是不可能做好社区工作的;另一方面,要有较高的文化素养和对文化建设的深刻理解。如果没有一定的学历层次,没有较多的文化知识和组织管理能力,要搞好文化建设是非常困难的。因此,同时提高干部的思想觉悟和文化水平刻不容缓。其中,特别要加快对年轻干部和高学历干部的培养和提拔,努力实现社区干部的年轻化和专业化。

第三,制定政策法规,形成制度保障。要使社区功能与文化建设紧密结合,必须制定相应的政策、法规,使它们的结合有章可循、有法可依。如学校和企事业单位的文化设施可以对社区开放的政策,对社区经营的某些文化娱乐场所可以减免税收等,以扶持社区文化的发展。对那些群众在实践中创造出来的好形式,要及时形成制度,使其得到巩固和发展,如规定每个街道要有多少面积的图书馆、阅览室和文化娱乐场所,每年要有多少次大型文体活动等。特别是要改革和完善社区的领导体系,由街道干部、知名人士与大型企事业单位的领导共同组建,为文化资源共享和精神文明共建,提供可靠的组织保证。

第四,加强宣传表彰,推广先进经验。社区功能与文化建设结合,既然是新生事物,就必须大力宣传,树立典型,带动全局。各地区的经验有其特点,但也有共性,因此要加大宣传力度,使先进经验和带有规律性、普遍性的做法及时得到推广和运用。以先进带后进,使社区功能与文化建设的结合得到稳定、持久和健康的发展,并不断取得新成果。

第14章

经济理论的两重性和相容性

这里讲经济理论的两重性和相容性,是指马克思主义经济学与西方经济学的并存性和互补性。现实表明,中国特色社会主义经济发展需要马克思主义经济理论指导,也需要从西方经济学中汲取合理成分和获得有益帮助。毛泽东、邓小平和习近平的经济思想,都是马克思主义经济理论中国化和时代化的产物,都是在探索中国特色社会主义经济中产生和发展起来的,因此是一脉相承和不断创新的。而西方经济学虽然是研究资本主义经济的产物和结晶,带有资产阶级的偏见和局限,但是也包含了社会化大生产和市场经济一般规律的正确理论和宝贵经验,需要我们汲取和借鉴。因此,揭示马克思主义经济学与西方经济学的两重性和相容性,对加快中国特色社会主义经济发展具有必要性和重要性。

一、毛泽东经济思想是社会主义经济理论的重要来源

马克思主义、毛泽东思想、邓小平理论和习近平新时代中国特色社会主义思想是一脉相承的,其中的经济理论更是紧密联系、逐步深化、不断创新的。因此,毛泽东经济思想不仅是马克思主义经济理论中国化和时代化的产物和表现,而且是邓小平理论和习近平新时代中国特色社会主义思想中经济理论的重要来源和组成部分。

1. 关于生产力的理论

马克思主义认为生产力是最革命、最活跃的因素,生产力决定生产关系的规律是人类社会的基本经济规律。毛泽东在《矛盾论》中指出,社会发展的根本动力是"生产力和生产关系的矛盾"①。在《论联合政府》中又提出生产力标准,毛泽东说:"中国一切政党的政策及其实践在中国人民中所表现的作用的好坏、大小,归根到底,看它对于中国人民的生产力的发展是否有帮助及其帮助之大小,

---

① 《毛泽东选集》第一卷,人民出版社1991年版,第302页。

看它是束缚生产力的,还是解放生产力的。"①在社会主义改造完成以后,毛泽东指出"我们的根本任务已经由解放生产力变为在新的生产关系下面保护和发展生产力"②,并号召团结全国各族人民"进行一场新的战争——向自然界开战"③。邓小平坚持和发展了毛泽东的生产力理论,提出"社会主义的首要任务是发展生产力"④,并把中心工作转移到经济建设上来,确立了党的基本路线。邓小平还提出"科学技术是第一生产力"⑤,为加快我国的现代化建设指明了方向。习近平总书记在党的十九大进一步指出:"解放和发展生产力,是社会主义的本质要求。我们要激发全社会创造力和发展活力,努力实现更高质量、更有效率、更加公平、更可持续的发展!"⑥实践表明,由于坚持和发展了毛泽东的生产力理论,才使我国经济持续稳定地快速发展,才使人民生活显著改善和社会主义制度日益巩固。

2. 关于多种所有制经济共同发展的理论

建立单一公有制的社会主义,还是建立多种所有制并存的社会主义,一直是有争议的问题。早在新中国成立前夕,在党的七届二中全会上毛泽东就说:"在革命胜利以后一个相当长的时期内,还需要尽可能地利用城乡私人资本主义的积极性,以利于国民经济的向前发展。"⑦同时提出,建立国营经济、合作经济、私人资本主义经济、个体经济和国家资本主义经济五种成分并存的新民主主义经济形态。在社会主义改造完成以后,毛泽东又提出:中国"可以消灭了资本主义,又搞资本主义"⑧。这不是自相矛盾,而是辩证思想。我们消灭的是资本主义的整体,恢复的只是它的局部。毛泽东之所以能提出多种所有制经济共同发展,并在实践中取得显著成效,其原因如下:首先,从民族资产阶级的两重性出发,看到了利用民族资本主义加快国民经济发展的可能性和必要性;其次,认识

---

① 《毛泽东选集》第三卷,人民出版社1991年版,第1079页。
② 《毛泽东文集》第七卷,人民出版社1999年版,第218页。
③ 《毛泽东文集》第七卷,人民出版社1999年版,第216页。
④ 《邓小平文选》第三卷,人民出版社1993年版,第116页。
⑤ 《邓小平文选》第三卷,人民出版社1993年版,第377页。
⑥ 习近平:《决胜全面建成小康社会 夺取新时代中国特色社会主义伟大胜利——在中国共产党第十九次全国代表大会上的报告》,人民出版社2017年版,第35页。
⑦ 《毛泽东选集》第四卷,人民出版社1991年版,第1431页。
⑧ 《毛泽东文集》第七卷,人民出版社1999年版,第170页。

到个体和私营经济已经发生部分质变,由从属于资本主义变成从属于社会主义;最后,看到国有经济和集体经济还不够强大,不仅要有非公经济的补充,而且要与它们平等竞争才能逐步壮大。毛泽东关于多种所有制经济共同发展的理论和实践,为后来邓小平、习近平确立和发展我国的基本经济制度,健全和完善公有制为主体,多种经济共同发展的所有制结构提供了理论基础和实践经验。

3. 关于商品经济的理论

社会主义要不要继续保留和发展商品经济,也是有争议的问题。苏联是第一个社会主义国家,经历了先消灭商品经济,再恢复商品经济的曲折过程。在我国社会主义改造基本完成以后,针对取消商品生产的主张,毛泽东明确指出这是错误的,他们"没有分清社会主义商品生产和资本主义商品生产的区别,不懂得在社会主义条件下利用商品生产的作用的重要性"①。毛泽东进一步指出:"价值法则是一个伟大的学校","只有利用它才有可能教会我们的几千万干部和几万万人民,才可能建设我们的社会主义和共产主义"②。毛泽东还分析了保留商品生产的条件,他认为:"只要存在两种所有制,商品生产和商品交换就是极其必要、极其有用的。"③虽然新中国成立以后,我们建立了高度集中的计划经济体制,走了一段弯路,但是毛泽东对商品经济和价值规律的正确认识,为邓小平创立社会主义市场经济奠定了思想基础,也为习近平全面推进市场化改革和建设现代化经济体系创造了前提条件。

4. 关于按比例协调发展的理论

社会主义经济是社会化大生产基础上的市场经济,在价值规律与价值增殖规律的作用下,不仅要求单个企业改进技术、加强管理、提高个别生产力,而且要求合理配置经济资源、促进生产部门按比例协调发展,提高社会生产力。毛泽东虽然没有在理论上认识价值规律的双重积极作用,但在实际工作中已经意识到按比例协调发展的重要性。因此,在《论十大关系》中的前五大关系,讲的就是按比例协调发展问题。例如,在处理农、轻、重的关系上,毛泽东强调要走自己的道路。十月革命胜利后,苏联由于过度发展重工业,忽视了农业和轻工业,结果导

---

① 《毛泽东文集》第七卷,人民出版社1999年版,第437页。
② 《毛泽东文集》第八卷,人民出版社1999年版,第34页。
③ 《毛泽东文集》第七卷,人民出版社1999年版,第440页。

致比例失调。毛泽东认为我们要避免苏联的错误,他指出:要加快发展重工业"就要注重农业和轻工业,使粮食和轻工业原料更多些,积累更多些,投到重工业方面的资金将来也会更多些"①,科学阐明了农、轻、重之间的辩证关系。此外,毛泽东还解答了沿海工业和内地工业,经济建设和国防建设,中央和地方等重大关系问题。后来,邓小平关于沿海与内地经济的交替发展,开放国内和国际两个市场,物质文明和精神文明"两手抓,两手都要硬"的思想;习近平总书记在十九大提出"创新和完善宏观调控,发挥国家发展规划的战略导向作用,健全财政、货币、产业、区域等经济政策协调机制"②,都是对毛泽东按比例协调发展思想的继承、发展和创新。因此,重温毛泽东《论十大关系》中的经济思想,对于明确社会主义建设的根本目的、掌握按比例协调发展规律具有重要现实意义。

5. 关于按劳分配的理论

毛泽东十分重视分配问题,因为分配不仅关系到人民生活,而且反作用于社会生产。在分配问题上,毛泽东有许多精当的论述,比如要给人民以看得见的物质利益;要正确处理国家、集体、个人的关系;要处理好长远利益和眼前利益、整体利益和局部利益的关系;处理好生产和生活的关系;等等。毛泽东在实践中意识到按劳分配的必要性和重要性。在1959年的郑州会议上,毛泽东直截了当地批评了"误认社会主义为共产主义,误认按劳分配为按需分配,误认集体所有制为全民所有制","否认价值法则,否认等价交换"的错误做法③。毛泽东在第二次郑州会议上的讲话,强调人民公社必须以生产队为基础,坚持按劳分配、多劳多得的社会主义原则,反对平均主义和过分集中两种倾向,对纠正"左"倾路线错误起到积极作用。邓小平继承了毛泽东的分配思想,多次指出:"我们一定要坚持按劳分配的社会主义原则。"④习近平总书记在党的十九大提出:"坚持按劳分配原则,完善按要素分配的体制机制,促进收入分配更合理、更有序。"⑤进一步

---

① 《毛泽东文集》第七卷,人民出版社1999年版,第25页。
② 习近平:《决胜全面建成小康社会 夺取新时代中国特色社会主义伟大胜利——在中国共产党第十九次全国代表大会上的报告》,人民出版社2017年版,第34页。
③ 《毛泽东文集》第八卷,人民出版社1999年版,第10页。
④ 《邓小平文选》第二卷,人民出版社1994年版,第101页。
⑤ 习近平:《决胜全面建成小康社会 夺取新时代中国特色社会主义伟大胜利——在中国共产党第十九次全国代表大会上的报告》,人民出版社2017年版,第46页。

丰富和发展了毛泽东、邓小平的分配理论。

因此,在发展和完善中国特色社会主义经济理论时,必须充分肯定毛泽东经济思想的地位和作用,它是邓小平经济理论和习近平经济思想的直接来源,因而是中国特色社会主义经济理论的重要组成部分。

二、邓小平对中国特色社会主义经济理论的创新发展

邓小平的经济理论是马克思主义普遍真理与中国特色社会主义现代化建设相结合的产物,经过40余年改革开放的实践,已经结出举世公认的硕果,极大地丰富了马克思主义思想宝库。邓小平的经济理论有两个显著特点:一是具有鲜明的党性。他的经济理论始终以无产阶级和广大人民的根本利益为出发点,从巩固人民民主专政和完善社会主义制度的高度,揭示经济运行规律和指导现代化建设,因而是名副其实的"政治经济学"。二是具有马克思主义的科学性。他的经济理论以辩证唯物主义和历史唯物主义为基础,贯穿着解放思想、实事求是的思想路线,闪烁着马克思主义哲学的思想光芒,因此不仅在经济体制改革和对外开放中,显示出它的正确性,而且为深入揭示社会主义经济规律指明方向,显示出它的指导性。邓小平经济理论主要表现在以下十个方面。

第一,经济建设的指导思想。邓小平指出:"解放思想,就是使思想和实际相符合,使主观和客观相符合,就是实事求是。"①邓小平提出的解放思想、实事求是的思想路线,是改革开放和社会主义现代化建设的指导思想。"实事求是"是毛泽东思想的精髓,"解放思想"是邓小平理论的核心,它们既有内在的统一性,即统一于辩证唯物主义;又有外在的延续性,即邓小平理论是对毛泽东思想的继承和发展,因而是马克思主义不可分割的两个方面。正是在这一思想路线的指引下,我们解决了一系列重大的理论和实践问题。首先,使我们摆脱了教条主义和经验主义的束缚,把马克思主义普遍真理与中国基本国情结合起来,找到一条中国特色社会主义现代化建设的新路;其次,使我们认识了基本矛盾与主要矛盾

---

① 《邓小平文选》第二卷,人民出版社1994年版,第364页。

之间的内在联系,进而揭示了基本经济规律与主要经济规律之间的辩证关系,提高了按客观经济规律办事的自觉性;最后,使我们制定出以经济建设为中心,坚持"四项基本原则"和改革开放的基本路线,为贯彻各项具体路线、方针和政策指明了前进方向。

第二,社会主义的本质是共同富裕。邓小平指出:"社会主义的本质,是解放生产力,发展生产力,消灭剥削,消除两极分化,最终达到共同富裕。"①这就从根本上解决了什么是社会主义的问题。过去在揭示社会主义本质时,只强调生产关系方面的要求,如消灭剥削和提高公有化程度等,忽视了生产力方面的要求,造成经济发展缓慢和人民生活水平难以提高。当时,不能全面认识社会主义本质的原因是没有认识到,人民的物质文化需要与落后的社会生产之间的矛盾是现阶段的主要矛盾,而没有认识主要矛盾的原因,则是没有认识社会主义初级阶段。社会主义初级阶段是半殖民地半封建等落后国家,建立社会主义制度以后,必须经历的特殊历史阶段,具有公有和私有两种生产关系并存的过渡性、多种经济共同发展的兼容性、以经济建设为中心的关键性、巩固人民政权的后盾性四大特性。只有充分认识社会主义初级阶段的性质和特点,才能真正解决如何建设社会主义的问题;才会深刻理解贫穷孕育社会主义,贫穷不是社会主义,脱贫要靠社会主义的辩证思想;才会自觉贯彻让一部分地区和个人,依靠诚实劳动和合法经营先富起来的政策,带动其他地区和个人实现共同富裕。

第三,社会主义的根本任务是发展生产力。邓小平指出:"社会主义的首要任务是发展生产力,逐步提高人民的物质和文化生活水平。"②为了实现这项根本任务,必须解决以下几个基本问题:首先,要揭示生产与生产力的区别,认识它们之间产生矛盾运动的根源,坚持以提高经济效益为前提,促进生产与需要的协调发展。其次,正确认识价值规律、价值增殖规律是生产力发展的动力和形式,因此要大力发展市场经济,充分运用市场机制促进生产力发展。再次,按照生产力规律的客观要求,正确处理速度、比例和效益之间的辩证关系,以保证国民经济持续、稳定、高效发展。最后,要深刻揭示物质生产力、精神生产力和人才生产力之间的内在联系,促进生产、科技和教育有机结

---

① 《邓小平文选》第三卷,人民出版社 1993 年版,第 373 页。
② 《邓小平文选》第三卷,人民出版社 1993 年版,第 116 页。

合，不断提高综合生产力。

第四，完善初级阶段的生产关系。邓小平指出："要大幅度地改变目前落后的生产力，就必然要多方面地改变生产关系……使之适应于现代化大经济的需要。"①在社会主义初级阶段，要克服生产关系与生产力发展不相适应的环节和方面，必须全面、深入地改革经济体制。首先，在所有制关系方面，要建立和完善以公有制为主体、多种经济成分共同发展的基本经济制度。在不断丰富公有制实现形式的同时，加快个体、私营、外资等非公经济发展，使它们相互促进、相得益彰。其次，在相互关系方面，要在健全人与人之间平等互利关系的基础上，抓住人民内部的主要矛盾，不断完善领导与群众之间的相互关系。再次，在分配关系方面，要建立和完善以按劳分配为主体、多种分配方式并存的基本分配制度，使按劳分配与按资分配有机结合，以优化资源配置和提高生产要素的利用效率。最后，通过经济体制的配套改革，逐步完善生产关系，以达到促进生产力发展和加快现代化建设的目的。

第五，社会主义也可以搞市场经济。邓小平指出："社会主义与市场经济之间不存在根本矛盾……把计划经济和市场经济结合起来，就更能解放生产力，加速经济发展。"②怎样才能使社会主义与市场经济紧密结合起来？首先，要从总体上了解社会主义与市场经济的相互关系，在彻底消除对立论和正确理解中性论的基础上，深入研究内在联系论，努力实现二者的有机结合。其次，在所有制方面要理解公有制与市场经济的相容性。在正确认识公有制与市场经济的内在统一性、外在矛盾性的前提下，深刻揭示二者相容的规律性。再次，在相互关系方面要正确认识平等互利与等价交换的内在联系，进而克服"左"和右的错误倾向，不断完善社会主义的人与人关系。最后，在分配方面要深刻理解按劳分配与劳动力商品的必然联系，从而找到在社会主义市场经济条件下，实现按劳分配的可靠途径和有效方法。

第六，加强宏观经济管理。邓小平指出："宏观管理要体现在中央说话能够算数。"③宏观经济管理是社会化大生产和市场经济的共同要求，在社会主义条

---

① 《邓小平文选》第二卷，人民出版社1994年版，第135—136页。
② 《邓小平文选》第三卷，人民出版社1993年版，第148页。
③ 《邓小平文选》第三卷，人民出版社1993年版，第278页。

件下更有其重要性。社会主义公有制把全体人民的根本利益统一起来,使国民经济成为有机整体,为加强宏观经济管理提供了有利条件。首先,要正确处理市场调节、计划指导和宏观调控三者之间的关系。一方面要充分发挥市场调节在资源配置中的决定性作用;另一方面也不能忽视计划指导对市场调节的修正和纠偏作用;同时,要积极利用经济手段加强宏观调控,以保证国民经济有计划按比例地协调发展。其次,要不断调整和优化产业结构。经济总量平衡不等于经济结构合理,只有经济结构合理,才能保持经济总量平衡和高质量增长。特别是要运用科学技术发展生态农业,形成技术密集型的现代工业,积极推进以信息技术为特征的第三产业,使经济结构不断跨上新台阶。再次,充分利用金融手段调节宏观经济。要认真总结和吸取亚洲金融危机的教训,通过深化金融体制的改革,不断提高金融监管水平和防范风险能力,使金融在经济发展中的神经中枢作用充分发挥出来。最后,积极做好下岗分流和再就业工作。在完善社会保障体系和维护社会安定的前提下,不断精简剩余劳动力和开拓新的就业领域,解决许多人没事干和许多事没人干的矛盾,以提高企业劳动生产力和行政机关的办事效率。

第七,深化国有企业改革。邓小平指出:"企业改革,主要是解决搞活国营大中型企业的问题。"[①]深化国有企业改革的目标,是按照市场经济的要求,建立和健全现代企业制度。首先,要深刻认识国有企业改革的必然性,建立现代企业制度的必要性,以及实现国有经济配套改革的重要性。其次,要完善厂长经理负责制和维护职工的民主权利,使国有企业的优势和特点显现出来。再次,充分调动职工的两层次积极性。不仅要运用物质利益原则调动浅层次积极性,而且要加强政治思想教育调动深层次积极性,使职工的两层次积极性都能发挥出来。最后,要增加企业教育投入和完善成教投资体制,使职工教育与企业发展相适应,为全面提高职工素质创造有利条件。经过深化改革,不断增强国有企业的生机和活力,使其真正成为国民经济的坚实基础和可靠支柱。

第八,对外开放不会导致资本主义。邓小平指出:"我们坚定不移地实行对外开放政策,在平等互利的基础上积极扩大对外交流。同时,我们保持清醒的头

---

① 《邓小平文选》第三卷,人民出版社 1993 年版,第 192 页。

脑,坚决抵制外来腐朽思想的侵蚀,决不允许资产阶级生活方式在我国泛滥。"① 在社会主义条件下,实行对外开放不会导致资本主义,这是由公有制为主体的经济制度和共产党领导的政治制度共同决定的。我们一方面要巩固和完善社会主义制度,另一方面要坚持和扩大对外开放,这就要求我们辩证地认识和处理一系列复杂关系,其中包括独立自主与对外开放、大胆引进与稳步发展、承认落后与赶超先进,学习文明成果与抵制腐朽意识、坚持"四项基本原则"与贯彻"一国两制"方针等,从而坚定不移地把改革开放推向深入。

第九,加强精神文明建设。邓小平指出:"我们要在建设高度物质文明的同时,提高全民族的科学文化水平,发展高尚的丰富多彩的文化生活,建设高度的社会主义精神文明。"②如何使物质文明与精神文明协调发展?首先,要正确认识物质利益与精神境界的关系。我们要反对只讲物质利益、不讲精神境界,以及片面强调精神境界、忽视物质利益这两种错误倾向,使坚持社会主义物质利益原则与提倡共产主义奉献精神有机结合。其次,要正确认识物质文明与精神文明之间的内在联系。加快社会主义现代化建设,单靠物质文明是不够的,那种试图用暂时牺牲精神文明,以求经济高速发展的做法更不可取。因为物质文明与精神文明是相互制约、相辅相成的,只有两手抓、两手硬,才能相互促进、相得益彰。再次,要正确认识市场经济与反腐倡廉之间的相互关系。市场经济的本质要求反腐倡廉,而市场经济的运动形式会滋生腐败。因此,我们既要加快发展市场经济,为反腐倡廉提供坚实的物质基础,又要批判形形色色的拜物教观念,以克服市场经济运动形式的负面影响。最后,精神文明建设要制度化。通过完善相关的机制、体制和法制,不断加强精神文明的制度建设,使其能够持久地为经济发展和社会进步服务。

第十,现代化建设与科教兴国。邓小平指出:"我们要实现现代化,关键是科学技术要能上去。发展科学技术,不抓教育不行。"③这里提出了科教兴国的战略思想。首先,我们要深刻认识教育与经济的内在联系。经济发展要靠科技,科技进步要靠人才,人才培养要靠教育,因此教育是经济发展的智力源泉。其次,

---

① 《邓小平文选》第三卷,人民出版社1993年版,第3页。
② 《邓小平文选》第二卷,人民出版社1994年版,第208页。
③ 《邓小平文选》第二卷,人民出版社1994年版,第40页。

要深刻认识科技发展与现代化建设的内在联系。我们不仅要从理论上正确认识科学技术是第一生产力,而且要在实践中解决科学技术研究与现实经济发展两张皮的问题,使科学技术与现代化建设紧密结合起来,加快知识经济和高新技术的发展,以赶超世界先进水平。再次,深刻理解尊重知识、尊重人才的极端重要性。不论是教育、科技和经济发展,都离不开知识和人才,只有坚持广泛传播科学文化知识,大力培养德才兼备的高精尖人才,才能使教育、科技与经济有机结合和持续发展。最后,要加快社区文化建设。社区是培养人才、传播知识和提高全民族思想文化素质的前沿阵地,要把发挥社区功能与文化建设有机结合起来,为落实科教兴国战略创造良好的社会环境。

三、习近平中国特色社会主义经济思想的重要体现

习近平新时代中国特色社会主义经济思想,实现了马克思主义经济学又一次革命性飞跃,是对中国特色社会主义经济理论创新发展的又一次伟大创举。习近平新时代中国特色社会主义经济思想的内容极其丰富,内涵极其深刻,需要我们不断深入学习才能逐步理解和掌握。这里主要阐述了习近平经济思想在社会主义市场经济、促进现代化建设和经济高质量发展、乡村振兴和城乡融合发展,以及引领国际经济合作四方面的集中体现,以促进我们对习近平经济思想全面、深入的学习和运用。

(一) 创新和发展社会主义市场经济理论

社会主义市场经济理论是指导中国经济体制改革的理论基础。习近平总书记总结了经济体制改革的经验,提出了经济体制改革的核心问题是如何正确处理政府与市场的关系问题。党的十八届三中全会《中共中央关于全面深化改革若干重大问题的决定》明确指出:经济体制改革的"核心问题是处理好政府与市场的关系,使市场在资源配置中起决定性作用和更好发挥政府作用"[①]。这是改

---

① 《中共中央关于全面深化改革若干重大问题的决定》,人民出版社2013年版,第3页。

革理论在新时代的重要发展和创新。

这一论断揭示了市场经济的一般规律和本质要求。市场经济是资源配置的经济形式,市场决定资源配置是市场经济的一般规律。这个论断立足于三个基点:一是市场经济规律,包括价值规律、供求规律和竞争规律,是支配资源配置的决定性因素;二是市场机制,主要是价格机制、供求机制和竞争机制是调节资源配置的决定性手段;三是追求经济利益是驱动资源配置的决定性动力。充分发挥市场在资源配置中的决定性作用,有利于激发市场主体的创新活力,推动生产效率和经济效益提高。

确认市场在资源配置中的决定性作用,并非否定和削弱政府的宏观调控作用,而是要更好地发挥政府的积极作用。市场经济并不是万能的,市场调节存在着自发性、滞后性、盲目性和分化性的缺陷,因而会影响资源配置效率和社会公平。所以政府的宏观调控主要定位于"弥补市场的缺陷",是政府对市场调节失灵的干预。但是政府对市场的干预必须建立在尊重市场经济规律的基础上,这就要求加快政府机构改革,简政放权,以统筹兼顾、间接引导等方式为主,切实提高宏观调控的效能。

正确处理政府与市场的关系一定要有辩证思维,政府调控的长处在于立足长远,统筹兼顾,计划指导和维护公平,发挥政府之长可以弥补市场之短;市场经济的长处在于自动调节,激发活力,配置资源效率高,可以弥补政府干预过多之短。这样互相补充,良性互动,既充分发挥市场在资源配置中的决定性作用,又能更好地发挥政府优势的积极作用。把市场经济的高效率和社会主义制度的优越性结合起来,真正发挥社会主义市场经济的积极作用。

习近平总书记在党的十九大报告中指出:"经济体制改革必须以完善产权制度和要素市场化配置为重点,实现产权有效激励、要素自由流动、价格反应灵活、竞争公平有序、企业优胜劣汰。"① 这就要深化国有企业改革,建立现代企业制度,推进混合所有制发展和完善,实现国有企业的高效率,在微观经济领域实现社会主义与市场经济的深度融合。同时,正确处理政府与市场关系,在充分发挥市场在资源配置中决定性作用的同时,又能更好地发挥政府的积极作用,在宏观

---

① 习近平:《决胜全面建成小康社会 夺取新时代中国特色社会主义伟大胜利——在中国共产党第十九次全国代表大会上的报告》,人民出版社2017年版,第33页。

经济领域使社会主义与市场经济也能实现深度融合。

(二) 促进现代化建设和经济高质量发展

早在前几年习近平总书记就审时度势,提出了中国经济进入新常态的重要判断。在党的十九大报告中进一步指出:"我国的经济已由高速增长阶段转向高质量发展阶段,正处在转变发展方式、优化经济结构、转换增长动力的攻坚期,建设现代化经济体系是跨越关口的迫切要求和我国发展的战略目标。"①在这里,提出了高质量发展和建设现代化经济体系两个互相关联的重大问题。

经济发展进入高质量发展阶段,是习近平总书记根据国际国内环境的变化和内外部条件的变化,对我国经济发展阶段做出的重大判断。由于这些变化,使得我国原有主要依靠要素投入、外需拉动、规模扩张的增长模式越来越受到制约,难以为继,迫切需要转变发展方式、优化经济结构、转换增长动力,使我国经济呈现出一系列进入高质量发展阶段的新特征。

所谓高质量发展,就是要坚持质量第一、效率优先,提高全要素生产率,不断增强创新力和竞争力。高质量发展就是以五大发展新理念为指导的全面发展,包括以创新为动力的发展;以经济结构协调为目标的平衡发展;以人和自然和谐为前提的绿色发展;以扩大开放促进国内经济加快发展;以共建共享实现社会和谐的公平发展。积极推进高质量发展,是全面建成社会主义现代化强国的必然选择;同时,也是解决新时代主要矛盾的根本手段。只有经济高质量发展,才能保证生活高品质消费,充分满足人民日益增长的美好生活需要。

要实现经济高质量发展,必须建设现代化经济体系。现代化经济体系的内涵十分丰富,要全面准确地理解。习近平总书记在党的十九大报告中提出这个命题以后,又在 2018 年 1 月 31 日中共中央政治局第三次集体学习时做了详情解析。他强调:"现代化经济体系,是由社会经济活动各个环节、各个层面、各个

---

① 习近平:《决胜全面建成小康社会 夺取新时代中国特色社会主义伟大胜利——在中国共产党第十九次全国代表大会上的报告》,人民出版社 2017 年版,第 30 页。

领域的相互关系和内在联系构成的一个有机整体。"①主要涵盖生产、流通、分配、消费各环节和领域。

建设现代化经济体系,是党中央的重大决策部署。其目标一是建设创新引领、协调发展的产业体系,二是建设统一开放、竞争有序的市场体系,三是建设体现效率、促进公平的收入分配体系,四是建设彰显优势、协调联动的城乡区域发展体系,五是建设资源调节、环境友好的绿色发展体系,六是建设多元平衡、安全高效的全面开放体系,七是建设充分发挥市场作用、更好发挥政府作用的市场经济体系。以上七个方面要形成统一整体和实现协调推进。

为了实现高质量发展,建设现代化经济体系,必须深化供给侧结构性改革。党的十九大报告指出:"建设现代化经济体系,必须把发展经济的着力点放在实体经济上,把提高供给体系质量作为主攻方向,显著增强我国经济质量优势。"②这是根据我国经济在供给侧所面临的深层问题提出来的。

经过前30多年经济高速增长以后,经济规模迅速扩张,供给侧出现部分产能严重过剩,结构性供求失衡的矛盾日益突出。从制造业看,一方面,200多种工业产品的产量高居世界第一,出现大量产品的产能过剩;另一方面,包括高端装备,集成电路芯片等高端零部件、高端材料、高端消费品在内的高端制成品,由于国内生产水平的局限,不得不依靠进口。面临这个矛盾,以习近平同志为核心的党中央做出了供给侧结构性改革的重大决策,以去产能、去库存、去杠杆、降成本、补短板为重点,开展了大量工作,取得积极成效,但问题没有完全解决。在党的十九大报告中,习近平总书记把供给侧结构性改革提高到推进经济高质量发展,建设现代化经济体系的高度,为此做出了一系列重大决策。深化供给侧结构性改革,要以实体经济特别是制造业为重点,以提高供给体系质量为主攻方向,压缩过剩产能的无效供给,扩大优质产能的供给量,实现更高水平和更高质量的供需动态平衡。

推进经济高质量发展、建设现代化经济体系、深化供给侧结构性改革,这三者互相联系、紧密结合,构成了新时代经济建设中的新发展理论,成为习近平新

---

① 习近平在中共中央政治局第三次集体学习时的讲话,《经济日报》2018年2月1日第1版。
② 习近平:《决胜全面建成小康社会 夺取新时代中国特色社会主义伟大胜利——在中国共产党第十九次全国代表大会上的报告》,人民出版社2017年版,第30页。

时代中国特色社会主义经济思想的重要组成部分。

(三) 实施乡村振兴战略和推进城乡融合发展

实施乡村振兴战略,是党的十九大做出的重大战略部署,是事关全局的大事,意义十分重大。习近平总书记指出:"农业农村农民问题是关系国计民生的根本性问题,必须始终把解决好'三农'问题作为全党工作重中之重。要坚持农业农村优先发展,按照产业兴旺、生态宜居、乡风文明、治理有效、生活富裕的总要求,建立健全城乡融合发展体制机制和政策体系,加快推进农业农村现代化。"①这一段话,深刻指明了乡村振兴的重大意义和总体要求。

改革开放 40 余年来,特别是党的十八大以来,党中央坚持把解决"三农"问题作为全党工作的重中之重,采取了一系列强农、惠农、富农政策,取得了历史性的重大成就。但是由于历史原因,产业结构中农业仍然是"短腿";城乡关系中,农村仍然是"短板";收入分配中农民收入仍然较低,新时代发展不平衡不充分问题主要在农村。实施乡村振兴战略,是解决好日益增长的美好生活需要同发展不平衡不充分这一主要矛盾的必然要求。我国的贫困人口主要在农村,脱贫攻坚战的难点也在农村,所以乡村振兴是全面实现小康的关键。同时,我国农业现代化的水平较低,只有加快农业现代化,才有整个国家的全面现代化。乡村振兴的本质,是工业反哺农业、城市支援乡村,积极推进农业农村现代化,增加农民收入,真正使农业强起来、农村美起来、农民富起来,实现城乡融合发展。

因此,党的十九大规定的乡村振兴的总体要求是:"产业兴旺、生态宜居、乡风文明、治理有效、生活富裕。"②这五个方面是一个有机的整体,应注重协调性、关联性、整体性,实现全面的推进。产业兴旺是经济基础,不仅要农业兴旺,而且要使农村一、二、三次产业融合共同兴旺,这是乡村振兴的主要标志。生态宜居是关键,是对农村生态环境的要求,是美丽乡村、美丽中国的主旋律。乡风的文

---

① 习近平:《决胜全面建成小康社会 夺取新时代中国特色社会主义伟大胜利——在中国共产党第十九次全国代表大会上的报告》,人民出版社 2017 年版,第 32 页。
② 习近平:《决胜全面建成小康社会 夺取新时代中国特色社会主义伟大胜利——在中国共产党第十九次全国代表大会上的报告》,人民出版社 2017 年版,第 32 页。

明建设是保障,要贯彻物质文明和精神文明一起抓的方针,践行社会主义核心价值观,加强思想道德建设。治理有效是固本之策,其实质是加强乡村的基层建设,完善法治的体制机制,保障乡村社会既充满活力又和谐有序。生活富裕是根本,乡村振兴的最终目标是增加农民收入、拓宽增收渠道,使农民富起来,实现共同富裕。五位一体的总要求,体现了乡村振兴的基本目标。

新时代乡村振兴的重要特点是既管全面振兴,又管长远振兴。乡村振兴以农村经济发展为基础,包括农村文化、治理、民生、生态等在内的乡村发展水平的整体性提升,是乡村全面的振兴。同时,乡村振兴又要有长期发展规划。从长远上看,乡村振兴是党和国家的大战略,是长期的历史性任务,按照"远粗近细"的原则,可分为三个阶段来实现:一是从 2018 年到 2020 年,乡村振兴取得重要进展,制度框架和政策体系基本形成;二是从 2020 年到 2035 年,乡村振兴得到决定性进展,农业农村现代化基本实现;三是从 2035 年到 2050 年,乡村全面振兴,使农业强、农村美、农民富全面实现,这是多么美好的前景!

(四) 实现全面开放和构建人类命运共同体

习近平总书记指出:"开放带来进步,封闭必然落后。"[①]改革开放 40 年来,我国已形成"引进来"和"走出去"双向开放、陆海空对外联动、东西双向互济的开放格局,充分利用两个市场、两种资源,大大促进了我国经济的发展。在新时代将实现更大力度的对外开放,站在更高的起点上推动全面开放。近年来,习近平总书记高瞻远瞩,直面世界大局,把开放的思想扩展到全世界范围,倡导"一带一路"建设,积极参与世界经济治理。在实现全面开放的同时,提出构建人类命运共同体的重要思想,推动建设开放型世界经济。

第一,构建人类命运共同体的重要思想,是习近平新时代中国特色社会主义思想的重要组成部分,已经形成了科学完整、内涵丰富、意义深远的思想体系,产生日益广泛深远的国际影响。

第二,构建人类命运共同体有着深远的底蕴,体现了中华民族文化中"天下

---

① 习近平:《决胜全面建成小康社会 夺取新时代中国特色社会主义伟大胜利——在中国共产党第十九次全国代表大会上的报告》,人民出版社 2017 年版,第 34 页。

一家""世界大同"思想,与当今时代发展趋势的高度统一和有机融合,反映了习近平为代表的中国共产党人的价值追求和使命担当,是中国特色社会主义对外经济关系的一面旗帜。

第三,构建人类命运共同体具有丰富的内涵,正如党的十九大报告所指出的:"建设持久和平、普遍安全、共同繁荣、开放包容、清洁美丽的世界。"①要从政治、经济、文化、社会、生态五个方面,推动构建人类命运共同体。从经济上说,就是要同舟共济,促进贸易和投资自由化、便利化,推动经济全球化朝着更加开放、包容、普惠、平衡、共赢的方向发展。

第四,构建人类命运共同体的理念,体现了人类发展的共性规律,是把握世界进步大势,顺应时代发展潮流的科学理念。当今世界各国相互联系、相互依存的程度空前加深。正如习近平总书记所说,人类生活在同一个地球村里,生活在历史和现实交汇的同一个时空里,越来越成为你中有我、我中有你的命运共同体。提出构建人类命运共同体,既是对这一大趋势的深刻把握,也是对国际社会全球治理中面临的种种难题和挑战提出中国方案,是对"建设一个什么样的世界,如何建设这个世界"的重大课题的积极响应。

第五,构建人类命运共同体是一项宏大的系统工程,是长期的伟业,对其复杂性、艰巨性、长期性、曲折性要有充分的认识,需要各国人民共同努力,共担风险,共享成果。

因此,要把这一理念变成现实,必须积极参与世界经济治理,贡献中国方案。今天的中国已经日益走近世界舞台中心,要奋发有为,积极履行国际责任,践行共商、共建、共享的原则,成为全球治理变革的积极参与者、推动者和引领者,为世界和平与发展做出新的更大贡献。

四、马克思主义经济学与西方经济学的相互关系

构建和谐社会要以科学社会主义理论为指南,加快现代化建设更要以完善

---

① 习近平:《决胜全面建成小康社会 夺取新时代中国特色社会主义伟大胜利——在中国共产党第十九次全国代表大会上的报告》,人民出版社 2017 年版,第 58—59 页。

的社会主义经济理论为指导。在世界经济全球化和我国经济市场化的大背景下，如何坚持马克思主义经济学的主导地位，汲取和借鉴西方经济学中的合理成分，反对"左"和右的两种教条主义，是需要我们认真解决的现实问题。因此，深入研究和深刻揭示马克思主义经济学与西方经济学的两重性和相容性，加快发展和完善中国特色社会主义政治经济学，具有重要的理论和实践意义。

(一) 坚持马克思主义经济学的主导地位不动摇

有些人认为，马克思主义经济学是研究资本主义发展规律的产物，对社会主义革命有用，对社会主义建设就不适用了。有些人认为，马克思主义经济学就像西方经济学中的流派，应该作为"一家之言"，不占据主导地位。甚至有人认为，马克思主义经济学从来就没有对过，试图"一棍子打死"。面对马克思主义经济学被轻视、忽视和敌视的现状，须用科学态度旗帜鲜明地回答：在中国特色社会主义经济发展中，马克思主义经济学不仅没有过时，而且仍然处于主导地位和具有指导作用。

为什么要坚持马克思主义经济学的主导地位？最根本的原因：马克思主义经济学是普遍真理，是客观经济规律的理论表现。正如邓小平指出："老祖宗不能丢啊！"[①]马克思主义经济学是无产阶级全部理论的来源，是党性和科学性高度统一的结晶。如果丢掉了马克思主义经济学的基本原理，社会主义经济理论将变成无源之水、无本之木，社会主义经济建设就会走到邪路上去。

现实表明，反对以马克思主义经济学为主导的实质，是要从根本上改变党的指导思想，改变工人阶级领导的人民政权，改变社会主义的历史使命和前进方向。意识形态对经济基础有强大的反作用，意识形态变了，社会制度迟早也会变。因此，我们不仅不能动摇马克思主义经济学的主导地位，而且要通过学习和宣传，使马克思主义经济学对经济建设的指导作用更充分地发挥出来。

维护马克思主义经济学的主导地位要从坚持和发展两个方面入手。对于马克思主义经济学首先是要坚持。有些人认为马克思主义经济学中的科学方法可用，而它的基本原理过时了。事实上，马克思主义经济学中关于生产力与生产关

---

① 《邓小平文选》第三卷，人民出版社1993年版，第369页。

系、经济基础与上层建筑的基本原理是不会过时的,它将贯穿于人类社会发展的全过程。否定这一基本原理,也就否定了人类社会的最一般规律,我们将陷入迷途,失去前进方向。马克思主义经济学中关于价值规律、价值增殖规律是生产力发展的动力和形式的原理,正是我们发展社会主义市场经济和加快现代化建设的重要理论依据。从马克思的《资本论》与邓小平经济理论的关系来看,虽然它们所处的时代、担负的使命和表现的形式有很大差异,但是在阶级性、科学性和方法论上是一脉相承的,有着源和流的密切联系。从马克思的《资本论》与江泽民的"三个代表"重要思想来看,它们在本质上相通、在内容上互补。江泽民同志提出的代表先进生产力、先进文化和广大人民的根本利益,正是对《资本论》阐明的生产力、生产关系和上层建筑这三方面原理的深化和运用。胡锦涛同志提出的科学发展观和循环经济、节约经济等都能从《资本论》中找到根据,也是对马克思主义经济学原理的继承和发展。习近平新时代中国特色社会主义经济思想,不仅是对《资本论》中的辩证唯物主义和历史唯物主义的坚持和运用,更是对马克思主义经济学的发展和创新。可见,不论是邓小平的经济理论、江泽民"三个代表"的重要思想、胡锦涛的科学发展观,还是习近平经济思想,都是马克思主义经济学中国化、时代化和全球化的产物和表现。

对于马克思主义经济学不仅要坚持,而且要发展。马克思在《资本论》中揭示了市场经济的一般规律,我们搞社会主义市场经济,必须在坚持价值规律和价值增殖规律的基础上,把马克思主义经济学发展到新阶段。马克思的劳动价值论是建立在19世纪中叶、自由资本主义走向成熟的时期,当时生产劳动的形式比较单一,因此他的重点放在体力劳动为主的价值论上。进入21世纪,在社会主义开始走向成熟的新时期,随着高新技术产业的迅猛发展,生产劳动的形式和范围都发生了显著变化。许多行业脑力劳动成为主要形式,科技劳动、管理劳动和服务劳动的比重有了大幅度的提高,这就要求我们不断丰富、发展和创新马克思的劳动价值论。因此,把马克思主义经济学看成静止的、永恒不变的,本身就违背了马克思主义,因而是荒谬的。我国社会主义已进入现代化建设的新时代,马克思主义经济学更要与时俱进,不断创新发展。

可见,对于马克思主义经济学,一要坚持,二要发展。离开坚持的发展会偏离正确方向,走到邪路上去;离开发展的坚持会陷入教条,导致不进则退。只有把坚持与发展有机结合起来,才能形成生机勃勃、日益完善的社会主义政治经济学,才能更好地发挥经济理论对现代化建设的指导作用。

(二) 在经济学领域要反对两种教条主义

政治经济学作为马克思主义理论的重要来源和组成部分,有其不可替代的历史地位和现实作用。但是,对政治经济学的学习和宣传在中国多次偏离正确轨道,经历了巨大的跌宕起伏。在极"左"思潮影响下,政治经济学一度成为"圣经",蒋学模的政治经济学教材出了十几版,发行两千多万册,可谓登峰造极。当然,其中部分教条主义内容,经不起实践检验,最终被抛弃了。但是,人们在倒洗澡水时,忘记把澡盆里的孩子抱出来,在反对教条主义的时候,把政治经济学中的合理部分也否定了。与此同时,从一个极端走到另一个极端。在右倾思潮影响下,又把西方经济学捧为"圣经",一直发展到许多高校经济类专业的本科生,作为基础理论课不开政治经济学,只上西方经济学,甚至经济类专业研究生入学考试,只考西方经济学,不考政治经济学。"考研"指挥棒使经济类专业的本科生无心学习政治经济学,许多学生只知道西方经济学,连政治经济学的常识也不知晓。人们克服了对政治经济学的教条,又导致了对西方经济学的教条。

面临左右摇摆的现状,使我们联想起马克思对待"风派"的态度。当德国人把黑格尔作为思想领袖,崇拜得五体投地时,马克思指出:"我的辩证方法,从根本上来说,不仅与黑格尔的辩证方法不同,而且和它截然相反。"[①]30 年后,当德国人普遍把黑格尔当作一条"死狗"时,马克思却公开承认,"我是这位大思想家的学生"[②],我的辩证法就是从他那里来的。可见,面对错误思潮,马克思没有随波逐流,而是采取了反潮流的做法,坚持真理,反对谬误。看起来,过去把政治经济学捧得过高,是犯了理论至上和脱离实际的教条主义错误,而后来把西方经济学捧得过高,实质是重犯了同样的错误。两种教条主义,内容不同,形式相同,都是理论脱离实际。因此,马克思对待"风派"的态度和方法正是我们需要学习和借鉴的。如果让这些错误的思潮肆意泛滥,又不知要有多少人陷入歧途,重蹈覆辙。

在克服两种教条主义过程中,经济学教师起着重要作用。打铁先要自身硬,

---

① 马克思:《资本论》第一卷,人民出版社 2018 年版,第 22 页。
② 马克思:《资本论》第一卷,人民出版社 2018 年版,第 22 页。

自己不懂就不能教会学生，自身失误会导致学生更大错误。在反对两种教条主义时，要同时克服两种倾向：一是盲目"反对"，如不懂马克思主义经济学的人反对马克思主义经济学，不懂西方经济学的人反对西方经济学，因而常常不堪一击，不攻自破；二是盲目"拥护"，如不懂马克思主义经济学的人拥护马克思主义经济学，不懂西方经济学的人拥护西方经济学，因而常常没有主见，东倒西歪。因此，不论是拥护还是反对，都必须首先了解对象，盲目拥护甚至比盲目反对更糟。历史上，李嘉图学派的解体主要不是因为他的反对派，而是因为他的拥护者。由于李嘉图的拥护者不能正确解释其理论，反而加速了李嘉图学派的解体，这样的教训是深刻的。因此，要从根本上克服两种教条主义，必须加深对马克思主义经济学和西方经济学的研究，在深刻理解二者本质区别的同时，准确把握它们之间的必然联系，克服简单"拥护"或简单"反对"的盲目性。

（三）马克思主义经济学与西方经济学的两重性和相容性

有些人认为，搞市场经济不能依靠马克思主义经济学，只能依靠西方经济学，这样的观点是错误的；相反，另一些人认为，坚持马克思主义经济学，必须全盘否定西方经济学，这样的观点也是错误的。因此，我们不仅要看到马克思主义经济学与西方经济学，在阶级性、科学性和方法论等方面的本质区别，而且要看到它们之间的必然联系，即存在继承性、共同性、互补性和借鉴性，因而需要正确认识它们的两重性和相容性，处理好二者之间的相互关系。

所谓继承性，就是要正确认识理论经济学的发展过程。马克思主义经济学不是无源之水和无本之木，它是在批判地继承资产阶级古典经济学的基础上产生和发展的。后来的西方经济学也从马克思的《资本论》中得到启发和吸收养分。现代马克思主义经济学更多地从马歇尔、凯恩斯、萨缪尔森等西方经济学家那里汲取精华和丰富自己。因此，它们的继承性是明显的，我们不能人为割断马克思主义经济学与西方经济学的历史联系。

所谓共同性，是指它们在研究对象上的一致性。过去，由于"左"倾思潮的影响，把政治经济学的研究对象限制在生产关系的范围内是错误的。马克思主义经济学的研究对象是生产方式，即生产力与生产关系的统一。西方经济学因其阶级局限性，偏重于研究生产力，以配置资源为中心任务。由于市场经济是发展生产力的动力和配置资源的途径,因此关于生产力和市场经济的理论,成为马克思主义经济学与西方经济学具有共同性的主要内容和集中体现。

所谓互补性,是指两种理论各有所长,各有所短,因此可以取长补短。相对而言,马克思主义经济学更注重历史的、本质的、规范的和质上的分析,西方经济学更注重现状的、现象的、实证的和量上的分析。要全面认识和把握客观事物,必须把它们的历史和现状、本质和现象、规范和实证、质和量的分析综合起来。因此,马克思主义经济学与西方经济学,在全面认识社会化大生产和市场经济规律方面具有很强的互补性。

所谓借鉴性,是指二者总结的历史经验不同,可以相互学习和借鉴。资本主义国家发展市场经济的历史更长,而社会主义国家实行计划管理的能力更强。资本主义国家发展市场经济中的许多有益经验,值得我们学习;而社会主义国家加强宏观调控和计划指导等经验,也使资本主义国家得到启发。因此,计划指导和市场调节是社会主义经济与资本主义经济的共同需要,特别是在经济全球化的今天,两种制度之间的相互学习和合理借鉴就显得更为重要。

因此,我们要充分认识和正确理解马克思主义经济学与西方经济学的两重性和相容性,在坚持马克思主义经济学主导地位的同时,批判地吸收西方经济学的合理成分。只有把两种理论中有利于生产力和市场经济的积极因素综合起来,并用以指导实践,才能使社会主义经济更好地健康发展。

五、中国理论经济学值得关注的几个问题

中国特色社会主义经济的持续、健康发展,要求对理论经济学进行相应的改革和完善,使之在现代化建设中更好地发挥指导作用。在此,以发展和完善中国的理论经济学为主线,对人们关注的五个理论问题进行探讨和论述,以促进中国特色社会主义经济研究的深化和升华。

(一) 关于坚持和创新经济范畴的问题

有些人认为:"马克思主义的政治经济学在马克思之后几乎没有产生一个新

的范畴……经济学家对经济现象的表面观察远未提升到理论思维的高度。"[1]实质上认为,在马克思之后,马克思主义经济学没有取得根本性的进展。这里有三个问题值得探讨。

一是究竟有没有出现过新的经济范畴？关于社会主义初级阶段、社会主义市场经济、公有制为主与多种经济并存的基本经济制度、按劳分配与按生产要素分配相结合的基本分配制度等的提法,是否是马克思主义经济学范畴的发展和创新？如果是的话,那么"没有产生一个新的范畴"的论断就不能成立；如果不是的话,那么怎样才算经济范畴的创新呢？

二是能否随意更新经济学的基本范畴？马克思主义经济学的科学范畴可以发展和创新,但是不能随意推翻和取消。其根本原因在于,马克思主义的经济理论是在研究社会化大生产和市场经济的过程中产生的,而这两个基本的研究对象和社会存在,直到今天不仅没有消失而且仍在发展,因此关于这两方面的经济范畴就不能随意取消。盲目地推翻或替换这些基本的经济范畴,如生产力、生产关系、生产方式、商品、货币、资本、劳动价值、必要价值、剩余价值等,势必造成思想上的混乱和理论上的倒退。以西方经济学中的效用价值为例,在马克思阐明了劳动价值的科学含义以后,西方经济学家运用边际方法提出效用价值,不能不说是一种理论范畴的"创新",但是仍然难以否定和替代劳动价值。商品的效用确实存在,但是不同商品的效用在质上有区别,因而在量上无法准确计量和相互比较。而生产商品的劳动,不仅在质上可以归结为相同的一般人类劳动,而且在量上可以用劳动时间来计量和比较。可见,劳动价值比效用价值具有明显的科学性和优越性。虽然许多资产阶级经济学家不顾这方面的缺陷,在效用价值论的基础上建立起庞大的西方经济学的理论体系,但是由于效用价值缺乏科学依据,难以准确计量,造成整个西方经济学的体系总是摇摇晃晃,缺乏坚实的理论基础。可见,范畴创新最根本的是科学,要有客观依据,能使继承性和创新性有机结合。那种没有科学方法、没有客观依据、没有理论渊源的范畴创新,常常不是进步,而是在创新形式下的倒退,其结果比没有创新更糟。

三是如何科学更新经济学的基本范畴？马克思对于资本主义经济提出的特

---

[1] 蔡继明:《转型期的中国理论经济学》,载程恩富、顾海良主编《海派经济学》第2辑,上海财经大学出版社2003年版,第161—162页。

殊范畴,经过改造和创新可以成为社会主义经济与资本主义经济的共性范畴,如资本、工资、剩余价值、利息、利润和地租等。虽然,社会主义经济与资本主义经济在所有制关系上有质的区别,但是它们都是社会化大生产和市场经济,价值规律和价值增殖规律是它们的共性规律,因此可以形成相应的共性范畴。运用这些共性范畴来分析社会主义经济及其运行规律,便可确立具有社会主义特点的新范畴。例如,我们可以从私有资本和私有剩余价值中抽象出资本一般和剩余价值一般,然后把它们运用到社会主义经济中去,创造出公有资本和公有剩余价值的新范畴,或把公有剩余价值改称为公共必要价值。可见,这样的范畴创新是科学的、合理的,因而是我们必须努力做好的理论创新工作。

(二) 关于生产力标准与公有制为主体的矛盾问题

现象与本质总有矛盾,这就使科学成为必要。同样,仅从现象出发,生产力标准与公有制为主体也有矛盾,因为可以举出大量的实例来说明二者的不一致性。如有些人认为,东南沿海和温州等地的私有化程度较高,但经济增长较快;相反,西部和东北的公有化程度较高,经济增长却较慢。正如根据近大远小的常识,不能解释为什么早晨太阳离我们远,但看上去比中午更大的矛盾一样。这些矛盾仅仅是由现象上的差异产生,一旦揭示出它们的本质联系或其中的规律性,这种表面上的矛盾就会立刻消失。

有些人想从马克思的原著中找出相互矛盾的论断,来证明马克思自身思想的不统一。例如,马克思曾在《共产党宣言》等著作中,表达了资本主义必然灭亡,社会主义必然胜利的思想,他们认为这里的两个"必然",代表无产阶级的利益,因而称其为"价值马克思"。而马克思在《政治经济学批判》序言中指出:"无论哪一个社会形态,在它所能容纳的全部生产力发挥出来以前,是决不会灭亡的;而新的更高的生产关系,在它的物质存在条件在旧社会的胎胞里成熟以前,是决不会出现的。"[①]他们认为这里的两个"决不会"代表历史唯物主义,因而称其为"科学马克思"。在此基础上,他们指出"价值马克思"与"科学马克思"是矛盾的、不相容的,因此要用"科学马克思"取代"价值马克思"。其实,这种矛盾是

---

① 《马克思恩格斯选集》第二卷,人民出版社2012年版,第3页。

现象的和人为的。因为前者是指历史发展的必然结果,后者是指历史发展的必要条件。只有具备了必要条件才能实现必然结果,这是一个辩证发展的历史过程。因此,"科学马克思"与"价值马克思"不仅不矛盾,而且具有内在的统一性。

由此可以引申出,所谓生产力标准与公有制为主体的矛盾也是表面的和非本质的。从根本上讲,用公有制取代私有制是生产关系一定要适合生产力规律发生作用的结果,本身是生产力标准的体现。但是,用公有制取代私有制是一个漫长而又复杂的历史过程,特别是在社会主义初级阶段,要经历一个多种所有制并存的历史时期。在这个历史时期,公有经济与私有经济各自的比重,取决于生产力的状况和社会发展的需要,这里也要坚持生产力标准。其实,在人民掌握政权的前提下,允许私有经济在局部地区或某些部门成为主体,并不会改变中国的社会主义性质和公有制的主体地位。更何况在社会主义制度下的私有经济与在资本主义制度下的私有经济已有了某些质的变化,已由从属于资本主义转变为从属于社会主义。因此,允许私有经济在较大范围内存在和发展,不仅不会改变社会主义制度的性质,而且有利于弥补公有经济的缺陷,加快社会生产力发展。但是,这一现象不能成为全面恢复私有制的理由。实践表明,过早建立单一公有制和全面恢复私有制,都是违背生产力规律的行为,都会造成经济的衰退和对生产力的破坏。因此,公有制最终取代私有制的必然性,与现阶段强调公有制的主体性,以及多种所有制的并存性是不矛盾的,它们统一于社会主义取代资本主义的全过程,都是坚持生产力标准的结果和表现,因而不能用生产力标准来反对和否定公有制为主体的原则。

(三) 关于价值创造与价值分配的关系问题

有些人认为,按劳分配与按生产要素分配的结合,不能解决价值创造与价值分配之间的矛盾,如果把价值创造与价值分配分开,"必然使收入分配失去价值尺度"[1]。这是不理解价值创造与价值分配具有内在联系的表现。其实,价值创造与价值分配是在社会化大生产的市场经济中,价值生产规律与价值分配规律

---

[1] 蔡继明:《转型期的中国理论经济学》,载程恩富、顾海良主编《海派经济学》第 2 辑,上海财经大学出版社 2003 年版,第 164 页。

发生作用的表现,它们是紧密联系和相互制约的。

首先,价值创造与价值分配是价值规律和价值增殖规律不可或缺的两个方面。价值创造是基础、是前提,没有价值创造,也就不会有价值分配。反过来,价值分配反作用于价值创造,它不仅会影响形成价值的劳动,而且会影响劳动的物质条件——其他生产要素。因此,要深刻认识价值创造与价值分配之间的本质联系和相互作用,不能人为地把它们分割开来和对立起来。

其次,价值创造与价值分配的含义以及所要解决的问题是不同的。价值创造是解决价值的来源问题。根据马克思主义经济学原理,价值只有一个来源,就是一般人类劳动即人的活劳动,其他生产要素是创造价值的物质条件,但不是价值的直接来源。价值分配解决生产要素所有权的实现问题。也就是说,虽然价值是活劳动创造的,但不等于价值必须全部按劳分配。因为商品的使用价值是价值的物质承担者,而商品的使用价值不是活劳动单独创造的,它是由包括活劳动在内的所有生产要素共同创造的。因此,其他生产要素的所有者也要从商品价值中取得一定的报酬,否则他们将不愿意投入生产要素,这是要素所有者维护其权益的表现。简单来讲,多种生产要素共同生产商品的使用价值,而使用价值又是价值的物质承担者,因此当商品价值实现以后,除了支付劳动报酬之外,还必须给其他生产要素的所有者支付报酬,以实现他们的所有权。

最后,按生产要素分配即按要素所有权取得报酬,也必须符合价值规律和价值增殖规律。例如,利润是资本这一要素的收入,它是活劳动新创造价值中扣除了劳动力价值或必要劳动创造的价值以后的剩余部分。而产业利润、商业利润和银行利润,则要根据平均利润率在不同部门进行分配,这是价值规律通过市场竞争转化为生产价格规律的结果。地租是土地这一要素的收入,它来源于剩余价值中大于平均利润的部分。作为绝对地租,是由于农业有机构成较低,且受到现有土地数量限制,不能参与利润的平均化,因此农业劳动创造的剩余价值高于平均利润的部分,成为绝对地租的来源。作为级差地租,来源于中等或优等土地的较高生产力所提供的超额剩余价值。

可见,所有生产要素的收入,都是价值规律和价值增殖规律作用的结果,体现了价值创造与价值分配之间的必然联系。那种认为坚持按劳分配与按生产要素分配相结合,是把价值创造与价值分配割裂开来的认识,是没有理论依据和不符合市场经济规律的。因此,按劳分配与按生产要素分配具有两重性和相容性,二者的有机结合和协调发展是完善社会主义市场经济的客观要求,也是健全社会主义初级阶段分配制度的必然结果。

(四) 关于马克思主义经济学与西方经济学融合的问题

在对待马克思主义经济学与西方经济学的关系问题上,要反对两种倾向。一种是把二者完全割裂开来和对立起来,即"非此即彼"的思想认识;另一种是把二者简单地混合或调和起来,否认它们的本质区别。要避免和克服以上两种错误倾向,就要具体地分析马克思主义经济学和西方经济学的个性与共性,以及在共性基础上产生的继承性、互补性和借鉴性。

一方面,要正确认识它们的个性。马克思主义经济学与西方经济学有不同的个性,表现在阶级性、科学性和内容的差异性等方面。从阶级性上讲,马克思主义经济学代表无产阶级的利益和要求,而西方经济学则代表资产阶级的利益和要求,这是大家所熟知的。虽然双方都会从对方汲取对自己有益的成分,但是并不能从根本上改变各自的阶级立场和本质属性。从科学性上讲,马克思主义经济学建立在辩证唯物主义认识论的基础之上,因此更具有科学性。而西方经济学从总体上讲,是建立在唯心主义和形而上学的基础之上,因而有更多的非科学成分。当然,科学性与阶级性是密切联系的,虽然西方经济学运用了大量的数学方法,但是仍然难以掩盖其阶级局限性所导致的不科学性。从内容上讲,马克思主义经济学更注重本质分析、定性分析和规范分析,而西方经济学更注重现象分析、计量分析和实证分析,因而它们在内容上的差别性也是明显的。可见,要使二者相容不能人为抹杀它们的个性差别和本质区别,否则容易犯右倾机会主义错误,丧失应有的阶级立场和科学态度。

另一方面,要正确认识它们的共性。承认马克思主义经济学与西方经济学有个性,并不否认它们具有共性。那种只承认马克思主义经济学与西方经济学的个性,而否认它们有共性的观点,同样是形而上学的。马克思主义经济学与西方经济学都是在研究资本主义市场经济的基础上产生的,这是它们具有共性的客观前提。以马克思的《资本论》为例,《资本论》的研究对象是生产方式,即生产力与生产关系的统一。因此,《资本论》在论述资本主义的经济形式即生产关系的同时,把它的物质内容即生产力的发展规律完整地揭示出来。而西方经济学从维护资本主义制度的需要出发,不仅回避资本主义生产关系的本质,而且偏重于研究生产力,把资源配置作为中心任务。因此,马克思的《资本论》与西方经济学,在利用市场机制配置资源和发展生产力方面,具有内在统一性和外在互补性。马克思主义经济学是在批判地继承资产阶级古典经济学的基础上产生的,反映了它们的继承性。而西方经济学在其发展过程中,特别是其中的福利经济学,也从马克思主义经济理论和社会主义经济实践中汲取了大量的养分。同样,我国建立和发展社会主义市场经济,也受到资本主义市场经济和西方经济学的启发,并且吸收了其中的有用范畴和相关的政策措施,表现出它们的互补性和借鉴性。

可见,只有正确认识马克思主义经济学与西方经济学的个性与共性,才能在不违背阶级性和科学性的前提下,找到使它们融合的正确途径和方法,从而使理论经济学在现代化建设中得到更充分的发展和完善。

(五)正确对待马克思主义基本原理的问题

在研究马克思主义的经济理论时要注意两个区分:一是要把马克思主义基本原理与马克思主义者个别结论区分开来,二是要把马克思主义基本原理与它的研究方法区分开来。当然,这里也要防止和避免可能出现的两种错误。

一是不能正确区分马克思主义基本原理和马克思主义者个别结论。历史上多次出现过把个别结论当成基本原理,以及把基本原理当成个别结论的错误,导致了社会主义发展的曲折经历。例如,我们曾经把马克思关于社会主义是计划经济的个别结论,当成基本原理和普遍规律,因而在客观条件不成熟和主观条件不具备的时候,强制建立高度集中的计划经济体制,结果犯了历史性错误。与此相反,我们曾经把马克思关于市场经济和价值规律的基本原理,仅仅看成针对资本主义经济得出的个别结论,因此过早地否定了市场经济和价值规律在社会主义初级阶段的必要性和重要性,同样犯了历史性错误。实践表明,无论是把个别结论当成基本原理还是把基本原理当成个别结论,都是错误的,这样的深刻教训必须牢牢记取。

二是单纯强调马克思主义研究方法的科学性,而轻视和忽视马克思主义基本原理的重要性。其实,马克思主义研究方法与它的基本原理是密切联系和难以分割的。忽视了马克思主义基本原理的正确性,也就难以理解其研究方法的科学性。特别是在基本原理发挥作用的条件没有发生根本变化之前,人为否定基本原理就会犯历史性错误。例如,科学的劳动价值论是马克思主义揭示市场经济运行规律的基本原理,具有普遍的适用性。在社会主义还必须大力发展市场经济的条件下,如果不是坚持和发展劳动价值论,而是试图推翻或取消它,结果必然会酿成大错,造成难以挽回的理论混乱和经济损失。因此,我们要在贯彻马克思主义基本原理中加深理解研究方法的科学性和重要性;同时,要在深刻理解马克思主义研究方法的基础上,不断丰富和完善基本原理。那种只要马克思主义研究方法,而不要马克思主义基本原理的想法和做法是十分有害的,因而是不可取的。

第15章

改革开放方法论的两重性和相容性

仔细分析发现,在马克思主义方法论上,如唯物论与辩证法、矛盾论与实践论之间都具有长期并存的两重性和有机结合的相容性,需要我们深入研究和科学阐述。要使改革开放沿着社会主义道路不断前进,就必须以习近平新时代中国特色社会主义思想为指导,学好用好马克思主义方法论,深刻理解和正确把握唯物论与辩证法、矛盾论与实践论之间的两重性特点和相容性规律,克服唯心主义和形而上学等各种"左"和右的错误思想干扰,使习近平新时代中国特色社会主义思想在改革开放中不断发展和创新,使马克思主义方法论得到更广泛普及和运用,使振兴中华的"中国梦"和建成社会主义现代化强国的目标能如期实现。

一、学习马克思的唯物论与把握中国的基本国情

我们要坚持和深化改革开放,就必须以习近平新时代中国特色社会主义思想为指导,而马克思的辩证唯物主义正是习近平新时代中国特色社会主义思想的理论基础和科学方法。因此,要深化改革开放,首先要坚持马克思的唯物论和正确把握中国的基本国情,实现马克思主义的时代化和中国化。这里包含了一系列变与不变的两重性特点和相容性规律,需要我们进行深入研究和科学阐述。只有正确认识和把握它们之间的内在联系和辩证关系,才能自觉坚持中国特色社会主义方向,不断把改革开放推向深入和取得成效。

(一) 社会主义初级阶段没有变,但进入了新时代

首先要正确认识中国特色社会主义进入了新时代,但是社会主义初级阶段的性质和发展中大国的地位没有变,这里包含了变与不变的两重性和相容性。习近平总书记在党的十九大报告中指出:"经过长期努力,中国特色社会主义进

入了新时代,这是我国发展新的历史方位。"①这个重大判断具有划时代的里程碑意义。改革开放 40 年来,特别是党的十八大以来,全党和全国人民经过坚持不懈的艰苦努力,使社会主义现代化建设取得举世瞩目的伟大成就,使我国发生翻天覆地的变化,实现了历史性飞跃。中国社会已从站起来、富起来发展到强起来的新阶段。因此,深刻认识这个重大判断,对于认清当前形势,牢牢把握立足点,明确历史前进方向,确定新时代的奋斗目标,谋划新的发展战略,制定正确的方针政策,具有重大的理论意义和实践价值。

但是,中国特色社会主义进入新时代并没有改变社会主义初级阶段这一基本国情,中国仍然是世界上最大的发展中国家。社会主义初级阶段是从殖民地半殖民地国家进入社会主义社会,必须经历的一个长时期的特殊阶段。只有补上生产力落后和经济不发达的短板,才能完成它的历史使命,进入成熟社会主义的发展阶段。因此,我国还将长期处于社会主义初级阶段,仍然要坚持以经济建设为中心的基本路线,以加快生产力发展和综合国力提高。经过 40 余年的改革开放,我国经济已经取得巨大发展,但是与发达国家相比仍然有不少差距。在中国至少要到 2050 年以后,才能使生产力赶上和超过发达资本主义国家,并建成社会主义的现代化强国。

历史经验表明,如果看不到中国特色社会主义进入新时代,看不到我们已经取得的伟大成就,就会犯右倾机会主义错误,制约改革开放深入发展和登上新台阶;相反,如果我们过早否认社会主义初级阶段的基本国情,看不到我们与发达国家的现实差距,就会重犯"左"倾机会主义错误,造成欲速则不达的后果。因此,我们既要看到中国特色社会主义已经进入新时代的事实,要解决改革开放中更深层次的困难和问题,以加快推进中国特色社会主义的现代化建设;又要认识我国社会主义初级阶段的性质和发展中大国的地位没有变,才能始终保持清醒头脑和稳健步伐,继续坚持党的基本路线和发展战略,有条不紊地把中国特色社会主义推向前进。

可以预言,只有完成了新时代的伟大任务和奋斗目标,把中国建成社会主义现代化强国,才能真正完成社会主义初级阶段的历史使命,才能使中国特色社

---

① 习近平:《决胜全面建设小康社会 夺取新时代中国特色社会主义伟大胜利——在中国共产党第十九次代表大会上的报告》,人民出版社 2017 年版,第 10 页。

主义进入更高的历史阶段。可见,看到进入新时代的变化和承认社会主义初级阶段没有变,是二者具有两重性和相容性的现实表现,因而是坚持辩证唯物主义方法论得出的科学结论。实践表明,我们进入的新时代正是完成社会主义初级阶段使命的关键时期,因此任务重大,意义深远。

(二) 中国基本国情没有变,但主要矛盾有了新变化

在中国特色社会主义进入新时代后必须清醒地看到,我国的主要矛盾已经发生了新变化,但是我国的基本国情并没有根本改变,如何正确认识和把握它们之间变和不变的两重性和相容性,是我们需要研究和解决的又一重大现实课题。

改革开放以后,在党的十三大报告中指出:"我们在现阶段所面临的主要矛盾,是人民日益增长的物质文化需要同落后的社会生产之间的矛盾。"①这一主要矛盾的提出,不仅彻底否定了以阶级斗争为纲和把阶级斗争作为现阶段主要矛盾的错误路线,而且把党的中心工作转移到经济建设上来,为我国的改革开放和社会主义现代化建设指明了前进方向、奠定了理论基础。经过40年来的改革开放,我国的经济社会取得了巨大进步。我们已经解决十四亿人的温饱问题,总体实现了小康,不久将全面建成小康社会。人民对美好生活的需要日益增强,不仅对物质文化生活提出了更高要求,而且在民主、法治、公平、正义、安全、环境等方面的要求日益增长。同时,我国社会生产力水平总体上显著提高,在许多方面已经进入世界前列。而更加突出的是发展不平衡和不充分的问题,已经成为制约人民追求美好生活的主要因素。因此,从我国现实状况出发,党的十九大明确指出:"中国特色社会主义进入新时代,我国社会主要矛盾已经转化为人民日益增长的美好生活需要和不平衡不充分的发展之间的矛盾。"②这一主要矛盾的变化反映了进入新时代的客观要求,也为改革开放深入指明了方向和任务。

这里我们清醒地看到,在社会主要矛盾中存在变和不变的两重关系。从具

---

① 《沿着中国特色的社会主义道路前进——在中国共产党第十三次全国代表大会上的报告》,人民网,1987年10月25日。
② 习近平:《决胜全面建成小康社会 夺取新时代中国特色社会主义伟大胜利——在中国共产党第十九次代表大会上的报告》,人民出版社2017年版,第11页。

体内容上看,社会主要矛盾确实发生了部分质的变化。一方面是人民的需要变了,从"日益增长的物质文化需要"变成"日益增长的美好生活需要",在需要的层次上有了明显提升;另一方面,从"落后的社会生产"变成了"不平衡不充分的发展",表明在满足需要的手段上出现了变化,由原来主要是解决数量上落后的问题,变成了要解决质量上不平衡不充分的问题。但是从本质上讲,社会主义初级阶段的主要矛盾并没有变,仍然是手段和目的即生产和需要之间的矛盾。这是因为我国的人口多、底子薄、生产力落后的基本国情没有变,我国处于社会主义初级阶段的现状没有变,我国仍然是世界上最大的发展中国家的地位没有变。

因此,我们要正确认识和把握在主要矛盾问题上变和不变之间的两重性和相容性。如果我们看不到在主要矛盾上出现的变化,就不会充分肯定改革开放所取得的伟大成就,就不能提出深化改革开放的更高目标和要求,就会犯停滞不前的右倾错误。如果我们盲目乐观,夸大在社会主要矛盾上的变化,看不到社会主要矛盾在本质上的稳定性,看不到我国的基本国情和发展中大国地位没有变的事实,就容易犯超越历史阶段的"左"倾错误。因此,只有正确认识和把握在主要矛盾上变和不变的辩证关系,才能全面、稳定、有序地推进改革开放,使社会主义的现代化建设不断取得新胜利。

(三) 党的基本路线没有变,但发展理念有了新改变

虽然中国特色社会主义进入了新时代,但是由于社会主义初级阶段没有变,我国的人口多、底子薄、生产力不发达的基本国情也没有变,因此党在社会主义初级阶段的基本路线就不能变。但是,由于进入新时代以后,社会的主要矛盾发生了新变化,对改革开放提出了更高的新要求,这就需要我们改变发展理念,与之相适应。因此,党的基本路线不变和发展理念的改变,这里同样包含了变与不变的两重性和相容性,是需要深入研究和正确把握的又一重大课题。

为什么党的基本路线不能变?党的基本路线就是要以经济建设为中心,坚持"四项基本原则"和坚持改革开放。党的基本路线是总结我国社会主义建设正反两方面经验教训得出的科学结论,是在整个社会主义初级阶段都必须坚持的根本路线,是万万不能动摇的。但是,为什么我们的发展理念要有新变化?因为任何社会的发展和变革,都是从思想解放和观念更新开始的。我们的改革开放

就是从 1978 年党的十一届三中全会,邓小平提出解放思想、实事求是开始的。当中国特色社会主义进入新时代,对深化改革和扩大开放提出了新要求和新任务。如果没有思想上进一步解放和观念上全面更新,就不能取得改革开放的新胜利,就不能把中国特色社会主义推向新阶段。因此,习近平总书记在党的十九大提出,"必须坚定不移贯彻创新、协调、绿色、开放、共享的发展理念"①,为深化改革开放和全面推进中国特色社会主义奠定思想基础和指明前进方向。

怎样才能处理好党的基本路线不变和人的思想理念要变这对矛盾呢?也就是说,强调党的基本路线不能变,实质是指社会主义初级阶段的方向和目标不能变,必须坚持到底。如果改变党的基本路线就会偏离社会主义方向,就会犯"左"和右的错误。但是坚持党的基本路线的措施和方法是必须与时俱进的,是需要根据新时代要求和任务的变化而不断更新的。而新时代和新任务的变化必须从更新理念开始。

习近平总书记提出的"五大新理念"是一个整体,它们之间是紧密联系和相互制约的。第一,创新是方法、手段和动力。实践证明,我们只有不断坚持改革和创新,才能克服传统理念和历史羁绊的束缚,焕发出中国特色社会主义的勃勃生机和无限活力。第二,协调、绿色、开放是内容、途径和过程,实质是要和谐发展,其中"协调"指人与人的和谐,"绿色"指人与自然的和谐,"开放"指国与国的和谐。我们只有创造出和谐的内部环境以及和平的外部环境,才能有力地促进中国特色社会主义健康发展。第三,共享是目的、目标和结果,其中包括经济利益、治国经验、社会文明、文化成果、生态环境等方面的共享。我们只有坚持把共产主义远大理想和中国特色社会主义共同理想结合起来,坚持改革开放和更新理念,才能把中国特色社会主义推向前进和对人类文明发展做出新贡献。

坚持党的基本路线不变和发展理念要变的两重性和相容性,是坚持马克思主义方法论的必然要求,也是习近平新时代中国特色社会主义思想的重要体现。实践表明,只有不断解放思想和创新理念,才能在新时代和改革开放的新阶段上更好坚持党的基本路线;同样,只有坚持党的基本路线不动摇,才能

---

① 习近平:《决胜全面建设小康社会 夺取新时代中国特色社会主义伟大胜利——在中国共产党第十九次代表大会上的报告》,人民出版社 2017 年版,第 21 页。

在新时代和改革开放的新阶段进一步解放思想、更新理念,把中国特色社会主义推向前进。

(四) 社会主义道路没有变,但发展战略上了新台阶

新中国成立 70 年来,我们坚持走社会主义道路的理想和信念从来没有改变过。中国共产党的历代领导,坚持把马克思主义关于科学社会主义的基本原理与中国的实际紧密结合,因而创立了中国特色社会主义的理论、制度和道路。随着时代进步和社会发展,我们的发展战略会发生相应变化,并且不断登上新台阶和步入新阶段。因此,正确认识和把握道路不变和战略可变的两重性和相容性,对加快中国特色社会主义发展同样至关重要。

中华人民共和国建立和生产资料社会主义改造完成,标志着我国已经进入了社会主义社会。虽然以毛泽东为代表的中国共产党人,在探索社会主义制度中经历了严重曲折,但是在社会主义革命和建设中取得的伟大成就,为后来开创中国特色社会主义道路,奠定了物质基础和提供了宝贵经验。

党的十一届三中全会以后,以邓小平为代表的中国共产党人,总结了我国社会主义建设正反两方面的经验,深刻揭示了社会主义本质,确立了社会主义初级阶段的基本路线,从而形成了邓小平理论,并在实践中取得改革开放的伟大成就,成功开创了中国特色社会主义道路。

党的十三届四中全会以后,以江泽民为代表的中国共产党人,坚持党的基本理论和基本路线,加深了对什么是社会主义、怎样建设社会主义的认识,形成了"三个代表"重要思想。在世界社会主义遭受曲折的严峻考验面前,捍卫了中国特色社会主义,并成功把中国特色社会主义推向新世纪。

党的十六大以后,以胡锦涛为代表的中国共产党人,深刻认识和回答了新形势下实现什么样的发展、怎样发展等重大问题,形成了科学发展观。在全面建设小康社会进程中,推进实践创新、理论创新、制度创新。在新的历史起点上,坚持和发展了中国特色社会主义。

党的十八大以来,以习近平为代表的中国共产党人,深刻回答了新时代坚持和发展什么样的中国特色社会主义、怎样坚持和发展中国特色社会主义的问题,形成了习近平新时代中国特色社会主义思想。坚持统筹推进"五位一体"总体布

局和"四个全面"战略布局,推动党和国家事业发生历史性变革和取得历史性成就,使中国特色社会主义进入了新时代。

回顾新中国成立以来的历史表明,党的历届领导人在对待社会主义问题上的认识是一脉相承和不断深化的。正反两方面的经验表明,社会主义是中国共产党人和中国人民的命根子,是万万不能丢弃的。而经济社会的发展战略却不是一成不变的,它们是使中国特色社会主义不断进步和完善的阶梯,因而要随着时代发展而不断变化。因此,我们要坚持马克思主义中国化、时代化和大众化的发展理念,把马克思主义关于科学社会主义的基本原理与中国改革开放的实际紧密结合,不断促进经济社会的发展战略登上新台阶和进入新阶段,使改革开放的发展战略成为推进中国特色社会主义发展的动力源和加速器。

(五) 改革开放没有变,但进入跋山涉水新阶段

中国特色社会主义进入新时代,改革开放的历史任务没有变,但是进入跋山涉水的新阶段。这里说的"不变"是指改革开放的重要性和长期性,必须始终坚持,不能动摇;这里说的"变化"是指改革开放的艰巨性和突破性,必须攻坚克难,不断登上新台阶。这里包含的变与不变的两重性和相容性,要求我们对新时代改革开放的必要性和重要性、长期性和持续性、艰巨性和突破性有深入的理解和把握。

首先,要正确认识改革开放的必要性和重要性。如果说,只有社会主义能够救中国,那么,只有改革开放才能发展中国和完善中国。如果说,最初提出改革开放,主要是为了纠正"文化大革命"中的极"左"路线,实现拨乱反正,那么新时代的改革开放就是为了实现"两个一百年"的奋斗目标,把中国建成社会主义现代化强国。因此,习近平总书记明确指出:"改革开放是决定当代中国命运的关键一招,也是决定实现'两个一百年'奋斗目标、实现中华民族伟大复兴的关键一招。"[①]也就是说,只有不断深化改革开放,才能推进中国特色社会主义的发展和完善。因此对整个社会主义初级阶段来说,改革开放只有"进行时",没有"完成时",充分说明了改革开放的必要性和重要性。

---

① 《习近平谈治国理政》第一卷,外文出版社2018年版,第71页。

其次,要充分认识改革开放的长期性和持续性。这是因为改革开放的任务具有全面性、系统性和渐进性,因此改革开放是不可能一蹴而就和在短时期内完成的。一是全面性。一个全方位的改革开放,包括了经济、政治、文化、社会、生态、军队、外交、党建等方方面面,每个方面还可以细分为更多的层面,因此改革开放的任务极其繁重。二是系统性。改革开放是一个系统工程,每一个方面的改革开放都与其他方面的改革开放紧密相连、相互制约,都不可能是单独进行和一次性完成,因此改革开放的任务极其复杂。三是渐进性。改革开放是一个漫长和反复的过程,每一方面的改革开放都需要经过无数次的探索和试验,才能掌握规律和形成制度。因此,新时代的改革开放将是一个不断深化和逐步完善的长期过程。

最后,要充分认识改革开放的艰巨性和突破性。现实经验表明,不同历史阶段的改革开放是有不同性质和特点的。在改革开放初期,主要是浅层次的改革开放,推开比较容易和成效比较显著,因而能够得到最大多数人的支持和拥护。但是随着新时代的到来,改革开放进入了深水区,改革开放的难度明显加大,不仅需要冲破各种思想障碍,而且需要克服固有的利益羁绊,也就是改革开放进入了跋山涉水的新阶段。因此,习近平总书记明确指出:"我们要以强烈的历史使命感和责任感,最大限度集中全党全社会智慧,最大限度调动一切积极因素,敢于啃硬骨头,敢于涉险滩,以更大决心冲破思想观念的障碍、突破利益固化的藩篱。"[①]只有这样,我们才能克服新时代改革开放中遇到的重重困难,不断取得中国特色社会主义的新胜利。

二、马克思主义辩证法在改革开放中的运用

马克思主义的唯物论与辩证法是紧密联系和不可分割的。在中国特色社会主义进入新时代以后,首先要坚持唯物论,就是要坚持"五个没有变",即社会主义初级阶段没有变,我国的基本国情没有变,党的基本路线没有变,中国特色社会主义道路没有变,改革开放的发展战略没有变。而要使改革开放和中国特色

---

① 《习近平关于全面深化改革论述摘编》,中央文献出版社 2014 年版,第 41 页。

社会主义取得新胜利,就必须在坚持唯物论的同时学好和用好辩证法,充分认识在改革开放的全面性、系统性、协调性和持续性方面提出的新要求和出现的新变化。这里同样存在变与不变的两重性和相容性,只有按照这些变与不变的特点和规律办事,才能使中国特色社会主义登上新台阶和取得新成就。

(一) 辩证法与改革开放的全面性

辩证法的实质是全面发展,就是要坚持全面性和反对片面性。中国特色社会主义就是一个从片面发展不断走向全面发展的历史过程。比较改革开放前后的两个 30 年,我们既要继承和发扬两个 30 年给我们带来的巨大成就和宝贵经验,也要克服两个 30 年中所出现的两种错误和两种片面性,才能使中国特色社会主义得到科学的全面发展。

从一方面看,我们出现过生产关系变革超越生产力水平和人们觉悟程度的"左"倾错误,因而影响和制约了社会主义制度优越性的发挥。在改革开放前的 30 年,在完成生产资料社会主义改造以后,由于对于如何建立和完善社会主义经济制度缺乏经验,只能照搬苏联模式,建立了生产资料的单一公有制、平均主义的按劳分配制度、高度集中的计划管理体制。从理论上讲,这是符合马克思主义经典作家对未来社会设想的,但是拿到社会主义初级阶段来推行,就超越了当时的生产力水平,造成了"左"倾错误。从实践上讲,当时只有苏联经验可以学习和借鉴,没有其他现成的模式可以仿效。事实上,这样的生产关系和经济制度,对于在生产力高度发达的资本主义国家进入社会主义以后是适用的和可行的,但是对于刚刚从半殖民地、半封建社会脱胎出来,生产力还十分落后的新中国来说是不适用和不可行的。也就是说,这样的生产关系和经济制度超越了当时的生产力水平和物质基础,也超越了全体人民的认识能力和觉悟程度,结果不可避免地造成了生产关系对生产力的阻碍作用,出现了物资严重匮乏的短缺经济。直到党的十一届三中全会,经过拨乱反正和改革开放,才使我们纠正了"左"倾错误,重新回到正确轨道上来,这一过程给我们留下了深刻的历史教训。

从另一方面看,我们也出现过生产关系变革落后于生产力水平和人们觉悟程度的右倾错误,同样会影响和制约社会主义优越性的发挥。我国改革开放以后的30年,不仅纠正了前30年中出现的"左"倾错误,而且取得了生产力迅速发展的巨大成就,成为世界瞩目的第二大经济体。但是,我们在取得伟大成就的同时,也出现了一系列新的矛盾和问题,出现了一系列生产关系的变革落后于生产力水平和要求的右倾错误。例如,在一段时期内,由于过度否认公有经济的主体地位和国有经济的主导作用,致使公有经济效率下降和国有资产大量流失;由于非公经济的大力发展和按要素分配作用的加强,导致贫富差距拉大,两极分化严重的状况;由于市场经济的管理不规范和对党政机关的管理不严格,导致权钱交易严重和腐败现象蔓延,因而出现了由于生产关系不健全和调整不到位,严重影响和阻碍生产力发展的不良状况。直到党的十八大召开,才使这些错误得到有效制止,重新回到了生产力与生产关系相互促进和协调发展的正确道路上来,这样的历史教训也是极其深刻的。

因此,我们在克服一种错误倾向的时候,要防止可能产生的另一种错误倾向,才能符合唯物辩证法的要求,实现科学的全面发展。中国特色社会主义进入新时代以后,习近平总书记提出了"五个统一"的总体布局和"四个全面"的战略布局,以及"五大新理念",就是要在充分肯定前两个30年成就的基础上,克服"左"和右的两种错误和两种片面性,从而使中国特色社会主义走上全面发展的道路,在新时代取得振兴中华和建成现代化强国的新成就。

(二)辩证法与改革开放的系统性

辩证法不仅要求全面性,而且要求系统性。全面性和系统性又是紧密联系和相互制约的,全面性是系统性的前提,没有全面性就没有系统性,而系统性则是全面性的集中体现,没有系统性也无法展示和实现全面性。从总体上讲,改革开放本身就是一个系统工程,改革开放的成功是所有要素全面协调运作的过程和发挥作用的结果,因此正确认识和把握改革开放的系统性至关重要,也是决定改革开放成败的关键所在。

在改革开放之初,以邓小平为代表的党中央就对改革开放做出了系统性安排,提出了解放思想、实事求是的思想路线,指明了中国是世界上最大的发展中国家,仍然处于社会主义初级阶段的基本国情,在此基础上制定了以经济建设为中心,坚持"四项基本原则"和改革开放的基本理论和基本路线,确立了以公有制为主体、多种经济并存的基本所有制制度,以及以按劳分配为主体、多种分配方式并存的基本分配制度,坚持市场化改革的方向和加快对外开放的步伐,以及分两步走实现工农业总产值翻两番和到21世纪中叶实现社会主义现代化的战略目标。正因为有了全面和系统的战略安排,才使改革开放能够克服重重艰难险阻,有条不紊地向前发展,并取得举世瞩目的伟大成就。

中国特色社会主义进入新时代以后,以习近平为代表的党中央继承和发展了邓小平的基本理论和战略思想,提出了更全面和更系统的发展战略。其中包括新时代坚持和发展中国特色社会主义的总目标、总任务、总体布局、战略布局和发展方向、发展方式、发展动力、战略步骤、外部条件、政治保证等基本问题,并且根据新的实践对经济、政治、法治、科技、文化、教育、民生、民族、宗教、社会、生态文明、国家安全、国防和军队、"一国两制"和祖国统一、统一战线、外交、党的建设等方面做出了系统的决策和部署。习近平总书记在党的十九大报告中指出:"吸收人类文明有益成果,构建系统完备、科学规范、运行有效的制度体系,充分发挥我国社会主义制度优越性。"①并做出了从2020年到21世纪中叶再分两步走的战略安排。

习近平总书记在新时代对改革开放的系统部署和战略安排,是对邓小平在改革开放中的系统部署和战略安排的全面继承和创新发展,使改革开放这个系统工程又上了一个新台阶,进入了新阶段。可见,辩证法所要求的全面性和系统性,是习近平改革开放思想的重要理论基础和方法论来源,以习近平为核心的党中央做出的全面部署和系统决策,对深化改革开放和完善中国特色社会主义具有决定性的现实作用和深远的历史意义。

(三) 辩证法与改革开放的协调性

辩证法要求的全面性、系统性又与协调性是紧密联系和不可分割的。协调性是解决全面性、系统性问题的"助推器"和"润滑剂",因而是实现全面性、系统性的重要途径和必要手段。协调性包括了人与人、地区与地区、产业与产业、国

---

① 习近平:《决胜全面建成小康社会 夺取新时代中国特色社会主义伟大胜利——在中国共产党第十九次代表大会上的报告》,人民出版社2017年版,第21页。

家与国家、人类与自然等的协调,因此协调性本身是系统的和全面的。在改革开放中协调性有着特殊的作用和意义。这里最重要的是要解决三方面的协调问题:一是国内不平衡不充分发展所产生的协调问题。一方面要解决好沿海开放程度较高、改革进度较快、经济较发达地区,与内地开放程度较低、改革进度较慢、经济较不发达地区之间的协调问题。这就要加大发达地区对落后地区的支持和扶持力度,通过先进帮后进、先富带后富的方式,加快地区间的协调发展和共同进步;另一方面要解决具有高科技支撑的新兴产业和技术与产能相对落后的传统产业之间的协调问题。要在积极支持高新技术产业加快发展的同时,促进高新技术向传统产业转移,通过技术改造和技术创新的方式,促进传统产业的转型升级,实现新老产业的相互促进、有机结合和协调发展。二是国与国发展不平衡不充分所产生的协调问题。一方面,我们要通过加快"一带一路"建设,促进沿线国家相互支持和有效合作,实现国与国之间的平等互利和合作共赢。要通过国际贸易和国际投资等途径,加强国际间的合作和交流,不断提高我国在国际事务中的发言权,提高我国在人类命运共同体建设中的地位和作用。另一方面,要以正确的态度和方式,应对美国霸凌主义挑起的贸易战。我们既要做到不主动挑起争端和激化矛盾,又要坚决维护国家主权和核心利益。在坚持和平共处、平等互利的基础上,不断提高我国在贸易争端中的应对能力和水平,努力减少贸易战可能带来的损失和破坏。三是人类的快速发展与自然界承受能力下降所产生的协调问题。人类与自然如何和谐相处是一个值得研究的大问题。过去,资本主义在工业化过程中实行先污染后治理的发展路线,结果成本很高效率很低。我国在改革开放过程中,也走过通过牺牲生态环境来加快经济发展的弯路,结果造成生态环境破坏严重,治理成本提高的不良后果。因此,在进入新时代和深化改革开放时,习近平总书记提出了"绿水青山就是金山银山"[1]的新理念,就是要在保护生态环境的前提下发展经济和增加财富,对于祖国的母亲河——长江来说,他明确提出:"要坚持共抓大保护、不搞大开发"[2],只有这样才能真正实现人与自然的和谐发展。

可见,协调也是一个全面的系统工程,只有全面促进人与人和谐,国与国和

---

[1] 《习近平谈治国理政》第二卷,外文出版社2017年版,209页。
[2] 习近平:《论坚持全面深化改革》,中央文献出版社2018年版,第336页。

谐，以及人类与自然和谐，才能使改革开放达到新高度和创造新成就，才能使中国特色社会主义取得更大的新胜利。

（四）辩证法与改革开放的持续性

所谓持续性，简单地讲就是事物的一个进步要为下一个进步创造条件和开辟道路，使事物的发展具有连续性和渐进性。从唯物辩证法的角度来讲，事物的全面性、系统性、协调性、持续性，都是紧密联系、相互影响和相互制约的。对改革开放来讲，强调全面性、系统性、协调性，归根结底是为了实现经济社会发展的持续性，因此持续性就显得更加重要。历史经验表明，任何社会发展都不可能是一帆风顺的，总会经历风波和曲折，因此追求可持续发展仍然是人类的崇高理想和奋斗目标。如何在国际风云变幻、国内矛盾错综复杂的困难条件下，实现中国特色社会主义的持续发展仍然是我们要解决的重大现实课题。

习近平总书记在中国特色社会主义进入新时代以后，提出"五位一体"的总体布局，就是要从经济、政治、文化、社会、生态五个方面出发，全面实现中国特色社会主义的持续发展。从经济发展的持续性来讲，就是要转变传统的经济增长方式，由高速度发展向高质量发展转变。这里的关键是要"坚持质量第一、效率优先，以供给侧结构性改革为主线，推动经济发展质量变革、效率变革、动力变革，提高全要素生产率"[1]，以实现我国经济的持续、稳定、健康发展。从政治制度的持续性来讲，就是要"坚持党的领导、人民当家作主、依法治国有机统一。党的领导是人民当家作主和依法治国的根本保证，人民当家作主是社会主义民主政治的本质特征，依法治国是党领导人民治理国家的基本方式"[2]，只有三者的协调统一、有机结合，才能促进民主政治的可持续发展。从文化发展的持续性来讲，核心就是要"牢牢掌握意识形态工作的领导权……必须推进马克思主义中国化时代化大众化，建设具有强大凝聚力和引领力的社会主义意识形态，使全体人

---

[1] 习近平：《决胜全面建设小康社会 夺取新时代中国特色社会主义伟大胜利——在中国共产党第十九次代表大会上的报告》，人民出版社2017年版，第30页。

[2] 习近平：《决胜全面建设小康社会 夺取新时代中国特色社会主义伟大胜利——在中国共产党第十九次代表大会上的报告》，人民出版社2017年版，第36页。

民在理想信念、价值观、道德观念上紧紧团结在一起"①,实现文化上的继承性和创新性的高度统一。从生态文明的持续性来讲,最重要的就是要尊重自然、顺应自然、保护自然。习近平总书记提出的"绿水青山就是金山银山"②,揭示了保护生态环境与加快经济发展的内在联系和相互作用,是我们促进生态文明可持续发展的重要指导思想和可靠实践方法。要实现保护生态环境和经济建设的协调发展,就要求我们"坚持节约优先、保护优先、自然恢复为主的方针,形成节约资源和保护环境的空间格局、产业结构、生产方式、生活方式,还自然以宁静、和谐、美丽"③。

可见,中国特色社会主义的持续发展,要以经济、政治、文化、社会、生态的持续发展为前提和基础。因此,我们必须以习近平新时代中国特色社会主义思想为指导,在党的集中统一领导下,自觉遵循各方面持续发展的客观规律,才能从总体上实现中国特色社会主义的持续发展。

三、马克思主义矛盾论在改革开放中的运用

矛盾论是马克思主义哲学和方法论的思想精华和理论精髓,核心就是要正确认识和把握事物内部的对立统一关系,并按照客观规律要求促进事物发展。要全面深化改革开放,就要以习近平新时代中国特色社会主义思想和马克思主义矛盾论为指导,深入研究和解决当前一系列重大矛盾问题。如不丢"老祖宗"和发展"老祖宗"的相互关系、社会主义与市场经济的内在联系、加强党的领导和尊重人民首创精神的一致性、坚持问题导向和目标导向相统一的关系、试点先行和全面推进相结合的问题等等。这里同样存在着矛盾双方的两重性和相容性,因此只有深入解决这些深层次矛盾,正确认识这些矛盾的两重性特点和相容性规律,才能克服各种思想障碍和社会阻力,全面推进改革开放的深入发展和取得

---

① 习近平:《决胜全面建成小康社会 夺取新时代中国特色社会主义伟大胜利——在中国共产党第十九次代表大会上的报告》,人民出版社 2017 年版,第 41 页。
② 《习近平谈治国理政》第二卷,外文出版社 2017 年版,第 209 页。
③ 习近平:《决胜全面建成小康社会 夺取新时代中国特色社会主义伟大胜利——在中国共产党第十九次代表大会上的报告》,人民出版社 2017 年版,第 50 页。

中国特色社会主义的新进展。

(一) 改革开放要不丢"老祖宗"和发展"老祖宗"

我们这里讲的"老祖宗"就是指马克思、恩格斯、列宁、斯大林、毛泽东和邓小平,以及他们的理论成果马列主义、毛泽东思想和邓小平理论。为什么说"老祖宗"不能丢？这是因为中国特色社会主义和改革开放都要坚持马列主义、毛泽东思想和邓小平理论与中国实际相结合,丢掉了"老祖宗"就是丢掉了指导思想和理论来源,就会迷失方向和走到邪路上去。

首先,马克思、恩格斯创立了辩证唯物主义和历史唯物主义,并在此基础上创立了马克思主义政治经济学和科学社会主义的基本理论,这就为发展中国特色社会主义奠定了理论基础和提供了方法论来源。中国特色社会主义就是辩证唯物主义和历史唯物主义在中国科学运用的产物和结晶。

其次,列宁、斯大林在继承和发展马克思、恩格斯理论的基础上,成功完成了俄国的十月革命,建立起世界上第一个社会主义国家,使科学社会主义理论成为现实。苏联社会主义建设的成就和后来解体的悲剧,为中国特色社会主义的发展和完善提供了宝贵的经验教训。

再次,毛泽东把马克思主义的普遍真理与中国的具体实际相结合,取得了农村包围城市和建立新中国的伟大胜利,并且通过生产资料的社会主义改造和建立较为完整的工业化体系,为走上中国特色社会主义发展道路提供了政治前提、物质基础、理论准备。

最后,邓小平同样是坚持把马克思主义的普遍真理与中国的具体实际相结合,创立了中国特色社会主义。在党的十一届三中全会以后,纠正了极"左"路线和"文化大革命"给我们造成的损失和破坏,通过拨乱反正和改革开放,走出了一条具有中国特色的社会主义新路,并且取得了举世瞩目的伟大成就。

可见,"老祖宗"的理论和实践都是一脉相承和循序渐进的,因而为中国特色社会主义的深入发展和全面胜利提供了理论基础和实践经验,所以说"老祖宗"是不能丢的。如果丢掉了"老祖宗",就是忘记初心和使命,就会偏离社会主义和共产主义的正确方向,走到改旗易帜的邪路上去。

我们不仅要不丢"老祖宗",还要发展"老祖宗"。因为"老祖宗"的理论并不是一成不变的教条,而是一个开放的思想体系,还需要随着时代发展和实践深入不断发展、创新和完善。正如毛泽东在《实践论》中所说:"马克思列宁主义并没有结束真理,而是在实践中不断开辟认识真理的道路。"① 如何才能使不丢"老祖宗"与发展"老祖宗"有机结合? 从当前来说,就需要在学习和掌握马克思主义基本原理的基础上,深入研究时代特点和现实变化,按照客观规律的要求不断把中国特色社会主义推向前进。而习近平新时代中国特色社会主义思想正是这种不丢"老祖宗"和发展"老祖宗"相统一的理论成果,从理论与实践的结合上回答了新时代坚持和发展什么样的中国特色社会主义、怎样坚持和发展中国特色社会主义的问题。习近平总书记提出的全面建成中国特色社会主义的总目标,稳中求进的工作总基调,"五位一体"的总体布局,"四个全面"的战略布局,"五大新理念","一带一路"的开放战略,构建人类命运共同体的规划和设想等,都是在坚持辩证唯物主义和科学社会主义基础上的产物和结晶,因而大大丰富和创新了马克思主义的理论宝库,成为当代中国不丢"老祖宗"和发展"老祖宗"相统一的光辉典范。

(二) 改革开放要坚持社会主义与市场经济相结合

习近平总书记在党的十九大报告中明确提出:要"坚持社会主义市场经济改革方向","加快完善社会主义市场经济体制"②。这就需要加强社会主义与市场经济的紧密结合和深度融合。关于社会主义和市场经济到底是对立的还是统一的,二者能否有机结合的问题,分歧很大,争论很多,需要深入研究和合理解决。

1. 社会主义与市场经济关系的三种理论

第一种是对立论,认为社会主义和市场经济是完全对立和不相容的。搞社会主义就要否定市场经济,搞市场经济就是恢复资本主义,把市场经济等同于资本主义。我们批判了这种错误观点,认为市场经济不具有根本制度的性质,它可

---

① 《毛泽东选集》第一卷,人民出版社 1991 年版,第 296 页。
② 习近平:《决胜全面建设小康社会 夺取新时代中国特色社会主义伟大胜利——在中国共产党第十九次代表大会上的报告》,人民出版社 2017 年版,第 30、33 页。

以与不同的经济制度相结合,因而建立起社会主义市场经济体制。

第二种是中性论,认为市场经济没有根本制度的属性,而是一种经济手段和生产方式,是生产力发展的动力和形式,因而是中性的。这是邓小平理论的一个重要创新点,也是中国特色社会主义经济理论的一个重大突破。由于市场经济促进了生产力发展和人民生活改善,使社会主义的优越性充分显示出来。

第三种是内在联系论。实践证明,我们既不能把社会主义和市场经济看成对立的,也不能把市场经济仅仅看成中性的,而要看到社会主义与市场经济的内在联系,以及使它们有机结合的必然性。因此,发展社会主义市场经济不仅有理论依据,而且是社会主义经济发展的迫切需要。

2. 社会主义与市场经济本质上的一致性

虽然社会主义与市场经济在现象上有许多矛盾和不相容的地方,但是它们在本质上具有一致性,主要表现在三个方面。

第一,满足需要。商品首先必须有使用价值,如果商品没有用,就不会有人去买,其价值就不能实现。所以市场经济第一个本质要求是商品有用,其使用价值能满足社会需要。而社会主义的生产目的就是满足需要,因而可以通过大力发展市场经济,来满足人民日益增长的美好生活需要。

第二,劳动平等。市场经济第二个本质要求是劳动平等。商品价值是抽象劳动的凝结,等价交换实质是等量劳动相交换,反映了商品生产者之间劳动平等的生产关系。而建立社会主义制度的根本目标之一,就是要消灭剥削,消除两极分化,在社会化大生产条件下实现劳动平等和共同富裕。

第三,发展生产力。从本质上讲,市场经济是生产力发展的动力和形式。价值规律和价值增殖规律从微观和宏观两个方面促进了社会生产力提高。实践表明,市场经济成为实现社会主义的根本任务,大力发展生产力和满足人民需要的有效途径和可靠方法。

3. 消除商品和货币拜物教的消极影响

市场经济不仅有与社会主义本质要求一致的优越性,而且还有其实现形式与社会主义本质要求相矛盾的局限性。市场经济的最大特点,是人与人的关系要通过物与物的形式来实现,这就产生了物的关系掩盖人的关系的商品拜物教和货币拜物教。在思想觉悟不高和法制管理不严的情况下,就会导致权钱交易等腐败现象。这是在社会主义市场经济中,需要特别重视和加以解决的现实问题。现在党中央加大了反腐力度,一个重要原因也是为了全面深化改革。有些人依靠过去的改革获得不少利益,成为既得利益者,现在要全面深化改革他们就不愿意了。因此,要使全体人民都能分享改革的新成果,就必须冲破这些人的利益藩篱,为全面深化改革清除障碍和铺平道路。

(三) 改革开放要坚持党的领导和尊重人民的首创精神

在深化改革和扩大开放的进程中,加强党的领导和尊重人民的首创精神是紧密联系和相辅相成的。只有在党的领导下不断完善社会主义民主制度,才能使人民的首创精神充分发挥出来。同样,只有不断完善社会主义民主制度,充分尊重人民的首创精神,才能使党的领导作用更好地发挥出来,这里要解决三个问题。

第一,在改革开放中为什么要始终坚持加强党的领导?这是由改革开放的社会主义性质所决定的。首先,改革开放有一个方向道路问题。我们"既不走封闭僵化的老路,也不走改旗易帜的邪路"[1]。因此,只有加强党的领导,才能统一全党的思想,保证改革开放不偏离社会主义方向。其次,改革开放有一个攻坚克难的问题。"中国改革已进入攻坚期和深水区。"[2]不仅国内新旧矛盾交织,而且国际环境复杂多变,因此只有加强党的领导,才能发挥举国体制的统筹效应,解决好改革开放中的复杂矛盾和深层次问题。再次,深化改革开放需要协调解决各种利益关系。习近平总书记指出:"全面深化改革是立足国家整体利益、根本利益、长远利益进行部署的。"[3]因此,只有加强党的领导才能协调各方面的利益关系,突破利益固化的藩篱,不断把改革开放推向深入。

第二,在改革开放中为什么要强调尊重人民的首创精神?党的领导归根结底是要体现人民的意志和要求,实现立党为公、执政为民,"依靠人民创造历史伟业"[4]。因为只有人民才是历史的创造者,是推动社会进步的最根本动力,因而

---

[1] 《习近平关于全面深化改革论述摘编》,中央文献出版社2014年版,第14页。
[2] 《习近平谈治国理政》第一卷,外文出版社2018年版,第348页。
[3] 《习近平关于全面深化改革论述摘编》,中央文献出版社2014年版,第152页。
[4] 习近平:《决胜全面建成小康社会 夺取新时代中国特色社会主义伟大胜利——在中国共产党第十九次代表大会上的报告》,人民出版社2017年版,第21页。

也是"决定党和国家前途命运的根本力量"①。在改革开放中,一切重大的历史性突破都是首先从基层开始的,都是我们党尊重人民首创精神的结果。如个体经营、土地承包、乡镇企业、对外贸易、引进外资等,无不是首先由人民群众首创和率先突破,然后得到党和政府支持后才全面推开的。因此,加强党的领导和尊重人民首创精神本质上是一致的。只有不断加强党的领导和提高党的执政能力,才能更好地尊重人民群众的首创精神;同样,只有充分尊重人民群众的首创精神,才能使党的领导作用更充分发挥出来。

第三,如何才能实现加强党的领导与尊重人民首创精神的有机结合?这就要克服和清除把党的领导与人民首创精神割裂开来和对立起来的错误思想和观念,充分认识和理解二者的内在联系和相互促进的积极作用,做好相应的各项工作。首先要加强党的自身建设。打铁还需自身硬。通过从严治党,提高党的执政能力和水平,更自觉地尊重和发挥人民群众的积极作用。其次要加强对人民群众的思想教育,提高人民参与改革开放的能力和水平,使人民群众热爱党和跟党走的积极性充分发挥出来。再次要形成民主协商制度,使加强党的领导和尊重人民的首创精神都能成为制度和形成长效机制。因此,在深化改革开放中要把基层探索和顶层设计紧密结合,使加强党的全面领导和尊重人民的首创精神相互促进,相得益彰。

(四) 改革开放要坚持问题导向和目标导向相统一

所谓问题导向,就是要把实际问题作为突破口,通过解决典型问题来认识和掌握客观规律,从而推进和深化改革开放。正如习近平总书记所说:"改革是由问题倒逼而产生,又在不断解决问题中得以深化。"②首先,问题导向具有急迫性。问题常常是现实矛盾的集中表现,因此只有紧紧抓住现实问题来谋划改革开放,才能取得显著成效。其次,问题导向具有典型性。解决实际问题实质是抓住典型解剖麻雀,可以发现具有普遍性的规律,为全面深化改革开放提供经验。

---

① 习近平:《决胜全面建成小康社会 夺取新时代中国特色社会主义伟大胜利——在中国共产党第十九次代表大会上的报告》,人民出版社 2017 年版,第 21 页。
② 《习近平谈治国理政》第一卷,外文出版社 2018 年版,第 74 页。

再次,问题导向具有引领性。在改革开放中我们遇到经济社会发展的突出矛盾和人民群众关切的热点问题。只有从这些问题出发进行谋篇布局,才能全面有效推进改革开放的深化。因此,以重大问题为导向不断解决一系列突出矛盾,是我国改革开放能够取得胜利的重要方法和基本经验。

所谓目标导向,就是按照事先制定的中长期目标来决定具体的方针和政策,推进改革开放的深入发展。在全面深化改革开放的历史阶段,强调目标导向更为重要。首先,目标导向使前进方向更加明确。习近平总书记指出:"全面深化改革的总目标是完善和发展中国特色社会主义制度,推进国家治理体系和治理能力现代化。"[1]这一总目标为全面深化改革开放指明了总方向。其次,目标导向使改革开放的全面性、系统性、协调性和持续性得到加强。目标导向有利于克服问题导向所带来的无序化、差异性和不协调所产生的新矛盾,有利于改革开放按照稳步推进的原则有序发展和不断深入。再次,目标导向具有突破重点和带动全局的功能。党中央提出的"四个全面"的战略布局,突出了建成小康、深化改革、依法治国和从严治党四个战略重点,更能起到带动全局和加快实现战略目标的积极作用。

40年改革开放的实践经验表明,问题导向和目标导向并不是完全对立的,而是相互补充和相辅相成的,因而必须有机结合。在改革开放初始阶段,由于我们缺乏实践经验,只能强调"摸着石头过河",实质是注重问题导向。在改革开放深入阶段,我们已经取得了较多经验,开始强调战略部署和战略指导,实质是注重目标导向。在改革开放进入新时代,我们更强调基层探索与顶层设计的紧密结合,实质是要实现问题导向与目标导向相统一。从总体上讲,问题导向与目标导向既有区别又有联系。问题导向是基础、是前提、是方法,没有问题导向就不可能形成科学、全面、有效的目标导向;目标导向是总体、是全局、是方向,没有目标导向就会使基层的改革开放失去方向、孤立冒进、陷入困境。因此,问题导向与目标导向要有机结合、相互补充、相得益彰。

(五)改革开放要坚持试点先行和全面推进相促进

在改革开放过程中,习近平总书记主张试点先行,在取得经验后再推广的做

---

[1] 《十八大以来重要文献选编》(上),中央文献出版社2014年版,第512页。

法。他在中央深改组第七次会议上指出:"进行改革试点,对全面深化改革具有重要意义。"①在中央深改组第十三次会议上指出:"试点是改革的重要任务,更是改革的重要方法。试点能否迈开步子、趟出路子,直接关系改革成效。"②改革开放的实质是创新发展,要在新的历史条件下,走前人没有走过的道路,因此必须试点先行。矛盾论认为普遍性存在于特殊性之中,共性存在于个性之中。这里的试点就是以个别的、特殊的典型为代表,通过解剖麻雀和先行、先试,来发现普遍规律和找到科学方法,为全面推开创造条件和铺平道路。在40年改革开放过程中,从农村家庭联产承包制,到企业股份制和股份合作制,再到经济特区和自贸区建设,都是采取试点先行取得经验后推开的成功范例。因此,在改革开放进入攻坚克难的深水区,更要坚持这一方法。

全面推进是改革开放由特殊性向普遍性、个性向共性转化的过程,因此必须掌握转化的规律和制定相应的政策,使转化过程既要符合改革开放的总体目标,又要与各地区和各部门的具体情况紧密结合。因此,要全面推进改革开放,一方面要由中央根据先行、先试的经验,进行顶层设计和总体规划,制定出全面推开的战略部署和方针政策;另一方面还要有各地区和各部门根据实际制定的具体措施和方法,加以贯彻落实。这里的全面推开要抓好三个环节。一是明确责任主体。中央深改组第十九次会议指出:"要抓好部门和地方两个责任主体,把改革责任理解到位、落实到位,以责促行、以责问效。"③二是确定方法步骤。对于先行试点的经验也不能生搬硬套,而必须与本地区、本部门的特殊性相结合,制定出符合实际的方针政策和方法步骤。三是加强监督检查。中央深改组第五次会议指出:"要调配充实专门督察力量,开展对重大改革方案落实情况的督察,做到改革推进到哪里、督察就跟进到哪里。"④可见,以督察促落实是全面推进改革

---

① 《鼓励基层群众解放思想积极探索 推动改革顶层设计和基层探索互动》,《人民日报》,2014年12月3日。
② 《树立改革全局观积极探索实践 发挥改革试点示范突破带动作用》,《人民日报》,2015年6月6日。
③ 《改革要向全面建成小康社会目标聚焦 扭住关键精准发力严明责任狠抓落实》,《人民日报》,2015年12月10日。
④ 《严把改革方案质量关督察关 确保改革改有所进改有所成》,《人民日报》,2014年9月30日。

开放的重要方略和举措。

实践表明,试点先行和全面推进都不是一次性完成的,都要经过多次反复才能取得成功。因此,试点先行和全面推进都要从实际出发,不能急于求成。首先试点必须有差别,我国不同地区和不同部门发展的不平衡是客观存在的,因此要鼓励不同地区和不同部门进行差别化探索。其次在改革开放的推广过程中更要考虑不同地区和不同部门的差距和不平衡,要采取不同的方法和部署才能取得好的效果。实践表明,一次试点并不能解决全部问题,在全面推进中会发现新的和更深层次的问题,需要我们进行新的实验和取得新的经验,因此试点先行和全面推进都是一个反复进行和逐步完善的过程。我国实行农村承包土地"三权"分置的改革,深化国有企业的混合所有制改革,加快对外开放的"一带一路"建设等,都是运用这一方法取得进展的典型案例,都是在试点先行和全面推进的相互促进中逐步深化和不断完善的。

四、马克思主义实践论在改革开放中的运用

马克思主义哲学与其他哲学的本质区别之一,就是不仅要正确认识世界,而且要科学改造世界。由于认识世界和改造世界都离不开实践,因此实践在马克思主义哲学中具有特殊重要的地位和作用。在改革开放中,我们不仅要正确认识实践与理论的两重性和相容性,而且要深入探讨实践是改革开放的动力源泉,是检验改革开放成功与否的标准,更是改革开放成果的集中体现等理论和实践问题。因此,深化对改革开放实践与理论的两重性和相容性研究,对丰富和发展马克思主义哲学,加快中国特色社会主义经济发展具有重大的理论价值和现实意义。

(一) 改革开放理论与实践的相互关系

在理论与实践的关系上,我们既要反对脱离实际的教条主义,又要反对脱离理论指导的经验主义。因此,马克思主义强调理论与实践的高度统一和紧密结合。在改革开放中,理论与实践的两重性和相容性集中表现在以下三个方面。

首先，改革开放的理论来源于实践。没有改革开放的实践，就不会有改革开放的理论。邓小平关于改革开放的理论是在改革封闭僵化、高度集中的计划经济体制和纠正"文化大革命"错误的实践中产生和发展起来的。而习近平改革开放的理论是在中国特色社会主义进入新时代的实践中产生和发展起来的。因此，改革开放的实践是改革开放理论的唯一源泉。其次，改革开放的实践需要有正确的理论指导。改革开放既不能走封闭僵化的老路，也不能走改旗易帜的邪路，因此只有以马列主义、毛泽东思想、邓小平理论为基础，以习近平新时代中国特色社会主义思想为指导，才能通过改革开放，走出一条现代化的新路。再次，改革开放的理论创新和实践创新是相互促进的。在改革开放中，不仅要解决历史遗留下来的原有矛盾，而且要解决新的历史条件下形成的新矛盾。因此，改革开放的实践创新没有止境，同样改革开放的理论创新也没有止境，二者还要相互促进和相得益彰。

(二) 实践是改革开放的动力源泉

实践不仅是改革开放的理论来源，而且是推动改革开放深化的强大动力。改革开放本身是创新发展，改革开放越深入，人们发现的社会矛盾和社会问题越深刻，就会对改革开放有更高的期盼和要求，就要使改革开放在更高层面上发展和创新，因此实践是改革开放的直接动力和持久源泉。我国从计划经济向市场经济转变的过程，充分证明了实践对改革开放的推动作用。在改革开放初期，首先提出的改革方案是实行计划经济为主、市场调节为辅；然后在总结经验的基础上，提出了有计划商品经济的理论和政策；到了党的十五大时才明确提出建立社会主义市场经济体制；此后先提出要使市场在资源配置中发挥"基础性"作用；最后在主客观条件成熟以后，才提出要使市场在资源配置中起"决定性"作用。这表明我国经济的市场化程度是在改革开放的实践中逐步提高的。从更高层面上看，改革开放的实践是推动中国特色社会主义发展的不竭源泉。以邓小平同志为首的党中央通过拨乱反正的实践，解决了对社会主义本质的认识和确立党的基本路线的问题，形成了具有划时代意义的邓小平理论。以江泽民同志为首的党中央通过深化改革开放的实践，解决了什么是社会主义、怎样建设社会主义的问题，形成了"三个代表"重要思想。以胡锦涛同志为首的党中央通过建设小康社会的实践,解决了新形势下实现什么样的发展、怎样发展等问题,形成了科学发展观。以习近平同志为首的党中央通过加快社会主义现代化建设的实践,深刻回答了新时代坚持和发展什么样的中国特色社会主义、怎样坚持和发展中国特色社会主义的问题,形成了习近平新时代中国特色社会主义思想。这一切充分证明了改革开放的实践是推动中国特色社会主义发展和完善的根本动力。

(三)实践是改革开放的检验标准

改革开放成功与否应该如何判断?这里的检验标准不应是主观唯心的,而必须是客观唯物的,也就是说,改革开放的成功与否必须由实践来检验。邓小平发展了马克思关于实践是检验真理标准的理论,创造性地提出了判断改革开放正确与否的标准是"三个有利于",即"是否有利于发展社会主义社会的生产力、是否有利于增强社会主义国家的综合国力、是否有利于提高人民的生活水平。"[①]因此,有力地推动改革开放向着正确的方向前进。进入新时代以后,习近平总书记进一步提出:"把是否促进经济社会发展、是否给人民群众带来实实在在的获得感,作为改革成效的评价标准。"[②]从而把改革开放推向一个更高的发展阶段。可见,习近平"两个是否"与邓小平"三个有利于"的标准是一脉相承的,都是以生产力标准为出发点的,都是以人民生活水平和获得感的提高为基础的,充分体现了我国改革开放的理论创新和实践创新的一致性和延续性。现实表明,只有以实践作为检验改革开放的标准,才能得到广大人民群众的拥护和支持,不断把改革开放推向深入和取得实效。

(四)实践是改革开放的成果体现

习近平总书记在庆祝改革开放40周年大会上的讲话,列举了我国改革开放所取得的七大实践成果。第一,"从实行家庭联产承包、乡镇企业异军突起、取消农业税、牧业税和特产税到农村承包地'三权'分置、打赢脱贫攻坚战、实施乡村

---

① 《邓小平文选》第三卷,人民出版社1993年版,第372页。
② 中国共产党新闻网,2017年6月2日。

振兴战略";第二,"从兴办深圳等经济特区、沿海沿边沿江沿线和内陆中心城市对外开放到加入世界贸易组织、共建'一带一路'、设立自由贸易区、谋划中国特色自由贸易港、成功举办首届中国国际进口博览会";第三,"从'引进来'到'走出去'";第四,"从搞好国营大中小企业、发展个体私营经济到深化国资国企改革、发展混合所有制经济";第五,"从单一公有制到公有制为主体、多种所有制经济共同发展和坚持'两个毫不动摇'";第六,"从传统的计划经济体制到前无古人的社会主义市场经济体制,再到使市场在资源配置中起决定性作用和更好发挥政府作用";第七,"从以经济体制改革为主到全面深化经济、政治、文化、社会、生态文明体制和党的建设制度改革……一系列重大改革"。① 这些成就充分说明改革开放是在实践中干出来的。因此,习近平总书记一再强调:"空谈误国,实干兴邦",要"撸起袖子加油干",要"一代接着一代干"。只要我们敢于实践和善于实践,就能不断取得改革开放和中国特色社会主义的新成就,顺利完成新时代赋予我们的伟大使命和艰巨任务。

可见,只有改革开放的实践才是改革开放的理论来源,才是推动中国特色社会主义发展的不竭动力,才是检验改革开放成功与否的根本标志,才是改革开放成效的最终体现。

---

① 习近平:《在庆祝改革开放40周年大会上的讲话》,人民出版社2018年版,第9—10页。

后　记

2020年初，正当新冠病毒开始肆虐，我们利用全民抗疫，不能外出的时机，在已写好初稿的基础上，又进行了四个多月的反复修改和完善。当我国抗疫取得重大战略成果时，我们的书稿也顺利完成了。

本书是以马克思的辩证唯物主义和历史唯物主义为理论基础，以习近平新时代中国特色社会主义经济思想为理论指导，通过深入研究新中国成立70年和改革开放40余年的经验教训，揭示和阐明中国特色社会主义经济的两重性特点和相容性规律的著作。本书是作者长期从事政治经济学教学和研究的理论结晶，也是中宣部2018年习近平新时代中国特色社会主义思想研究中心（院）重大项目"习近平总书记关于改革开放重要论述研究"（批准号：2018XZD06）第二个子课题"习近平关于改革开放方法论研究"的阶段性成果。

首先，本书从生产力、生产关系、生产方式即市场经济等基本方面出发，在总体上论述了中国特色社会主义经济的两重性和相容性。其次，从我国改革开放和现代化建设的实际出发，具体阐述了中国特色社会主义经济两重性和相容性在所有制结构、分配关系、调节机制、劳动价值、企业改制、劳动就业、土地制度等层面上的不同表现。最后，联系上层建筑和意识形态，进一步在教育文化、经济理论和思想方法等方面，说明这种两重性和相容性的普遍性和多样性，以及深入研究的必要性和重要性。在大部分章中的最后一节，增加了具有应用性的有关内容，使理论阐述更贴近实际。由于本书篇幅限制以及出版时间紧迫，对于财政、金融和社保等方面两重性和相容性的研究，需要日后加以补充和完善。

现实表明，中国特色社会主义经济的两重性和相容性不是人们主观意志的产物，而是社会主义与资本主义进入以和平发展、平等竞争和合作共赢为主时期的客观表现，是社会主义与市场经济相互促进和有机结合的必然产物，是我国对内深化改革和对外扩大开放,加快实现振兴中华和建成现代化强国的根本要求,是中国经济与世界经济逐步融为一体,加快构建人类命运共同体的必由之路。因此,只有不断加深对这种两重性和相容性的探索和研究,才能更好地推动中国特色社会主义经济高质量的持续健康发展;才能使中国特色社会主义经济发展到新阶段,对世界经济和人类进步做出更大的新贡献。

  本书在写作过程中得到复旦大学张薰华教授、洪远朋教授,华东师范大学陈伯庚教授、殷德生教授、李巍教授,上海社会科学院沈开艳研究员、陶友之研究员、陈建华研究员,上海市委党校郭庆松教授,普陀区委党校施镇平教授,上海改革发展研究院傅尔基研究员,同济大学王健教授等,以及上海市经济学会和生产力经济学会的专家学者的具体指导和诚恳帮助,在此表示诚挚感谢!本书的出版还得到中共上海市委党校和课题组的大力支持和全力资助,也表示衷心感谢!同时要感谢复旦大学出版社的高度重视和妥善安排,以及责任编辑张美芳同志的无私奉献和辛勤付出。本书虽然是作者长期精心研究、深入探讨和艰苦写作的理论成果,但是由于出版时间紧迫,作者水平和能力有限,其中的缺点错误在所难免,希望广大读者不吝赐教,以便再版时加以改进和完善。

作者
2020年6月6日

参考书目

[1] 《马克思恩格斯全集》第二十三、二十四、二十五卷,人民出版社 1972 年版。
[2] 《马克思恩格斯选集》第一、二、三、四卷,人民出版社 2012 年版。
[3] 《列宁全集》第一、四、六、十八卷,人民出版社 1984 年版。
[4] 《列宁选集》第一、二、三、四卷,人民出版社 2012 年版。
[5] 《毛泽东选集》第一、二、三、四卷,人民出版社 1991 年版。
[6] 《毛泽东文集》第六、七卷,人民出版社 1991 年版。
[7] 《邓小平文选》第一、二、三卷,人民出版社 1994 年版。
[8] 《江泽民文选》第一、二、三卷,人民出版社 2006 年版。
[9] 江泽民:《论"三个代表"》,中央文献出版社 2001 年版。
[10] 胡锦涛:《科学发展观重要论述摘编》,中央文献出版社、党建读物出版社 2009 年版。
[11] 习近平:《决胜全面建成小康社会 夺取新时代中国特色社会主义伟大胜利——在中国共产党第十九次全国代表大会上的报告》,人民出版社 2017 年版。
[12] 《习近平谈治国理政》第一卷,外文出版社 2018 年版。
[13] 《习近平谈治国理政》第二卷,外文出版社 2017 年版。
[14] 习近平:《论坚持全面深化改革》,中央文献出版社 2018 年版。
[15] 习近平:《论坚持推动构建人类命运共同体》,中央文献出版社 2018 年版。
[16] 张薰华:《生产力与经济规律》,复旦大学出版社 1989 年版。
[17] 陈伯庚等:《中国特色社会主义政治经济学》,高等教育出版社 2016 年版。

［18］陈伯庚等：《中国特色就业理论与实践：纪念改革开放 30 周年》，吉林大学出版社 2008 年版。

［19］陈承明等：《政治经济学通论》（第二版），上海财经大学出版社 2008 年版。

［20］陈承明等：《中国特色社会主义经济理论教程》，复旦大学出版社 2018 年版。

［21］陈承明等：《中国特色城乡一体化探索》，吉林大学出版社 2010 年版。

［22］陈承明等：《中国特色消费理论和消费模式研究》，吉林大学出版社 2011 年版。

［23］陈承明、陈伯庚：《〈资本论〉为社会主义市场经济学提供理论基础和思想指导》，《红旗文稿》2015 年第 20 期。

［24］陈承明：《中国特色社会主义政治经济学的发展和创新》，《红旗文稿》2017 年第 16 期。

［25］黄曦、陈承明：《论中国特色社会主义市场经济的两重性和相容性》，《上海经济研究》2019 年第 2 期。

图书在版编目(CIP)数据

中国经济两重性和相容性研究:改革开放的方法论探索/陈承明,鞠立新著. —上海:复旦大学出版社,2020.7（2020.10重印）
ISBN 978-7-309-15088-9

Ⅰ.①中⋯ Ⅱ.①陈⋯ ②鞠⋯ Ⅲ.①中国经济-经济发展-研究 Ⅳ.①F124

中国版本图书馆 CIP 数据核字(2020)第 096495 号

中国经济两重性和相容性研究:改革开放的方法论探索
陈承明 鞠立新 著
责任编辑/张美芳

复旦大学出版社有限公司出版发行
上海市国权路 579 号　邮编:200433
网址:fupnet@fudanpress.com　http://www.fudanpress.com
门市零售:86-21-65102580　团体订购:86-21-65104505
外埠邮购:86-21-65642846　出版部电话:86-21-65642845
江阴金马印刷有限公司

开本 787×1092　1/16　印张 26.25　字数 428 千
2020 年 10 月第 1 版第 2 次印刷

ISBN 978-7-309-15088-9/F·2702
定价:98.00 元

如有印装质量问题,请向复旦大学出版社有限公司出版部调换。
版权所有　侵权必究